中国经济增长与经济周期
（2011）

刘树成　张连城　张　平／主编

北京

图书在版编目（CIP）数据

中国经济增长与经济周期（2011）/刘树成，张连城，张平主编

北京：中国经济出版社，2011.11

ISBN 978-7-5136-1431-3

Ⅰ.①中… Ⅱ.①刘…②张…③张… Ⅲ.①中国经济—经济增长—研究—2011 ②中国经济—经济周期分析—研究—2011 Ⅳ.①F124

中国版本图书馆 CIP 数据核字（2012）第 021999 号

责任编辑　彭彩霞

责任审读　霍宏涛

责任印制　石星岳

封面设计　白朝文

出版发行　中国经济出版社

印 刷 者　北京市人民文学印刷厂

经 销 者　各地新华书店

开　　本　880mm×1230mm　1/32

印　　张　13.5

字　　数　338 千字

版　　次　2011 年 11 月第 1 版

印　　次　2011 年 11 月第 1 次

书　　号　ISBN 978-7-5136-1431-3/F·9226

定　　价　38.00 元

中国经济出版社 **网址** www.economyph.com **社址** 北京市西城区百万庄北街 3 号 **邮编** 100037

本版图书如存在印装质量问题，请与本社发行中心联系调换（联系电话：010-68319116）

《中国经济增长与经济周期(2011)》的出版得到了以下资助:

1. 北京市哲学社会科学“十一五”规划重点项目“北京市节能环保产业发展与经济可持续增长研究”,项目批准号:09ABJG305。

2. 北京市哲学社会科学规划项目“国际贸易与贸易政策周期研究”,项目批准号:10BaJG357。

中国经济增长与周期
（2011）

目 录

CONTENTS

第一部分 会议综述

第二部分 经济前景展望

第三部分　收入分配与经济增长

第四部分　周期波动与政策选择

第五部分 经济增长与发展方式转变

第一部分

会议综述

中国经济增长与经济周期（2011）

中国经济增长与经济周期（2011）

经济稳定与持续繁荣的宏观分析

——中国经济增长与周期(2011)国际高峰论坛综述

论坛秘书处

“十二五”开局的2011年,我国经济发展依然面临着极其复杂的形势,国际金融危机后世界经济复苏缓慢,发达经济体经济增长乏力,失业率居高不下,国家主权债务危机隐患未除,全球流动性泛滥,国际大宗商品价格和主要货币汇率波动加剧,新兴市场资产泡沫和通胀压力不断加大。我国经济运行中长期问题和短期问题交织,体制性矛盾和结构性矛盾叠加,宏观调控难度加大。

在此背景下,由中国社会科学院经济研究所、首都经济贸易大学以及香港经济导报社共同举办的“第五届中国经济增长与周期(2011)”国际高峰论坛年会于6月10—12日在北京召开,来自全国各地的80余名专家学者和政府官员围绕着“后危机时代中国经济可持续繁荣暨中国城市生活质量指数发布”这一主题展开讨论,许多宏观经济研究领域的著名专家出席了本次论坛,大会发言的学者(按发言顺序)包括:中华人民共和国国家统计局副局长许宪春研究员,中国社会科学院学部委员、论坛主席刘树成研究员,国际货币基金组织亚太部主任助理阿罗拉·维韦克先生,加州大学戴维斯分校经济系胡永泰教授,中国社科院学部委员张卓元研究员,原国家发改委宏观经济研究院常务副院长林兆木研究员,中国人民大学胡乃武教授,首都经济贸易大学经济学院院长张连城教授,中国社科院学部委员杨圣明研究员,中国社科院经济研究所张曙光研究员,中国社科院经济研究所袁富华副研究员，国家发改委宏观经济研究院对外经济研究所所长张燕生研究员，中国人民大学经济学院院长杨瑞龙教授，北京师范大学资源管理学院李晓西教授，厦门大学经济学院副院长李文溥教授，国务院发展研究中心宏观经济研究部主任李建伟研究员，北京师范大学经济与工商管理学院分党委书记沈越教授，北京大学国民经济核算与经济增长研究中心副主任蔡志洲教授，宁波大学商学院陈昆亭教授。

与会专家围绕后危机时代中国经济可持续繁荣为主题，对我国当前的内外经济环境、短期经济波动，以及实现经济可持续繁荣等问题进行深入讨论。专家们既注重短期分析，又着眼长期可持续繁荣，对未来经济发展的趋势既达成了广泛共识，也存在一定分歧。现综述与会专家学者观点如下。

一、经济进入适度增长区间，警惕经济从偏快走向过热

中国经济在危机之后，依靠积极的财政政策和货币政策，在2009年第二季度率先复苏，2010年第一季度经济增长率达到11.9%，全年经济增长率达到10.3%，2011年第一季度回调到9.7%，中国经济运行已经由应对国际金融危机冲击时候的大幅下滑和其后大幅回升的“V”字型非常状态向适度增长的区间转换。针对一些媒体和业内人士所担忧的中国经济已经处于滞胀状态或者是面临滞胀的风险，经济增长率将降到8%以下，经济会硬着陆的看法，与会学者并不认同，认为这些解读违背中国国情，不符合中国经济基本态势变化。

1. 经济走势前高后低，还是偏快？

有专家认为，2011年将延续2010年经济增速前高后低的经济走势。2010年四个季度的经济增长率分别为11.9%、10.3%、9.6%和9.8%，基本上呈前高后低的走势，基数的原因将在一定程度上影响今年的季度经济走势；某些经济政策的调整和政策效应的递减，如汽车购置税优惠、汽车下乡等政策的取消，家电下乡

和以旧换新等政策效应的递减，将在一定程度影响今年消费增长；收入分配改革力度加大，城乡居民收入，特别是农村居民收入增速加快，购买力增强，一定程度上对消费起了到支撑作用。2011 年前 4 个月新开工项目计划总投资呈下降走势，固定资产投资到位资金增速呈回落走势，2011 年出口和进口增速将比 2010 年放缓，净出口需求对经济增长的贡献可能有所减弱。

有专家进一步指出，未来经济增长压力会进一步增大，从拉动经济增长的“三驾马车”来看，消费、投资、净出口的增速都在回落。尽管出口回调，但对我国经济增长的贡献仍然很大。中国经济增长一定程度上依赖美国、欧盟和日本的经济走势，尤其是美国经济对新兴市场国家的影响更大。2011 年美国虽然保持着比较宽松的经济政策，其经济回落也是必然的，弱势美元的态势会一直保持到 2012 年第四季度。由于美元贬值对国际市场大宗产品价格所产生的影响，必然抬升我国产品净出口价格，从而会影响到中国的经济增长。预测中国的未来经济增长的基本前提是美国经济保持适度增长，国内的宏观调控政策保持相对稳定，2011 年中国的经济增长率会回调到 9.7%，2013 年还会有一个微小的回调，经济增长率大约在 9%，随后经济恢复到较快的增长状态。从整体来看，2012 年到 2015 年，我国的 GDP 增速大概还能保持在 9.9% 左右。

有专家从经济周期的角度分析中国的经济走势，认为 2011 年和“十二五”时期，虽然进入了一个新的周期适度增长区间，但宏观调控的侧重点依旧是使经济走稳，防止经济从偏快转向过热。回顾上一个五年计划时期，“十五”计划时期最后一年的 2005 年，经济增长率在 11.3% 的高位，实际上给“十一五”时期经济增长预留的上升空间很小，但“十一五”时期的前两年经济增长率依然很高，经济增长偏快，经济增长率到 2007 年上升到 14.2%。当面对“十二五”的时候，2010 年经济增长率在 10.3% 的高位，上一周期的低谷也在 9.2%，在 10.3% 的基点的角度上，进入“十二五”时期或者是新的周期上升空间并不大。但作为“十二五”的开局之年，各地发展经济热情较高，前期出台的振兴战略性新兴产业，加大保障住房建设和棚户区改造，加快城镇化建设，鼓励和引导民间投资等政策措施和各项区域发展战略正在发挥作用，再加上地方政府换届，这是一个快速上升的趋势，因此，要防止经济由偏快转向过热。

2. 投资消费失衡带来产能过剩

我国固定资产投资波动一直是经济周期性波动的主要原因，产能过剩也是由这些年的高投资引起的。20 世纪 90 年代，投资率已经很高，平均为 37.8%。这几年投资率进一步上升，2003—2010 年，连续八年保持在 40% 以上，2010 年达到了 48.6% 的历史高位。相对应地，最终消费率 20 世纪 90 代平均是 60%，2007 年到 2010 年持续四年下降，降到了 50% 以下，2010 年降到了 47.4%。其中居民消费率 90 年代平均是 45.6%，2005—2010 年连续六年降到 40% 以下，2008 年、2009 年都是 35.1%，2010 年降到了 33.8% 的历史低点。发达国家投资需求占总需求的比重一般在 30% 以下，日本、韩国在经济起飞时的投资率最高也未超过 40%，而最终消费率都为 60% ~70%。有专家指出，投资和消费严重的失衡，实际上意味着这一轮的增长主要是依靠投资和重化工业带动，前几年出口也是带动经济增长的重要力量。当出口因为国际金融危机受阻，又通过提高投资率来弥补这个缺口，这就使得投资和消费进一步失衡。严重的产能过剩不仅会导致市场恶性竞争、企业效益下滑，发展到一定程度会造成许多企业巨额亏损甚至倒闭，导致上下游产业链瘫痪，银行信贷风险加大等一系列问题。

有专家进一步指出，根据各地公布的“十二五”规划的预期目标，全国经济增长率是 7%，而各省、市、自治区“十二五”时期的预期增长目标统计，24 个省市经济增长率在 10% 以上，其中有 13 个省市要求五年翻一番或者是力争五年翻一番。有学者对各省市的加权平均，经济增长率大概是在10.5%，超过“十二五”规划7%的50%，这个高增长又主要是投资带动，这一轮的投资势头还在继续。这种情况就意味着“十二五”后期，产能过剩导致经济下滑，并使贷款问题暴露。

不良贷款在经济繁荣时期不会暴露，一旦经济下滑、水落石出就看出来了。由于我国居民贷款比例非常小，不太可能发生美国的次贷危机。但我们要看到另外的问题，贷给地方政府主导的投资项目，有深刻的体制原因。重化工项目、基础设施项目，投资规模大，对GDP和税收规模贡献大，成为地方政府和政府部门投资项目的首选。由于这种贷款项目周期长，短时间不良贷款只要能够付息，从银行的五级不良贷款中反映不出来，但从中长期来看这个问题很严重。国家有关部门对1958年以来到90年代中期的投资项目作了分析，其中1/3从建成之日起一直亏损。所以对政府部门和地方政府主导这么多的投资项目，效益如何，目前很难评估，这就隐藏了很大的风险。

3. 合理把握适度的增长期间，适时进行宏观调控

有专家提出，中国社会科学院经济所宏观课题组用HP滤波法所作的测算，1979—2009年的实际GDP的增长率在8%～12%这一区间，中线是9.8%。“十二五”时期在以科学发展为主题，经济发展方式转变为主线的背景下，新的一轮周期适度增长的上线，最好下调两个百分点，适度区间就是8%～10%，潜在中线可以把握在9%。这就意味着，当实际经济增长率高出10%时，就要实行适度紧缩的宏观调控政策。当实际经济长增率低于8%时，就要实行适度扩张的宏观调控政策。积极的财政政策与稳健的货币政策相搭配，是这次宏观调控政策组合的特点。

二、物价水平整体可控，通货膨胀会持续一段时间

当前物价上涨较快，通货膨胀预期增强，全年CPI涨幅肯定在5%以上，但通货膨胀形势整体可控，CPI涨幅在4%～6%之间

会持续两三年的时间,物价才会进入稳定状态。也有专家指出,2011第二季度是通货膨胀的高点,2011年全年的通货膨胀率为4.6%,2012年为3.3%。但与会专家普遍认为,稳定物价水平作为宏观调控的首要任务,抓住了问题的核心,稳物价和稳增长是相辅相成的。

1. 输入型通胀,还是流动性过剩

有专家把本轮通货膨胀与前几轮通货膨胀进行了比较进行分析,提出以下几点看法:一是2004年、2008年的通货膨胀是由食品价格拉动的,结构性上涨。这一轮食品价格还是起到了重要的作用,但非食品类价格也在上涨,逐渐走向全面通货膨胀;二是蔬菜、水果季节性比较强的农副产品价格,过去进入旺季之后有回调,但这次季节性回调的幅度弱化;三是过去食品价格涨幅比较高,但整个物价涨幅不高,非食品价格,或者是工业品出售价格涨幅回调幅度比较大予以抵消。从2008年8月以后出现一个新的特点,上游产品价格涨幅不大的时候,中下游产品价格在上调,这说明中下游消化吸收上游产品的作用在弱化。

对于突然到来的通货膨胀,很多专家学者把脉导致这轮通货膨胀的主因到底是什么,是输入性通货膨胀,还是流动性过剩。有专家认为,我国这轮通货膨胀的成因主要是输入性通货膨胀。自国际金融危机爆发以来,主要经济体通过量化宽松政策刺激经济,导致国际市场上粮食、原油、铁矿石、有色金属等资源性产品价格大幅上涨。由于我国资源性产品的对外依存度日益提高,受其影响,国内包括石油、有色金属等主要生产资料价格几乎全部上涨。按照国家统计局的预测,全球油价、粮价、资源价格的上升对中国消费物价的影响预计在30%~40%之间。

有专家把物价上涨归结为五个方面因素:交易性货币供给、实际需求、工资上涨、劳动生产率提高、输入型成本推动。通过测算分析这些因素对这一轮物价上涨所起的作用。推动物价上涨的因素主要是输入型因素,交易性货币供给提高,以及工资上涨,而劳动生产率的提高是这些年物价没有出现大幅度上涨的一个重要因素。总的来看，输入型因素对上游产品像原材料、燃料、动力核心价格指数、采掘业指数，原材料价格指数，然后加工工业，生活资料，最后到CPI，影响逐步递减，在递减的过程中，输入型的因素被大幅度消化了。工资是推动物价上涨的很重要的因素，但跟劳动生产率的提高相比，整个劳动力成本还是下降的。

有专家持相反的观点，认为我国的通货膨胀和物价上涨主要不是输入型的，而是固定资产投资增速过快，信贷投放过度造成的，集中表现为货币太多、流动性过分充裕。我国这轮通货膨胀大致应从2010年7月算起，当月CPI超过3%，国际市场大宗商品价格大幅度上涨，在一定程度上是同我国多年来粗放扩张、需求过旺，推高了原油、铁矿石、铜、植物油价格上涨有关系。拉丁美洲有一位银行家说，美国的量化宽松货币政策和中国的能源需求共同导致了全球的通胀。

从流动性角度来看，从2003年到2010年人民币贷款规模7年增长了32万亿元，2010年为2003年的3倍。M_1和M_2在2004—2010年都增长了差不多1.85倍，年均增速接近19%，M_2和M_1年均增速均超过了年GDP增速和CPI的上涨率。这六年GDP的增速平均是11%，CPI的增速是2.9%，两项加起来是13.9%，差距是5.1个多百分点，这必然造成了流动性过剩。在这六年中，2009年和2010年的M_2和M_1的增速最高，2009年M_2的增速是27.7%，M_1的增速是32.4%；2010年M_2的增速是19.7%，M_1的增速是21.2%，更是大大超过了GDP的增速加CPI上涨率。因此从2010年7月开始，CPI的上涨率一直在3%以上，这是通货膨胀释放和抬头的根源所在，是2007年、2008年通胀的继续发展。

热钱的流入和贸易顺差的持续高位运行使外汇占款比重增大，部分抵消掉紧缩性货币政策的效应，也是造成目前通胀的一个原因。我国现行的外汇结售汇体制，使得央行外汇储备继续增加,被动投放基础货币。国家外汇储备2002年年底的时候只有2864亿美元,而2011年一季度增加到30447亿美元,8年多的时间增加了27600亿美元,为了这些外汇占款,中央银行投放了19万亿元人民币。尽管央行通过发行央票等很多措施回收流动性,但实际上很难完全吸收。另外,地方政府的投资冲动也将倒逼中央银行增大货币发行。

2. 翘尾因素的影响较大,增加了调控难度

初步测算,2011年翘尾因素的影响为2.5个百分点,比2010年高1.2个百分点。其中,一季度翘尾因素为3.2个百分点,二季度为3.3个百分点。这就意味着从5月开始,即使不再有新涨价的因素加入,全年CPI上涨率还会达到近5%。从现在的情况看,5月的CPI仍然将在5%以上,6月翘尾因素最高,会达到4个百分点,通货膨胀率有可能达到高峰值。根据国际上的许多预测,2011年油价下半年会继续回升,在110~220美元/桶之间振荡。从中长期来看,2015年以前国际油价可能会继续走高,这主要是受国际金融危机的影响,部分石油开发项目延误,2011年到2013年期间,石油产能的增量可能出现下降。随着全球经济的复苏,特别是包括我国在内的新兴经济体增长势头强劲,全球石油需求将会继续增加,由于美元贬值趋势长期存在,也会继续推高国际石油价格。粮食价格高企,国内气候异常,大家对粮食涨价的预期较强。食品、能源等需求弹性较少,刚性很强,所以“十二五”时期抑制通胀尤其要防止工资与物价、农产品价格与工业品价格、上游产品价格与下游产品价格互相推动、轮番上涨的状况。2011年物价总水平上涨率控制在4%左右难度很大。

3. 治理通货膨胀的应对之策

要稳定物价总水平,解决较高的通货膨胀问题,政府应从以下几个方面着手:一是2011年全年尤其是上半年应实施稳健偏紧的货币政策,着力回收过剩的流动性,积极应对当前的通货膨胀；采取有效措施防止 M_2 全年增速超过16%的预期目标；动态调整存款准备金率，力争全年新增信贷规模控制在7万亿元之内。

二是适度加快人民币升值进程，2011年升值幅度可达到3.5%。人民币升值用以对冲国际价格上涨；强化对国际游资的管理，特别是针对特殊行业国际游资存在的新方式进行有效的管理。通过人民币升值的办法，对抑制输入型的物价上涨也是有效的，但不同的方式对经济增长产生的负面效应以及对物价上涨的抑制作用是不一样的，一次性升值只是短期有效，只有渐进式的升值才会对抑制长期物价上涨有作用。

三是调整负利率的政策。2010年2月起一直是负利率，负利率不利于宏观经济的正常运行，这是经济学的常识。负利率同样等于向普通老百姓征税，中低收入者是负利率的最大受害者。负利率使资金的成本降低，有利于经济的粗放扩张，有利于短期GDP的快速增长。通货膨胀往往造成负利率，而负利率又带来对资金的需求过旺，不利于通胀的治理。因此，如果要把治理通胀和物价过快上涨作为宏观调控的首要任务，就要改变负利率的政策，尽快使实际利率转为正值。

四是加大供给管理的力度。稳定物价水平最直接、最重要的是要保农业、保粮食，加大支农力度，增强农业的综合生产能力，进一步加强和巩固农业的基础地位，确保粮食安全；其次要健全关键物资的储备制度；最后要控制部分价格敏感性产品的出口。

三、城市居民生活质量指数，透视高速发展背后“两大反差”

在论坛上，首次发布“中国30省会城市生活质量指数”，目的是评判中国经济高速增长后城市居民生活质量状况。这一指数是中国经济增长与周期研究中心依据国际惯例和中国国情，组织数十多名专家、学者历经近6个月时间，首次设计完成中国城市生活质量指标体系（CCLQI）。编制城市生活质量指数是世界发达国家的通行做法，已被广泛应用于国际、国内对比，而且客观指标与主观指标相结合，已成为普遍趋势。

由客观指标和主观指标加权的城市居民生活质量指标体系，反映出中国城市生活质量满意度并不像中国的经济增长一样乐观，总平均指数为54.49，处于一般和满意之间，城市居民“生活质量”提高空间较大。反映出经济高速增长背后存在“两大反差”：一是高速的经济增长与居民生活质量的提高之间存在反差；二是居民实际生活质量与居民主观感受之间存在反差。

中国城市生活质量指数由客观指数和主观指数两部分构成，分别给主观指数和客观指数赋予40%和60%的权重，加权得出每个城市在每个指标的得分情况。其中主观指数包括收入现状满意度、收入预期、生活成本、医疗保障满意度、生活环境满意度、生活节奏以及生活便利程度七项分指数；客观指数在设计上基本与主观指标一致，总体上由25个二级指标构成，包含人均财富、人均消费、恩格尔系数、通货膨胀率、绿地面积等。指标体系的设计既考虑到居民的主观感受，又有客观经济社会数据作支撑，保证了指标的客观性和科学性。

在30个省会城市中，生活质量指数55分以上的城市有15个，超过了总平均指数54.49。排名前10位的是广州、上海、南京、银川、呼和浩特、合肥、石家庄、北京、长春、福州。按主观指标排序，前5名的城市分别是海口(55.08)、兰州(54.51)、杭州(54.50)、济南(52.67)、银川(52.04)，后5名分别是武汉(44.52)、呼和浩特(45.88)、南昌(46.48)、太原(46.78)、昆明(47.40)；按客观指标排序，排名前5位的分别是：广州(75.07)，上海(67.74)、南京(66.37)、呼和浩特(65.43)、银川(62.36)；排名后5位的分别是：哈尔滨(52.63)、海口(50.68)、兰州(50.11)、西宁(49.41)、乌鲁木齐(49.40)。

分区域来看，东部城市生活质量客观指数高于西部，但主观满意度低于西部。通过调查我们发现，舒缓的生活节奏能够提高人们的生活质量。以银川和南京为例，两个城市的生活节奏指数排名分别为第 1 位和第 3 位，其生活质量总指数也排名相对靠前。而一些生活节奏快的大城市，生活质量总指数排名则相对靠后，如北京，生活节奏最快（排名第 30 位），其生活质量总指数仅排名第 8 位。另外，西部大开发后，居民生活质量改善指数较高，提高了居民的满意度。

之所以生活质量指数偏低，通胀率和住房价格高，社会保障水平低，生活节奏快，是居民主观满意度低的关键因素。受访者对生活便利（56.24）、生活环境（55.12）满意程度较高。而受访者普遍认为所居住的城市生活成本高（32.70），生活节奏快（42.66），城市生活成本高也可以从分项的客观指标中得到反映，用房屋销售价格指数和通货膨胀率来度量的全国各城市生活成本，同样呈现出较高的水平（61.62）。

城市居民实际生活质量与期望值存在反差，居民生活质量有待于提高。客观的经济社会数据所反映出的居民生活质量（客观指数平均值 57.67）高于居民主观感受（主观指数平均值 49.71）。这说明居民对生活质量改善的愿望非常强烈，改革和发展的成果应该最终体现在生活质量的提高上。

有专家据此认为，我国 30 多年经济快速增长，经济实力大为增强，但居民对生活质量的满意度并不很高，这说明高速的经济增长并不必然带来生活质量满意度的提高，两个反差的存在表明中国经济应在继续保持快速稳定增长的同时，努力提高居民的生活水平和生活质量、经济运行质量和经济增长质量。因此，政府应着力降低生活成本，提高居民收入，加大城市基础设施建设，重视生态环境建设，建立健全社会保障制度，着力改善民生，改革和完善收入分配制度，提升生活质量主观满意度。

四、工资上涨倒逼结构调整，劳动力成本比较优势明显

对于工资成本上升，尤其是农民工工资上涨削弱了中国的竞

争力这一似是而非的说法，与会专家并不认同。工资上涨是伴随着劳动生产率的提高发生的，因此，工资一上涨，就归结为竞争力下降是一种简单的、不科学的判断。工资的上涨会对我国的宏观经济产生长远的影响。中国低端工资形成机制的变革必将成为引领市场导向型经济结构调整的重要支点，为中国经济结构调整带来了新的契机，开启中国市场驱动型经济结构调整的新阶段。

1. 工资上涨是一个长期趋势

有专家指出，中国低端劳动力市场出现了结构性拐点变化，由总体过剩向结构性过剩转变，即使在金融危机的冲击下，以农民工为代表的低端劳动力工资仍然不降反升，持续上涨。工资水平的上涨是由人口因素、周期因素、政策因素、结构因素等多因素导致的，其反映的是在保留工资和劳动力市场供求关系共同推动下，农民工工资形成机制正在从传统的生存工资法则转向保留工资约束下的市场议价型工资法则，并将使中国经济迎来工资快速上涨的新时期。它宣告了中国低端劳动力市场的工资形成机制发生了深刻的变革，工资水平的上升成为趋势性现象。在2010年中国东部、西部、中部各个区域的劳动力需求—供给比都超过0.95，达到历史的最高水平。未来中国工业化进程加速，会催生出工资上涨的另一股强劲动力，随着中国重化工阶段和加工贸易化阶段达到顶点，在全球化日益加深的条件下，过去长期被压抑的中国制造业工资水平存在回补趋势。本轮工资上涨不是短期现象，是一个长期趋势。

2. 工资形成机制的变革促使结构性调整

近年来，政府一直非常重视经济结构调整，但是收入结构、需求结构失衡问题却在持续加深。高污染、高能耗、低附加值的产业在国民经济中的比重居高不下，产能过剩问题越来越严重，中西部地区的发展仍然相对缓慢。其根本原因在于行政调控并不能从根本上把握需求的动向，无法根据国际分工发展的规律来确定未来产业的定位，从而产生产业调整进程中存在大规模的政府失灵问题。工资形成机制的变革将使市场化的结构性调整全面展开。

工资形成机制的革命将带来中国收入分配格局的变化，从而启动中国市场化的收入倍增变化，并加速中国“收入—消费升级”的台阶效应的到来。这种变革必将改变中国工资占 GDP 比重过低和消费启动大大落后于同类国家的局面，从而加速推进中国消费升级和产业升级。从全国职工平均工资水平来看，工资上涨趋势十分明显，但工资总额占 GDP 比重却呈下降趋势。

工资形成机制变革将加速推行中国产业在区域上的“梯度转移”，并使中国产业在“加速性梯度转移”中实现产业升级，克服以往行政化产业转移带来的各种问题。中国幅员辽阔，地区经济发展存在较大的区域差异，这一点在地区间劳动力工资的差异上反映得也较为明显。工资形成机制变革将大大压缩东部区域产业生存的空间，从而导致产业自动向中西部转移。中西部地区在逐年大幅提高劳动报酬的背景下，实现了单位劳动成本的快速下降，并且在大部分行业具有单位劳动成本优势，也从侧面反映出东部地区需要产业转移的迫切性和可行性。这样一种由工资上升引发的产业转移，有助于消除长期以来的区域经济差异。

劳动力工资水平低会使得相对于劳动力而言资本的价格显得更加昂贵，企业对廉价劳动力这一资源进行过度使用，而不愿意投资新设备和新技术。日本在 20 世纪 60 年代初调整战略，走高工资、高生产率的道路。高工资逼着日本企业增加技术含量和提高劳动生产率，从而实现产业结构升级。

由于我国多数产业和企业长期以来依赖低劳动成本进行盈利，致使我国国家研发支出和企业研发支出均与发达国家存在不小差距。基于低劳动力成本的“世界工厂”使我国多数行业处于国际分工低端。低劳动力成本致使产业提高效率的动力不足。劳动力成本的比较优势不能仅仅看绝对的劳动力成本，应该是劳动力成本和劳动生产率二者的综合体现。目前我国制造业绝对劳动力成本处于较低位置，但考虑劳动生产率后的相对劳动力成本却并不低。我国的低劳动力成本，允许劳动生产率低的经济活动也能盈利，使很多低劳动生产率的经济环节缺乏提升效率的动机。工资形成机制变革有利于增加居民收入，增加了农民工进城的机会，将进一步推进我国的城镇化进程。城镇化水平与城市人均消费水平呈正相关。而目前农村居民消费水平仍然大幅低于城镇居民消费水平，更多的农民工进城成为城市人口，将大幅提高整体居民的消费水平。

3. 工资上涨的空间依然很大

有专家对制造业劳动报酬水平与产业竞争力变动趋势进行分析，发现和我们竞争的发展中国家相比，中国制造业劳动力成本按照单位产品的劳动工资水平非常之低。我们主要的竞争对手的平均工资水平是我们的1.5倍。中国现在如果把制造业的劳动工资水准提高50%，并不影响中国产品的国际竞争力。

有专家对劳动力成本进行了测算，这里的劳动力成本是广义的，不仅包括工资，而且包括劳工培训费用、劳保费用等。劳动生产率是按制造业增加值与从业人员平均数的比值计算的。

结果是我们国家这十年来劳动生产率的增长远远快于劳动报酬增长。大概2009年我们单位产出劳动力成本只相当于1999年的89%。也就是说，如果按单位成本的劳动力成本来算，中国的劳动工资水平没有上升，而是下降了10%。通过比较投资来源地、产品出口地的发达国家和与我们竞争的发展中国家，会发现我国制造业单位产出劳动力成本具有绝对优势。

有专家分析劳动力成本上升对企业利润率的影响，认为总体上是静态影响比较大，如果人均劳动报酬提高10%，劳动密集型行业的利润率最少下降8.6%，最大会下降30%。资本密集型行业的利润率下降会弱一些，大概会下降3.8%到17.6%之间。但进一步分析，劳动报酬同样提高10%，按不同年份去算的话，对利润率的影响是逐年下降的。比如说,在文化体育用品行业,我们发现劳动报酬如果在 2006 年提高 10%,利润率下降 41%。到 2009 年,这个下降幅度只剩下 29.7%,也就是说随着时间的增长,行业内部消化的能力在提高。但对行业动态计算的结果会发现一个情况,提高劳动报酬,没有发现导致企业利润总额和利润率的下降,相反我们发现利润总额和利润率都在随着劳动报酬的增长,而更快增长。

提高劳动力报酬不仅没有削弱劳动密集型制造业的国际竞争力,相反在一定程度上提高了其国际贸易竞争力。主要的原因不在于工资,而在于劳动生产率。由于这些年我们的劳动生产率的提高速度大大超过劳动报酬的增长速度,这样就造成了劳动报酬占产业附加值的比重持续下降的趋势。我们通过国际比较发现,我们国家制造业的相对单位产出劳动力成本不仅具有绝对优势,而且还在强化。我们的竞争对手涨工资的幅度比我们更大。合理地、逐步地提高劳动报酬,不仅不会对企业制造业的利润率和企业的利润总额带来消极影响,反而会促进企业利润总额增长和利润率的提高。

五、经济持续繁荣可期,发展动力机制需要塑造

对于中国的未来经济增长和可持续繁荣,与会专家比较乐观。有专家对后危机时代的中国潜在经济增长与增长路径转换进行了展望,在中国长期增长的动力机制及长期增长率的核算方面进行了理论探索。也有专家从我国的对外经济前景角度分析我国持续繁荣的必然性。

1. 要素弹性逆转是长期繁荣的基础

基于发达国家和发展中国家经济增长经验,对中国(及发展中国家)经济长期增长趋势进行了阐释,有专家提出"要素弹性逆转命题"。随着产出中要素份额的变化,将呈现产出/资本弹性(α)降低,产出/劳动弹性($1-\alpha$)升高的变化。随着对民生的重

视,劳动报酬会增加,产出的劳动弹性由目前的0.4逐渐增长到0.5、0.6、0.7。美国大概在1860—1920年,英国在1850—1924年,日本在1900—1960年,产出的劳动弹性是0.4左右。目前美国一直比较稳定,维持在0.7~0.8,英国是维持在0.6~0.7,日本在0.7左右。

有专家在"中国潜在增长基准评价模型"及投资、劳动、技术进步等要素变动趋势分析的基础上,认为中国未来10年潜在增长率仍具有8%~9%的潜力。并通过对发达国家和发展中国家经济增长过程中投资趋势的观察,提出"投资依趋势增长和拐点命题",即从长期趋势来看,投资(或投资对经济增长的贡献)会出现城市化加速时期的对数线性增长与城市化成熟时期的下降趋势。"投资依趋势增长和拐点命题"的提出,是因为城市化加速时期,资本深化及由此导致的生产率提高的内在要求,这为判断中国未来资本积累动态变动情景,提供了理论基础。

2. 压缩的城市化和工业化过程将产生巨大的集聚效应

中国经济增长现阶段正处于城市化率50%向更高水平迈进的关键期。与发达国家比较起来,中国经济增长经历着"压缩的"工业化、城市化过程,即发达国家200年工业化、城市化历程,在中国被压缩在几十年里演化,进而决定了中国长期增长的行为特征(经济主体行为与发达国家的差异)和增长函数与发达国家不同。"压缩的"城市化过程必然给中国带来显著的集聚效应,由于中国的城市化是被压缩在几十年内实现的,所以它的集聚效应非常大,报酬递增明显;另外,由工业化阶段的"干中学"技术进步转向"自主创新"的驱动,蕴涵与增长目标转换所引致的增长环境,产生的可持续增长的动力。

3. 培养新竞争优势的战略选择

有专家提出,当前美国短期复苏的的手段是扩大出口和量化宽松,长期的手段就是回归实体经济的结构调整,美国的结构调整估计至少需要十年。谁来为美国中长期结构调整埋单？这涉及全球失衡。失衡的责任，中国人和美国人各自应当承担一半的责任，美国无论是实施量化宽松政策还是扩大出口，只会对外转嫁危机而不能解决问题。如何走出当前全球宏观经济的困境？无论是理论还是政策，我们现在的选择很少。我国外向型发展的目的是促进体制转型和诱导发展，三十年的业绩证明很成功。在内外经济失衡与国际压力显著增大条件下，需要实现外向型模式转变，解决中国走向大国经济的战略问题。

一是定价权。经济意义上的开放大国是世界主要价格的决定者，而不是价格的追随者；是国际重要规则制定和修改的决定者，而不是规则的接受者；是国际重大责任的承担者或逆周期调节者，而不是责任推卸者或顺周期参与者。中国在价格、游戏规则、责任担当等方面，依然是一个追随者。如我国钢铁业成为世界铁矿石市场上最重要买家，同时铁矿石的定价机制却从长期合同价格变成季度定价、月度定价以及现货定价。我国要提高全球范围内铁矿石投资比重，在国内厉行资源节约和替代战略，与全球铁矿石供需企业开展广泛的合作，形成规则的影响力和逆周期的调节力，这必然是时间和经验积累的结果，而不是揠苗助长。

二是金融实力。2010 年，我国对外金融资产 4.13 万亿美元，其中对外直接投资的比重 7.5%（3108 亿美元），外汇储备资产的比重 70.5%。对外金融负债 2.34 万亿美元，其中外商直接投资占比 63%（1.48 万亿美元）。加快推进对外金融资产结构的多元化管理和配置，持续提高股权投资比重，逐步推进人民币和银行“走出去”，加快促进资本和市场国际化，通过对外直接投资来建立区域和全球生产体系、综合物流枢纽、分销网络、研发和设计中心等区位布局。审慎迈过资本项目开放、人民币汇率市场化改革和中央银行货币政策相对独立性相互协调的“坎”。上海与香港、台湾合作打造亚洲的国际金融中心。

三是从模仿走向创新。全球研发和创新活动主要分布在美日欧大三角区域。无论是国际前沿的基础性研究、应用性研究还是开发性研究,其创新的主体都主要是国际大跨国公司以及由世界最优秀的研究型大学、科研院所组成的国家创新体系。我国也有三个创新层次,即宏观层面的重大技术创新体系,如“两弹一星”;大企业层面的重点技术创新体系,如大飞机、高铁技术创新体系;小企业层面的技术创新体系。企业技术创新能力很弱,创新环境对企业创新活动的支撑很弱,引资的直接技术外溢效果很弱,是我国与美国在知识和技术进步上的最重要差距。

四是承担世界责任。提高全球公共产品提供及软实力的持续影响力。积极推动国际贸易、金融和货币改革。努力纠正全球化过度强调贸易投资自由化和便利化,忽视了“经济发展”,从而造成全球公共产品供给不足,贫富差距扩大和穷国消费力严重萎缩等社会问题。在国际上积极促进包容性增长和发展,建立一个机会平等基础上的经济增长和发展。既要开放发展机会(如坚持贸易投资自由化,反对贸易保护主义),又要实现全球的社会和经济协调发展,并保证人人能公平地参与全球发展过程并从中受惠。增强促进共享发展的南南合作与南北对话中的影响力。

五是推动经济全球化、经济国际化的战略。在“十二五”时期,中国将会实施扩大内需的战略和城镇化战略。扩大内需和城镇化战略都将是以中国市场需求为基础的一个内向取向的战略,如何解决扩大内需战略和城镇化战略与国际经济化战略之间的对接,对我们下一步是一个很大的挑战。未来的30年,是中国在人才的国际化、资本的国际化、产业的国际化和市场的国际化的关键时期,一步步地打造在周边和全球的生产组装基地,打造我们对外营销的渠道和网络,积极推动人民币走出去、银行走出去和资本走出去的战略。

中国经济发展中的两个反差[①]

——中国30个城市生活质量调查报告

中国城市生活质量研究中心

改革开放以来,我国经济保持了高速增长,GDP和人均GDP平均每年分别以9.8%(见图1)和9.2%(见图2)的速度增长,目前中国已经是世界第二大经济体。工业化过程的赶超式增长,对于中国摆脱贫困陷阱贡献巨大。自20世纪90年代末期以来,中

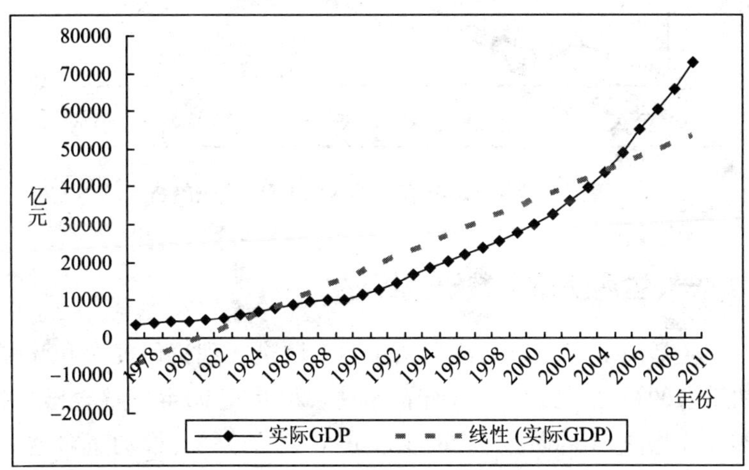

图1　1978—2010年中国实际GDP增长趋势

① 本文是中国社会科学院经济研究所与首都经济贸易大学组建的中国城市生活质量研究中心的一项调研报告。本报告执笔人包括:张连城、张自然、袁富华、赵家章;参加讨论的人员包括:张平、杨春学、纪宏、刘霞辉、郎丽华、张晓晶、徐雪、田新民、王军、张立、祝合良、周明生、汪红驹、王银。

国持续性结构转变和增长动力发生了新变化，城市化作用及中国经济增长过程，居民生活质量问题备受关注。基于以上背景，为了对我国居民生活质量作出一个基本的评估和判断，课题组建立了评价城市生活质量的指标体系，并依据这一体系对我国30个省会城市和直辖市的生活质量状况，进行了调查分析。

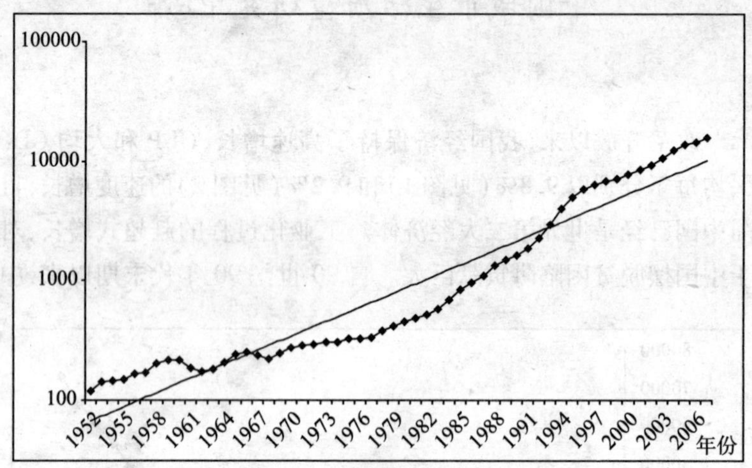

图2 1978—2008年中国人均GDP增长趋势

一、生活质量指数研究综述

生活质量作为一个备受关注的主题进入理论研究者和政策决策者的视野，是近二三十年的事情。20世纪90年代联合国“人类发展指数(Human Development Index)”的开发，推动了对这一主题的深入探讨。从认识论和方法论的角度来看，Brock(1993)、Diener and Suh(1997)认为，这个概念应该包含三个方面的内容：社会学角度、经济学角度，以及立足于主观幸福感角度定义的生活质量。维基百科认为，生活质量用来指称个人的总福利，包括个人生活中的情感、社会和物质诸方面；世界银行认为，生活质量是人们的总福利，包括有形的物质福利和诸如环境、国家安全、个人安全、经济自由等无形的福利；世界卫生组织把生活质量定义为个人对于生活于其中的文化、价值系统的感觉，这种系统与他们的目标、期望、规范、兴趣等密切相关，生活质量反映了个人身体健康、心理状态、独立性、信仰及社会关系等诸方面。这些定义基本包含了社会、经济和主观感受等被普遍认同的生活质量理念，也反映了现代人们对于自身生活状况的整体认识状况及持续改进期望。

立足于生活质量上述理念，研究者对于经济社会发展之于生活质量的影响给予了关注。“Easterlin 悖论”指出，西方国家过去几十年实际国民收入的增长，并没有带来人们幸福水平的相应提高（Easterlin，1995）。这一认识引起了广泛的研究和争论。Shields and Price（2005）、Lelkes（2006）对发达国家和发展中国家满意度与收入的回归分析显示，二者存在显著的正相关性，而且，发展中国家的回归系数较之于发达国家为高；Alesina 等（2004）运用大样本数据，对幸福度与宏观经济变量——如 GDP 增长率和通货膨胀的协同关系进行了考察；Clark 等（2008）考察了个人幸福度与他人的对比以及个人幸福度现在与过去的对比，认为个人幸福度与两个对比之间均存在负相关。

衡量生活质量满意度的更加完善的方法，是将生活质量的主客观状况分解为各种指标维度，并通过指标数值的静态表现和动态变化，展示生活质量的截面对比和动态对比，指明生活质量持续改进的路径和方向。从实践来看，目前，生活质量指标评价设计已被广泛应用于国际、国内对比，不仅包括客观维度（经济、社会）的指标，而且包括主观维度（调查）的指标，且客观维度指标与主观维度指标相结合，已经成为普遍趋势。（1）国家生活质量（调查）指标体系。根据生活质量理念，国家生活质量指标体系的设计——无论是客观指标体系，还是主观指标体系，一般都综合了社会、经济、个人的相关问题，试图从一些主要方面尽可能将居民生活状况反映出来。指标设计方面，以维基百科提供的国民幸福指数(Gross National Happiness)为例,该指标体系包括以下7个衡量维度:经济状况,环境状况,身体状况,心理状况,工作环境,社会环境,以及政治环境等。从一定程度上来说,这个衡量生活质量的指标体系以及类似研究,是对福利经济学理念的进一步拓展,以经济增长理论为内核,融入了经济增长过程中社会及个体福利提高的诉求和理念。即使是国家层面上生活质量的指标评价,也可以根据所考察问题的不同,在指标选择和设计方面有所侧重,这种侧重主要体现在主要衡量维度之下的细项指标的设计方面,在这种情况下,指标设计体现了研究者的认识深度和对生活质量这个复杂概念的总体把握能力。欧洲生活质量调查指标(EFILWC,2005,表1)提供了这方面的一个典型实例。该体系的特征在于,突出了个人福利状况及福利改进的主要方向,指标清晰而易于把握,通过个人问卷调查达到国家生活质量评估的目的。(2)城市生活质量(调查)指标体系。类似与国家层面上的生活质量指标体系,城市生活质量质量评价同样对社会、经济和个人的主观感受进行综合,不过,城市生活质量指标设计更加突出城市的特点,而不是简单地把国家层面的评价指标复制过来。CPPHD(2002)提供了(加利福尼亚)帕萨迪纳市生活质量调查指标评价体系,该体系包含了生活质量理念所强调的社会、经济和个人福利感受的所有元素。但是,与国家层面的指标体系比较起来,城市层面的指标体系突出了城市规划管理和宜居特色。城市宜居性、便利性、可持续发展,构成城市生活质量评价的主线。

就国内研究情况来看:孙峰华等(2005)在借鉴西方发达国家对城市人口生活质量研究基础上,依据中国的实际,创建生活质量评价指标体系,并对中国31个省会城市人口生活质量进行综合评价排序和等级划分。王培刚,衣华亮(2007)根据对全国东中西部八个省会城市居民进行的主观生活质量即生活满意度的抽样调查,运用因素分析法和多元回归等统计方法,分析了影响城市居民生活质量满意度的主要影响因素。谢颖(2007)对全国8

个城市1600多个样本的实证调查的调查数据为基础,采用单因素方差分析和对应分析等方法,对影响生活质量的经济收入因素作了定量分析,揭示了个人的经济收入状况与主观总体生活满意度之间的关系。刘晶(2009)根据城市居家老人生活质量评价的若干指标,对上海城市居家老人分事件类别的主观满意度及其整体生活状况的满意度进行了实证分析,发现影响整体生活满意度评价的因素是多方面的,有经济状况因素、身体健康因素、心理健康因素、社会支持因素、婚姻状况、参与老年活动因素。

表1 欧洲生活质量调查指标

I. 生活标准	II. 邻里质量	III. 公共服务	IV. 主观福利	V. 社会资本	VII. 人力资本	VI. 健康	
1. 物质匮乏程度 2. 住房缺陷 3. 家计困难程度 4. 经济压力的主观感受	5. 物质环境 6. 对于犯罪的恐惧程度	7. 公共服务质量 8. 对于社会福利体系的信任度	9. 总体生活满意度 10. 幸福感 11. 具体领域满意程度:教育、生活标准、家庭等	12. 对他人的信任度 13. 志愿活动 14. 公民参与 15. 孤立感	16. 健康自评 17. 慢性病	18. 受教育程度 19. 网络使用	20. 总指数计算

资料来源:EFILWC,2005.

基于生活质量的普遍理念和国内外通行的城市生活质量评价指标设计方法,以公共财政理论和福利经济学理论为依托,本项目组建立了中国城市生活质量指标体系(CCLQI)。

二、本研究项目中生活质量指标体系的构建及形成方法

CCLQI分为三个部分:主观指标体系、客观指标体系以及由主客观指标体系加权形成的衡量城市生活质量的指数体系。

(一)CCLQI的主观指标体系

CCLQI的主观指标体系包括以下7项指数:收入现状满意度指数、收入预期满意度指数、生活成本满意度指数、生活改善满意度指数、生活环境满意度指数、生活便利满意度指数、生活节奏满意度指数。上述7项指标不仅涉及了人们的收入状况和生活成本,也包含了城市的宜居性以及人们所承受的生活压力,因此基本上可以反映出现阶段我国城市居民对所在城市生活质量的主观感受。

为了获取30个省会城市和直辖市生活质量的主观满意度指标,我们采用了国际通用的调查问卷形式,采用计算机辅助电话的调查方式。根据这种调查方式,要保证能够高质量地收集数据,一方面,要保证抽取样本的随机性,使得样本调查结果可以推估总体;另一方面,也要满足时效性和样本分布的广泛性。为此,我们对电话号码的抽取采用分层二阶段随机抽样方法。第一阶段按照省会城市和直辖市分布分层;第二阶段在城市行政区内,按照电话局号码分层,保证本次调查在城市空间分布上的广泛性,同时用随机尾数拨号法抽取电话号码,以保证抽取样本的随机性。利用以上抽样方法抽取的样本遍布30个省会城市和直辖市,总共拨打了近7万个电话,调查最终获得6409个有效样本,95%的置信度下指数的绝对估计误差可以控制在±0.27以内。

本次城市生活质量主观满意度调查的问卷是根据CCLQI的7个主观指标设计的,并根据7项指标向受访对象提出了相关问题。此外,还附带询问了受访者的年龄阶段、学历、是否在职、是否本地人等一些问题。问卷将CCLQI的7个主观指标中的每一个问题都给出了5个答案,并分别对5个答案赋值。需要说明的是,为了与客观指标体系相衔接,我们将收入现状满意度指数和收入预期满意度指数的得分分别赋予60%和40%的权重,加权平均后得到城市生活水平满意度指数。CCLQI的主观指标体系及答案赋值见表2。

表2　　中国城市生活质量主观指标体系设计

满意度指数（主观指数）	主观问题	答案赋值				
		100	75	50	25	0
生活水平满意度指数	收入现状(60%)	很满意	满意	一般	不满意	很不满意
	收入预期(40%)	很乐观	乐观	一般	不乐观	很不乐观
生活改善满意度指数	生活改善	很满意	满意	一般	不满意	很不满意
生活成本满意度指数	生活成本	很低	低	一般	高	很高
生活便利满意度指数	生活便利	很便利	便利	一般	不便利	很不便利
生活环境满意度指数	生活环境	很满意	满意	一般	不满意	很不满意
生活节奏满意度指数	生活节奏	很慢	慢	一般	快	很快

每个城市在每个主观指标上的得分按照以下方法得出：按照受访者的答案的赋值得分情况，得出所有受访者的总得分，用总得分除以总人数，得到每个主观指标的得分即主观满意度指数。

（二）CCLQI 的客观指标体系

CCLQI 客观指标体系的设计，试图从细项指标（二级指标，表3）的设定方面反映城市经济、社会发展的福利含义。为此，我们设计了6个一级指标，6个一级指标又涵盖了25个二级指标。一级指标的设计保持了与主观指标相一致的口径，目的是实现主客观指数的对接，以便于城市生活质量总指数的计算。

CCLQI 客观指数的计算方法是，运用因子分析法计算30个城市生活质量二级指标的因子得分，将二级指标求平均得到一级指标的因子得分；然后根据一级指标的因子的得分计算生活质量客观指数，使之能够与主观指数对接；最后按照功效系数法进行调整。由于可获性数据是2009年以及之前的数据，因此，2010年的各项指标数据是根据2006—2009年指标值的增长率算术平均推算出来的。根据一级指标，分别定义本报告的社会经济数据指数即客观指数：生活水平客观指数、生活改善客观指数、生活成本客观指数、生活便利客观指数、生活环境客观指数、人力资本客观指数。同时,我们还用25个二级指标定义了6个一级指标。①

表3　　中国城市生活质量客观指标体系设计

社会经济数据指数（客观指数）	一级指标	二级指标	对城市生活质量的影响②
生活水平客观指数	生活水平指数	1. 消费率	+
		2. 人均财富	+
生活改善客观指数	生活改善指数	3. 人均消费增长	+
		4. 人均财富增长	+
		5. 恩格尔系数	–
		6. 医疗保健消费支出比	+
		7. 教育文化娱乐支出比	+
生活成本客观指数	生活成本指数	8. 房屋销售价格指数	–
		9. 通货膨胀率	–
生活便利客观指数	生活便利指数	10. 人均铺装道路面积	+
		11. 每万人拥有公共电汽车	+
		12. 万人出租车数量	+
		13. 液化石油气普及度	+
		14. 移动电话普及率	+
人力资本客观指数	人力资本指数	15. 万人拥有医生数	+
		16. 万人床位数	+
		17. 万人医院数	+
		18. 万人影剧院数	+
		19. 人均公共图书馆藏书量	+
		20. 社保覆盖率	+
		21. 基本医疗保险覆盖率	+
		22. 失业保险覆盖率	+

① 数据来源:《中国城市(镇)生活与价格年鉴》(2006—2010年)、《中国统计年鉴》(2006—2010年)、中国经济信息网、中国房地产信息网等。

② 本栏目中的“+”为正影响,“-”为负影响。

续表

社会经济数据指数（客观指数）	一级指标	二级指标	对城市生活质量的影响
生活环境客观指数	生态环境指数	23. 人均绿地面积	+
		24. 空气质量	-
		25. 城市噪声	-

（三）城市生活质量总指数的形成及计算方法

CCLQI 分别给主观满意度指数和客观指数赋予 40% 和 60% 的权重，加权得出每个城市在每个指标上的得分情况，得到以下 5 个分指数：居民生活水平分指数、居民生活改善分指数、居民生活成本分指数、居民生活便利分指数、居民生活环境分指数。将分指数进行平均加权，即得到城市生活质量总指数。同时分别将客观指数和主观指数求平均，得到城市生活质量社会经济数据指数（客观指数）以及城市生活质量满意度指数。需要说明的是，作为对生活质量影响的很重要因素，主观指标体系中的生活节奏指数和客观指标体系中的人力资本指数，由于主客观指标不能统一，在计算总指数时虽未被采用，但作为辅助因素也进行了说明。

表 4　　城市生活质量指标体系（总指数）

总指数	分指数	社会经济数据（客观）指数（60%）	主观指数（40%）
城市生活质量总指数	居民生活水平分指数	生活水平客观指数	生活水平满意度指数
	居民生活改善分指数	生活改善客观指数	生活改善满意度指数
	居民生活成本分指数	生活成本客观指数	生活成本满意度指数
	居民生活便利分指数	生活便利客观指数	生活便利满意度指数
	居民生活环境分指数	生活环境客观指数	生活环境满意度指数
	—	人力资本客观指数	生活节奏满意度指数

三、中国 30 个省会城市和直辖市生活质量指数

表 5 列出了本次调查得出的中国 30 个省会城市和直辖市生

活质量总指数(包括客观指数和主观满意度指数)以及排序情况。

表5　中国30个城市生活质量总指数、客观指数及主观满意度指数

总指数			社会经济数据(客观)指数			满意度(主观)指数		
城市	得分	排序	城市	得分	排序	城市	得分	排序
广州	64.07	1	广州	75.07	1	海口	55.08	1
上海	60.05	2	上海	67.74	2	兰州	54.51	2
南京	59.49	3	南京	66.37	3	杭州	54.50	3
银川	58.23	4	呼和浩特	65.43	4	济南	52.67	4
呼和浩特	57.61	5	银川	62.36	5	银川	52.04	5
合肥	56.42	6	石家庄	61.33	6	合肥	51.75	6
石家庄	56.27	7	北京	61.15	7	成都	51.63	7
北京	56.23	8	福州	59.97	8	重庆	51.30	8
长春	56.01	9	沈阳	59.82	9	西宁	51.15	9
福州	56.00	10	合肥	59.54	10	长春	50.73	10
杭州	55.78	11	长春	59.54	11	福州	50.03	11
沈阳	55.51	12	南宁	59.40	12	哈尔滨	49.90	12
济南	55.45	13	南昌	58.06	13	乌鲁木齐	49.88	13
成都	55.08	14	成都	57.38	14	西安	49.68	14
南宁	55.07	15	济南	57.29	15	贵阳	49.17	15
郑州	53.50	16	杭州	56.64	16	南京	49.17	16
南昌	53.43	17	郑州	56.54	17	天津	49.12	17
重庆	53.14	18	武汉	55.91	18	沈阳	49.03	18
海口	52.44	19	昆明	54.95	19	郑州	48.93	19
天津	52.16	20	长沙	54.75	20	北京	48.84	20
长沙	51.99	21	重庆	54.36	21	石家庄	48.68	21
西安	51.94	22	天津	54.19	22	南宁	48.57	22
昆明	51.93	23	西安	53.45	23	上海	48.52	23
兰州	51.87	24	贵阳	53.34	24	长沙	47.85	24
贵阳	51.67	25	太原	53.26	25	广州	47.56	25
哈尔滨	51.54	26	哈尔滨	52.63	26	昆明	47.40	26
武汉	51.36	27	海口	50.68	27	太原	46.78	27
太原	50.67	28	兰州	50.11	28	南昌	46.48	28
西宁	50.11	29	西宁	49.41	29	呼和浩特	45.88	29

续表

总指数			社会经济数据(客观)指数			满意度(主观)指数		
城市	得分	排序	城市	得分	排序	城市	得分	排序
乌鲁木齐	49.59	30	乌鲁木齐	49.40	30	武汉	44.52	30
全国平均	54.49		全国平均	57.67		全国平均	49.71	

从表5中可以看出,在全国30个城市中,居民生活质量总平均指数为54.49,处于一般和满意之间。全国城市居民生活质量社会经济数据所代表的客观指数平均值(57.67)高于主观指数平均值(49.71)。以上数据说明,全国30个城市居民生活质量总体有待于提高。

全国城市居民生活质量总指数为55分以上的城市有15个,除了乌鲁木齐外,所有城市的总指数均在50分以上。排名前10位的是:广州、上海、南京、银川、呼和浩特、合肥、石家庄、北京、长春、福州。其中广州和上海的得分超过60分,达到较高的水平。排名后5位的是:哈尔滨、武汉、太原、西宁、乌鲁木齐。排名前10的城市中,东部地区有6个,中部地区有2个,西部地区有2个。排名靠后的城市中,中部地区有3个,西部地区有2个。

就生活质量社会经济数据(客观)指数而言,得分55分以上的城市有18个,超过60分以上的城市有7个,西宁和乌鲁木齐的得分低于50。排名前10位的分别是:广州、上海、南京、呼和浩特、银川、石家庄、北京、福州、沈阳、合肥。在前10位中,东部地区城市有6个,中部地区有2个,西部地区有2个。排名后5位的城市分别是:哈尔滨、海口、兰州、西宁、乌鲁木齐。其中,西部地区有3个城市。通过生活质量客观指数排名,我们发现,东部地区生活质量整体上要高于中西部地区。

就全国城市生活质量满意度(主观)指数而言,得分50分以上的有11个城市,分值高于55的仅有海口一个城市,整体偏低。在排名前10位的城市有:海口、兰州、杭州、济南、银川、合肥、成都、重庆、西宁、长春。排名前10位的城市中,东部沿海城市有4

个，中部城市有1个，西部城市有5个。排名后5位的是昆明、太原、南昌、呼和浩特、武汉。在后5位的城市中，东部沿海地区有1个，中部地区有3个，西部地区有1个。通过生活质量主观指数排名我们发现，中西部城市生活质量主观满意度要高于东部城市。

四、中国30个省会城市和直辖市生活质量分指数

支撑30个城市生活质量总指数的分指数包括生活水平分指数、生活改善分指数、生活成本分指数、生活便利分指数和生活环境分指数，同时还包括未实行主客观对接的生活节奏分指数和人力资本分指数。

（一）生活水平分指数

表6列出了本次调查得出的30个城市生活水平分指数（包括客观指数和主观满意度指数）和排序情况。

表6　　中国30个城市生活水平分指数

城市生活水平								
城市生活水平分指数			社会经济数据（客观）指数			满意度（主观）指数		
城市	得分	排序	城市	得分	排序	城市	得分	排序
广州	69.06	1	广州	80.00	1	海口	58.08	1
上海	66.79	2	上海	77.37	2	兰州	55.78	2
福州	59.01	3	北京	62.75	3	哈尔滨	55.34	3
北京	58.67	4	福州	62.50	4	合肥	54.88	4
杭州	57.16	5	南宁	59.18	5	济南	54.60	5
南宁	55.58	6	杭州	59.04	6	杭州	54.34	6
南京	55.45	7	南京	59.02	7	福州	53.78	7
南昌	54.97	8	南昌	58.04	8	乌鲁木齐	53.60	8
银川	54.42	9	银川	56.77	9	长沙	53.33	9
合肥	54.27	10	合肥	53.86	10	广州	52.65	10
济南	51.74	11	石家庄	52.56	11	北京	52.55	11
长沙	51.23	12	武汉	51.12	12	成都	52.05	12

续表

城市生活水平								
城市生活水平分指数			社会经济数据（客观）指数			满意度（主观）指数		
城市	得分	排序	城市	得分	排序	城市	得分	排序
石家庄	51.00	13	贵阳	51.07	13	重庆	51.41	13
昆明	50.91	14	昆明	50.85	14	长春	51.40	14
贵阳	50.64	15	济南	49.84	15	天津	51.01	15
武汉	50.46	16	长沙	49.82	16	昆明	50.99	16
长春	49.75	17	呼和浩特	49.77	17	上海	50.93	17
哈尔滨	49.75	18	长春	48.65	18	银川	50.90	18
海口	49.58	19	太原	48.52	19	西宁	50.85	19
呼和浩特	49.45	20	沈阳	48.39	20	南昌	50.37	20
太原	48.91	21	郑州	47.78	21	西安	50.20	21
郑州	48.58	22	哈尔滨	46.02	22	南宁	50.18	22
天津	47.94	23	天津	45.89	23	南京	50.09	23
沈阳	47.91	24	成都	44.84	24	贵阳	50.00	24
成都	47.73	25	西安	44.28	25	郑州	49.79	25
兰州	47.63	26	海口	43.92	26	太原	49.51	26
西安	46.65	27	重庆	43.25	27	武汉	49.48	27
重庆	46.51	28	兰州	42.19	28	呼和浩特	48.98	28
乌鲁木齐	45.44	29	西宁	41.62	29	石家庄	48.67	29
西宁	45.31	30	乌鲁木齐	40.00	30	沈阳	47.20	30
全国平均	52.08		全国平均	52.30		全国平均	51.76	

从表6中可以看出，30个城市居民生活水平分指数平均值为52.08，其中客观指数稍高（52.30）于主观指数（51.76）。但总体上都比较低。居民生活水平排名前10位的是：广州、上海、福州、北京、杭州、南宁、南京、南昌、银川、合肥。排名后5位的是：兰州、西安、重庆、乌鲁木齐、西宁。

排名前10位的绝大多数为东部（6个）和中部（2个）城市，而排名后5位的全部为西部城市，说明东部城市居民生活水平整体上要高于西部城市。其中重要原因在于东部城市生活水平客观指数整体上要远远高于西部城市。进一步分析生活水平客观指数我们发现,生活水平客观指数排名前10位的城市也是生活水平分指数排名前10位的城市(广州、上海、北京、福州、南宁、杭州、南京、南昌、银川、合肥);生活水平客观指数排在后2位的城市也是生活水平分指数排在后2位的城市(西宁、乌鲁木齐)。说明生活水平客观指数的高低直接决定着生活水平分指数的高低,主观满意度指数对这些城市影响不大。

进一步比较生活水平满意度(主观)指数。排名前10位的城市分别为:海口、兰州、哈尔滨、合肥、济南、杭州、福州、乌鲁木齐、长沙、广州。排名后5位的城市分别为:太原、武汉、呼和浩特、石家庄、沈阳。生活水平满意度较高的城市并不是那些经济最发达的城市,像兰州(2)、哈尔滨(3)、合肥(4)、济南(5)[①]均属于中等经济发展水平的城市,在这些中型城市,人们对收入的满意程度较高。排名靠后的城市也不是那些西部相对落后的地区,反而是中东部一些城市,例如,太原(26)、武汉(27)、呼和浩特(28)、石家庄(29)、沈阳(30)。[②] 说明西部地区尽管收入绝对水平较低,但居民整体来说对收入水平满意度要高于中部城市;北京、天津、上海、广州在这一指标的排名分别为第11、15、17、10位,表现并不乐观,说明这些经济发达城市尽管居民收入绝对水平较高,但对收入水平的主观满意度较低。之所以存在上述情况,生活成本可能是原因之一,这将从生活成本分指数中得到进一步证实。

(二)生活改善分指数

表7列出了本次调查得出的30个城市生活改善分指数(包括客观指数和主观满意度指数)及其排序情况。

① 括号里面数字代表生活质量满意度(主观)指数的排名。

② 同上。

表 7　　中国 30 个城市居民生活改善分指数

生活改善								
城市生活改善分指数			社会经济数据（客观）指数			满意度（主观）指数		
城市	得分	排序	城市	得分	排序	城市	得分	排序
呼和浩特	69.81	1	呼和浩特	80.00	1	兰州	61.93	1
银川	67.94	2	长春	78.06	2	海口	60.90	2
长春	67.66	3	沈阳	77.22	3	银川	58.97	3
沈阳	65.92	4	银川	73.92	4	杭州	58.55	4
南京	63.74	5	南京	72.36	5	北京	56.56	5
广州	62.94	6	广州	71.33	6	乌鲁木齐	55.62	6
上海	61.81	7	上海	69.71	7	贵阳	54.82	7
北京	61.14	8	南昌	67.50	8	西宁	54.80	8
石家庄	60.69	9	西安	67.19	9	呼和浩特	54.52	9
西安	59.94	10	石家庄	65.52	10	济南	53.91	10
南昌	59.59	11	北京	64.19	11	石家庄	53.44	11
济南	59.52	12	济南	63.27	12	郑州	53.03	12
重庆	58.31	13	重庆	62.92	13	长春	52.07	13
合肥	57.91	14	合肥	62.13	14	福州	52.06	14
兰州	57.52	15	哈尔滨	61.26	15	太原	51.81	15
哈尔滨	57.12	16	成都	61.19	16	合肥	51.56	16
成都	56.96	17	太原	60.18	17	重庆	51.40	17
太原	56.83	18	贵阳	57.60	18	哈尔滨	50.92	18
贵阳	56.49	19	福州	57.16	19	天津	50.91	19
杭州	55.45	20	天津	57.05	20	南京	50.81	20
海口	55.27	21	郑州	54.86	21	成都	50.62	21
福州	55.12	22	兰州	54.58	22	广州	50.37	22
天津	54.59	23	武汉	53.92	23	南宁	50.00	23
郑州	54.13	24	南宁	53.91	24	上海	49.97	24
西宁	53.24	25	杭州	53.38	25	武汉	49.61	25
南宁	52.34	26	长沙	52.48	26	长沙	49.50	26
武汉	52.20	27	西宁	52.20	27	西安	49.06	27
长沙	51.29	28	海口	51.52	28	沈阳	48.97	28

续表

生活改善								
城市生活改善分指数			社会经济数据(客观)指数			满意度(主观)指数		
城市	得分	排序	城市	得分	排序	城市	得分	排序
乌鲁木齐	49.74	29	乌鲁木齐	45.82	29	昆明	47.98	29
昆明	43.19	30	昆明	40.00	30	南昌	47.73	30
全国平均	**57.95**		**全国平均**	**61.41**		**全国平均**	**52.75**	

从表7中可以看出,30个城市居民生活改善分指数平均值为57.95,高于居民生活水平分指数的平均值(52.08)。其中客观指数(61.41)要远高于主观指数(52.75),说明城市居民生活客观上虽然有了较大改善,但仍低于居民对收入改善的预期。城市居民生活改善分指数排前10位的是:呼和浩特、银川、长春、沈阳、南京、广州、上海、北京、石家庄、西安。排后5位的城市是:南宁、武汉、长沙、乌鲁木齐、昆明。排名前10位的城市中,东部城市5个,中西部城市5个,排名后5位的全部为中西部城市。有9个城市超过60分,处于较高的水平,除乌鲁木齐和昆明外,其他城市的得分均超过50。

就生活改善客观指数而言,达到60分以上的有17个,排在前10位的是:呼和浩特、长春、沈阳、银川、南京、广州、上海、南昌、西安、石家庄。排在后5位的是:长沙、西宁、海口、乌鲁木齐、昆明。就生活改善主观指数而言,满意度达50分以上的有23个城市,最高分值为61.39(兰州),最低分值为47.73(南昌)。排在前10位的城市是:兰州、海口、银川、杭州、北京、乌鲁木齐、贵阳、西宁、呼和浩特、济南。排在后5位的是:长沙、西安、沈阳、昆明、南昌。通过比较生活改善主客观指标,我们发现,排名靠前的城市以中、西部城市居多。这可能与这些城市近年用于居民生活改善的投入增加有关,也可能与这些城市发展起点和收入水平相对较低有关,因而主观满意度指数较高。

（三）生活成本分指数

表8列出了本次调查得出的30个城市生活成本分指数（包括客观指数和主观满意度指数）和排序情况。

表8　　中国30个城市居民生活成本分指数

生活成本								
城市生活成本分指数			社会经济数据（客观）指数			满意度（主观）指数		
城市	得分	排序	城市	得分	排序	城市	得分	排序
广州	60.04	1	广州	80.01	1	长春	37.31	1
呼和浩特	58.26	2	呼和浩特	77.23	2	哈尔滨	37.24	2
成都	55.16	3	成都	69.82	3	西安	37.15	3
郑州	54.90	4	南京	69.71	4	合肥	35.63	4
南京	54.31	5	郑州	68.67	5	海口	35.26	5
南昌	53.81	6	南昌	67.93	6	天津	34.98	6
福州	53.62	7	福州	67.71	7	太原	34.54	7
沈阳	53.47	8	沈阳	66.38	8	石家庄	34.40	8
天津	52.69	9	武汉	64.70	9	济南	34.38	9
武汉	52.16	10	天津	64.51	10	郑州	34.24	10
太原	51.05	11	重庆	64.12	11	兰州	34.17	11
昆明	50.67	12	昆明	63.36	12	沈阳	34.11	12
石家庄	50.63	13	贵阳	62.39	13	武汉	33.35	13
重庆	50.53	14	上海	62.30	14	西宁	33.25	14
哈尔滨	50.40	15	太原	62.06	15	南宁	33.23	15
南宁	49.34	16	石家庄	61.46	16	成都	33.17	16
济南	49.30	17	南宁	60.08	17	南昌	32.64	17
西安	48.95	18	杭州	59.92	18	福州	32.47	18
长春	48.94	19	长沙	59.75	19	昆明	31.62	19
上海	48.78	20	济南	59.25	20	乌鲁木齐	31.46	20
合肥	48.59	21	哈尔滨	59.17	21	银川	31.41	21
贵阳	48.17	22	北京	58.95	22	南京	31.22	22
杭州	47.97	23	合肥	57.24	23	重庆	30.15	23
长沙	47.63	24	西安	56.83	24	广州	30.09	24
北京	46.88	25	长春	56.69	25	杭州	30.04	25

续表

生活成本								
城市生活成本分指数			社会经济数据(客观)指数			满意度(主观)指数		
城市	得分	排序	城市	得分	排序	城市	得分	排序
兰州	46.63	26	兰州	54.93	26	呼和浩特	29.82	26
西宁	45.35	27	西宁	53.41	27	长沙	29.46	27
海口	44.68	28	海口	50.96	28	北京	28.77	28
银川	41.98	29	银川	49.02	29	上海	28.51	29
乌鲁木齐	36.59	30	乌鲁木齐	40.00	30	贵阳	26.83	30
全国平均	**50.05**		**全国平均**	**61.62**		**全国平均**	**32.70**	

需要说明的是,生活成本指数越高说明该城市生活成本越低,居民满意度越高;反之亦然。从表8中可以看出,全国30个城市生活成本分指数平均值为50.05,其中客观指数平均值为61.62,主观满意度指数平均值为32.70,两者相差甚远。在CCLQI体系中,房屋销售价格指数和通货膨胀率是描述生活成本的两个二级指标,说明居民普遍对高企的房价和物价不满,并存在较高的通货膨胀预期。生活成本分指数排在前10位的是:广州、呼和浩特、成都、郑州、南京、南昌、福州、沈阳、天津、武汉。排在后5位的城市分别为:兰州、西宁、海口、银川、乌鲁木齐。进一步分析生活成本客观指数,排在前10位的城市是:广州、呼和浩特、成都、南京、郑州、南昌、福州、沈阳、武汉、天津。排在后5位的城市是兰州、西宁、海口、银川、乌鲁木齐。客观指数与生活成本分指数排名前10位和后5位的城市完全一样,只是排序略有区别。说明生活成本客观指数直接决定着生活成本分指数的高低。

观察生活成本的主观满意度指数,排在前10位的是:长春、哈尔滨、西安、合肥、海口、天津、太原、石家庄、济南、郑州。而上海、北京和广州等大城市的主观满意度指数都很低,分别排在第29、28、24位,表明这些大城市的居民对高企的房价和物价更加不满，并具有更高的通货膨胀预期。

（四）生活便利分指数

表9列出了本次调查得出的30个城市生活便利分指数（包括客观指数和主观满意度指数）和排序情况。

表9 中国30个省会城市居民生活便利分指数

生活便利								
城市生活便利分指数			社会经济数据（客观）指数			满意度（主观）指数		
城市	得分	排序	城市	得分	排序	城市	得分	排序
银川	72.74	1	银川	80.00	1	济南	66.15	1
石家庄	69.18	2	石家庄	78.91	2	重庆	63.28	2
济南	67.97	3	呼和浩特	74.90	3	杭州	62.95	3
合肥	67.21	4	合肥	72.56	4	兰州	62.39	4
呼和浩特	65.06	5	北京	70.53	5	银川	61.84	5
北京	64.68	6	济南	69.19	6	成都	60.30	6
成都	63.69	7	昆明	68.85	7	合肥	59.18	7
杭州	63.60	8	长春	67.24	8	沈阳	58.45	8
长春	63.00	9	成都	65.95	9	上海	58.43	9
昆明	62.27	10	郑州	65.00	10	南京	57.75	10
郑州	61.44	11	杭州	64.02	11	长春	56.64	11
南京	60.39	12	广州	64.00	12	海口	56.41	12
广州	60.28	13	长沙	63.94	13	福州	56.25	13
长沙	59.76	14	武汉	63.23	14	郑州	56.10	14
兰州	59.62	15	南京	62.14	15	天津	56.04	15
天津	58.56	16	乌鲁木齐	60.44	16	北京	55.91	16
乌鲁木齐	58.28	17	天津	60.25	17	哈尔滨	55.89	17
福州	58.00	18	西宁	59.83	18	乌鲁木齐	55.06	18
沈阳	57.99	19	福州	59.16	19	西宁	54.85	19
西宁	57.84	20	兰州	57.78	20	广州	54.71	20
武汉	57.58	21	沈阳	57.69	21	石家庄	54.59	21

续表

生活便利								
城市生活便利分指数			社会经济数据(客观)指数			满意度(主观)指数		
城市	得分	排序	城市	得分	排序	城市	得分	排序
上海	57.02	22	西安	56.31	22	西安	54.09	22
西安	55.42	23	上海	56.08	23	长沙	53.50	23
哈尔滨	54.15	24	哈尔滨	52.99	24	贵阳	53.44	24
贵阳	51.23	25	太原	50.65	25	昆明	52.39	25
太原	50.78	26	南昌	50.26	26	太原	50.99	26
南昌	50.32	27	贵阳	49.76	27	南昌	50.41	27
南宁	49.50	28	南宁	49.38	28	呼和浩特	50.30	28
重庆	49.31	29	海口	43.78	29	南宁	49.70	29
海口	48.83	30	重庆	40.00	30	武汉	49.10	30
全国平均	**59.19**		**全国平均**	**61.16**		**全国平均**	**56.24**	

从表9中可以看出,30个城市居民生活便利分指数平均值为59.19,生活便利客观指数平均值为61.16,主观指数平均值为56.24,在5个可以对接的主客观指数中是得分最高的分指数。生活便利分指数排在前10位的分别是:银川、石家庄、济南、合肥、呼和浩特、北京、成都、杭州、长春、昆明。排在后5位的分别是:太原、南昌、南宁、重庆、海口。全国超过60分的有13个城市,超过50分的有27个城市。

在CCLQI体系中,我们用人均铺装道路面积、每万人拥有公共电汽车、万人出租车数量、液化石油气普及度以及移动电话普及率来度量生活便利客观指数。较高的生活便利客观指数以及主观满意度指数表明,中央以及地方政府在城市基础设施建设和公共交通投入方面成效显著,提高了城市居民生活的便利程度。

(五)生活环境分指数

表10列出了本次调查得出的30个城市生活环境分指数(包括客观指数和主观满意度指数)和排序情况。

表10　　中国30个城市居民生活环境分指数

城市生活环境分指数			社会经济数据			满意度指数		
城市	得分	排序	城市	得分	排序	城市	得分	排序
南宁	68.58	1	广州	80.00	1	杭州	66.59	1
广州	68.00	2	南宁	74.46	2	海口	64.74	2
上海	65.85	3	上海	73.26	3	成都	62.00	3
海口	63.82	4	南京	68.61	4	西宁	61.99	4
南京	63.56	5	海口	63.20	5	贵阳	60.78	5
重庆	61.02	6	重庆	61.53	6	重庆	60.26	6
乌鲁木齐	57.90	7	乌鲁木齐	60.74	7	南宁	59.76	7
杭州	54.74	8	福州	53.31	8	兰州	58.26	8
福州	54.23	9	银川	52.11	9	西安	57.92	9
合肥	54.15	10	合肥	51.92	10	合肥	57.50	10
银川	54.09	11	昆明	51.67	11	银川	57.05	11
昆明	52.62	12	沈阳	49.43	12	沈阳	56.44	12
沈阳	52.23	13	北京	49.36	13	长春	56.22	13
成都	51.85	14	石家庄	48.22	14	南京	55.99	14
贵阳	51.85	15	长沙	47.77	15	福州	55.61	15
长春	50.71	16	长春	47.04	16	上海	54.74	16
长沙	50.05	17	杭州	46.84	17	济南	54.35	17
石家庄	49.85	18	武汉	46.60	18	昆明	54.04	18
北京	49.79	19	南昌	46.55	19	乌鲁木齐	53.65	19
西宁	48.80	20	郑州	46.40	20	长沙	53.47	20
西安	48.75	21	贵阳	45.89	21	天津	52.68	21
济南	48.70	22	呼和浩特	45.26	22	石家庄	52.29	22
郑州	48.45	23	成都	45.08	23	郑州	51.52	23
南昌	48.42	24	济南	44.93	24	南昌	51.24	24
兰州	47.96	25	太原	44.90	25	北京	50.43	25
天津	47.02	26	哈尔滨	43.70	26	哈尔滨	50.13	26
哈尔滨	46.27	27	天津	43.26	27	广州	50.00	27
太原	45.76	28	西安	42.64	28	太原	47.04	28
呼和浩特	45.47	29	兰州	41.09	29	呼和浩特	45.78	29
武汉	44.38	30	西宁	40.00	30	武汉	41.04	30
全国平均	**53.16**		**全国平均**	**51.86**		**全国平均**	**55.12**	

从表10中可以看出，生活环境分指数全国平均值为53.16，生活环境客观指数平均值（51.86）略低于主观指数平均值（55.12）。在可以实现主客观对接的5个分指数中，生活环境分指数是次低的，仅略高于生活成本指数（50.05），而生活环境客观指数又是所有客观指数中最低的。说明城市生活环境亟待提高。在生活环境分指数中，排在前10位的城市分别是：南宁、广州、上海、海口、南京、重庆、乌鲁木齐、杭州、福州、合肥。排在后5位的城市分别是天津、哈尔滨、太原、呼和浩特、武汉。

全国30个城市居民生活环境客观指数排在前10位的城市分别是：广州、南宁、上海、南京、海口、重庆、乌鲁木齐、福州、银川、合肥。排在后5位的城市分别是：哈尔滨、天津、西安、兰州、西宁。全国省会城市居民满意度（主观）指数排名前10位的城市分别是：杭州、海口、成都、西宁、贵阳、重庆、南宁、兰州、西安、合肥。排在后5位的城市分别为：哈尔滨、广州、太原、呼和浩特、武汉。

在在CCLQI体系中，我们用人均绿地面积、空气质量、城市噪声来度量生活环境。根据以上排名，风景宜人的城市以及中西部地区城市生活环境主观指数较高。排名前两位的杭州（1）和海口（2），均属于气候适宜、风景美丽的城市。排名前10位的其他城市，除合肥（10）外，全部为西部城市，西部城市有着良好的自然和生态环境，因而生活环境指数较高。而生活环境分指数较低的城市如武汉（30）、呼和浩特（29）、太原（28）以及客观指数较低的西宁（30）、兰州（29）、西安（28）等城市排名之所以靠后，我们都可以从这些城市的人均绿地面积或空气质量、城市噪声中找到答案。

（六）人力资本客观指数和生活节奏客观指数

由于无法实现主客观指数的对接，我们对人力资本客观指数和生活节奏客观指数单独进行分析。表11列出了本次调查的30个城市人力资本客观指数和生活节奏主观满意度指数的情况。

表 11 人力资本客观指数和生活节奏主观指数排名

人力资本客观指数						生活节奏主观指数					
城市	得分	排序	城市	得分	排序	城市	得分	排序	城市	得分	排序
北京	80.01	1	银川	55.11	16	银川	48.68	1	西安	42.85	16
上海	77.45	2	成都	55.00	17	西宁	46.17	2	呼和浩特	42.77	17
杭州	69.74	3	哈尔滨	54.03	18	南京	45.85	3	重庆	42.64	18
广州	69.33	4	合肥	53.92	19	杭州	45.35	4	长春	42.62	19
昆明	68.86	5	天津	53.60	20	济南	44.72	5	福州	42.60	20
沈阳	65.92	6	乌鲁木齐	53.36	21	长沙	44.55	6	海口	42.31	21
石家庄	65.30	7	贵阳	51.89	22	天津	44.53	7	成都	41.58	22
福州	62.78	8	长春	51.59	23	昆明	44.30	8	南昌	40.50	23
武汉	62.49	9	南昌	50.72	24	沈阳	44.16	9	上海	40.09	24
呼和浩特	60.60	10	兰州	50.05	25	贵阳	44.04	10	南宁	39.63	25
长沙	58.27	11	西安	49.31	26	太原	43.91	11	哈尔滨	39.14	26
太原	57.40	12	西宁	47.29	27	石家庄	43.81	12	乌鲁木齐	38.76	27
济南	57.02	13	南宁	47.02	28	郑州	43.48	13	广州	38.72	28
郑州	56.91	14	海口	41.81	29	武汉	43.13	14	兰州	38.07	29
南京	55.27	15	重庆	40.00	30	合肥	43.13	15	北京	38.03	30
全国平均			57.40			全国平均			42.67		

在 CCLQI 体系中,我们用万人拥有医生数、社保覆盖率、失业保险覆盖率等 8 个二级指标来度量人力资本客观指数。从表 11 中可以看到,人力资本客观指数的平均值为 57.4,在所有客观指数中处于中等水平,接近生活质量客观指数的全国平均值(57.67)。人力资本客观指数排名前 10 位的是:北京、上海、杭州、广州、昆明、沈阳、石家庄、福州、武汉、呼和浩特。排在后 5 位的是:西安、西宁、南宁、海口、重庆。通过比较我们发现,人力资本排名前 10 位的城市中有 6 个与生活质量总指数排名前 10 位的

城市相同,人力资本指数排名靠后的城市,生活质量总指数排名也比较靠后。说明人力资本客观指数与生活质量高低有着重要的联系。

在所有的主观满意度指数中,生活节奏指数是一个次低的分指数,分值只有42.67,仅高于生活成本主观满意度指数(32.70),也低于城市生活质量满意度指数的全国平均值(49.71)。生活节奏主观指数排名前10的城市是:银川、西宁、南京、杭州、济南、长沙、天津、昆明、沈阳、贵阳。排在后5位的城市是:哈尔滨、乌鲁木齐、广州、兰州、北京。生活节奏快,说明人们的生活压力大,如何减缓人们的生活节奏和减轻人们的生活压力,是城市管理者面临的一个难题。

五、经济发展中的反差

CCLQI体系的设计借鉴了国际上对居民生活质量的评价指标,并结合了中国的国情,应当说,这一指标体系是比较科学的。当然,随着我国经济的进一步发展,城市居民综合素质的进一步提高,衡量居民生活质量的指标也将发生相应的变化。但我们认为,在中国目前的经济发展阶段,居民的收入水平及其改善情况、生活成本、生活便利程度、生活环境以及生活节奏和人力资本状况,是影响城市居民生活质量的主导因素。根据CCLQI体系,我们采取了国际通用的问卷调查方式获取主观满意度指数,并根据国家权威机构发布的相关数据计算30个城市的客观数据,因此,对中国30个城市居民生活质量的调查结果是真实可信的。

从对30个城市生活质量的调查结果来看,在中国经济发展的现阶段,明显存在两个反差:一是高速的经济增长与居民生活质量的提高之间存在反差;二是居民实际生活质量与居民主观感受之间存在反差。

(一)高速经济增长与居民生活质量提高之间的反差

自改革开放以来,中国经济每年都以9%以上的速度递增,但城市居民的总体生活质量却徘徊在一般和满意之间，54.49 的分值说明城市生活质量距离满意的水平（75 分）还相差较远。为什么经济生活中会存在这一反差？由于在 CCLQI 体系中，城市生活质量指数是由主观指数和客观指数构成的，因此这种反差的出现既有主观方面的因素，也有客观方面的因素。

在一个国家或城市中，经济增长或收入增长与经济主体的幸福感受之间的相关关系比较复杂。一般而言，在一个国家或城市的收入水平较低时，收入增加与经济主体的幸福感受之间有较强的关联，但当一个国家或城市的人均收入超过一定水平之后，这种关系就可能弱化甚至可能消失，这就是 Easterlin（1995）所阐明的收入增长与幸福感受之间的悖论。我国高速经济增长与居民生活质量提高之间存在反差的主要原因在于：在长期经济增长的作用下，我国已进入中等收入国家，收入增长所导致的幸福感受的边际效应在逐步下降，而健康、教育、生活成本、生活便利程度、生活节奏、收入分配的公平程度、社会渴望等因素在幸福感中所起的边际作用在不断提高。伴随着我国经济高速增长而出现的生活节奏加快，生活压力加大；由城市规模膨胀而产生的房价高企，生活成本提高，生活便利程度下降；居民收入分配平等程度降低；大规模城市化所导致的传统社区生活的消失，都有可能降低人们的生活质量，使高速经济增长与居民生活质量提高之间出现反差。在我们的调查中，经济发达的东部地区收入水平整体上虽然高于中西部地区，但生活质量的主观满意度却低于西部地区，就说明了这一点。

此外，按照 Samuelson 所提出的“幸福 = 效用/欲望”的幸福方程式，当效用给定时，人们的欲望越大，幸福感受就越小。通常而言，经济主体的欲望与经济水平之间正相关。随着我国经济的持续高速增长，居民的欲望也在不断增强，因而可能抵消效用的增加，从而导致幸福感受不增加甚至下降。

从影响生活质量的客观因素来看。在 CCLQI 体系中，影响客观指数的二级指标有 25 个。在直接影响城市总体生活质量的 17 个二级指标中(人力资本分指数未计算在总指数中),确有许多不尽如人意之处。例如,生活环境分指数,全国 30 个城市的平均值只有 51.86,是所有客观指数中最低的。究其原因,伴随我国经济的高速增长,人均绿地面积未能大幅增加、空气质量下降、城市噪声增加等,都是导致城市生活质量不高的重要因素。再比如,在生活水平分指数中,30 个城市的客观指数分值平均只有 52.30,是所有客观指数中次低的。在 CCLQI 体系中,生活水平客观指数包含消费率和人均财富两个二级指标。这意味着,虽然我国经济多年持续高速增长,但消费率的提高和人均财富的增加并不理想。这说明经济高速增长所创造出来的财富并没有较大幅度地用于增加消费,也没有在最大限度上普惠于大多数居民。这可能与当前我国的经济增长主要以投资拉动而不是消费拉动的增长方式有关,也与当前存在的收入分配不公和社会保障体系不健全有关。在其他客观分指数中,也有类似于上面两种分指数的情况。

(二)居民实际生活质量与居民主观感受之间的反差

本次调查结果显示,全国 30 个城市生活质量客观指数平均值为 57.67,而主观满意度指数平均值只有 49.71。尤其是在大城市,这种反差就更为显著。例如,广州、上海和北京三个城市的生活质量客观指数排名分别为第 1(75.07)、第 2(67.74)和第 7(61.15),而主观满意度指数却排名第 25(47.56)、第 23(48.52)和第 20(48.84)①。进一步比较生活质量主观满意度指数的排名我们发现,排名靠前的有很多属于西部城市,例如,兰州(2)、银川(5)、成都(7)、重庆(8)、西宁(9),排名靠后的有很多属于东部发达城市,例如,天津(17)、北京(20)、上海(23)、广州(25)②。为什

① 括号内的数字为该城市在该指标的得分。

② 括号内的数字代表该城市生活质量满意度指数排名。

么会出现这种反差?

毋庸置疑,造成居民实际生活质量与居民主观感受之间出现发差的原因是复杂的,并且不同的城市有不同的情况。但从调查的结果来看,造成主观满意度较低的原因,可以从我们的分项主观指数中得到部分解释。受访者对各方面的满意程度依次降序排序为:生活便利(56.24)、生活环境(55.12)、收入预期(53.32)、生活改善(52.75)、收入现状(50.73)、生活节奏(42.67)、生活成本(32.70)①。

显然,导致主客观指数出现反差的最大因素是生活成本。30个城市的生活成本客观指数平均值为61.62,虽然并不很高,但主观满意度指数更低,平均值只有32.70。这表明,高企的房价、较高的通货膨胀率是导致生活质量客观指数与主观满意度之间存在反差的重要原因。以广州、上海和北京等大城市为例,广州的生活成本客观指数排名第1位(80.01),说明生活成本在客观上是较低的,但主观满意度指数却排名第12位(30.09);上海的生活成本客观指数排名第14位(62.30),但主观满意度指数排名第29位(28.51);②北京生活成本的客观指数和主观指数的分值均不理想,分别为58.95和28.77,在30个城市中,客观指数排名第22位,主观指数排名28。尽管不同的城市有不同的情况,但从总体上看,生活成本高是导致全国30个城市生活质量客观指数和主观满意度之间存在较大反差的重要原因之一。

在主观满意度指数中,除了生活成本指数,低于主观满意度指数平均值的还有生活节奏指数。尽管在CCLQI中没有与之相对应的客观指标,从而未能实现生活节奏主客观指数的统一,但主观满意度指数同样从一个侧面表达了城市居民对生活质量的满意程度。生活节奏快与生活成本高一样,都表明了人们所承受

---

① 括号内的数字为该主观指标的全国平均值。

② 括号内的数字为该城市在该指标的得分。

的生活压力较大。通过调查我们发现,舒缓的生活节奏能够提高人们的生活质量。以银川和南京为例,两个城市的生活节奏指数排名分别为第1位和第3位,其生活质量总指数也排名相对靠前。而一些生活节奏快的大城市,生活质量总指数排名则相对靠后,例如北京,生活节奏最快(排名第30位),其生活质量总指数仅排名第8。尽管在总指数中未将生活节奏指数计算进去,但生活节奏过快会使人产生焦躁情绪,这种情绪的存在也一定会影响到其他主观满意度指标的调查结果。

如果进一步把生活节奏指数纳入生活质量主观满意度指数中,就会发现生活节奏对生活质量主观满意度产生的影响,以生活节奏排名前3位的银川(1)、西宁(2)和南京(3)三个城市为例,如果不考虑生活节奏因素,三个城市主观满意度指数排名分别为第5位、第9位、第16位;纳入生活节奏因素后,三个城市主观满意度指数排名都得到了提升,分别为第4位、第6位、第12位。再以生活节奏排名后三位的广州(28)、兰州(29)、北京(30)为例,如果不考虑生活节奏因素,三个城市生活质量主观满意度排名分别为第25位、第2位、第20位,纳入生活节奏因素后,三个城市主观满意度排名均有所下降,分别为第27位、第3位、第24位。

上述反差实际上涉及了生活质量研究的一种重要领域,即对主观幸福感的研究。人们的主观幸福感到底与物质财富的多寡存在何种联系?早期的研究表明,高收入者体验到较多的正向情感,而低收入者体验到较多的负向情感。近期研究发现,收入与主观幸福感相关性并不是很高。Diener等(1993)针对美国的研究发现,居民个人收入与主观幸福感之间的相关性达到了显著的水平,但相关度非常低,其对个体主观幸福感差异的解释比例不足2%。Clark等(1994)对英国的研究则显示,收入对主观幸福感的影响没有达到显著水平。Diener等(1999)对法国、日本和美国等发达国家居民收入与主观幸福感关系的研究表明,尽管这些国家居民收入有了迅猛增长,但是主观幸福感水平却相当稳定。另外,相关研究还发现,人格、年龄、婚姻、社会支持、性别、宗教信仰、职业等因素都与主观幸福感有关(刑占军,2011)。很显然,决定中国城市居民主观感受的因素不仅仅是客观生活质量,还包括诸如上述因素及其他诸多因素,这些因素都有可能拉低生活质量的主观感受得分。

在我们的调查结果中,绝大多数城市的主观满意度指数都低于客观指数,但也有相反的例子。如兰州,在所有可比较的5个分指数中,兰州的主观指数都高于客观指数。生活水平客观指数排名第28位(42.19),但主观指数排名第2位(55.78);生活改善客观指数排名第22位(54.58),而主观指数却名列第1位(61.93);生活成本客观指数排名第26位(54.93),而主观指数排名第11位(34.17);生活便利客观指数排名第20位(57.78),而主观指数排名第4位(62.39);生活环境客观指数排名第29位(41.09),而主观指数排名第8位(58.26)[①]。为什么一个生活质量客观指数不高的城市,主观满意度指数却很高?这可能与兰州市居民收入幸福感受的边际效应还处在逐步上升的阶段有关,也可能与兰州人更热爱自己的家乡、乐观向上的生活态度有关。

此外值得一提的是,本次的调查结果还表明:性别对生活质量的满意程度无显著差异;退休女性的满意程度显著高于在职女性;退休男性的满意程度显著低于在职男性;外地户口受访者的满意程度高于本地受访者;不在职受访者的满意程度高于在职受访者;各种分指数的满意程度均随着受访者学历层次的提高而降低。

六、结论和建议

本调查报告的一个重要结论是,从宏观上来看,自1978年以

① 括号内的数字为该城市在该指标的得分。

来经济快速增长,GDP平均每年递增9.8%,人均收入平均每年递增9.2%,但高增长并没有必然带来生活质量主观满意度的提高,也未能使生活质量的客观指数达到令人满意的程度。经济发展中存在的两个反差表明,在今后相当长的一段时期内,政府需要做好几个方面的工作:

(一)降低生活成本,提高居民收入

在由主客观指数加权形成的各项分指数中,生活成本分指数是最低的,只有50.05。这说明,高企的房价和较高的通货膨胀率是生活成本过高,进而造成城市居民生活质量满意度偏低的主要原因。因此,要提高居民生活质量,就需要降低生活成本,同时提高居民收入。首先,政府应加大措施着力解决房价过快上涨和通货膨胀问题。一线大城市房价过高的问题近年来尤为突出,严重影响了城市居民的生活质量。因此,政府应当下大力气落实和完善房地产市场调控政策,坚决遏制城市房价过快上涨的势头,同时继续大力推进保障房建设,实现"住有所居"。物价问题同样影响着居民生活质量。政府要把稳定物价总水平作为当前宏观调控的首要任务,从控制货币发行、抑制经济过热、管理好通货膨胀预期、解决好通货膨胀的国际传导等多方面入手,着力解决较高的通货膨胀问题,提高居民生活质量。

其次,在由主客观指数加权形成的各项分指数中,生活水平分指数只有52.08,略高于生活成本指数的分值50.05。这说明,我国经济发展虽然很快,但居民收入水平的提高却不尽如人意。因此,今后不仅要继续保持经济高速稳定增长,同时也要转变经济发展方式,努力实现居民收入增长和经济增长同步,劳动报酬增长和劳动生产率提高同步,让百姓更多地享受到经济增长的福利。

(二)加大城市基础设施建设,重视生态环境建设

城市基础设施建设是现代化城市赖以生存和发展的基本条

件，它的好坏直接影响着人们生活质量的提高。通过调查发现，在所有的客观分指数中，生活环境指数的分值最低，只有51.86，生活便利指数的分值也不高，为61.16，低于生活成本的客观指数。尽管每个城市的情况有所不同，但总体而言，无论是东部城市还是西部城市，尤其是大城市，在经济发展的过程中，都要进一步加大公共基础设施建设的投入力度，进一步提高居民生活便利程度，同时要充分重视环境保护和城市生态环境建设。这不仅是城市现代化建设的必然要求，同时也是提高城市居民生活质量的有效手段。

（三）建立健全社会保障制度，着力改善民生

在经济快速增长并带来更多财富的同时，各级政府应当把资源更多地用于改善民生方面，而不应以实现GDP高速增长为终极目标进行资源配置。通过本次调查发现，要大幅提高一个城市的生活质量，一个最为实际的做法是，各级政府只要把资源更多地用于医疗保障消费、保障房建设、改善城市的交通状况、保护生态环境、提高社保覆盖率和失业保险覆盖率等方面，以及在建立和完善社会保障制度方面投入更多的资源，就能大幅提升城市生活质量的满意度。因为，社会保障制度的完善与否直接决定着城市居民生活质量的好坏。这就要求中央以及地方政府在今后一段时期，继续加大社会保障的投入力度，增加公共投资，稳步增加财政性社会保障支出占国家财政支出的比重，从而减少居民的后顾之忧，提高居民生活质量的满意度。

（四）改革和完善收入分配制度，提升生活质量主观满意度

伴随着中国30余年经济的高速增长，分配不公的程度越来越严重，目前中国的基尼系数已接近0.5。收入分配不公会导致多数人不能充分地分享经济快速增长所带来的好处，这自然不能较大幅度地提升广大居民的生活质量，更不能大幅提升生活质量

的主观满意度。因此,要进一步提高居民生活质量,改革和完善分配制度,已是势在必行。

保持经济快速稳定增长对于任何一个国家、一个城市来说都是重要的,它可以提高一个国家、一个地区的经济实力和综合实力。但在经济快速稳定增长的同时,努力提高居民的生活水平和生活质量则更为重要。毕竟,保持经济高速稳定增长的最终目的,是提高人们的社会福利水平。实际上,也只有不断提高人民的社会福利水平,一个国家、一个城市才有可能实现经济的可持续发展。

参考文献

[1]Alesina, A., Di Tella, R, and MacCulloch, R. (2004). Inequality and happiness: Are Europeans and Americans different? Journal of Public Economics, Vol. 88, pp. 2009 – 2042.

[2]Brock, D., 1993, 'Quality of life in health care andmedical ethics', in M. Nussbuam and A. Sen (eds.), The Quality of Life (Clarendon Press, Oxford), pp. 95 – 132.

[3] City of Pasadena Public Health Department (CPPHD), 2002, Quality of Life Index/Health Data, http://www.ci.pasadena.ca.us/publichealth.

[4]Clark Andrew E., Frijters Paul, Shields Michael A. 2008. "Relative Income, Happiness, and Utility: An Explanation for the Easterlin Paradox and Other Puzzles." Journal of Economic Literature 46(1):95 – 144.

[5]David Albouy, Are Big Cities Bad Places to Live? Estimating Quality of Life across Metropolitan Areas, NBER Working Paper, No. 14472, February 2011.

[6]Diener, E. and Suh, E., 1997, "Measuring quality of life:

economic, social, and subjective indicators", Social Indicators Research, 40, 189 – 216.

[7] Easterlin, R. A. (1995). Will raising the incomes of all increase the happiness of all? Journal of Economic Behavior and Organization, Vol. 27, pp. 35 – 47.

[8] European Foundation for the Improvement of Living and Working Conditions (EFILWC), 2005, First European Quality of Life Survey: Income Inequality and Deprivation, Office for Official Publications of the European Communities, Luxembourg.

[9] John F. Helliwell, Life Satisfaction and Quality of Development, NBER Working Paper, November, 2008.

[10] Lelkes, O. (2006). Tasting freedom: Happiness, religion and economic transition. Journal of Economic Behavior and Organization, Vol. 59, pp. 173 – 194.

[11] Shields, M. A. and Wheatley Price, S. (2005). Exploring the economic and social determinants of psychological well – being and perceived social support in England. Journal of the Royal Statistical Society, Series A, Vol. 168, pp. 513 – 538.

[12] 刘晶. 城市居家老年人主观生活质量评价及其影响因素研究[J]. 西北人口, 2009(1).

[13] 孙峰华, 魏晓, 王兴中, 邵举平. 中国省会城市人口生活质量评价研究[J]. 中国人口科学, 2005(1).

[14] 王培刚, 衣华亮. 中国城市居民主观生活质量满意度评价分析[J]. 社会科学研究, 2007(6).

[15] 谢颖. 经济收入与主观生活质量——对影响主观生活质量的收入因素的实证研究[J]. 中南大学学报(社会科学版), 2007(10).

[16] 刑占军. 生活质量研究的重要领域: 主观幸福感研究[J]. 中国改革论坛, 2001.

[17]张平,刘霞辉. 中国经济增长前沿[M]. 北京:社会科学文献出版社.

[18]张平,刘霞辉,王宏淼. 中国经济增长前沿Ⅱ[M]. 北京:中国社会科学出版社.

第二部分

经济前景展望

中国经济增长与经济周期（2011）

中国经济增长与经济周期（2011）

2011年和“十二五”时期中国经济增长与波动分析

刘树成

自2007年以来至今，我国经济运行态势表现出四个阶段的变化，由2007年的高位偏快，转为国际金融危机冲击时的大幅下滑，随后转向有效应对国际金融危机冲击的恢复性大幅回升，又进一步转向新一轮合理的适度增长区间。具体分析，2011年和“十二五”时期我国经济走势可能会呈现以下六大特点：

1. 从经济周期波动的态势看，2011年和“十二五”时期，中国经济将在新一轮周期的适度增长区间运行

自新中国成立以来，从1953年起，开始大规模的经济建设，进入工业化历程，到2009年，经济增长率（国内生产总值增长率）的波动共经历了10轮周期，2010年又进入了新一轮即第11轮经济周期。

前8轮周期，可以概括为“2+3=5”周期，即周期长度一般说来平均为5年左右，上升期很短，往往只有短短的一二年，随后的调整回落期往往为3年左右，总体来说表现为一种“短程”周期。

而第9轮周期的长度延长到9年，第10轮周期又延长到10年，这两轮周期扩展为一种“中程”周期。第9轮周期为“2+7=9”周期，即上升期和前8轮周期一样，只有短短的两年，但回落期比较平稳，每年平均回落1个百分点，平稳回落了7年，整个周期为9年（见图1）。第10轮周期走出了一个“8+2=10”的新的良好轨迹，即上升期延长到8年，从2000年至2007年，经济增长率连续处于 8% 至 14% 的上升通道内，这是新中国成立以来历次经济周期波动中从未有过的最长的上升轨迹。但到 2007 年，经济增长有些偏快。2008 年，在国内经济调整和国际金融危机冲击的叠加作用下，经济增长率从 2007 年的 14.2% 下降到 9.6%，一年间回落了 4.6 个百分点，回落的势头较猛。在应对国际金融危机的冲击中，中国及时采取了积极的财政政策和适度宽松的货币政策，实施了“一揽子计划”，到 2009 年第 2 季度之后，有效遏止了经济增长急速下滑的态势，在全球率先实现经济总体回升向好。2009 年全年，经济增长率为 9.2%，仅比上年回落 0.4 个百分点。2010 年，经济增长率回升到 10.3%，高于 2009 年，从而进入新一轮即第 11 轮经济周期。如果宏观调控把握得好，第 11 轮经济周期有可能延续第 9、10 轮周期的长度，走出一个十年左右的“中程”周期。这样，2011 年和“十二五”时期中国经济就可能运行在新一轮周期的适度增长区间。

从经济增长率的季度波动来看（见图 2），可以更清晰地看到近几年来中国经济运行态势所呈现的四个阶段变化。第一阶段，2007 年各季度，经济增长在 14% 左右的高位运行，显然偏快；第二阶段，2008 年至 2009 年第 1 季度，出现大幅下滑，一直下滑到 2009 年第 1 季度 6.6% 的低谷；第三阶段，2009 年第 2 季度至 2010 年第 1 季度，在应对国际金融危机冲击中呈现恢复性大幅回升，一直回升到 2010 年第 1 季度 11.9% 的高位，走出一个 V 形回升轨迹；第四阶段，2010 年第 2 季度至 2011 年第 1 季度，经济增长率在向适度增长区间的回落中趋稳，2011 年第 1 季度为 9.7%。由此，中国经济运行已由应对国际金融危机冲击时大幅下滑和其后恢复性大幅回升的“非常状态”，向适度增长区间的“正常状态”转换。

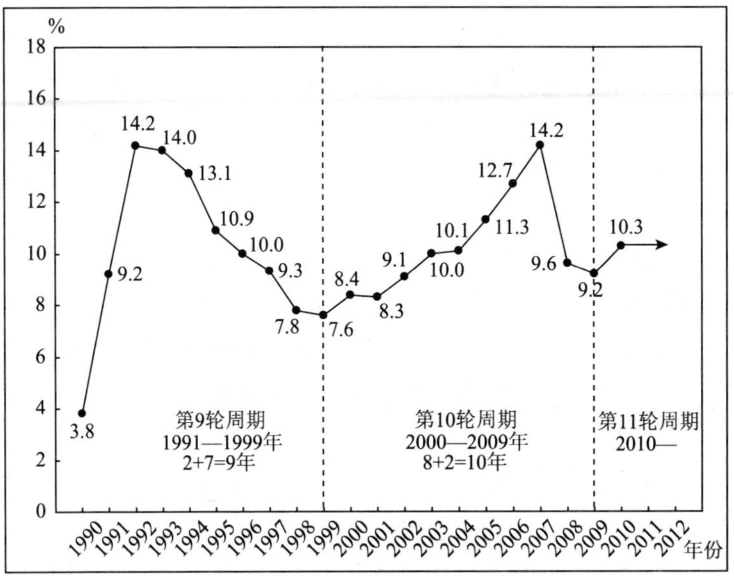

图1　中国经济增长率的波动(1990—2010年)

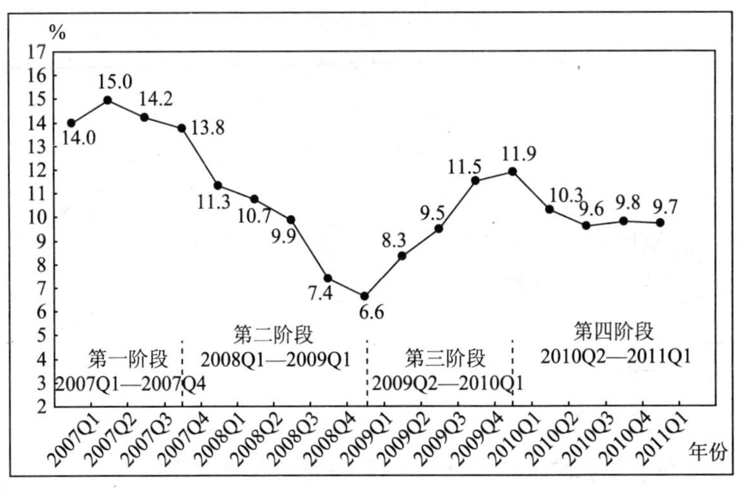

图2　中国经济增长率的季度波动(2007年第1季度至2011年第1季度)

2. 从基年经济增长率的位势看,起点较高,2011 年和"十二五"时期继续加速上升的空间不大,宏观调控的侧重点是使经济走稳,主要防止经济增长由偏快转为过热

"八五"时期(1991—1995 年)的起点,即"八五"开始前的基年,1990 年,经济增长率为 3.8%,这使"八五"时期经济增长率有较大的上升空间。

"九五"时期(1996—2000 年)的起点,1995 年,经济增长率正在从前期高点回落至 10.9%,使"九五"时期难以有上升的空间。

"十五"时期(2001—2005 年)的起点,2000 年,经济增长率刚开始回升,为 8.4%,这使"十五"时期经济增长率有一定的上升空间。

"十一五"时期(2006—2010 年)的起点,2005 年,经济增长率已上升到 11.3%,面临经济增长由偏快转为过热的风险。

"十二五"时期(2011—2015 年)的起点,2010 年,经济增长率为 10.3%,位势较高,继续加速上升的空间不大。宏观调控的侧重点是使经济走稳,防止借"十二五"规划开局之年盲目大干快上,防止借领导班子换届之机大搞"政绩工程",防止整个经济增长由偏快转为过热,努力保持国民经济在适度增长区间平稳运行。为此,2011 年和"十二五"时期,宏观调控首先要使经济增长率从应对国际金融危机冲击中的恢复性大幅回升,向适度增长区间平稳回落。进入 2011 年后,这一正常、平稳的回落过程却被中外一些媒体和人士解读为中国经济已处于滞胀状态,或面临滞胀风险,或将陷入"硬着陆",经济增长率有可能降到 8% 以下,甚至说中国经济在未来三年内可能发生银行危机,等等。这种解读是不符合中国国情的。

说中国经济已经陷入或可能陷入滞胀的主要依据是两个指标:一是中国制造业采购经理指数(PMI)近两个月连续回落的情况。二是全国规模以上工业增加值月同比增长率 4 月比 3 月回落了 1.4 个百分点。

中国制造业采购经理指数,2011 年 4 月为 52.9%,比 3 月降低 0.5 个百分点;5 月为 52%,比 4 月又降低 0.9 个百分点,降至 9 个月来最低点(见图 3)。从中国制造业采购经理指数 2007 年 1 月以来的波动情况来看,2007 年各月处于 55% 左右的高位,2008 年 4 月达到 59.2% 的高峰;在国内经济调整和国际金融危机冲击下,由 2008 年 4 月的高峰猛降到 2008 年 11 月 38.8% 的低谷,随后回升;从 2009 年 3 月至 2011 年 5 月的 27 个月中,中间虽有几次在 51% 至 56% 区间的小幅波动,但是连续处于临界点(50%)以上的扩张区间。在现实经济生活中,由于各种因素的影响,经济运行过程不可能是直线上升的,有点小幅波动是正常的。不应一看到有点小幅波动,就大惊小怪。

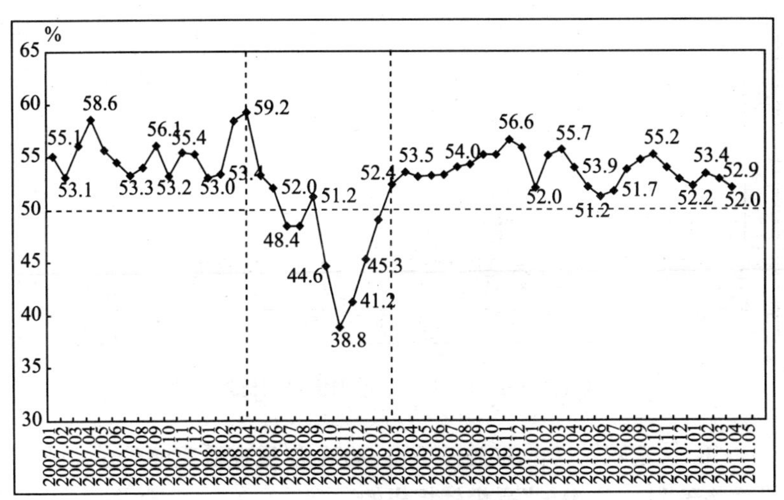

图 3 中国制造业采购经理指数

从全国规模以上工业增加值月同比增长率来看,与前面经济增长率的季度波动情况一样,近几年来也呈现出四个阶段的变化(见图 4)。第一阶段,2007 年各月,工业生产增长在 18% 左右的高位运行,有些偏快;第二阶段,2008 年至 2009 年 1—2 月,出现大幅下滑,一直下滑到2009年1—2月3.8%的低谷;第三阶段,2009年3月至2010年1—2月,在应对国际金融危机冲击中呈现恢复性大幅回升,一直回升到2010年1—2月20.7%的高位,也走出一个V型回升轨迹;第四阶段,2010年3月至2011年4月,工业生产增速在向适度增长区间的回落中趋稳,从2010年6月到2011年4月,已连续10个月保持在13%左右。这怎能说中国经济已经陷入或可能陷入滞胀呢?

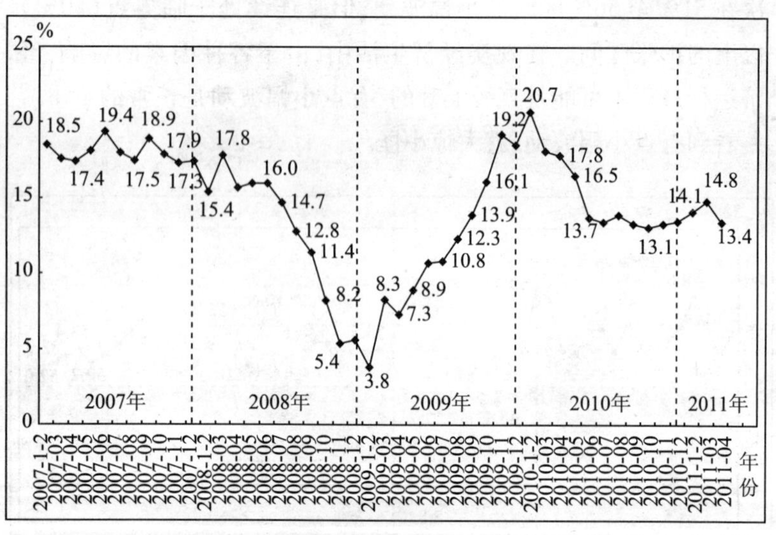

图4　全国规模以上工业增加值月同比增长率

3. 从宏观调控的首要任务看,2011年重在稳定物价总水平,“稳物价”与“稳增长”是相辅相成的

2011年1月至4月,居民消费价格月同比上涨率分别为4.9%、4.9%、5.4%和5.3%(见图5)。从近5年来的情况看,2006年,物价较为低稳,在3%以下轻微波动。2007年,物价开始攀升,连续破三、破四、破五、破六。2007年年底的中央经济工作会议提出“双防”:防止经济增长由偏快转为过热,防止价格由结构性上涨演变为明显通货膨胀。2008年年初,物价上冲到

8.7%，有突破10%的危险。随后，在应对国际金融危机冲击中，物价随经济增长率一起下降至1.2%。2009年，物价在大部分月份中处于负增长。2010年下半年，物价开始攀升，破三、破四、破五。主要是从一些小品种的农产品涨价开始，民间的概括为："蒜你狠、豆你玩、姜你军、油你涨、糖高宗、苹什么、辣翻天"等。

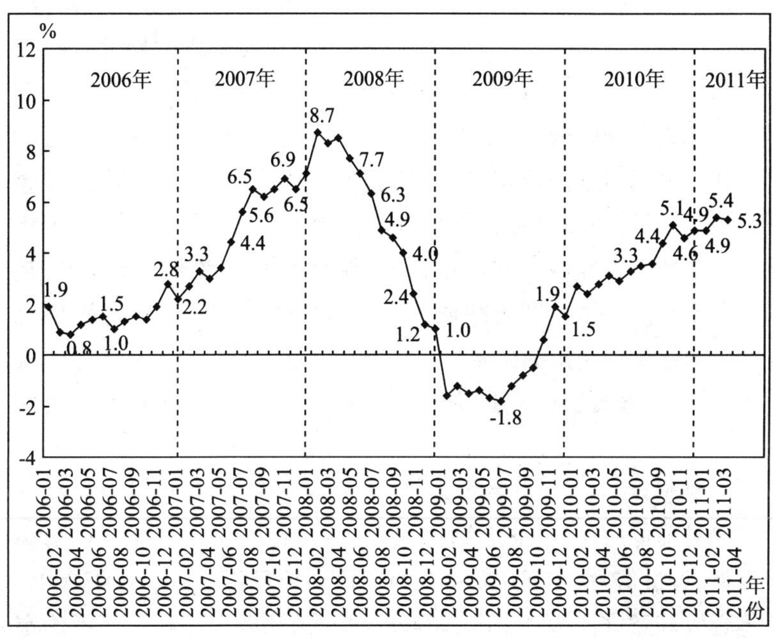

图5　居民消费价格月同比上涨率(2006年1月至2011年4月)

关于这次物价上涨的原因和对策，笔者已有所分析(见刘树成:《深刻把握经济运行态势和宏观调控新变化》,《人民日报》2011年1月10日第7版)。需要讨论的是，改革开放30多年之后的今天，广大人民群众对物价上涨的承受度是提高了，还是降低了？笔者认为，不是提高了，而是降低了。这是因为:其一，物价上涨直接影响城乡居民特别是中低收入群体的实际生活水平。广大居民切身感受到的不是笼统的物价总水平上涨4%或5%，而是其中食品类特别是粮食、蔬菜、食用油、肉类、蛋类、水果等日常生活必需品的价格,有的上涨了10%甚至是20%以上。物价上涨,对于高收入者来说,不算什么;对于低收入者来说却加重了生活负担,因此对于业已存在的贫富差距的拉大起到加剧的作用,容易激化社会矛盾。其二,从改革开放到现在,随着经济的发展和市场化的推进,一般居民家庭多少都有了一些预防性储蓄,即备用于医疗、教育、住房、养老、失业等预防性支出的储蓄。而一旦物价上涨、货币贬值,居民储蓄将缩水,家庭资产将蒸发,这将严重影响群众的情绪,影响群众生活的安定,影响群众对政府的信任。所以,物价问题涉及千家万户,是关系民生、关系经济健康发展、关系社会和谐稳定的大局问题,绝不可轻视。在2010年年底召开的中央经济工作会议提出,保持物价总水平基本稳定,是当前和今后一个时期宏观调控最紧迫的任务,要"把稳定价格总水平放在更加突出的位置"。在2011年3月5日的《政府工作报告》中进一步提出,"要把稳定物价总水平作为宏观调控的首要任务"。

对于2011年内的物价走势,主流观点认为,由于2010年物价走势是前低后高,再加上翘尾因素的影响,2011年可能会是前高后低,经过努力,实现4%左右的物价调控目标是有一定把握的。笔者也同意这样的一个基本判断。但是,还要考虑到一些不确定性因素的影响。如果一些不确定性因素的作用比预计的强了,那么2011年的物价走势也有可能仍然会是一个前低后高的状况。当然,我们不希望出现这种状况,但我们对一些不确定性因素绝不可掉以轻心。从2011、2012两年看,这些不确定性因素主要有三个:

一是经济增长态势。2011、2012两年经济增长会不会出现偏快或过热的情况?改革开放以来历次物价上涨,跟需求面即经济增长过热的拉动关系密切,而这次物价上涨的一个新特点是,我国的经济增长速度并没有像过去那样过高。在经济增长速度还没有明显高企、经济没有明显偏快或过热的情况下，物价却开始攀升。到现在，大部分中外经济专家都预测2011年中国经济增长率要低于2010年，大约在9.5%左右。笔者也基本同意这个预测。但是我们并不排除2011、2012两年我国经济增长仍然可能会出现偏快问题。这主要是考虑到各级领导班子换届，再加上“十二五”规划开局，各地大干快上的热情很高。因此，当前“稳物价”与“稳增长”的任务是相辅相成的。

二是农业自然灾害因素。我国已连续7年粮食增产。2011年，如果自然灾害特别是旱灾严重的话，将会影响到粮食丰收，会助推物价上涨。

三是国际因素。如国际上原油价格、原材料价格、农产品价格走高的话，输入型通货膨胀的压力就会加大。

除了以上三个不确定性因素外，我们还要关注和警惕工资上涨与物价上涨的螺旋式攀升问题。这涉及菲利普斯曲线关系问题。菲利普斯曲线有三种表达方式，

第一种，是1958年当时在英国从事研究的新西兰经济学家A.菲利普斯本人最早提出的原始的曲线，其纵轴是工资上涨率，横轴是失业率，主要关注的是工资上涨与失业之间的关系。

第二种，是1960年美国经济学家萨缪尔森和索洛改造过的菲利普斯曲线，其纵轴由工资上涨率改变为物价上涨率，横轴仍然是失业率。之所以可用物价上涨率代替工资上涨率，是因为当时在美国，物价上涨主要源于工资上涨，即源于劳动成本的上升。

第三种，也就是我们现在常见的一种，其纵轴仍然是物价上涨率，横轴则由失业率改变为经济增长率缺口，即现实经济增长率与潜在经济增长率之间的缺口。之所以可用经济增长率缺口代替失业率，是因为1962年美国经济学家奥肯提出了经济增长率缺口与失业率之间的数量关系，被称为奥肯定律。

这样，在原始的菲利普斯曲线中，其纵轴工资上涨率被物价上涨率所代替，其横轴失业率被经济增长率缺口所代替。

我国现在推动物价上涨的因素中，越来越多地涉及工资成本的上涨了，这又回到了原始菲利普斯曲线的纵轴指标。而我国在1997年以来，物价保持了十几年的低稳状态，与经济增长率被控制得没有出现严重过热状态有关，同时，也与劳动成本较低、工资上涨缓慢有关。因此，过去在研究菲利普斯曲线关系时，没有更多地关注物价上涨与工资上涨的关系。而现在，在我国，廉价劳动力的时代已经结束了。今后，物价上涨与劳动成本上涨的关系更紧密了。现在，许多地方提出居民收入增长或职工工资增长与经济增长同步，有的提出五年内工资翻番计划。这需要密切关注和跟踪，警惕工资与物价的螺旋上升。

4. 从宏观调控的政策组合看，积极的财政政策与稳健的货币政策相搭配

2010年12月召开的中央经济工作会议，根据国内外经济形势的新变化，对宏观调控两大主要政策的取向和搭配进行了调整，即继续实施积极的财政政策，而货币政策则由“适度宽松”转为“稳健”（见图6）。之所以继续实施积极的财政政策，就是要发挥财政政策在稳定经济增长、调整经济结构、调节收入分配、促进社会和谐等方面的重要作用。但与前两年有所不同的是，随着经济运行态势的变化，积极财政政策的规模和重点要有所调整，力度有所微调。货币政策由“适度宽松”调整为“稳健”，是宏观政策取向的一个重要变化，是由应对国际金融危机冲击时的“非常状态”，向经济稳定增长的“正常状态”回归。由“适度宽松”转为“稳健”，一方面，适当收紧了货币信贷，这主要是为了应对国际流动性严重过剩，应对国内物价上涨压力、抑制资产价格泡沫、稳定通胀预期；另一方面，转为“稳健”也就是转为“中性”，并不是转为“紧缩”，还要更好地服务于保持经济平稳较快发展。

财政政策和货币政策作为宏观调控的两大主要政策工具，自20世纪90年代初以来，随着我国社会主义市场经济体制的逐步建立和发展，随着我国经济运行态势和国际经济形势的不断变

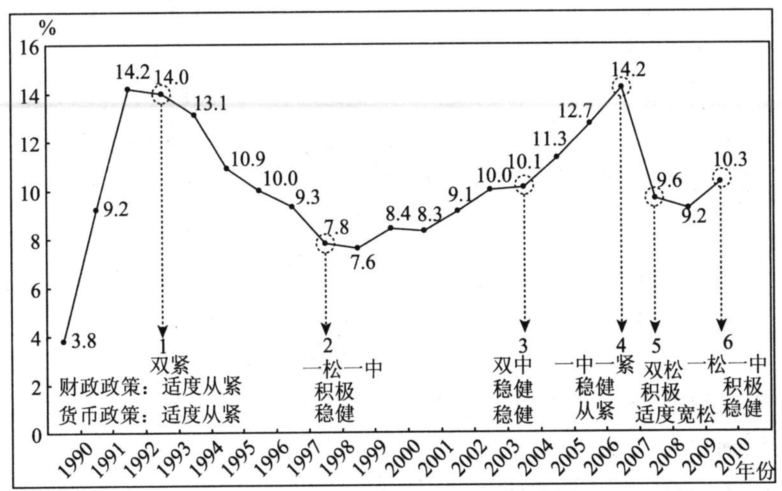

图 6　财政政策与货币政策的松紧搭配

化，在其取向和搭配上已有 6 次变换（见图 6）。

第一次，双紧型搭配。从 1993 年下半年开始，针对当时经济运行中出现的经济过热和严重通货膨胀情况，采取了适度从紧的财政政策和适度从紧的货币政策，使我国经济运行在 1996 年成功地实现了"软着陆"，有效地治理了经济过热和严重的通货膨胀。从 1993 年下半年至 1998 年上半年，这一政策搭配共实行了约 5 年。

第二次，一松一中型搭配。为了应对 1997 年爆发的亚洲金融危机的冲击，以及克服国内需求不足并防止通货膨胀再起，从 1998 年的年中开始，宏观调控两大政策均转换了方向。适度从紧的财政政策转为放松性、扩张性的积极财政政策，适度从紧的货币政策转为松紧适度的、中性的稳健货币政策。积极的财政政策有利于扩大总需求，促进经济增长，防止经济下滑。稳健的货币政策既保证了对经济发展的必要支持，又防止了盲目放松银根，有利于防范金融风险；既抑制了通货紧缩，又防止了通货膨胀卷土重来。从 1998 年年中至 2004 年，这样的政策搭配共实行了约

6年半，在进入21世纪之时，推动我国经济进入了新一轮经济周期的上升阶段。

第三次，双中型搭配。进入21世纪后，为了防止经济在回升中的偏热趋向，从2005年开始，积极的财政政策转向了松紧适度的稳健财政政策，货币政策继续实行松紧适度的稳健货币政策，至2007年，实行了约3年。由此，使我国经济连续保持了平稳较快增长。

第四次，一中一紧型搭配。2007年12月初，中央经济工作会议提出“双防”，要把防止经济增长由偏快转为过热、防止价格由结构性上涨演变为明显通货膨胀作为宏观调控的首要任务。在“双防”任务下，继续实行稳健的财政政策，而稳健的货币政策则转向较为严厉的从紧的货币政策。2008年上半年实行半年后，又转入应对国际金融危机冲击。

第五次，双松型搭配。2008年下半年开始，为了应对美国次贷危机转化为国际金融危机的冲击，宏观调控两大政策都转换了方向。财政政策由“稳健”转为“积极”，货币政策由“从紧”转为“适度宽松”。这是自20世纪90年代初以来，两大政策首次实行双松型搭配。至2010年，实行了约两年多，使我国在全球率先实现经济形势的总体回升向好。

第六次，即最近一次，一松一中型搭配。两年多来，在应对国际金融危机冲击的过程中，我国经济运行已由增速大幅下滑转向总体回升向好，又进一步转向新一轮的正常增长阶段，根据国内外经济形势的新变化，财政政策继续保持“积极”，而货币政策转为“稳健”。

在丰富多变的实践中，我国宏观调控的水平不断提高，应对能力不断增强，为保持经济平稳较快发展提供了有力的政策支撑。

5. 从潜在经济增长率看，“十二五”时期，在以加快转变经济发展方式为主线的背景下，适度经济增长区间可把握在8%～10%，潜在经济增长率的中线可把握在9%

我们课题组利用趋势滤波法和生产函数法，根据我国改革开放以来的有关数据进行了计算，得出：1979—2009 年，我国适度经济增长区间可视为 8% ~12%，潜在经济增长率中线为近 10%。自改革开放以来我国经济的高速增长，也付出了很大的代价，主要表现为粗放型的经济增长方式。粗放型的经济增长方式可概括为“三高五低”：高能耗、高物耗、高污染；低劳动成本、低资源成本、低环境成本、低技术含量、低价格竞争。由此，带来经济生活中的一系列结构性矛盾，主要是：(1)内需与外需不均衡；(2)投资与消费比例不协调；(3)收入分配差距较大；(4)一、二、三次产业结构不合理；(5)科技创新能力不强；(6)城乡、地区发展不平衡；(7)经济增长的资源环境约束强化；(8)经济发展与社会发展不协调等。这种粗放型的经济增长方式和一系列结构性矛盾，使我国今后的经济发展受到能源、矿产资源、土地、水和生态环境的严重制约，受到各种成本上升的影响，受到国内消费需求狭窄的限制，受到国际上经济、金融等风险的冲击。所以，在“十二五”时期，转变经济发展方式刻不容缓。在此背景下，“十二五”时期，适度经济增长区间的上限可下调 2 个百分点，即适度经济增长区间可把握在 8% ~10%，潜在经济增长率中线可把握为 9%。这对宏观调控的政策含义是：当实际经济增长率高出 10% 时，就要实行适度的紧缩性宏观调控政策；当实际经济增长率低于 8% 时，就要实行适度的扩张性宏观调控政策；当实际经济增长率处于 8% ~10% 的区间时，可实行中性的宏观调控政策。

6. 从经济增长的动力看，人均收入水平的提高、城镇化的推进、产业结构的调整升级，是“十二五”时期的重要动力源

“十二五”时期，我国将发生两大历史性变化：一是按照世界银行的标准，我国人均国民总收入将由中低收入组进入中高收入组；二是我国城镇人口比重将超过 50%。这将为“十二五”时期扩大内需特别是扩大消费需求、促进需求结构和产业结构优化升级，提供重要动力。

“十一五”时期末,2010 年,我国 GDP 总量达到 39.8 万亿元人民币,按国际货币基金组织的换算,为 5.745 万亿美元。该年,日本 GDP 总量为 5.39 万亿美元。中国经济总量超过日本,成为世界第二大经济体。该年,美国 GDP 总量为 14.624 万亿美元,是中国的 2.55 倍,中国为美国的 39%。“十一五”时期,GDP 年均增长率,原规划为 7.5%,实际执行结果为 11.2%。从人均 GDP 来看,“十一五”时期,由 2005 年人均 14185 元人民币上升到 2010 年人均 29748 元人民币(大约从 1700 美元上升到 4000 美元)。人均 GDP,“十一五”原规划年均增长 6.6%,实际增长 10.6%。

按“十二五”规划,在全面提高质量和效益的基础上,国内生产总值年均增长 7%。按 2010 年价格计算,2015 年 GDP 总量将达到 55 万亿元人民币。按国际货币基金组织的预测,到 2015 年,中国 GDP 总量将达 9.98 万亿美元,美国将达 18 万亿美元。美国是中国的 1.8 倍,中国为美国的 55%,即超过美国 GDP 总量的一半。到 2015 年,中国人均 GDP 将达到 3.96 万元人民币,若按 1 美元等于 6.5 元人民币计算,将超过 6000 美元。

图 7 绘出世界银行数据库中中国人均国民总收入从 1962 年至 2010 年的增长情况。2011 年至 2015 年是根据“十二五”规划的推算。1962 年,中国人均国民总收入为 70 美元,在世界处于低收入组。到 1978 年改革开放之初,上升到 190 美元。到 1998 年上升到 790 美元,进入中低收入组。在跨进 21 世纪之初,突破人均 1000 美元。“十一五”时期,从人均 1760 美元上升到 4050 美元。在“十二五”时期的第一年,2011 年,预计人均达到 4450 美元,开始进入“中高收入组”。

从居民收入来看,“十一五”时期,我国城镇居民人均可支配收入由 2005 年 10493 元人民币上升到 2010 年 19109 元人民币。“十一五”原规划年均增长 5%,实际增长 9.7%。农村居民人均纯收入由 2005 年的 3255 元人民币,上升到 2010 年的 5919 元人民币。“十一五”原规划年均增长 5%,实际增长 8.9%。在“十二

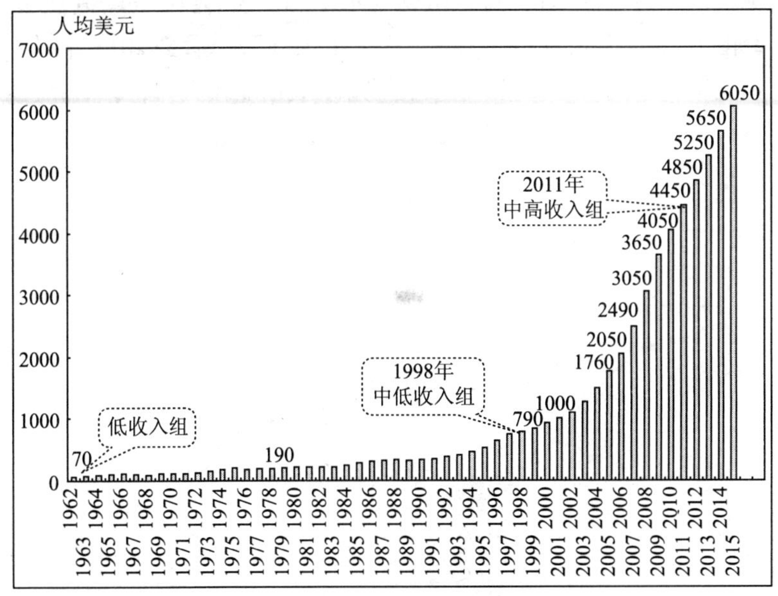

图7　中国人均国民总收入(1962—2015年)

五"规划中,提出"两个同步、两个提高":努力实现居民收入增长和经济发展同步、劳动报酬增长和劳动生产率提高同步,逐步提高居民收入在国民收入分配中的比重,提高劳动报酬在初次分配中的比重,加快形成合理的收入分配格局。按照"十二五"规划,城镇居民人均可支配收入将由2010年的19109元人民币,上升到2015年大于26810元人民币,年均增长大于7%。农村居民人均纯收入将由2010年的5919元人民币,上升到2015年大于8310元人民币,年均增长也大于7%。

关于城镇化的推进。我国城镇化率(城镇人口占总人口的比重,见图8),1949年为10.6%,1978年上升到17.9%。"十一五"时期,城镇化率由2005年43%,上升到2010年47.5%(按照2010年第六次全国人口普查的最新数据,城镇化率为49.68%,乡村人口比重为50.32%)。"十二五"期间,我们还要积极稳妥地推进城镇化,不断提高城镇化的水平和质量,增强城镇综合承载能力,预防和治理"城市病"。按"十二五"规划,到 2015 年,城镇化率要达到51.5%。"十二五"期间,我国城镇人口将首次超过乡村人口,这对于具有 13 亿多人口的大国来说,将是一个历史性的重大变化。

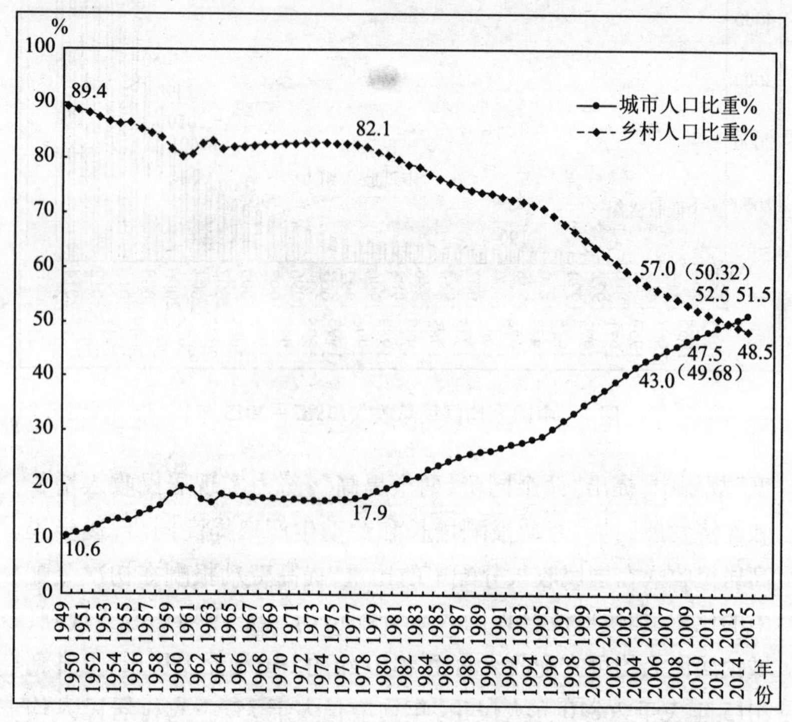

图 8　中国城镇化率

关于产业结构的调整升级。"十二五"时期,我国产业结构将有重要变化,这包括:加快发展现代农业,改造提升制造业,培育发展战略性新兴产业,推动能源生产和利用方式变革,构建综合交通运输体系,全面提高信息化水平,推进海洋经济发展,推动服务业大发展,加快发展文化产业(见表 1)。这将为"十二五"时期我国经济发展注入新的动力。

表 1 “十二五”时期产业结构调整

	相关产业	主要内容
1	加快发展现代农业	保障国家粮食安全作为首要目标
2	改造提升制造业	发展先进装备制造业,调整优化原材料工业,改造提升消费品工业,促进制造业由大变强
3	培育发展战略性新兴产业	节能环保产业,新一代信息技术产业,生物产业,高端装备制造,新能源产业,新材料产业,新能源汽车
4	推动能源生产和利用方式变革	构建安全、稳定、经济、清洁的现代能源产业体系
5	构建综合交通运输体系	按照适度超前原则,统筹各种运输方式发展,基本建成国家快速铁路网和高速公路网,初步形成网络设施配套衔接、技术装备先进适用、运输服务安全高效的综合交通运输体系
6	全面提高信息化水平	加快建设宽带、融合、安全、泛在的下一代国家信息基础设施
7	推进海洋经济发展	海洋油气、运输、渔业、旅游、海洋生物、海水综合利用、海洋工程装备制造
8	推动服务业大发展	生产性服务业、生活性服务业。
9	加快发展文化产业	推动文化产业成为国民经济支柱性产业

参考文献

[1]中华人民共和国国民经济和社会发展第十二个五年规划纲要.人民日报,2011-03-17.

[2]中国社会科学院经济研究所宏观经济调控课题组(执笔张晓晶、汤铎铎、刘树成).宏观调控目标的“十一五”分析与“十二五”展望.经济研究,2010(2).

[3]刘树成.2010 年中国经济走势特点与“十二五”时期经济增速分析.见:[J].2011 年中国经济形势分析与预测[M].北

京:社会科学文献出版社,2010.

[4]刘树成. 深刻把握经济运行态势和宏观调控新变化[J]. 人民日报,2011-01-10.

[5]刘树成."十二五"时期我国面临的国内外环境分析. 见:中国经济前景分析——2011年春季报告[M]. 北京:社会科学文献出版社,2011.

(作者单位:中国社会科学院经济研究所)

保持政策稳定 关注外部风险

——2011年宏观形势分析及2012年政策展望

汤铎铎 张晓晶 汪红驹 张 平

从全球经济危机爆发至今,我国经济经历了较大波折,政府的宏观调控能力也经受了较大考验。目前来看,我国经济顺利渡过了危机阶段,较早实现了复苏。然而,接踵而来的又是经济过热和通货膨胀。在持续的货币紧缩下,近来通胀形势有所缓和。不过,货币紧缩政策也开始遭遇各方较大反弹,担心硬着陆和呼吁放松货币的言论频繁出现。在全球经济晦暗不明的大背景下,政府宏观调控政策面临新的抉择。

2008年,我国经济周期自身的拐点和全球经济危机的负面外部冲击相叠加,使得当时的宏观经济形势异常复杂,经济增长态势一时显得非常严峻。面对前所未有的经济形势,我国政府迅速出台了经济刺激计划。这些政策使得我国经济快速进入复苏轨道,然而,无论是货币政策还是财政政策都有过度之嫌,再加上政策退出的步调偏慢,为此后的过热和通胀埋下伏笔。

本轮通胀在2010年第4季度全面显现,货币政策这才开始真正发力。然而,由于受到各种羁绊,货币政策力度不足、效果不彰。同时,财政政策也一直保持宽松状态,导致通胀逐步走高,给经济社会发展造成很大压力。下半年,虽然遭遇了一些阻力,货币政策仍然坚定地保持了紧缩态势,终于使得通胀形势得到控制,通胀拐点已经出现。不过,通胀的绝对水平依然较高,货币政策操作仍须谨慎。

一、2011 年我国宏观经济运行的基本态势

1. 经济增长从高位缓慢下滑，进入适度增长区间；消费、投资增速平稳，出口顺差有所减少；制造业采购经理指数(PMI)缓慢回落

如图 1 所示，我国的 GDP 增长率已经连续 6 个季度下滑，从 2010 年第 1 季度 11.9% 的高位，下滑到 2011 年第 3 季度的 9.4%，累计下降 2.5 个百分点。与 2008 年经济危机时期的经济下滑相比，这次下滑有两个特点。第一，下滑的速度慢、幅度小。2008 年第 1 季度和 2009 年第 1 季度都是快速大幅下滑，GDP 增长率单季下降 3 个百分点左右。此次 GDP 下滑则是 6 个季度总共才下降 2.5 个百分点。第二，经济仍在适度增长区间运行，离区间下界仍有相当距离。根据测算，我国经济的适度增长区间大致在 8% ~10%。2009 年第 1 季度是我国经济在危机阶段的谷底，增长率为 6.6%，突破适度增长区间下界 1.4 个百分点。此次的经济下滑比较温和，到目前为止仍在适度增长区间内，并且离下界仍有 1.4 个百分点的空间。预计今年全年的增长不会低于 9%，第四季度也会在 9% 左右，高于区间下界 1 个百分点左右，处于健康、平稳的水平。

从三大需求来看，消费和投资大体都保持平稳，贸易顺差有所减少。2011 年消费品零售统计口径调整后，在 1—10 月中，除 2 月受季节因素影响同比增速为 11.6%，明显偏低以外，其他各月的增速大致都在 17% 以上，增速相当平稳。如果考虑到价格因素，与往年相比可能是一个稳中偏低的水平。我国 2011 年 1—10 月城镇固定资产投资完成额累计同比增长 24.9%，从近些年的情况看属于正常水平。其中住宅投资完成额 1—10 月累计同比增长 34.2%，较往年为高。分中央和地方项目来看，1—10 月中央项目累计同比增长 -8.5%，比去年同期下降 18.5%；地方项目增长 27.9%，比去年同期上涨 2 个百分点。一个明显的趋势是，中

央项目投资累计同比从去年5月开始逐步降低，但地方项目从去年5月份以来基本保持平稳，并且还略有上升。截至10月，我国累计贸易顺差1240亿美元，较前两年有明显缩减。自2011年7月1日起，我国大幅下调汽油、柴油、航空煤油和燃料油的进口关税，这次降税共涉及33个税目商品，以能源、原材料为主。这是在2011年年初已对600多种商品实施较低进口暂定关税基础上的又一次力度较大的降税措施。关税下调有利于促进对外贸易平衡，保证国内经济平稳运行，加强国内救灾和应急物资储备体系建设。

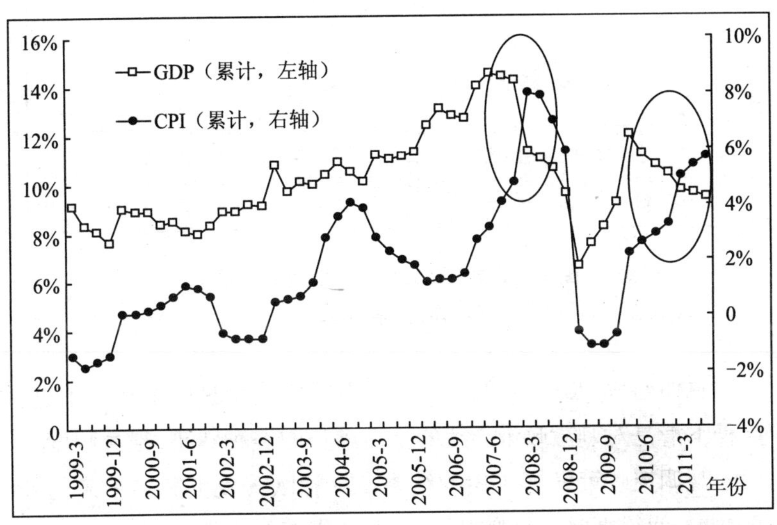

图1　我国的经济增长和通货膨胀

数据来源：中国国家统计局。

制造业采购经理指数（PMI）是另一个判断实体经济增长态势的指标。该指数自2005年发布以来，逐步得到各方认可。图2是目前被广泛引用的官方PMI和汇丰PMI。可见，从2010年第四季度开始，两种指数均呈现出明显的下行趋势。11月汇丰公布的PMI初值为48%，跌至“荣枯线”下方，创32个月以来的新低；中国物流与采购联合会公布的11月PMI为49%，比10月下降1.4个百分点，高于历史平均水平0.5个百分点，可以说既延续了季节性因素，也反映了外部需求疲弱和前期宏观调控政策的累积效应导致的总需求放缓。

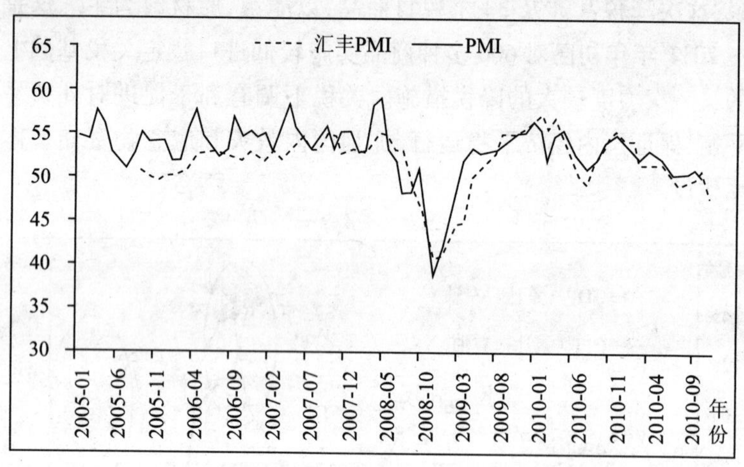

图2　我国制造业采购经理指数(PMI)

数据来源：中国国家统计局、汇丰/Market。

总体而言，2011年我国经济出现了比较明显的下滑。不过，这种下滑是对刺激政策导致的过高增长的一种纠正，很大程度上是宏观调控政策发挥作用的结果。尽管欧美复苏疲弱带来的外部冲击，使得下滑态势变得复杂，但基本符合调控预期，下滑态势并未失控。

2. 物价水平连续8个季度攀升，虽然近期出现拐点，但是通胀的绝对水平仍然较高，需要谨慎对待

图1也列出了我国近些年的消费价格指数(CPI)变化，为了方便与GDP比较，我们采用的是季度累计同比数据。见图，CPI自2009年第4季度开始，已经连续8个季度上涨，2011年第1季度上涨尤为迅猛。根据经典的菲利普斯曲线关系，

GDP 和 CPI 应该同向运动，可是在图 1 两个椭圆标示的部分，二者出现了明显的反向关系。在这两个阶段，很多人担心我国会出现滞胀，这正是原因所在。实际上，我国实体经济增长总是领先价格 1 年左右，短期内出现二者反向变动非常正常。2008 年金融危机后，经济增长迅速下滑，价格的下跌则更为迅猛，一度出现轻微通缩，滞胀的担忧自然消退。在本轮调控下，GDP 增速已经步入适度增长区间，CPI 也已经出现拐点，所以不用担心出现滞胀或者硬着陆。滞胀是一种非常特殊的宏观经济现象，其成因还存在很大争议（张晓晶，2011），因此在描述我国宏观经济时，这个词宜慎用。关于滞胀的问题，下文还会有所涉及。

从我国最经常使用的月度同比数据来看，2011 年 6 月 CPI 突破 6%，此后在高位运行 4 个月，10 月开始回落至 5.5%（见图 3）。同比数据的好处是可以避免季节因素的影响，坏处是不能充分反映价格的最新变动。月度环比数据则正好相反，它可以反映价格的最新变动，但是这种变动受季节干扰太大，不能反映长期趋势。因此，分析我国的物价变动需要同时关注二者，仔细区分同比数据中的翘尾因素和新涨价因素（刘树成等，1996）。从 1995 年至 2010 年的历史数据来看，我国的月度环比 CPI 具有非常强的季节性。一般是 1 月和 2 月涨幅较高，3 月至 7 月下降（为负值），8 月至 12 月又开始上涨（为正值）。上半年各月平均涨幅为 0.03%，下半年各月的平均涨幅为 0.33%，下半年要比上半年高出 0.3 个百分点。如果假设 2011 年最后两个月物价的环比涨幅为往年下半年的均值 0.33%，那么 11 月 CPI 同比为 4.8%，12 月的 CPI 同比为 4.6%，全年 CPI 将上涨 5.5%。因此，物价水平虽然出现拐点，但是绝对水平还比较高，需要保持警惕。

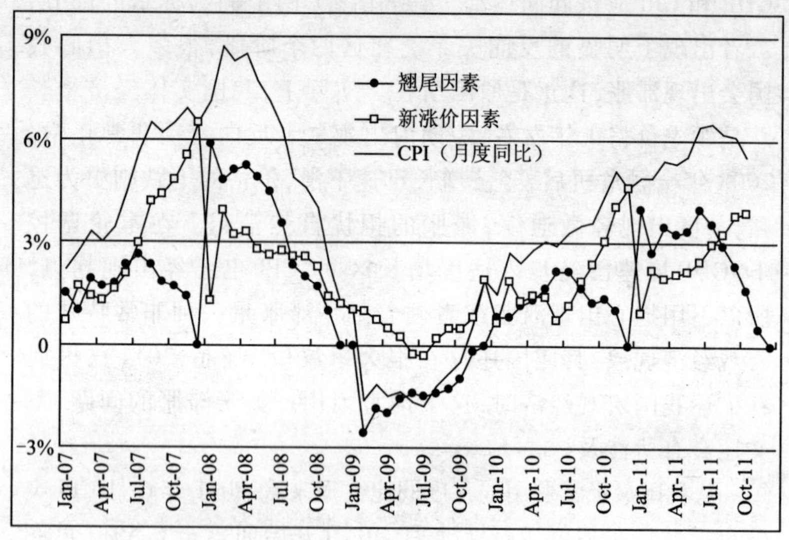

图3　我国CPI的翘尾因素分解及未来预测

数据来源：中国国家统计局。

3. 货币政策方向正确，但是以数量型工具为主，致使政策效果打折扣且造成扭曲

如果从2010年年初的调整存款准备金率算起，本轮货币紧缩已经进行了快两年了。在这中间调升存款准备金率12次，每次0.5个百分点，大型金融机构存款准备金率从15.5%调到了21.5%；加息5次，每次0.25个百分点，一年期存款利率从2.25%加到了3.5%，一年期贷款利率则从5.31%加到了6.56%。其中，最后一次提准是2011年6月20日，最后一次加息是2011年7月7日。另外，2011年8月26日，央行通知将商业银行的保证金存款纳入缴纳存款准备金范围，这大致相当于三次上调存款准备金率。近3个月内，央行大体保持货币政策稳定，只是通过公开市场业务进行微调。

如果说我国刺激政策的出台显得大刀阔斧、毅然决然，那么政策退出则正好相反，变成了小心翼翼、犹豫不决。这在货币政策上表现得尤为明显。首先,央行在 2009 年下半年即有退出动作,无奈没有及时给市场释放出明确信号,变成了一种暗紧。如果要控制通胀预期,退出动作当然是宜明不宜暗。其次,在货币政策工具选择上分外青睐存款准备金率,利率工具则沦为“替补”。目前已经提准 12 次,累计达到 6%。加息则只有 5 次,累计只有 1.25%。这和刺激政策的出台形成鲜明对比。2008 年第 4 季度总共降息 4 次,合计 1.89%;降低存款准备金率 3 次,合计 2%;最后,货币政策真正发力其实是从 2010 年第 4 季度才开始的,主要原因是 CPI 出现明显上行,一度突破了 5%。这一定程度上说明我们的政策操作还比较死板,属于“不见兔子不撒鹰”类型,缺乏科学的分析和准确的预判。

关于利率为何沦为“替补”,大致有两个理由:其一,加息会引致热钱流入;其二,加息会恶化企业和地方政府债务。针对第一条有很多有理有据的反驳。总的来说,热钱贪图的恐怕不是那点利差,人民币升值、利率高企的民间借贷以及不断飙升的资产价格似乎都更有吸引力。而且,许多国家的利率都比我国高,热钱大可以去冲击它们,为什么偏偏要和中国死磕?从最近公布的地方政府债务状况来看,第二条理由也许才是关键所在。然而,为此就牺牲货币政策的主动性,甘冒宏观经济形势恶化的风险,恐怕就有些因噎废食了。

从货币总量来看,M_2 和贷款余额已经从 2009 年 30% 左右的高位回落,目前贷款同比增速 14%,M_2 同比增速 13%,略低于正常水平(见图 4)。这是提准和公开市场业务等数量工具发挥作用的后果。然而,由于我国的利率仍处在管制状态,数量紧缩下利率的提升幅度有限,无疑会使已经存在的信贷配给现象更加恶化。目前银行一年期贷款利率为 6.56%,民间借贷的年化利率是其几倍,甚至十几倍。这中间的扭曲和风险值得关注。其实,无论是从控制通胀还是消除扭曲入手,加息应该都是第一选择。相反地,如果未来需要放松货币政策,数量型工具应该是首先的选择，即应该率先调低存款准备金率，而不是降息。

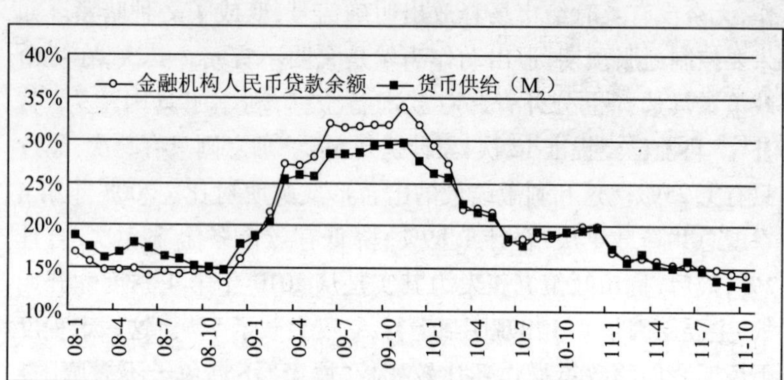

图4 我国的贷款余额和货币供给(M_2)

数据来源：中国国家统计局。

二、几个需要关注的问题

自2011年以来，宏观经济层面有很多问题需要探讨，在这里我们就其中四个提出自己的分析和看法。首先，上半年宏观经济的第一关键词是通胀，通胀的原因和治理成为热门话题；其次，随着我国通胀形势日渐严峻，加上此前的房价高企和地方政府债务等问题，唱空中国的声音渐次增强，值得作一些分析；再次，中小企业融资难和高利贷是不同层面的问题，流动性过剩和房地产泡沫是催生高利贷的根本原因，中小企业融资难则是一个长期性的问题；最后，此次经济危机后，美、日、欧三大经济体的复苏节律不一，欧债危机长期化，新兴市场经济的宏观经济政策出现放松和转向，全球经济面临大调整和大变局。

1. 分析通货膨胀成因要避免"多元化"，要抓住主要矛盾和主要问题；治理通胀应该以紧缩性货币政策为主，同时，要消除阻碍货币政策发挥作用的因素，理顺货币政策发挥作用的机制

宏观经济领域充满争议，通货膨胀的原因即是其中之一。货币主义者认为，货币量增长是通货膨胀的最主要原因，这也是弗里德曼那句“通货膨胀无时无处不是一种货币现象”的含义所在。由于财政政策和供给冲击都不能持续，因此它们都不可能是通货膨胀的根源（米什金，1998）。有些凯恩斯主义者则认为，通胀的原因并不重要，关键是其具有自我维持的特性。通胀可能由总需求因素（需求拉动）或者总供给因素（成本推动）引起，这很难清楚区分。然而，一旦通胀水平上升，它就会有自我维持的趋势，因为央行可能会为了适应通胀而采取宽松货币政策（斯蒂格利茨，1997）。显然，此时货币政策成了内生变量，它只是其他因素引发通胀的一个传导环节。可见，二者的区别相当微妙：一方认为货币量是原因，另一方认为货币量只是最后的传导环节；另一方认为货币政策是外生的，一方认为货币政策有时是内生的。

在我国的经济现实中，通胀成因的问题也有很大争议。其中一个最主要的问题是，许多分析倾向于将通胀原因“多元化”。一谈通胀就列举一大堆原因，从原料到物流，从需求到供给，从国内到国外，从现实到预期，从自然灾害到政府调价，不一而足。这就好比医生诊病，告诉病人这病有八个原因，还不告诉你哪个原因是主要的。成因分析其实蕴涵了治理策略。通胀成因的“多元化”也就意味着治理通胀需要综合实施“一揽子”政策，需要各个部门、各级政府，甚至企业和居民的协调配合。这就好比医生开药，根据八个原因开出八服药，也不管有用没用，以及是否存在药性相克。原因“多元化”往往会淡化主要原因，政策“一揽子”往往会忽视最有用的政策。

其实，从前面的理论争论中我们可以找到正确答案，那就是货币。如果货币供给是通胀的根源，那就紧缩货币。如果货币只是其他因素的传导环节，那就掐住这个环节，还是紧缩货币。当然，现实操作要更为复杂。首先，紧缩货币会损害其他目标，这就是斯蒂格利茨所说的央行需要迁就通胀的原因。可以用前面已经提及的两个事情做例子。比如，我国为什么不加息，原因可能是加息会引致热钱流入,并且增加地方政府债务负担。又比如,在政府的积极财政政策下,不放宽贷款规模就不能完成投资计划。其次,紧缩的力度和时机不宜掌握。这需要长期的经验积累,以及对经济运行的深刻理解。另外,金融创新等因素也使得决策进一步复杂化,比如,表外业务和“影子银行”系统使得央行控制货币总量的难度增大。总之,治理通胀最有用的工具是货币政策,不紧缩货币而想利用其他手段消除通胀是不现实的。同时,治理通胀是有成本的,要以其他目标为代价,这就需要作出权衡取舍。

2. 只要紧缩性政策力度适中,不必过分担忧我国经济会出现滞胀和硬着陆;中小企业融资难的问题一直存在,但是近期所谓“倒闭潮”并不确实;地方政府债务蕴藏着较大风险,但是还远未到不可收拾的地步

正如经济有周期一样,舆论也有周期。近期看空中国的声音逐渐增强,而此前看好中国的论调占据上风。比如,“末日博士”鲁比尼近期宣称,中国经济在2013年后硬着陆的可能性将增至40%。看空论调分两种。一是短期看空,认为通胀会失控或者已经失控,中国经济会出现较大下滑;二是长期看空,认为中国经济的增长潜力已经耗尽,会陷入停滞,进入所谓“中等收入陷阱”。在这里我们主要探讨短期问题。

在上一轮紧缩进入关键阶段的时候,反对者就祭出两面大旗,其一是硬着陆,其二是滞胀。全球金融危机不期而至,扰乱了我国经济调整和宏观调控的步调,各种争论也就不了了之。本轮紧缩进行到这个当口,这两面大旗又如约复出了。怎么会想到滞胀?如前所述,因为看到通胀并未有效缓解,实体经济却显示出下滑势头(见图1)。可是我国的经济周期有这样一个特征事实,经济增长要比通货膨胀领先一年左右。也就是说,在增长见顶后,通胀大致会在一年后见顶。因此,在这段时间内看到增长下滑、通胀上行是再正常不过的。

到底什么是滞胀？图5是美国的增长和通胀组合，美国在1970年代发生了滞胀。1973年到1982年，美国经济的平均增长率为2.4%，其中有4年是负增长，经济10年累计增长26.3%。同时，这10年美国的平均通胀率为8.7%，物价10年累计增长130.7%，翻了一番还多。结合图5来看，滞胀至少要有两个标准。首先，通胀率要高于增长率；其次，这种组合要有一定的持续性。因此，我国当前的经济形势无论如何都与滞胀无关。

至于硬着陆，首先有一个判断标准问题。如果说7%以下算硬着陆，那么我国经济短期并没有这个风险。其次就是政策的时机和力度。货币紧缩出手偏慢，宽松财政迟迟不肯退出，都是过分担心硬着陆了。

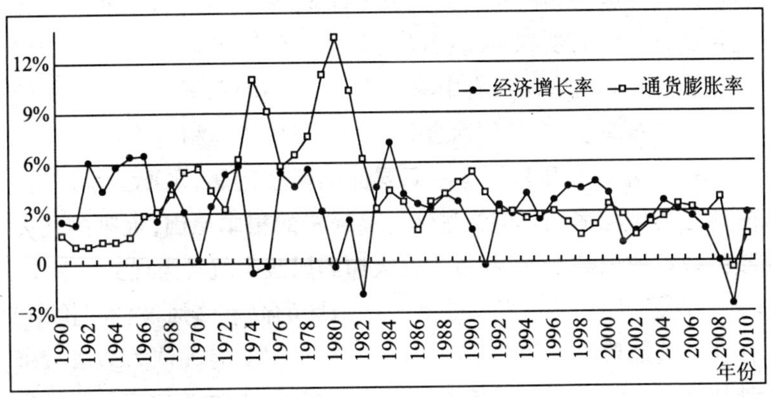

图5　美国的经济增长和通货膨胀

数据来源：美国商务部经济分析局（www.bea.gov）、美国劳工部劳工统计局（www.bls.gov）。

短期看空中国论调还有两个重要论据：一是中小企业融资难，甚至出现了大面积倒闭的现象；二是地方政府债务负担沉重，可能会引发金融危机。中小企业融资难的问题其实一直都存在，并不是新现象。只是最近紧缩货币下宽松财政的挤出效应，使得问题更加恶化。然而，也并没有因此而出现大面积倒闭的风潮，很多针对珠三角和长三角的调研都对此做了澄清。在短期内，解决这一问题的最好方法并不是放松货币，而应该是适度紧缩财政，消除或者减少挤出效应。同时，目前加息窗口已经关闭，在未来放松货币时最好不要先降息，如此可以让资金成本尽量反映市场需求信息。

审计署最新公布的数据显示，地方政府债务规模在10万亿元左右，占我国GDP的25%。按照穆迪的估计，这个数字还要更高。穆迪在其发布的报告中称，中国地方政府债务负担比审计署估算的数字还要多3.5万亿元，并将包括银行在内的几十家在香港上市的国内公司的信贷展望转为负面。地方债务确实给当前的经济造成了威胁，蕴藏着很大风险，需要高度关注。然而，这并不是说这种威胁和风险已经实现。首先，短期看地方政府的现金流并没有因此而受到威胁；其次，负债要和资产放在一起进行综合分析。我国地方政府有中央政府的隐性担保，我国政府掌握的资产非常雄厚，资产负债综合分析的结果应该是相对乐观的。

3. 融资难和高利贷是不同层面的两个问题，需要区别对待；流动性过剩和房地产泡沫是催生高利贷的根本原因，近来的调控政策导致泡沫破裂，高利贷的巨大违约风险也就成为现实

在关于中小企业融资难和一些地区的高利贷风波的讨论中，存在一些需要澄清的似是而非的观点。比如，有人认为造成融资难和高利贷的主要原因是本轮货币紧缩，解决之道应该是放松货币政策；有人认为中小企业融资难是引发高利贷的重要原因，中小企业从银行贷不到款，只好去借高利贷；还有人认为，高利贷是因为投资实体经济缺乏机会，大量资金没有出路，不得不投入高利贷炒作，等等。这些观点貌似有理，但都经不起仔细推敲，不能作为制定政策的参考和依据。

首先，融资难和高利贷是不同层面的两个问题，需要区别对待。中小企业融资难是一个长期性的金融体制问题，也是一个世界性难题。在我国，其根源是目前以大型商业银行为主的金融体系和中小企业的融资需求不匹配，这需要金融体制改革和金融创新来最终解决。最近这个问题有所恶化，除了货币紧缩导致贷款总量减少而外，此前宽松财政政策的挤出效应也要考虑。四万亿的刺激计划分解下去，是需要很多配套资金的。在总盘子一定的情况下，中小企业所占的份额自然就少了。高利贷则是一个典型的短期问题，其本质是投机泡沫。对于大多数高利贷的最终借贷者而言，他们并非一开始就想赖账，他们一定是认为自己手头的项目足以支付如此之高的利息。所以，几乎每笔高利贷后面都有一个赚钱的神话，有些还是活生生的现实，比如，不断疯涨的资产价格。

其次，流动性过剩和房地产泡沫是催生高利贷的根本原因，近来的调控政策导致泡沫破裂，高利贷的巨大违约风险也就变为现实了。自21世纪以来美国一直实施宽松的货币政策，造成全球流动性过剩，最终造成了次贷危机和全球金融危机。在此过程中，我国也受到很大影响。先是股市大涨，股市泡沫破裂后是房地产，最终又蔓延到收藏等领域。股市泡沫破裂之所以没有造成很大破坏：一是因为我国股市的限制多、监管严，比如，涨跌停板和对高杠杆的限制；二是因为股市入市的门槛低，很多人愿意自己入市实现发财梦，而不是拿钱放高利贷。房地产投资的门槛要高很多，在股市无钱可赚的情况下，很多人会把钱交给炒房团。在房价不断高涨的情况下，炒房者的高杠杆可以保证其高收益。然而，一旦房价不涨甚至下跌，最后接盘者无法出手，就会导致整个链条土崩瓦解，大家不是跑路就是跳楼。

再次，资产泡沫会削弱实体经济，而不是实体经济羸弱才造成资产泡沫。在实体经济和金融资产之间，理性的投资者会选择综合收益较高的项目。所以，不是说实体经济不赚钱大家才去放高利贷，实体经济即使赚钱大家也会去放高利贷，只要高利贷的综合回报高于实体经济。当然，这个已经被普遍认可的高回报一定要有一个好故事，这次全世界分享同一个故事：不断上涨的房价。所有这一切背后的推手是宽松的货币政策和流动性过剩。正如过多的钱追逐过少的商品会造成通货膨胀，过多的资金追逐过少的投资机会造成资产泡沫，通胀和泡沫都会对实体经济造成严重伤害。另外，中小企业借高利贷维持生产不可能是普遍现象，因为很少有项目能有如此之高的回报。

最后，综合以上讨论，放松货币政策对缓解中小企业融资难帮助不大，结构性减税更为直接有效；高利贷风波的实质是房地产泡沫破裂，目前的调整是痛苦的，但也是必要的；政府救助一定要有限度、有原则，不然可能会鼓励不负责任的冒险行为，效果适得其反。

4. 美日欧三大经济体复苏节律不一，欧债危机长期化；包括中国在内的一些新兴市场经济体的宏观经济政策出现松动和转向

相较于国内，国际经济形势更为复杂，从短期来看，我国经济增长最大的不确定性来自外部。首先，近期美国经济形势虽然有所好转，但是整个局面依然脆弱。美国2011年三季度实际GDP增幅按年率计算为2%，明显快于前两个季度；10月私营部门新增就业量达10.4万人，失业率下降至9%，为6个月以来的最低点；美国银行业也传出了好消息，2011年三季度银行业利润比去年同期增加48.3%，连续九个季度同比增长。然而，对美国经济的这些表现目前还不能过分乐观，因为多年积累下来的长期问题需要时间来逐渐化解。

其次，欧债危机在导致“欧猪五国”政局变换的同时，也在向德法等核心国家蔓延，也连累了新晋的中欧和东欧。最近，德国拍卖国债失利，这在欧元诞生以来绝无仅有，表明欧债危机已经波及欧元区核心。拉脱维亚11月22日取消10年期国债的拍卖，并在此前对部分小型银行实行暂停运营或者收归国有。斯洛文尼亚10年期国债收益率近期已经接近7%，创出新高，此后有两家银行倒闭、一次国债拍卖取消。另外，匈牙利、乌克兰等国家恐怕也难逃欧债危机波及。欧债危机已经长期化,欧元区经济的未来走向不容乐观。

再次,日本经济虽然在第三季度实现了强劲反弹,但是其主权债务风险也开始逐渐暴露。2011 年第一、第二季度,日本 GDP 实际增长折年率分别为 -2.7% 和 -1.3%,三季度则出现较大反弹,折年率高达 6%。这种强劲反弹能否持续需要进一步观察。然而,由于国债规模巨大,日本经济面临的风险不容忽视。标普在 2011 年 1 月将日本主权信用评级由 AA 下调至 AA -,并于 4 月再将日本主权评级展望下调至负面。另外,两大评级机构穆迪和惠誉今年也调降了日本主权信用评级。

最后,在全球经济形势出现恶化趋势之际,一些新兴市场经济体的宏观经济政策出现松动和转向。比如,巴西为治理通胀实施紧缩性货币政策,最近却在五次加息后突然宣布降息;印尼央行也在最近突然降息 25 个基点;菲律宾宣布了 16 亿美元经济刺激计划;新加坡也开始逐步放松对货币供应的控制。中国人民银行 11 月 30 日宣布从 12 月 5 日开始下调存款类金融机构人民币存款准备金率 0.5 个百分点。鉴于提高存款准备金率往往与外汇储备增加及外汇占款上升密切关联,随着近几个月来外汇占款的显著下降,甚至在 10 月已进入负区间,调减存款准备金率也就非常自然了。这可以看做是政策放松的信号。不过,这不应理解成货币政策的全面转向。因为在外汇占款下降情况下调低存款准备金率,只是使当前的货币政策不至于变得更紧。

三、结论和政策建议

第一,我国短期内没有出现滞胀和硬着陆的风险,经济下滑是政府宏观调控的预期结果。目前通货膨胀的拐点虽然已经出现,但是其绝对水平仍然较高,预计全年的通胀率在 5.5%,增长率在 9.2% 左右,离适度增长区间下限仍有相当距离。

第二,短期内我国经济增长最大的不确定性来自外部,要密切关注各大经济体的经济发展,及时调整我们的相关政策。2012年政策取向将是稳定增长,推进结构改革。货币政策可保持稳健,财政政策应保持积极,促进结构调整。我们预计明年增长8.6%,通胀率会降到4.1%。

第三,在全球经济晦暗不明、我国经济面临增长方式转变的大背景下,我们需要做好接受较低经济增长率的准备。从理论上来讲,这意味着我国未来的潜在经济增长率会有所下降,因为全球经济和我国经济将要进行深刻的调整。考虑到这一因素,我国未来宏观调控政策的重心可能要稍微下移,不能再盲目地追求此前两位数的增长。

第四,结构性减税促进民营经济发展。现在,无论是从中央还是地方来看,资金来源都出现困难。地方融资平台受到多重限制,地方项目投资缺钱;而中央往往做的是杠杆投资,由地方及银行配套,在目前紧缩的大背景下,中央投资的难度也在增大。在地方投资不足、中央投资也捉襟见肘的时候,亟须民营经济的支撑。民营经济(主体是中小企业)的发展,首先是需要解决其融资难问题,其次是要减轻负担,特别是要对其实行结构性减税。应当承认,大型国企与民营中小企业所承担的真实税负水平并不一致。由于国企能获得相应补贴与支持,其税负可被部分抵消,而中小企业则根本无缘于此,这使得它们总体承担的税负压力更大。通过结构性减税的方式,积极推进增值税向生产性服务业扩围,同时相应调低增值税税率,减轻民营经济负担,有利于通过刺激民营投资来支撑中国的增长,同时也有利于优化投资结构,增加就业,促进发展方式转变。

第五,通过金融创新与财税改革,化解金融风险,推动经济平稳较快增长。一方面是通过金融创新,缓解保障房建设的资源缺乏问题。比如,允许保险资金以及其他社会资本进入,特别是借助房地产投资信托基金(即RIETs)平台,以此作为保障房的持有基金,并将其引入资本市场,缓解保障房资金困难。另一方面是通过金融创新与财税改革,保证地方融资平台的正常运转。金融创新方面包括一些公用事业项目的证券化,以解决地方政府资产负债表中的期限错配问题;财税改革方面,重在增加地方政府的财力,比如允许地方政府发债,为地方政府增加新的税源等,这些对于化解地方融资平台风险都有积极的作用。

参考文献

[1][美]米什金. 货币金融学(第四版)[M]. 北京:中国人民大学出版社,1988.

[2][美]斯蒂格利茨. 经济学(下册)[M]. 北京:中国人民大学出版社,1997.

[3]刘树成,周方,赵京兴. 析年环比价格指数中的翘尾因素[J]. 经济研究,1996(4).

[4]张晓晶. 滞胀成因的重新审视与中国的滞胀风险[J]. 经济学动态,2011(7).

(作者单位:中国社科院经济所)

我国的经济走势与宏观调控

张连城

经历了国际金融危机的洗礼,2010 年,包括我国在内的世界经济表现出强劲增长的态势。但进入 2011 年,欧美债务危机蔓延,世界经济复苏乏力,我国经济增速也出现了回落。如何看待 2012 年及今后几年的经济走势?2012 年我国经济和世界经济会不会出现二次探底?这是当前人们普遍关心的问题。

一、未来几年的宏观经济走势

自改革开放以来,中国经济已经完成了三轮周期运动。周期的波峰年是 1978 年、1984 年、1992 年和 2007 年,GDP 增长率分别为 11.7%、15.2%、14.2%、14.2%;从波谷年来看,经济运行也已完成了 3 次周期运动,1981 年、1990 年、1999 年和 2009 年都是周期的波谷年,GDP 增长率分别为 5.2%、3.8%、7.6%、9.2%。无论是从波峰年还是从波谷年来看,周期的平均长度都是 9—10 年。在最近的一轮经济周期中,2007 年是波峰年,2008 年和 2009 年是经济周期的收缩期。根据市场经济条件下扩张期长、收缩期短的运行规律和实际经济运行来看,中国经济在 2009 年就已经完成了筑底,从 2010 年开始,经济运行进入了新一轮的扩张期,这一年的经济增长率是 10.4%。排除未来发生突发重大事件的外部冲击和经济政策重大失误对经济运行的影响,未来的扩张期将长达 7~8 年之久。最近一轮的经济周期就证明了这一点。在这一轮周期中,扩张期长达 8 年(2000—2007 年),收缩期只有 2

年的时间(2008—2009年)。图1给出了我国1978年以来宏观经济的运行状况。

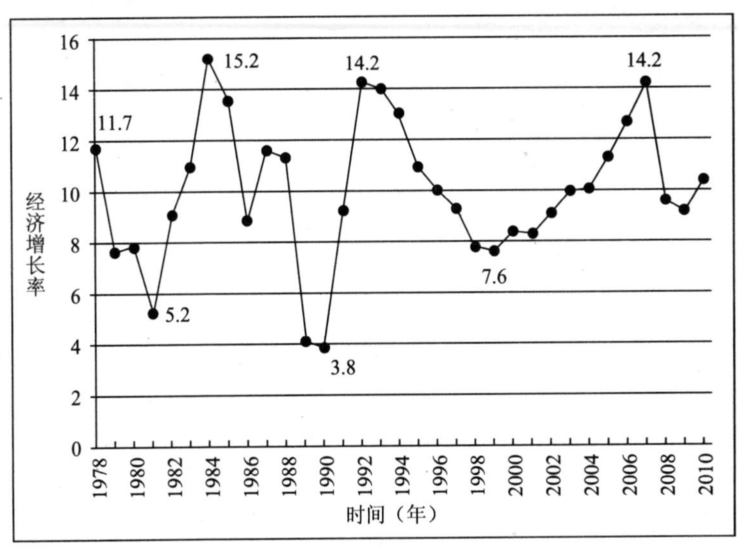

图1 1978—2010年的中国经济运行

经过三十多年的发展,中国已经是一个高度开放的国家,中国的经济运行状况不仅影响世界经济,也受世界经济运行的影响。从世界经济来看,自1978年以来,世界经济已经运行了3个周期,周期的波谷年分别是1982年、1991年、2001年和2009年,各年的GDP增长率分别是0.8%、0.8%、1.5%、-0.6%,周期的平均长度是9年。2010年,世界GDP增长率为3%。显然,无论是从经济周期的运行规律来看,还是从实践来看,世界经济也已经走出经济萧条的阴影,进入了新一轮的扩张期。在全球经济中,美国是经济规模最大的国家,根据国际货币基金组织的统计,2010年,美国的GDP是14.6万亿美元,占世界经济总量的23.6%。因此,美国的经济增长状况如何将对世界经济运行产生举足轻重的影响,事实上,世界经济的周期性波动与美国经济的周期性波动基本上是同步的。自1978年以来,美国经济周期的波谷年也是1982年、1991年、2001年和2009年,各年的GDP增长率分别是-1.9%、-0.2%、1.1%、-3.5%,周期的平均长度也是9年。2010年,美国经济实现了3%的正增长,也已经进入新一轮的经济扩张期。图2描述了世界经济和美国经济的运行周期。

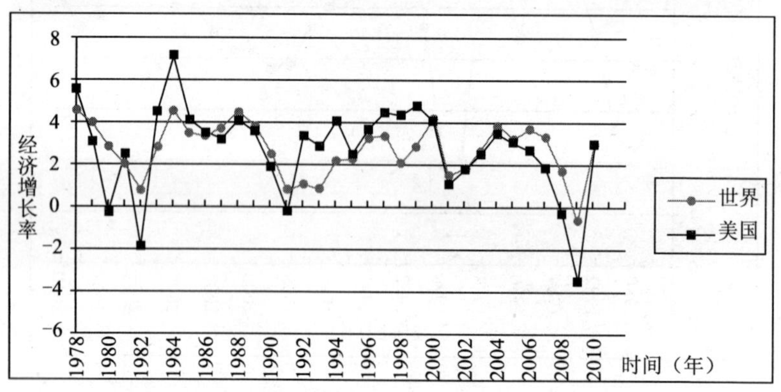

图2 世界经济周期与美国经济周期(1978—2010年)

2011年,尽管由于美国经济复苏迟缓和欧洲主权债务危机延缓了世界经济复苏的进程,但世界经济总体呈现扩张已是一种必然趋势。当然,在市场经济条件下,经济的扩张都是在波动中完成的而不是直线上升的,并且,在经济扩张阶段的前期即复苏阶段,经济增长都有缓慢的特点,只有到了经济扩张阶段的后期即繁荣阶段,经济增长才会呈现出加速度的特征。更何况在本轮经济周期中,无论是美国还是世界经济的衰退,都是1978年以来最严重的一次:不仅经济跌幅最深,而且GDP均为负增长。因此,始于2010年的世界经济复苏的历程将比以往的经济复苏更加艰难。但无论如何,从总体上来看,未来几年,世界经济将走向扩张,如果不发生突发重大事件的外部冲击,应当不会出现二次衰退。因此,世界经济对中国经济增长的影响应是正面的。

从以上的分析中不难得出这样的结论:无论是从中国经济自身的运动规律来看,还是从中国经济运行的外部经济环境来看,未来几年我国经济增长都将呈现向好的趋势。

但是,伴随着经济步入新的扩张期,价格水平也已经进入一个新的上升周期,即进入了一个新的通货膨胀周期。从中国经济周期与价格波动周期的关系来看,两者存在高度的正相关关系,但价格波动要相对滞后于经济波动。这就是说,在未来几年,通货膨胀将是一种常态。当然,伴随着经济的波动及其他影响价格波动因素的变化,通货膨胀率也是不断变化的而不是直线上升的。只有当经济中出现较大的产出正缺口即资源被过度利用时,才会出现比较严重的通货膨胀。

二、2012 年中国的经济走势

2012 年是继世界金融危机之后中国经济保持强劲增长的关键一年。2007 年中国经济运行到周期的波峰后,2008 年开始进入经济的收缩期,经济增长速度快速下滑。分季度看,2008 年1—4 季度的 GDP 增长率分别为 11.3%、10.8%、9.7%、7.6%,到 2009 年第一季度,GDP 增长率进一步下跌到 6.6%,是本轮经济周期的季度谷值。经济增长率持续下降5 个季度以后,从2009 年第二季度开始,经济开始强劲增长,GDP 增长率分别为 8.2%、9.7%和 11.4%,2010 年第一季度 GDP 增长率最高达到了 12%。此后又一路下跌。到 2011 年第三季度,GDP 增长率下跌到了 9.1%,目前已经连续6 个季度出现下降的态势,并且2011 年第四季度的经济增长率很有可能跌破 9%。观察图 3 中的 GDP 增长率曲线,可以看到从2009 年第一季度到2011 年第三季度,中国经济增长走出了一个倒“V”字形。

自 2009 年第二季度以来,经济增长速度持续下滑的现实引起了人们普遍的担忧,担心中国经济会出现二次衰退。在这种情况下,怎样正确判断 2012 年的经济走势呢?

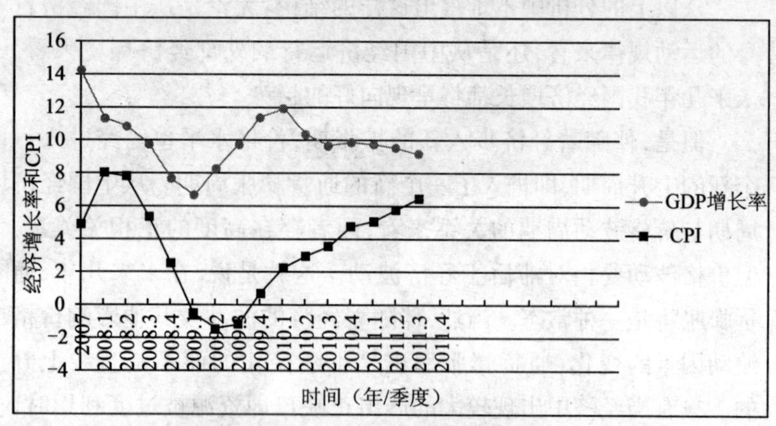

图3　中国GDP季度增长率(2008—2011年)

为了能够正确认识2012年的经济走势,首先,应当正确认识2009年第一季度以后的倒"V"字形经济走势。2008年11月,我国出台了刺激经济增长的4万亿元投资计划,并制定了进一步扩大内需、促进经济增长的10项措施。正是由于实施了这一系列的政策措施,才遏制了经济进一步下滑的趋势,并导致了从2009年第二季度到2010年第一季度经济的快速增长。但由于这4万亿元的投资支出在时间上过于集中,因此这一期间的经济增长属于"激素刺激型"的经济增长,不具有持久性,当这4万亿元投资扩张经济的效应消失以后,经济增长速度再度下滑也是情理之中的事情。显然,2008年年末政府出台刺激经济计划的效应是2009年第一季度后经济运行出现倒"V"字形的首要原因。

其次,由于从2009年到2010年第一季度经济增长速度过快并且一度达到12%的高度,因此也就为日后的价格水平上升埋下了伏笔。从我国经济增长和价格水平变动的相关关系来看,通货膨胀一般滞后于经济增长1~2年。2009年,CPI全年同比上涨-0.7%,2010年同比上涨3.3%。到2011年,价格水平开始加速上涨,第一季度CPI同比上涨5%,第二季度同比上涨5.7%,第三季度同比上涨6.4%(见图3中的CPI曲线),其中2011年7月最高,CPI同比上涨6.5%。鉴于通货膨胀日趋严重,我国开始收紧货币信贷。从2010年1月到2011年6月,央行对大型金融机构的法定存款准备金率总共上调了12次,从12%上调至21.5%。从紧的货币政策一方面抑制了通货膨胀,但毫无疑问,也抑制了经济的过快增长。这是自2010年第一季度后经济增速持续回落同时也是经济运行出现倒"V"字形的另一个重要原因。

此外,我们说中国经济和世界经济自2010年开始就已经进入了扩张阶段,但经济的扩张不是直线上升而是在波动中完成的。因此,在经济扩张的进程中,并不排除个别年份经济增长速度出现回落。因此,2011年乃至2012年经济增长出现下滑,也属于正常现象,不能因此就推断出经济将会出现二次衰退。具体说,2012年的年GDP增长率有可能低于2011年的增长速度,但季度经济增长率没有二次探底即达到6.6%或低于6.6%的可能,即不可能出现2008年到2009年第一季度那样的情况。

三、保持经济强劲、稳定增长的政策选择

科学有效的宏观调控,是我国经济保持强劲稳定增长,不出现大起大落的重要保障。要避免我国经济出现二次衰退,保持经济强劲稳定增长,重要的是宏观经济调控的政策不出现重大失误。

笔者曾经运用HP滤波和经验分析的方法,证明在现阶段,中国经济增长的最优适度区间是GDP增长率保持在9%~10%之间,次优适度区间是GDP增长率保持在8.5%~10.5%之间。只要经济运行在最优适度区间内,既可以保持经济强劲增长,又可以避免无法承受的通货膨胀。如果经济增长速度低于9%特别是低于8.5%,经济中就会出现较大的产出负缺口,产出出现负缺口意味着资源未能得到充分利用,经济运行会出现"冷"的状态,在经济过冷的情况下,大批企业开工不足,甚至倒闭破产,大量工人

下岗，农民工回乡，还会伴随通货紧缩，1999 年前后和 2008—2009 年所发生的那种情况就会重现。相反的情况是，当经济增长率高于 10% 特别是高于 10.5% 时，经济中则会出现产出正缺口，产出正缺口意味着资源已被过度利用，与之相伴随的是资源短缺和通货膨胀，1992 年和 2007 年前后所发生的经济“过热”就证明了这一点。因此，把经济增长速度保持在最优适度区间是最理想的选择。

能否把经济增长率控制在最优增长区间？只要不存在认识上的误区，制定正确的宏观调控目标，并使调控宏观经济运行的政策具有前瞻性，实现这一增长目标是完全有可能的。

始于 2010 年 1 月从紧的货币政策对于控制当时过快的经济增长及之后的通货膨胀无疑是一种正确的选择。但是，当 2011 年第三季度的经济增长率已经下降到 9.1% 并且第四季度有可能跌破 9% 的增长速度时，特别是当众多中小企业已经陷入资金困境时，过度从紧的货币政策就应当淡出，至少应当放松政策紧缩的力度。虽然当前的通货膨胀率仍然很高，但应当看到，CPI 已经从 2011 年 7 月的 6.5% 连续下降了 3 个月，到 10 月已经下降到 5.5%，同时，CPI 是经济增长的滞后指数，只要观察图 3 给出的 CPI 季度增长率曲线就不难看出，2009 年第三季度以后一路上扬的价格水平实际上是对 2009 年二季度以后快速经济增长的滞后反应。依次类推，即使现在终止了从紧的货币政策，由于经济增长率已经持续下降并已进入最优适度区间，作为滞后指数的 CPI 将会继续回落。假如当前从紧的货币政策继续下去的话，明年的经济增长率就有可能进入次优适度区间的下限附近，届时，大批中小企业将会濒临倒闭破产的边缘，失业会明显增加，这显然不利于保持经济的强劲增长和稳定增长。

总之，在未来几年中，伴随着经济扩张，价格水平也存在上升的趋势。因此，防止经济过热和抑制过高的通货膨胀率是宏观调控的主要任务。与此同时，避免由于政策失误造成的人为的经济衰退，也是宏观调控的重要任务之一。

在宏观调控的实践中，我国只是对最低经济增长速度设定了下限，即力图把经济增长率控制在8%以上。例如，1998年和2008年经济处在萧条阶段时，政府都提出了要确保经济增长率不低于8%的口号并采取了相应的刺激经济增长的政策措施。但是对经济增长率的最高界限却从来没有作出过明确的界定。甚至当2007年的经济增长率高达14.2%时，我们仍然没有认为这是经济过热，而是定义为增长速度“偏快”。这是必须要改进的。之所以在宏观调控时只设定最低下限而没有设定明确的最高上限，一个重要的原因是，政府和人们都无法容忍经济增长速度过低所带来的后果，尤其是失业所带来的社会不稳定的压力。但对于过热的经济增长，就有较高的容忍限度。这不仅仅是各级政府和企业都有追求高增长的动机和部分领域仍然存在软预算约束的条件，更重要的是，高增长带来的好处是明显的：它可以发展经济、增加就业、增加人们的收入和财政收入、提高政府的业绩等。但是由高增长所带来的坏处，例如，高增长所带来的环境污染，人们有时是感受不到的，即使感受到了，但由于大多数人基本上还处在追求收入水平而没有达到追求生活质量的阶段，对此往往采取容忍的态度。实际上，经济出现过冷和过热都同样有害，都要付出高昂的代价。因此，要在实现经济稳定、较快增长的同时避免通货膨胀的发生，政府不仅要确保最低经济增长率，也要确保经济增长速度不越过最高边界。

（作者单位：首都经济贸易大学）

中国经济再平衡和均衡路径的选择

张 平

经过金融危机冲击后,2011 年中国贸易盈余占 GDP 的比重已经降低到 3% 以下,比 G20 会上美国建议的自限贸易盈余占 GDP 的 4% 水平还要低。后金融危机时代中发达国家的带动已经越来越弱,中国贸易盈余还会进步一步下降,中国已经无可选择地转向内需经济发展,被再平衡成为未来几年不得不面对的主题,依据国际其他经济体的再平衡经验来看,再平衡能刺激结构调整和技术创新,但也会导致经济过热,因此中国在未来再平衡的过程中要积极地采取供给政策激励,通过税政体制的改革,为服务业和创新投入减税,加速结构调整和创新。继续保持需求政策的"正常化",避免再平衡过程中的经济过热。

一、后危机时代重要事实

2008 年全球金融危机后,中国经济发展的国际环境发生重大变化,外部需求贡献率出现下降,贸易盈余连年负增长。按我们的预测 2011 年也将延续此种格局,未来中国贸易从盈余到基本平衡甚至逆差都似乎成了可能,这与中国多年来靠外需拉动的一大经济特点是非常不同的,这带来极大挑战。发展的外部环境出现变化、外需对中国经济贡献下降,与"后危机"时代的全球经济特征是相连在一起的。

后危机时代的全球经济有以下几个典型化事实:

1. 带动全球经济增长的主导力量正在发生根本性的变化，新兴经济体的"热"与发达国家的"冷"形成了鲜明的对比

2010年发达收入经济体仍占据全球GDP的主要份额，预计为73%。但由于受到危机冲击的程度不同，新兴经济体和发达国家的经济复苏和增长呈现出"快"与"慢"、"热"与"冷"的不同步特征，二者的相对力量也在发生变化。发达国家在全球经济中的贡献率出现迅速下降，从20世纪初的76.6%，迅速下降到2007年53.1%，从2008年开始该贡献率仅有20.8%，2009年负贡献，2010年也仅能达到30%强，预计2011—2015年很难超过40%，甚至可能逐级递减。到2015年发达国家占全球GDP的份额将下降到65%。经济增长的重心转向了新兴市场，中国、印度、印度尼西亚、巴西、南非等新兴市场国家高速增长，成为拉动全球经济增长的火车头。国际货币基金组织按购买力平价法的测算表明，到2014年发展中经济体占世界产出的比重将首次超过发达经济体。这给新兴经济体特别是中国提供了前所未有的机遇。

表1　历年世界GDP的占比情况

	1961	1970	1980	1990	2000	2005	2006	2007	2008	2009
占世界经济总量份额(%)										
高收入国家	85.3	85.0	83.3	83.4	81.8	79.3	78.5	77.5	76.6	75.5
低中收入国家	14.2	14.5	16.7	16.6	18.2	20.7	21.5	22.5	23.4	24.5
中、印、巴、俄、南非五国	3.6	3.9	4.9	7.1	8.4	10.4	10.9	11.7	12.3	13.3
世界经济增长的贡献										
高收入国家	92.4	77.6	60.5	88.6	76.6	59.6	58.3	53.1	20.8	-133.1
低中收入国家	6.1	22.9	44.8	11.3	23.4	40.5	41.9	47.0	79.3	—
中、印、巴、俄、南非五国	-1.3	7.9	19.8	-0.6	13.1	23.7	25.1	30.5	52.1	—

2. 伴随人口大国的兴起，经济高增长开始与全球多数人口、尤其是城市化人口相关联

发达经济体的增长历史是少数人的迅速富裕，其富裕过程是以牺牲殖民地大量人口的福利为基础，以快速工业发展和财富累积为特征的。美国目前占全球 GDP 的 24%，欧盟(包括英国)27 个国家约占 27%，日本占 9%，共计 60%。然而这三个地区仅占世界人口的 15%(即使加上澳大利亚、加拿大等工业化国家，其合计人口也不超过世界的 16%)。而近年来的这轮高速增长国家多是人口大国，如中国、印度、印度尼西亚、越南、南非、巴西、墨西哥等。目前，世界上 84% 的人口都分布在新兴和发展中世界，生活于增长率更高的新经济体中。人口大国的兴起，第一次显示出全球经济增长贡献与人口份额比重开始高度相关，经济高增长开始与全球大多数人口福利紧密联系在一起。

随着新兴市场国家的快速发展，全球城市化速度会进一步加快，2009 年全球城市化率超过了 50%，全球人口的半数居住在城市，到 2030 年这一比例将上升到 60%，未来每一地区的绝大多数人口将生活在城市地区。西欧早期工业化时期涉及的人口只有 1.3 亿人，而中国当前的工业化与城市化，则要涵盖 10 多亿人口，中国以每年一个点的速度在加速城市化，预计 2012 年实现城市化率超过 50%。城市人口的大幅增加，深刻改变着全球的产业格局和分工体系，不仅对资源的需求意义重大，同时对消费品需求和服务业也产生着重大影响。2009 年全球的服务比重提高到 70%，但全球可贸易的服务量占全球贸易总量不足 20%，未来服务业贸易将出现更大范围和更大程度的发展。

3. 随着大宗商品进入高价周期，高消耗的工业化增长模式面临着前所未有挑战

从历史上能源、基础金属、农产品、矿产品等大宗商品的价格波动来看，可以分三个大的长周期：(1) 自工业革命以来到 1973 年前的殖民地时代，各类大宗商品价格指数均处于极低水平，

1960—1973 年能源指数均值只有 5.9,之前更低。发达国家通过暴力手段从殖民地国家获取廉价的原材料进行工业化发展。(2)20世纪 70 年代开始的民族主义国家的纷纷独立,结束了殖民主义,原材料价格快速上涨,1974 年各类大宗商品的价格指数当年均翻了三倍,而后在一直在大范围地波动。以能源指数为例,1974 年到 2004 年其均值为 77。(3)随着 21 世纪以来中国经济快速增长,特别是城市化带动的大规模基建,以及 2005 年中国汇率改革,国际大宗商品价格开始进入新的一个台阶,尽管 2008 年的金融危机有所冲击,指数大幅度波动,但指数水平在 200 到 400 的区间运行了。现在仍处在危机复苏阶段,资源品的价格指数将处在高位,可预计的未来很长一段时间中都要保持高的指数上涨和波动态势,这是后危机的另一大特征,这一特征将改变工业化生产的分工格局和消费模式。

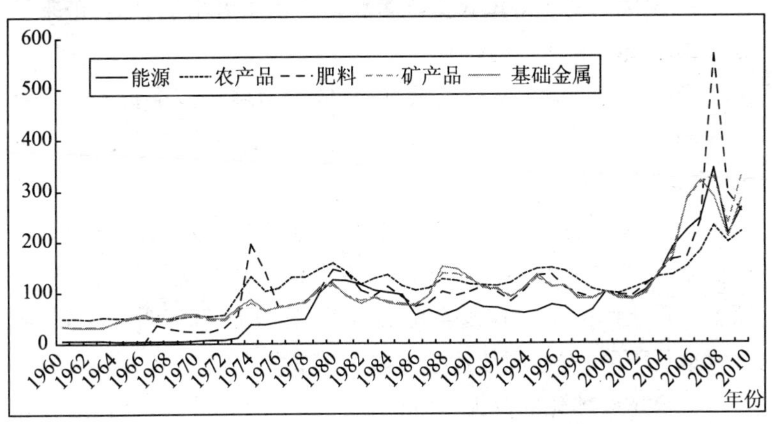

图 1 大宗商品的走势

是什么力量再次推动商品价格指数进入一轮高涨的大周期呢?其中一个重要原因是随着经济增长与多数人口相关,大规模城市化和不断增加的中产阶级将推动大宗商品需求,也就是说城市化是一个大宗商品密集化过程。新兴市场经济体正在重复发达国家所走的道路,继续扩大人均的资源消费量,并且将远远超过以往发达国家发展时对资源的需求,给资源能源与环境带来空前的压力。另一个大的原因是资源的垄断和管制加强。以石油公司为例,国有化率从20世纪60年代的30%到2007年的86%,资源的国家化和国家管制已经是一个基本趋势。当然国际主要储备货币均呈现贬值趋势,以美元计价的大宗商品在美元不断贬值的过程中价格不断上升。

大宗商品的高价周期,给过度依赖投资、过度依赖工业特别是重化工业、过度依赖要素投入的增长模式形成了自然及环境约束。中国等制造业大国将因大宗商品价格的上涨而消减利润,因此只有转变经济增长模式,提高工业生产率,推进产业升级,提升价值曲线,倡导低碳经济理念,改变生产方式和消费模式,才能应对这一严峻的挑战。

4. 国际间的经济增长贡献者和货币供给者出现分离,带来了极大的摩擦与经济不稳定

当新兴市场国家高速增长、正在成为全球经济增长主要贡献者的同时,全球贸易结算货币和储备货币却仍是美元、欧元、英镑、日元和其他发达国家的货币,在可预期的5~10年中,替代性储备货币和国际货币体系大的改革仍难进行。发达国家经济体仍控制全球的货币、金融市场、金融工具、机构、交易规则。尽管储备货币之间的结构在发生微妙变化,欧元的份额明显上升,而日元地位下降,但美国依然主导着全球的货币权。

在全球一体化的今天,经济增长贡献者和货币供给者的分离直接就会导致经济的摩擦。发达国家,特别是欧美的货币政策直接影响了全球经济稳定,其利率水平、货币供给量影响他国福利。如欧美为了刺激本国生产,继续宽松的货币政策,而新兴市场国家早已复苏无须刺激,全球经济频繁摩擦即源于此。美国实施的量化宽松货币政策,直接冲击了新兴市场国家,印度、巴西和中国都受到了热钱冲击,国内经济都出现了过热的迹象,印度2010年通货膨胀达到两位数，巴西6%，中国按季度看接近了5%。

5. 在国际冲突不断的同时，国家间政策协调也在不断得到加强，一些新型合作也开始出现

后危机时代，许多发达国家仍面临国际金融危机的余波。为了应对金融、债务和就业危机，一些主要国家采取了以邻为壑的贸易保护主义和扩张性货币政策，并对新兴经济体施压诸多政治压力。在美国的“量化宽松I”的货币政策实施时，全球主要大国还都同时出力，而美国“量化宽松II”刚推出，就被新兴市场国家所抵制，美国宽松的货币政策直接加大了热钱对发展中国家的冲击，全球的摩擦非常明显。

为了解决冲突，危机以来各国加强了全球多边经济政策协调，甚至一些新型的国际经济合作也开始出现。首先，从原来作为富人俱乐部的“7国集团”，扩展到“G20”，中国成为了重要的国际政策协调国。G20中包含了很多发展中国家，发达与发展中两大阵营的斗争一方面会继续，另一方面也会在G20机制中达成某种妥协。在IMF投票权的改组中，中国投票权上升到了第二位，中国在全球协调中正在起着越来越重要的作用。其次，除了去杠杆化、滚动还债和重组资产负债表外，危机的教训还要求加快实现一个基于各国经济自我平衡的全球经济再均衡过程。各种新的国际规则正在酝酿和形成中，尽管这些新规则可能一时还难以从根本上撼动长期以来不合理的国际经济秩序和失衡的世界经济结构。再次，危机也极大扩展了国际政策协调的范围，包括金融全球审慎监管框架，巴塞尔协议三的通过，以及汇率协调、贸易领域等。最后，为了对抗发达国家的垄断和国际货币霸权，金砖四国等新兴经济体加强了相互交流和协调，类似于中俄双边贸易进行本币结算等新型国际合作正在深入推进，有管理的浮动汇率制和一篮子货币在未来更有可能会成为货币政策的一种规范。

以上分析了全球经济进入后危机时代的重要事实。在国际大背景下，中国贸易盈余占GDP的比重快速下降，可以预测到的

“十二五”期间净出口对中国经济贡献可能持续负贡献，中国从1994年以来的外向型经济面临着“被”转型，经济“被”再平衡。

二、中国经济“再平衡”的转型和国际经验

中国贸易余额持续大额顺差是当前中国外部失衡的主要表现，也体现了中国出口导向的战略。自1994年以来，人民币超贬值后，中国贸易余额一直保持着大额顺差，顺差余额由1994年的53.92亿美元、占GDP之比1.8182%，升至2007年的2618.30亿美元，占GDP之比8.7712%，受金融危机影响，盈余额下降至2009年的1961.00亿美元，占GDP之比5.2529%，而2010年盈余额为1831亿美元，GDP之比3.3%，2011年进一步下降。中国贸易余额顺差出现了持续下降，加大了国内宏观调控的复杂性和难度，更逼迫中国经济进行再平衡，从外向型经济转向内生性增长，“十二五”期间贸易盈余对经济的带动都是负值，而转向内需发展需要进行结构性改革

1982—1993年，中国贸易余额在0上下波动，1994人民币贬值后，加工贸易快速发展，成为贸易盈余的贡献者，其值呈现上升趋势，一直到2007年达到最大。事实上近年来人民币升值、“民工荒”和政府对贸易结构调整政策，已经在不断削弱加工贸易的盈利能力，受世界金融危机的影响2009年开始，中国加工贸易占出口份额和增长速度都下降较快，加工贸易盈利能力下降。1997年以后中国贸易余额有所下降，这是因为1997年10月1日，中国政府再次降低了4874个税目的商品关税水平，调整幅度达26%。能源性产品、原材料和我国需求有缺口的商品以及高科技产品的降税幅度尤其明显，使得关税总水平下降为17%，我国加大了进口贸易，到2008年受到国际金融危机的冲击，贸易盈余连续三年下降，2010年比危机时还要低，中国贸易盈余下降已经成为趋势。

中国经济增长在20世纪90年代主要靠外需，出口导向激励是发展的关键，国内需求不足靠外需弥补，如1997年外需对经济

增长的贡献接近50%，21世纪以来对外需的依赖有所下降，但在危机前依然贡献较大，危机后最大的特点是中国的贸易盈余对GDP增长的贡献一直呈现负贡献，按后危机时代的国际经济增长格局，外需已经很难带动中国经济了，甚至会出现连年贸易盈余下降的特征，对中国经济增长的贡献为负，这是后危机时代中国经济增长直接要面对的难题之一。

国际货币基金组织（2009）特别分析了发达经济体与新兴市场经济体在过去50年中的28次顺差逆转的经历。通过大量的经验分析与案例研究发现（见表2）：

（1）经济增长降速，平均降速1.2%，但经济存在普遍过热现象，通货膨胀较高，平均上升3.7%。

（2）在再平衡过程中最为积极的贡献者为投资，投资上升较多，平均达3.3个百分点，私人消费提高0.8个点，贸易盈余带动明显下降。

（3）就业规模略有减少，贸易部门下降导致原有就业结构需要调整，但整体就业压力不会因再平衡下降过多，因为贸易部门就业下降的速度慢于非贸易部门就业增长速度。

（4）结构调整和创新加快。非贸易部门的份额明显提高，贸易部门与非贸易部门就业的重新配置，而中高技术份额显著提高，体现一国经济在全球分工价值链中地位的提升。再平衡能促进经济结构调整和创新。

表2　　经常账户反转后的主要指标

	德国	日本	日本	韩国	中国台湾	平均	中位数
	1970	1973	1988	1989	1988		
产出与消费							
实际人均GDP增长率	3.4	1.6	5.7	9.6	6.1	5.3	5.7
实际人均GDP率（变动）	-0.2	-5.1	2.1	-0.3	-2.3	-1.2	-0.3

续表

	德国 1970	日本 1973	日本 1988	韩国 1989	中国台湾 1988	平均	中位数
实际人均GDP增长率相对于世界(变动)	—	−3.8	2.1	0.9	−2.3	−0.8	−0.7
实际私人消费增长率	5.7	3.2	4.6	8.9	11	6.7	5.7
实际私人消费增长率(变动)	1.5	−3.2	1.2	1.2	3.2	0.8	1.2
产出成分的变化							
净出口贡献	−1.2	0.6	−0.4	−3.9	−3.2	−1.6	−1.2
净出口贡献(变动)	−1.2	0.5	0.1	−5.4	−6.8	−2.6	−1.2
国内需求贡献	4.6	1	6.1	3.5	9.3	6.9	6.1
国(区)内需求贡献(变动)	1	−5.6	2	5.2	4.5	1.4	2
劳动生产率增长	3.9	2.5	4.1	6.8	6	4.7	4.1
劳动生产率增长(变动)	0.6	−4.6	0.8	0.5	−0.1	−0.6	0.5
就业增长	0	−1	1.5	2.3	−0.1	0.6	0
	1	−0.4	1.2	−0.7	−2	−0.2	−0.4
经常账户储蓄与投资的变动							
经常账户(占GDP百分比,变动)	−2.1	−2.2	−1.7	−7	−10.3	−4.7	−2.2
储蓄(占GDP百分比,变动)	0.7	−3.1	1.8	−0.3	−6	−1.4	−0.3
私人储蓄(占GDP百分比,变动)	−0.1	−1.4	−1.5	−1	−6.7	−2.1	−1.4
投资(占GDP百分比,变动)	2.9	−0.9	3.5	6.8	4.3	3.3	3.5

续表

	德国 1970	日本 1973	日本 1988	韩国 1989	中国台湾 1988	平均	中位数
部门间资源再配置							
非贸易品份额(变动)	—	1.6	0.5	4.3	6.6	3.2	3
中高技术份额(变动)	—	—	1.1	1.8	9.8	4.2	1.8
贸易部门就业增长	—	-3.6	0.2	-1.6	-4.1	-2.3	-2.6
非贸易部门就业增长	—	0.7	2.7	5.5	3.6	3.1	3.1
过热指标							
消费者价格指数	4.6	14.3	2	7.6	3.2	6.3	4.6
消费者价格指数(变动)	2.9	8.2	1.1	3.3	2.9	3.7	2.9
产出缺口	0.6	0.9	1.7	0.2	0.7	0.8	0.7
产出缺口(变动)	0.7	1.3	4.2	1.5	1.2	1.8	1.3

资料来源:IMF 2010。

对于中国而言,再平衡已经开始,从国际经验来看如何扬长避短是经济转型的根本。优化投资结构和税收激励,从供给角度促进产业结构调整和创新是经济再平衡中最为重要的“结构改革”之道,而过分使用需求扩张政策往往会导致泡沫化,贻误调整结构的战机。

三、再平衡的政策选择

任何一国的发展道路都有其路径依赖性,中国被“再平衡”直接推动中国经济的转型。中国未来重振内需一方面继续加大总需求扩大,另一方面同时更要积极优化投资结构,加大供给侧政策激励,对服务业和技术创新部门减税,进行积极的结构改革,走向一个更均衡的内生增长路径。

供给管理政策的选择可包括以下内容:

1. 积极推进财税改革,为企业减税,建立创新的激励机制

当前以间接税(包括增值税、营业税和消费税在内的流转税)为主税收结构,宏观税赋已经高达32%,随着城市化的发展,宏观税赋仍要提高,而且基本上全要由企业负担,这是不可为继的。在城市化率将近50%时,税收结构调整是最为重要的改革举措,应积极向以直接税、间接税共同发展的体制转变,通过增加直接税把居民纳税(个人所得税、不动产税等)与城市居民社会保障体系支出相联系,而不是把所有的社会保障体系支出都压在企业身上,并也直接推动转变政府的支出透明。因此在税政体制改革的大前提下,增加直接税,而对企业进行减税,给企业创新、节能减排、加速折旧和更新改造减税,鼓励企业创新和激励企业向绿色方向发展。

2. 打破垄断,优化投资结构,增加有效供给

当前经济中,一方面存在大量的产能过剩,另一方面也存供应短缺。因此,要打破垄断,加强竞争,淘汰落后,这样才有利于增加有效供给。打破行政垄断,鼓励民间资本进入社会供给基础设施与第三产业,特别是金融、医疗等现代服务业,促进社会服务业的大发展,满足社会对服务业的需求,矫正经济结构扭曲。通过打破垄断,鼓励资金向这优化结构方向投资,增加服务类的供给。

3. 提升政策性金融推进保障性住房等福利性保障的供给

在进一步完善我国金融体系的过程中,要鼓励金融创新和发展新型政策性金融体系。这不仅有利于应对地方融资平台清理以及房地产调控带来的基建投资下滑问题,也有利于弥合地方在实施城市化过程中财政收入和其他资金来源难以有效支撑的问题，同时还可能为未来城市化融资以及房地产健康发展提供一个长效机制。

保障性住房建设是当前推进城市化发展的重要举措，推进保障性住房的金融支持是完善政策性金融的内容之一。20 世纪大萧条之后，美国对保障性住房的金融支持包括退税，推动金融公司参与退税资本化（其融资达到30% ~50%），另外通过地方政府发债弥补投资，加上银行信贷，当然也有两房的增信等。这些政策的关键是政府让利于民。中国更是要在土地、税收优惠方面加大让利，国家政策性金融增信或适当投入资本，再推动民间金融加入才能推进保障性住房的金融支持。具体措施包括税收优惠、地方政府发债、通过金融创新鼓励民间金融参与、政策性金融增信或投入适当资本等方式为保障性住房建设提供融资支撑。只有能够提高保障性住房的融资和激励，才能保障人口的城市化进程稳定，这是政府最重要的目标，也是遏制资产泡沫的方式。

需求政策核心应从货币扩张带动经济转向是稳定币值。发达国家经济复苏回落，潜在增长率逐步下降，而新兴市场国家的 GDP 贡献额超过了发达国家，但国际格局的调整导致了我国外部经济环境的不稳定，直接会冲击中国的经济稳定，特别是来自金融的冲击，导致经济过热，稳定币值成为降低冲击风险的宏观政策关键举措。

1. 汇率机制改革

稳步增强人民币的汇率弹性，特别是适当增加货币篮子中的货币币种数量，避免盯住单一货币的风险，形成自我稳定币值的作用。汇率机制改革既是应对外部压力，也要利用汇率改革机制推进国内调结构。

2. 灵活的利率政策工具

中国经济的杠杆化水平提高后，微观主体将会对利率较过去有更明显的敏感特征，因此利率政策的调整会更为有效，保持灵活的利率政策工具是必要的。当前的负利率是需求扩张的根本，因此稳定币值、减低货币扩张带来的泡沫风险，要充分利用灵活的利率政策进行调整。中国作为大国，必须有独立的宏观政策，因此货币政策应该根据国内稳定币值的需要进行操作。

参考文献

[1]IMF. Rebalancing the Global Economy: A Primer for Policy-making Are Global Imbalances Sustainable? Post - crisis Scenarios. 2010.

[2]张平. 宏观政策的有效条件、运行机制、效果和复苏后的选择[J]. 经济学动态,2009(12).

[3]张平. 中国经济全面复苏和政策"正常化"[J]. 现代经济探讨,2010(1).

[4]张平,王宏淼. 中国转向"结构均衡增长"的战略要点和政策选择[J]. 国际经济评论,2010(5).

[5]张平. 后危机时代宏观政策的转变:从需求扩张到供给激励[J]. 经济学动态,2010(12).

[6]经济增长与宏观稳定课题组. 全球失衡、金融危机和中国经济复苏[J]. 经济研究,2010(11).

[7]张平,戴磊. 中国经济增长与后危机时代的均衡调整[J]. 现代经济探讨,2011(1).

（作者单位:中国社科院经济所）

我国经济与物价的中长期发展前景

李建伟

未来物价的发展趋势取决于交易性货币供给、实际需求、劳动成本、劳动生产率和输入型成本五大基本因素的走势，而影响物价上涨的五大基本因素又受国内经济增长状况、宏观调控政策取向、国外经济发展状况以及美元汇率走势等多种因素影响。为了准确把握未来物价走势，在假定国内宏观调控政策保持相对稳定、美欧日经济平稳增长的情况下，我们利用宏观部"季度经济增长模型"对未来五年我国经济与物价的中长期发展趋势进行模拟预测。预测结果表明，2011 年我国经济增速将回调到 9.7% 左右，2012 年及以后恢复较快增长状态，2012 年到 2015 年年均增速在 10% 左右。在经济保持较快增长的同时，我国通货膨胀压力也不断加大，2011 年和 2012 年 CPI 涨幅分别为 5.1% 和 6.8%，PPI 涨幅分别高达 5.7% 和 9.5%，在 2012 年第三季度会出现 CPI 上涨 7.6%、PPI 上涨 10.6% 的阶段性通货膨胀高峰。2012 年以后食品价格涨幅下降，CPI 涨幅趋于回落，但 CPI 非食品价格和 PPI 仍将保持较快上涨态势，内在通胀压力依然较大。抑制物价上涨幅度、防止经济出现严重通货膨胀，应是今明两年政府宏观调控政策的重点。在处理好抑制物价上涨和稳定经济增长关系的前提下，可通过适度控制交易性货币供给增速和城乡居民工资增速、加大人民币升值幅度等措施，缓解国内物价上涨压力。

一、预测分析的工具与前提条件

宏观部"季度经济增长模型"共包含 237 个变量，其中 222 个变量为内生变量，涵盖了经济增长、投资、消费、进出口、金融、物价、居民收入、工资与就业、财政税收九个领域的相关经济指标；外生变量共有15个，包括3个国外变量和12个国内政策性变量，国外变量分别是美欧日进口增速、美欧日贸易加权CPI和名义美元汇率指数，国内政策性变量分别是存款利率、贷款利率、存款准备金率、平均进口关税税率（关税占一般贸易进口额比重）、平均出口退税率（出口退税占一般贸易出口的比重）、人民币对美元名义汇率、人民币名义有效汇率（对美元、欧元和日元贸易加权汇率指数）和5个分类财政支出名义增速（公共服务、社会保障与就业、环境保护与城乡社区事务建设、科教文卫、其他支出）。

在模拟预测分析中，我们假定2011年第一季度以后我国宏观调控政策保持相对稳定，美欧日经济保持相对平稳增长状态，具体前提条件如下：

（一）财政支出平稳增长

我们假定2011年一季度以后分类财政支出名义增速保持在2010年全年增速不变，即公共服务支出、科教文卫支出、城建环

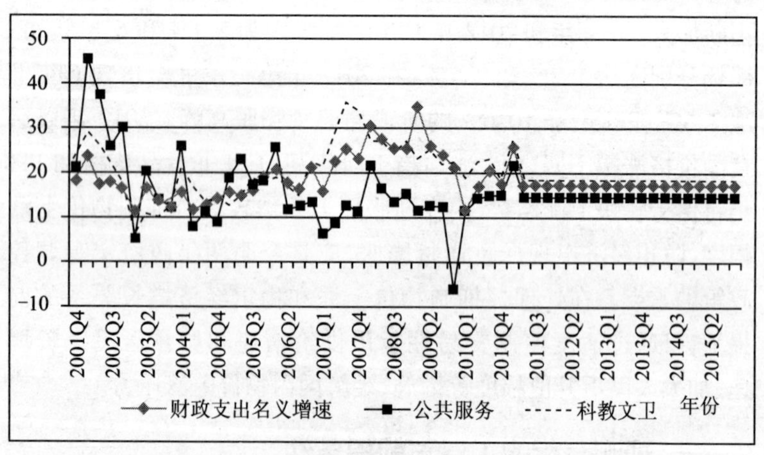

图1　2001年四季度到2011年第一季度分类财政支出、公共服务支出和科教文卫支出名义增速及其未来假定增速（%）

保、社会保障与就业支出和其他支出名义增速分别保持在14.6%、18.4%、19.4%、22.4%和16.1%的水平不变。在此假定条件下,2011年第一季度到2015年第四季度期间财政支出名义增速维持在17.3%的水平不变,基本回归到2003年到2007年财政支出平均增长17.2%的水平。根据模型模拟预测结果,在此假定条件下,2011—2015年财政支出实际增速(名义增速扣除GDP缩减指数因素)保持在12.7%,与2003年到2007年财政支出12.9%的实际增速基本相当。

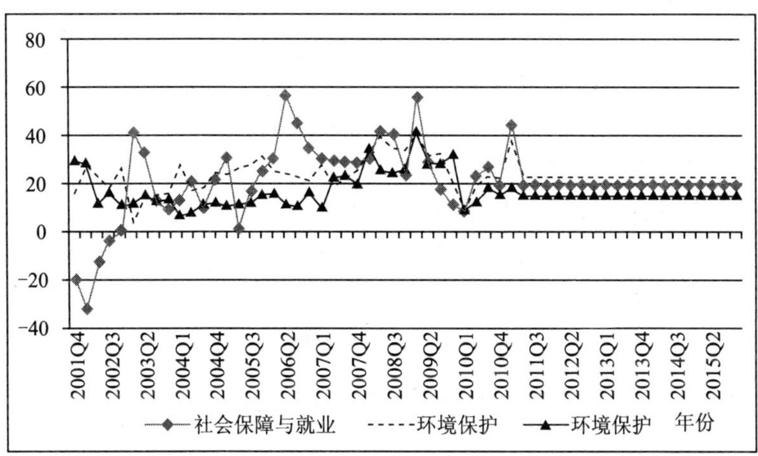

图2　2001年第四季度到2011年第一季度社会保障与就业支出、环境保护与城乡建设和其他财政支出名义增速及其未来假定增速(%)

(二)实施稳健的货币政策

我们假定2011年第一季度以后存款利率、贷款利率和存款准备金率保持在2011年第一季度水平不变,即分别保持在3%、6.1%和21%。与1993年第一季度以来的存贷款利率和存款准备金率相比,存款利率和贷款利率与2000年第一季度到2006年第四季度的水平基本持平,存款准备金率是1993年第一季度以来的最高水平。

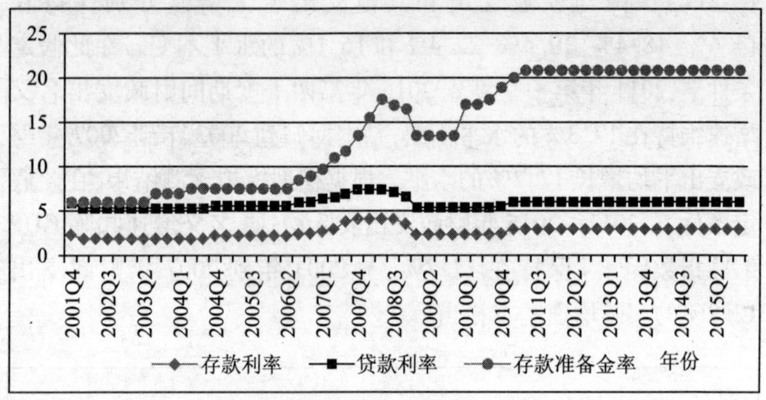

图3　2001年第四季度到2011年第一季度我国存贷款利率和存款准备金率及其未来假定趋势(%)

(三)贸易政策保持稳定

我们假定2011年第一季度以后关税税率和出口退税率保持在2010年3.91%和15.01%的水平不变,人民币兑美元名义汇率和人民币名义有效汇率保持在2011年第一季度6.579元人民币/美元和173.1(1990年=100)水平不变。

与1993年第一季度以来的关税税率、出口退税率和人民币名义有效汇率相比,3.91%的关税税率是自2001年加入WTO以来的最低水平。

为应对美国金融危机的冲击,2009年我国出口退税率大幅度提高,加上退税支付时间提前,2009年第一季度平均退税率曾高达24.23%。2010年第四季度出口退税率回调到15.01%,这一水平基本回归到2005年的出口退税率水平(15.63%),但高于2006年12.9%和2007年13.8%的出口退税率。

2005年第一季度以来,人民币对美元、欧元和日元三大货币的名义有效汇率一直处于升值状态,名义有效汇率指数(1990年=100,上升表示人民币贬值)从2005第一季度的196.58下降到2010年第四季度的172.3，累计升值12.35%。2011年第一季度末人民币名义有效汇率指数为173.06，比2010年年末贬值0.45%。

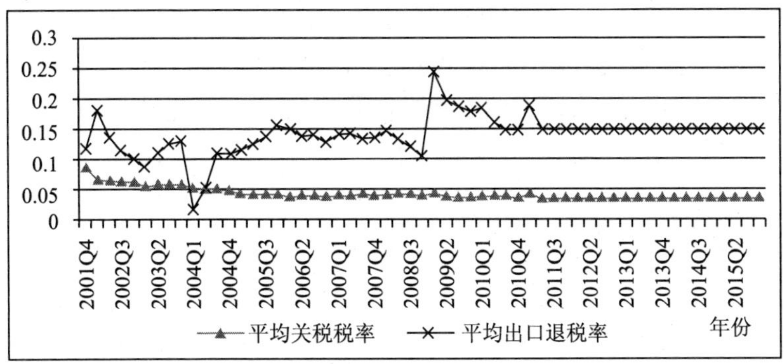

图4　2001年四季度到2011年一季度我国关税税率和出口退税率及其未来假定趋势

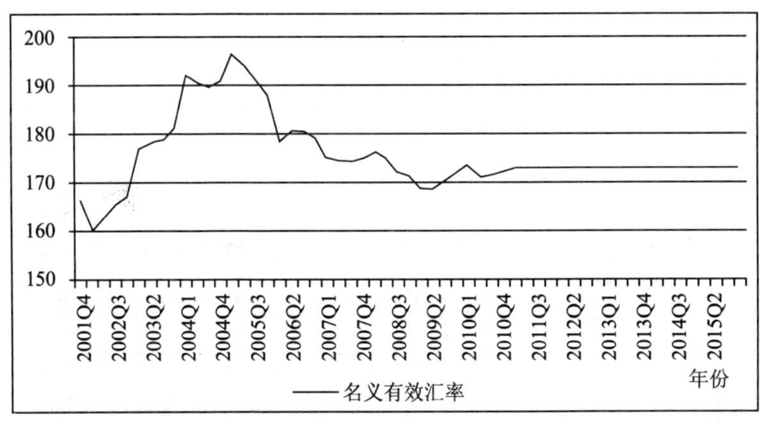

图5　2001年第四季度到2011年第一季度人民币名义有效汇率指数及其未来假定趋势(%)

（四）美欧日进口保持相对稳定增长状态

美欧日进口增长状态、美欧日 CPI 和美元汇率是影响我国出口、进口数量和进口价格的关键因素，对我国经济增长和物价水平具有重要影响。根据我们利用宏观部“美国季度经济增长模型”模拟预测的结果，在 2011 年美国政府继续采取扩张性调控政策、2012 年以后政策回归常态的情况下，2011 年美国经济增速将回调到 1.91%，但从 2012 年开始将恢复较快增长状态，2012—2015 年美国 GDP 能够保持 2.68% 左右的较快增长。2011 年美欧日进口增速将继续回调，全年进口增速将回调到 10.3%；2012—2015 年美欧日进口增速维持在 11.5% 左右，基本恢复到 2003 年到 2007 年金融危机爆发前美欧日进口正常增长状况。2011 年美欧日加权 CPI 将从 2010 年的 0.9% 提高到 1.5%，2012—2015 年美欧日加权 CPI 平均涨幅为 1.54%。2011 年和 2012 年美元名义有效汇率指数仍将稳定在 72.5 左右，但随着经济形势好转，从 2013 年开始美元开始升值，到 2015 年第四季度美元名义有效汇率指数提高到 83.2。

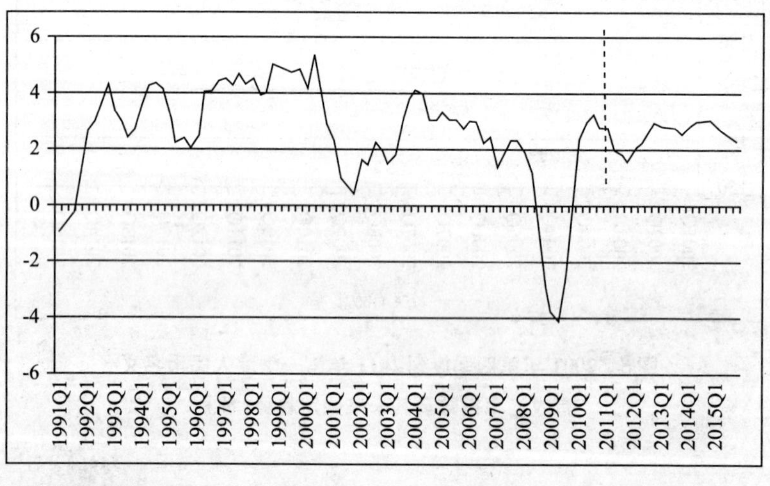

图6 1992 年第一季度至 2011 年第一季度美国 GDP 增速及其发展前景（%）

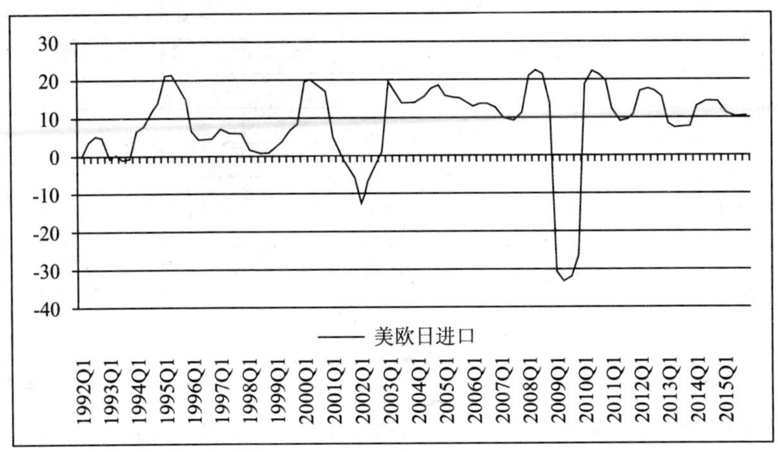

图7　1992年第一季度至2010年第四季度美欧日进口增速及其发展前景(%)

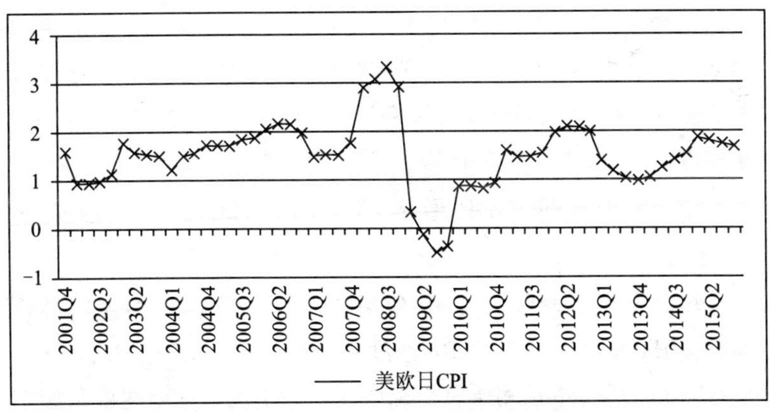

图8　2001年第四季度至2011年第一季度美欧日加权CPI及其发展前景(%)

二、我国经济的中长期发展前景

经济增速取决于投资、消费、出口、进口变化情况，食品价格的变化也会直接影响到第一产业增加值增速，财政支出也会对第二产业和第三产业增加值产生直接贡献。根据实际需求、食品价

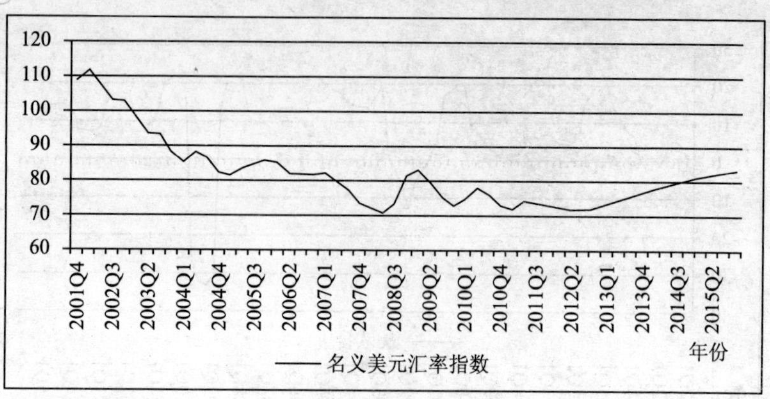

图 9　2001 年第四季度至 2011 年第一季度名义美元汇率指数及其发展前景(%)

格和财政支出与三次产业增加值的相关关系,在国内调控政策保持稳定和美欧日进口保持适度增长的情况下,利用"中国季度经济增长模型"对 2010 年第四季度以后的经济运行状况进行模拟预测①,结果显示,2011 年我国经济增速将继续回调,GDP 增速将下降到 9.7%。2012 年以后将恢复较快增长状态,2012 年到 2015 年年度 GDP 增速分别为 10%、9.7%、10.5% 和 10.4%。

(一)2011 年 GDP 增速继续回调,2012 年以后恢复较快增长

模拟预测结果显示,2010 年第四季度以后 GDP 增速将继续回调,2011 年 1—4 季度 GDP 季度累计增速分别为 9.7%、9.7%、9.4% 和 9.7%(本预测所有指标增速均为季度累计增速或余额增速,下同)。2012 年第一季度以后将恢复较快增长状态,全年 GDP 增速将提高到 10%。2013 年 GDP 下降到 9.7%,2014 年第一季度以后再度恢复较快增长状态,2014 年和 2015 年 GDP 增速分别为 10.5% 和 10.4%。

---

① 因 2011 年第一季度农村居民分类消费支出数据尚未公布,模拟预测只能从 2011 年第一季度开始。

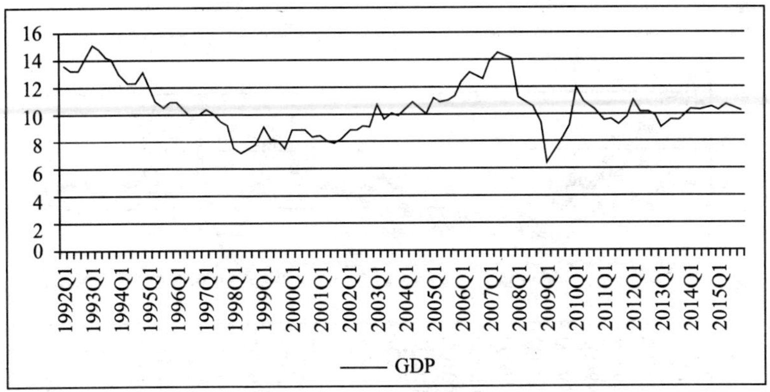

图10　1993 年第一季度至 2010 年第四季度我国 GDP 增速及其预测走势(%)

(二)三次产业增加值增速

2011—2015 年期间,第一产业增加值年度增速分别为 4.4%、4.5%、4.1%、3% 和 3.3%,第二产业增加值增速分别为 11.2%、11.7%、11%、12% 和 11.7%,第三产业增加值增速分别为 9.1%、9.2%、9.3%、10.4% 和 10.4%。

规模以上工业增加值是决定第二产业增加值增速走势的决定性因素。受出口增速下降影响,2011 年第一季度以后我国规模以上工业增加值增速总体上处于回调状态。2011 年 1—4 季度增速分别为 14.2%、13.7%、13.4% 和 13.9%,2012 年到 2015 年年度增速分别为 13.6%、12.8%、14% 和 14.1%。

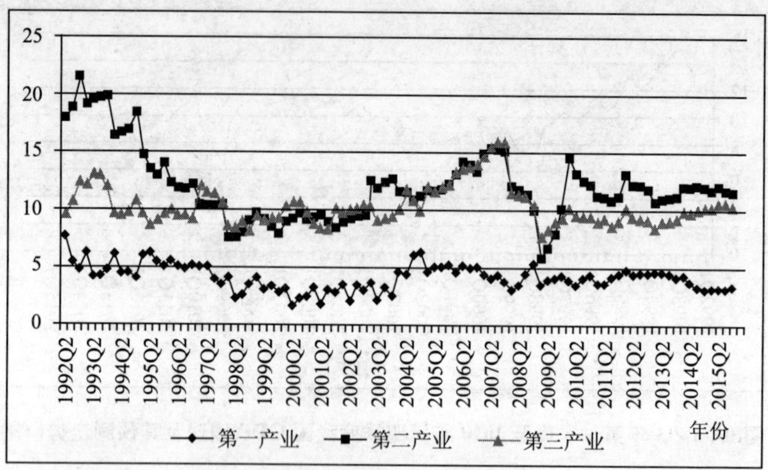

图 11　1993 年第一季度至 2010 年第四季度我国三次产业增加值增速及其预测结果(%)

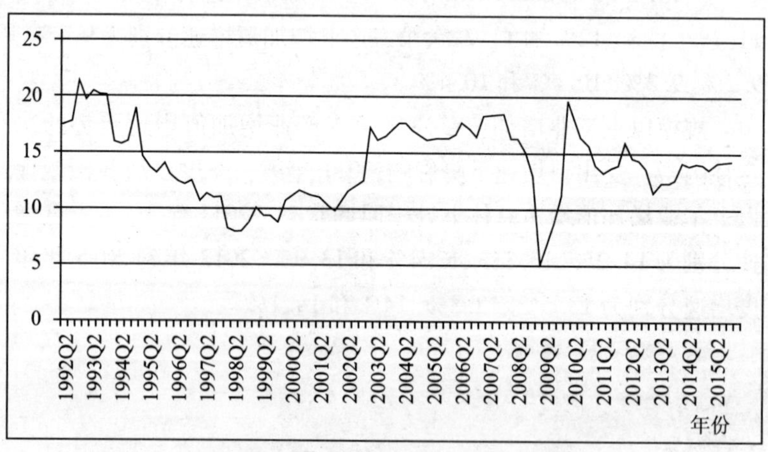

图 12　1992 年第一季度至 2010 年第四季度我国规模以上工业增加值增速及其预测结果(%)

三、我国城镇固定资产投资的发展前景

投资是决定经济增速和工业品出厂价格的基础需求因素。信贷增速、建设性财政支出、利率以及经济增长预期是影响投资增速的主要因素。在假定前提条件下，模拟预测的结果显示，2011 年第一季度以后我国城镇固定资产投资实际增速将回调，从 2011 年第一季度的 19.9% 下降到 2011 年第二季度的 15.5%，2011 年第四季度提高到 17%。2011 年到 2015 年投资实际增速分别为 17%、15.4%、17.9%、17.4% 和 17.4%，投资名义增速分别为 24.1%、25.4%、20.9%、21.5% 和 23.5%。

2011—2015 年期间，第一产业投资实际增速波动较大，名义增速在 2011 年四季度以后基本处于持续回调状态。其中 2011 年到 2015 年第一产业投资实际增速分别为 31.6%、18.7%、26.8%、23.2% 和 23.8%，名义增速分别为 39%、28.9%、30.1%、27.6% 和 30.3%。第一产业投资受政策性因素影响较大，占城镇固定资产投资的比重较低，对投资实际增速的影响较小。

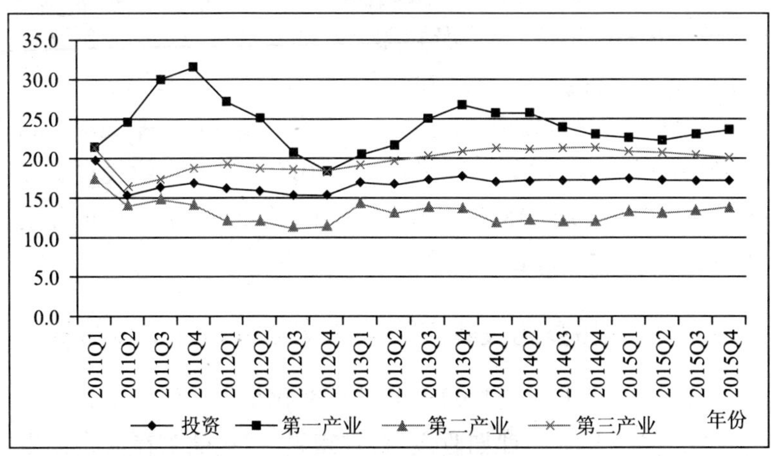

图 13　2011 年第一季度至 2015 年第四季度我国投资总额和三次产业投资实际增速预测结果(%)

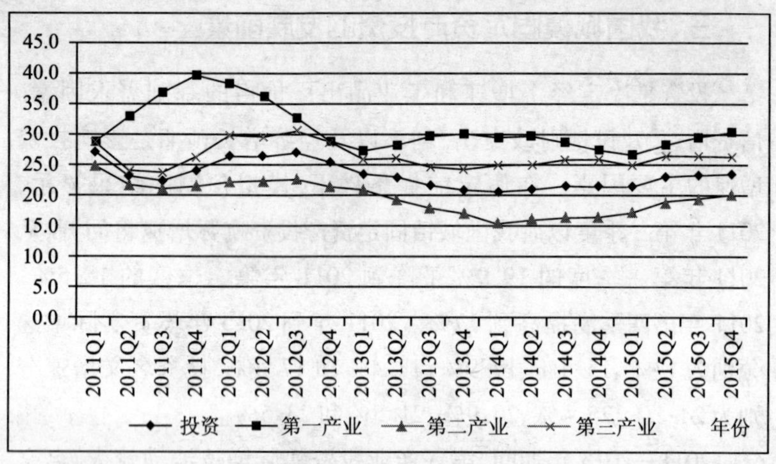

图 14　2011 年第一季度至 2015 年第三季度我国投资总额和三次产业投资名义增速预测结果(%)

2011 第一季度以后,第二产业投资实际增速和名义增速均保持持续回调状态。2011 年到 2015 年第二产业投资实际增速分别为 14.4%、11.7%、13.9%、12.4%和 14.1%,名义增速分别为 21.4%、21.3%、16.9%、16.3%和 20%。第二产业投资占城镇固定资产投资的比重很高,其增速回调是投资总额增速回调的主要因素。

2011 第一季度以后,第三产业投资实际增速保持平稳增长状态,但名义增速波动较大。2011 年到 2015 年第三产业投资实际增速分别为 18.9%、18.5%、21%、21.5%和 20%,名义增速分别为 26.1%、28.7%、24.1%、25.7%和 26.2%。

四、我国城乡居民收入和消费实际增速的发展前景

城乡居民实际消费需求及其结构变化是影响经济增长和物价的基础需求因素。即期收入、财富积累(居民储蓄存款)、民生性财政支出以及消费信贷是影响城乡居民消费增速的主要因素,而居民收入主要取决于经济增长状况和民生性财政支出。模拟

预测结果显示,2011 年城乡居民实际收入将保持较快增长,并带动城乡居民消费实际增速回升;2012 年第一季度以后城乡居民收入实际增速趋于下降,消费支出实际增速也趋于回调,但仍保持较快增长态势。2011 年到 2015 年,城镇居民收入和消费支出年均实际增速分别为 7.8% 和 8.5%,农村居民收入和消费支出年均实际增速分别为 10.7% 和 10%。

(一)城乡居民收入将稳定增长

影响居民收入的主要因素是经济增长,科教文卫和社会保障与就业等民生性财政支出也会间接增加居民收入,但对城镇居民可支配收入(以下简称城镇居民收入)和农村居民人均纯收入(以下简称农村居民收入)的影响存在较大差别。在模拟预测的前提条件中,我们假定 2011 年第一季度分类财政支出名义增速保持不变,但扣除 GDP 缩减指数因素之后的社会保障、科教文卫等民生性财政支出的实际增速仍保持较高水平,成为居民增收和扩大消费支出的重要因素。模型的模拟预测结果显示,2011 年第一季度以后城镇居民人均可支配收入实际增速将保持稳中趋降走势,农村居民人均纯收入实际增速将继续提高,2012 年第一季度以后将不断下降。

2011 年第一季度到第四季度期间,城镇居民人均可支配收入实际增速趋于上升,四个季度累计实际增速分别为 7.1%、12.2%、10.3% 和 10%;名义增速保持平稳增长状态,四个季度累计名义增速分别为 11.3%、11.2%、10.5% 和 10.2%。2012—2015 年期间,城镇居民收入名义增速保持稳中趋降态势,各年度名义增速分别为 10.5%、11.2%、9.8% 和 8%;居民收入实际增速波动较大,但总体保持较快增长状态,各年度实际增速分别为 5.8%、10.6%、6.9% 和 7.8%,四年平均实际增速为 7.8%。

图 15 1995 年第一季度至 2010 年第四季度我国城镇居民收入增长状况及其未来发展前景(%)

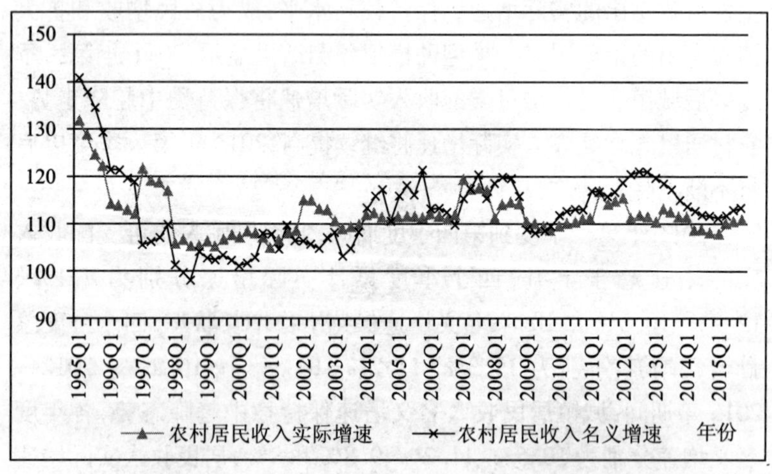

图 16 1995 年第一季度至 2010 年第四季度我国农村居民收入增长状况及其未来发展前景(%)

2011 年第一季度到第四季度期间,农村居民人均纯收入继续快速增长,四个季度累计实际增速分别为 11.3%、17.1%、14.6%

和 15%，名义增速分别为 16.9%、16.7%、16% 和 16.5%。2012—2015 年期间，农村居民收入名义增速将持续回调，各年度名义增速分别为 21%、15.1%、11.6% 和 13.3%；农村居民收入实际增速呈降中趋稳走势，各年度实际增速分别为 11.6%、11.9%、8.4% 和 10.9%，四年平均实际增速为 10.7%。

（二）城镇居民消费实际增速的发展前景

模拟预测结果显示，2010 年第四季度以后我国城镇居民实际消费仍将保持相对稳定增长状态。2011 年第一季度到第四季度，随着城镇居民收入实际增速的提高，城镇居民消费实际增速也恢复上升，1—4 季度实际增速分别为 7.3%、11.3%、9.6% 和 9.5%。从 2011 年到 2015 年，消费实际增速分别为 9.5%、7.3%、9.5%、7.6% 和 8.4%，平均增速为 8.5%。

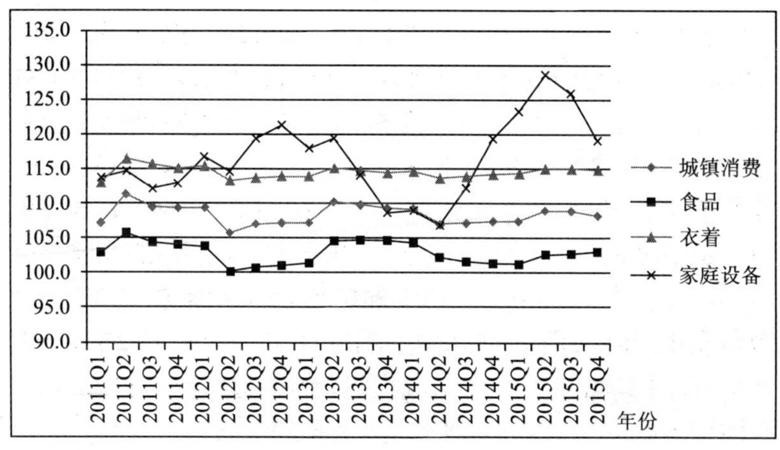

图 17 2011 年第一季度至 2015 年第四季度我国城镇居民消费实际增速预测结果之一（%）

从城镇居民分类消费支出来看，各类消费支出实际增速均随收入实际增速的波动而波动，其中增速较高、波动幅度较大的是家庭设备和交通通信消费支出。具体来看，从 2011 年到 2015 年，食品消费

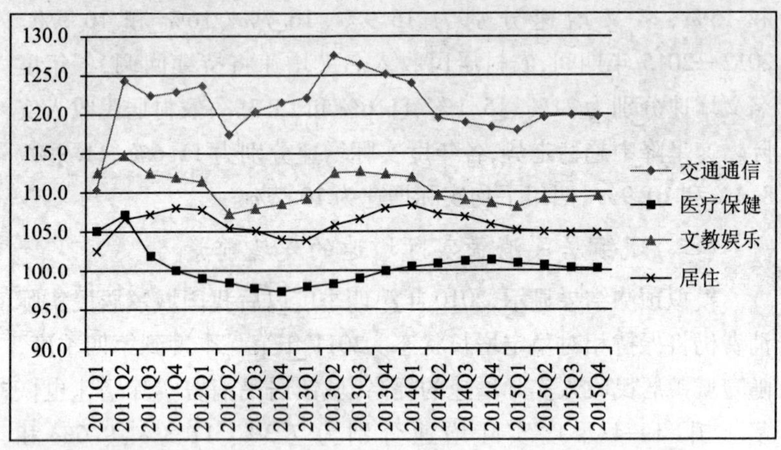

图 18　2011 年第一季度至 2015 年第四季度我国城镇居民消费实际增速预测结果之二(%)

实际增速分别为 4.3%、1.2%、4.8%、1.5% 和 3.2%,年度平均增速为 3.01%。衣着消费实际增速分别为 15.2%、14.1%、14.6%、14.3% 和 15%,平均增速为 14.6%。家庭设备用品及服务消费实际增速分别为 13.1%、21.4%、8.8%、19.6% 和 19%,平均增速为 16.4%;交通通信用品及服务消费实际增速分别为 22.8%、21.3%、25%、18.3% 和 19.7%,平均增速为 21.4%。医疗保健用品及服务消费实际增速分别为 -0.1%、-2.7%、-0.1%、1.2% 和 0.2%,平均增速为 -0.3%。文教娱乐用品及服务消费实际增速分别为 11.9%、8.4%、12.2%、8.5% 和 9.4%,平均增速为 10.1%。居住消费实际增速分别为 8.1%、4.1%、7.9%、5.8% 和 4.8%,平均增速为 6.1%。

(三)农村居民消费实际增速的发展前景

模拟预测结果显示,2010 年第四季度以后我国农村居民实际消费增速仍将小幅度上升,从 2011 年第一季度的 8.4% 持续提高到 2013 年第二季度的 11.5%,此后不断回调,到 2015 年第四季度回调到 8%。2011 年到 2015 年,农村居民消费实际增速分别为 9.1%、11%、11.3%、10.4% 和 8%,平均增速为 10%。

从农村居民分类消费支出来看，食品、医疗保健消费支出实际增速相当稳定，家庭设备、交通通信和居住消费实际增速波动较大。具体来看，食品消费实际增速呈小幅度上升状态，从 2011 年到 2015 年分别为 2.7%、2.6%、2.4%、2.6% 和 3.4%，年度平均增速为 2.7%。衣着消费实际增速呈"∽"形，2011 年到 2015 年分别为 13.6%、13.5%、15.8%、13.6% 和 8.4%，平均增速为 13%。家庭设备用品及服务消费实际增速波动较大，从 2011 年到 2015 年分别为 15.5%、11.5%、16.8%、17.8% 和 0.9%，平均增速为 12.5%。交通通信用品及服务消费实际增速呈先升后降走势，从 2011 年到 2015 年分别为 13.6%、14.2%、14.3%、11.3% 和 10.7%，平均增速为 11.5%。医疗保健用品及服务消费实际增速呈"倒 U"形走势，从 2011 年到 2015 年分别为 15.7%、18.4%、18.4%、16.4% 和 16.7%，平均增速为 17.1%。文教娱乐用品及服务消费实际增速波动幅度较大，从 2011 年到 2015 年分别为 14%、20.2%、15.7%、15.9% 和 20.8%，平均增速为 17.3%。居住消费实际增速呈"倒 U"形走势，从 2011 年到 2015 年分别为 6.2%、13.1%、13.9%、12% 和 5.4%，平均增速为 10.1%。

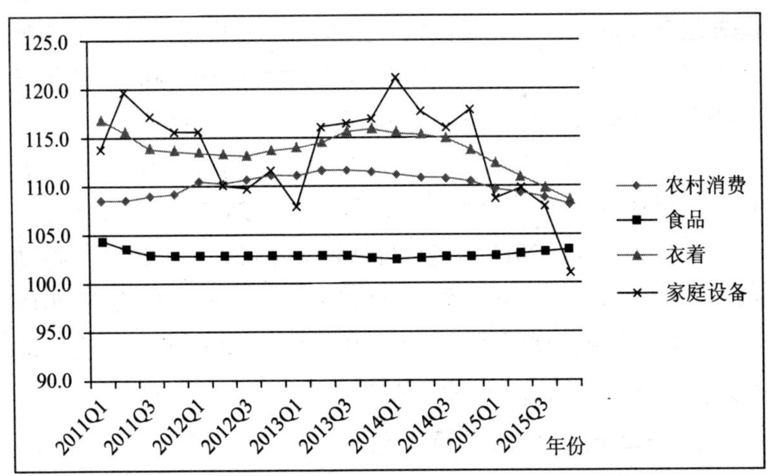

图 19　2011 年第一季度至 2015 年第四季度我国农村居民消费实际增速预测结果之一（%）

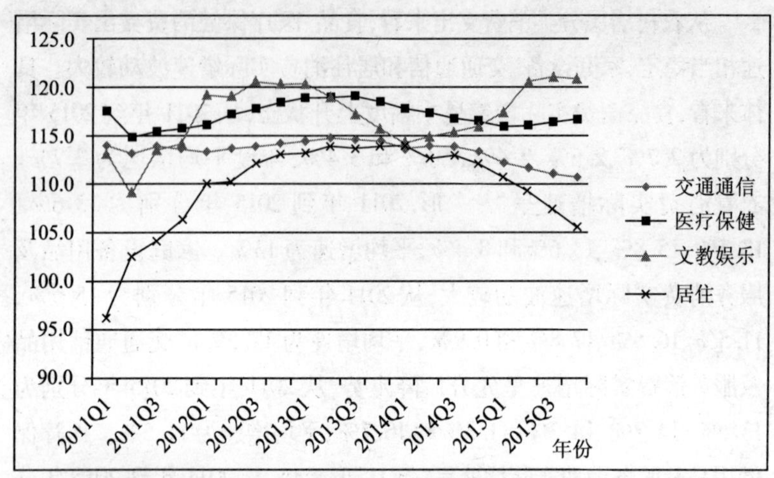

图 20　2011 年第一季度至 2015 年第四季度我国农村居民消费实际增速预测结果之二(%)

五、我国进出口贸易的发展前景

出口是我国经济增长的三大需求基础之一。进口价格、特别是初级产品进口价格是我国物价上涨的重要推动因素。模拟预测结果显示,2011 年我国进出口增速均将大幅度下降,2012 年以后恢复较快增长态势。2011 年到 2015 年,出口价值增速分别为 20.1%、24.5%、15.7%、25.2%和 23.6%,平均增速为 21.8%;进口价值增速分别为 27.2%、30.2%、23.3%、30.2%和 26.1%,平均增速为 27.4%。2011 年进口价格将下降到 7.7%,2012 年将提高到 12.5%,2013 年第一季度以后将持续下降,2013 年到 2015 年进口价格涨幅分别为 6.5%、9%和 4.8%。2012 年以后进口价格下降意味着我国输入型通胀压力减弱。

(一)我国出口的发展前景

由于我们假定 2011 年第一季度以后出口退税率和人民币名义有效汇率趋势值保持不变,未来我国出口增速主要取决于美欧日进口增长状况。模拟预测结果显示,2011 年我国出口价值(出口总额)增速将持续下降,1—4 季度增速分别为 24.8%、20.9%、17.8% 和 20.1%。2012 年到 2015 年出口价值增速分别为 24.5%、15.7%、25.2% 和 23.6%,2011 年到 2015 年出口平均增速为 21.8%。其中,2013 年出口价值增速下降幅度很大并引致我国经济增速出现较大幅度回调,主要是受美欧日进口增速大幅度下降影响。

从分类产品出口来看,从 2011 年到 2015 年,我国初级产品出口增速分别为 21.3%、32.6%、16.4%、19% 和 13.4%,平均出口增速为 20.5%;工业制成品出口增速分别为 19.7%、23.6%、15%、24.5% 和 22.9%,平均出口增速为 21.2%。

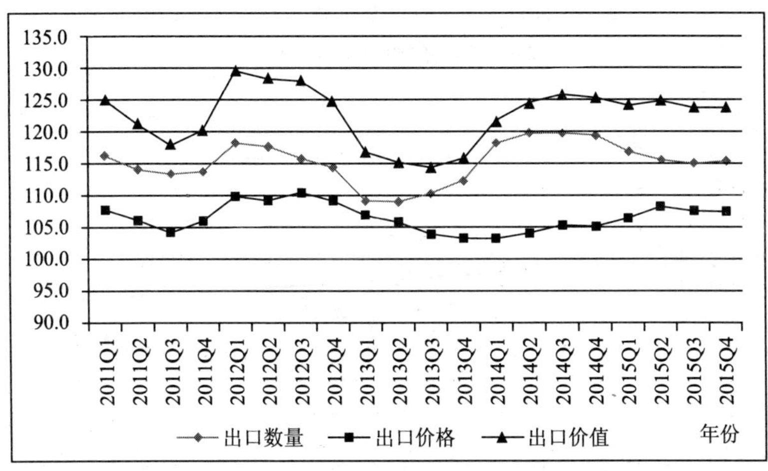

图 21　2011 年第一季度至 2015 年第四季度我国出口增速预测结果(%)

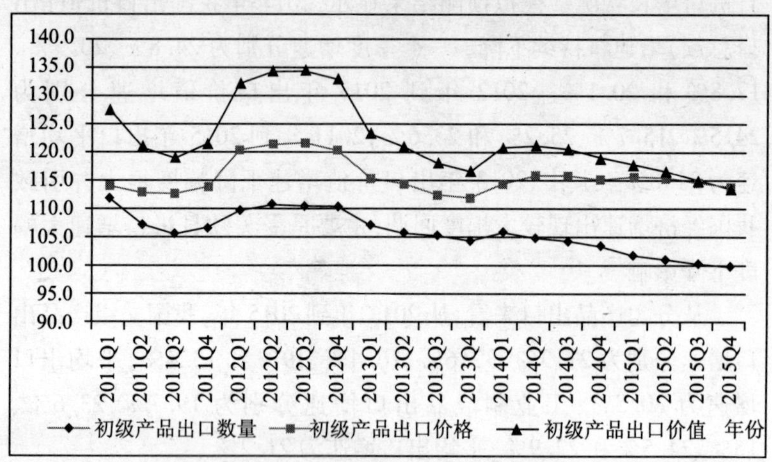

图 22 2011 年第一季度至 2015 年第四季度我国初级产品出口增速预测结果(%)

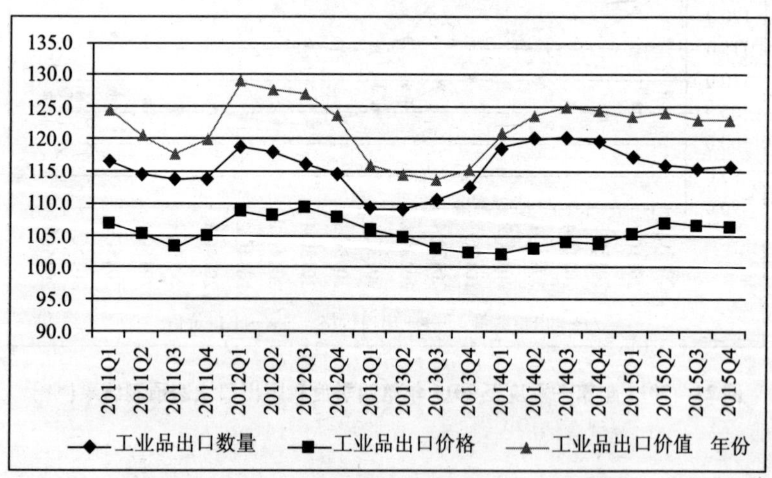

图 23 2011 年第一季度至 2015 年第四季度我国工业品出口增速预测结果(%)

(二)我国进口数量和进口价格的发展前景

由于我们假定2011年第一季度以后进口关税税率和人民币名义有效汇率趋势值保持不变,未来我国进口数量增速主要取决于国内经济增长状况,进口价格主要取决于我国进口数量、美欧日进口、美欧日加权物价和美元汇率指数走势。

模拟预测结果显示,2011年我国进口价值增速将持续回调,1—4季度增速分别为30.1%、22.8%、24.4%和27.2%。2012年一季度以后进口继续保持较快增长态势,2012年到2015年分别增长30.3%、23.3%、30.2%和26.1%。

从进口数量和进口价格来看,2011年到2015年,进口数量增速相对稳定,分别为17.6%、16%、15.2%、19.2%和19.5%,平均增速为17.5%。进口价格涨幅波动较大,2011年第一季度到第四季度进口价格趋于下降,涨幅分别为11.4%、9.6%、7%和7.7%;2012年进口价格再度大幅度提高,但2012年第四季度以后进口价格涨幅下降,2011年到2015年进口价格涨幅分别为7.7%、12.5%、6.5%、9%和4.8%,平均涨幅为8.1%。进口价格的持续大幅度上涨是进口价值增速的提高的重要因素,也是推动国内物价上涨的主要因素之一。

从分类产品进口来看,2011年到2015年,我国初级产品进口价值增速分别为45.7%、58.3%、40.8%、48.6%和37.4%,平均增速为46.2%。其中初级产品进口数量增速比较稳定,分别为19.1%、18.4%、17.7%、18.2%和17.8%,平均增速为18.2%。初级产品进口价格涨幅波动很大,分别为22.3%、33.6%、19.5%、25.7%和16.5%,平均涨幅为23.5%。初级产品进口价格持续大幅度上涨,即导致我国初级产品进口价值持续高速增长,也直接推动国内上游产品价格大幅度上涨。

2011年到2015年期间,我国工业制成品进口价值增速分别为20.3%、19.7%、16.6%、23.6%和22.2%,平均增速为20.5%。其中工业品进口数量增速分别为 17.5%、15.4%、14.4%、20.6% 和 21.3%，平均增速为 17.9%。工业品进口价格涨幅分别为 2.5%、3.9%、2.1%、2.7% 和 0.9%，平均涨幅为 2.4%。

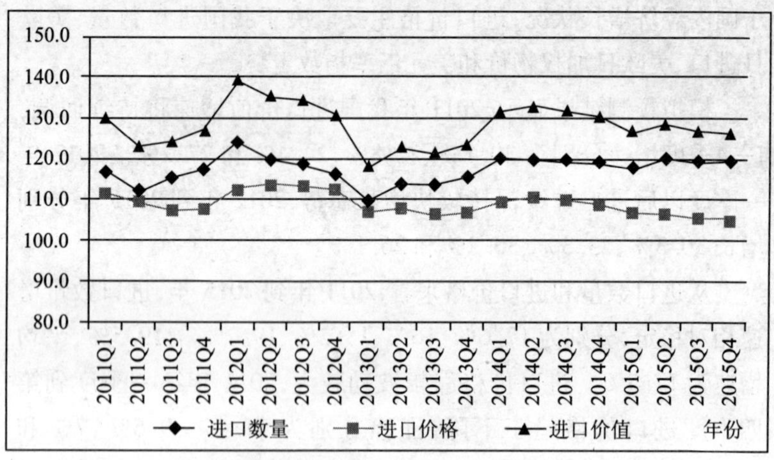

图 24　2011 年第一季度至 2015 年第四季度我国进口增速预测结果(%)

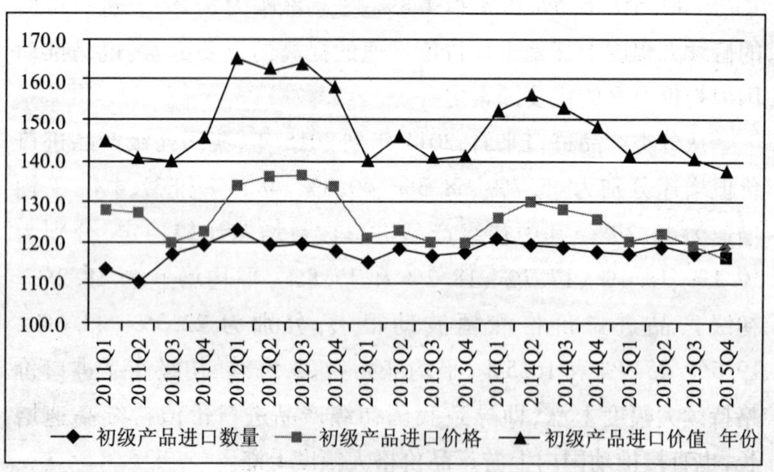

图 25　2011 年第一季度至 2015 年第四季度我国初级产品进口增速预测结果(%)

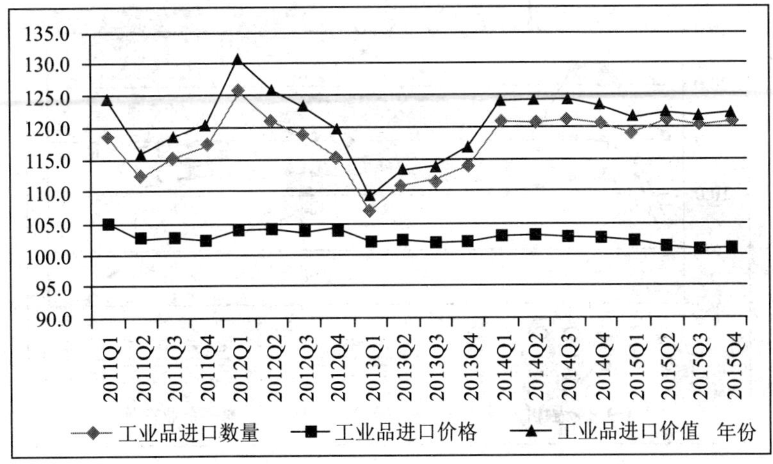

图 26　2011 年第一季度至 2015 年第四季度我国工业品进口增速预测结果(%)

六、我国金融机构存款与贷款和交易性货币供给的发展前景

模型预测结果显示,2011 年和 2012 年货币供给名义增速、金融机构存款和金融机构贷款实际增速均将回调,基本回归到 2006 年和 2007 年的平均增速。2012 年以后,随着经济增速的回升,货币供给、金融机构存贷款增速也将恢复周期性上升趋势。

(一)金融机构存款实际增速的发展前景

收入、支出和利率是决定各类存款增速的基本因素。模拟预测结果显示,2011 年第三季度以后,金融机构存款、居民储蓄存款和企业存款实际增速均呈下降趋势。2011 年到 2015 年我国居民储蓄存款实际增速分别为 11.8%、11.8%、12.3%、12% 和 9.6%,2011 年到 2015 年企业存款实际增速分别为 21.8%、12.3%、18.9%、13% 和 16.1%,金融机构存款实际增速分别为 15.2%、12.7%、15.5%、14.7% 和 13.7%。

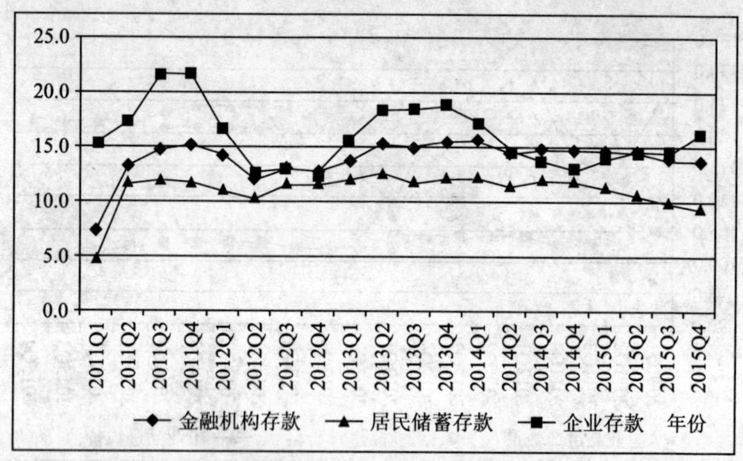

图 27　2011 年第一季度至 2015 年第四季度我国金融机构存款、居民储蓄存款和企业存款实际增速预测结果(%)

(二)金融机构贷款实际增速的发展前景

模拟预测结果显示,2011 年第一季度到 2011 年第四季度金融机构贷款实际增速将出现恢复性上升,2012 年第一季度到第四季度持续回调,2013 年第一季度以后将保持相对稳定增长状态。其中 2011 年第一季度到第四季度金融机构贷款实际增速分别为 9.5%、12.4%、14.7% 和 15%,中长期贷款实际增速分别为 14.9%、17.7%、18.9% 和 20.7%,短期贷款实际增速分别为 8.4%、9.7%、11.3% 和 10.5%。2012 年到 2015 年期间,金融机构贷款实际增速分别为 10.3%、13.5%、11% 和 12.6%,中长期贷款实际增速分别为 22.3%、22.8%、23.1%、22.5%,短期贷款实际增速分别为 3.7%、7.5%、4%、6.7%。

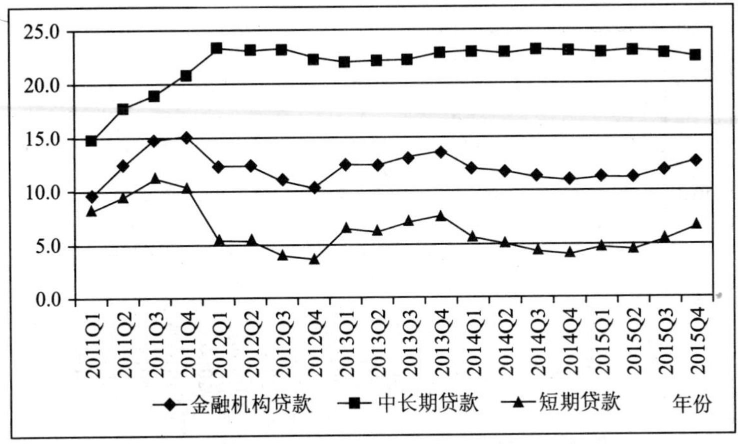

图28 2011年第一季度至2015年第四季度我国金融机构贷款实际增速预测结果(%)

(三)交易性货币供给名义增速的发展前景

交易性货币供给是推动我国物价上涨的主要因素之一。模型分析运用的交易性货币主要是现金(M_0)、现金和短期贷款(MFS)以及现金和短期消费贷款(MFXFS)三个指标。模拟预测结果显示,2011年到2015年期间,现金M_0增速稳中趋降走势,季节性波动幅度较大,2011年到2015年增速分别为15.7%、10.6%、12.5%、12.5%和3.8%,平均增速为11.03%。

现金加短期贷款名义增速在经过持续回调之后,从2014年第二季度开始恢复上升趋势,2011年到2015年增速分别为21.5%、14.3%、8%、12%和21.7%,平均增速为15.5%。现金加短期消费贷款名义增速呈周期性回调趋势,2011年到2015年增速分别为20.3%、15.9%、16.5%、17.4%和9.2%,平均增速为15.9%。

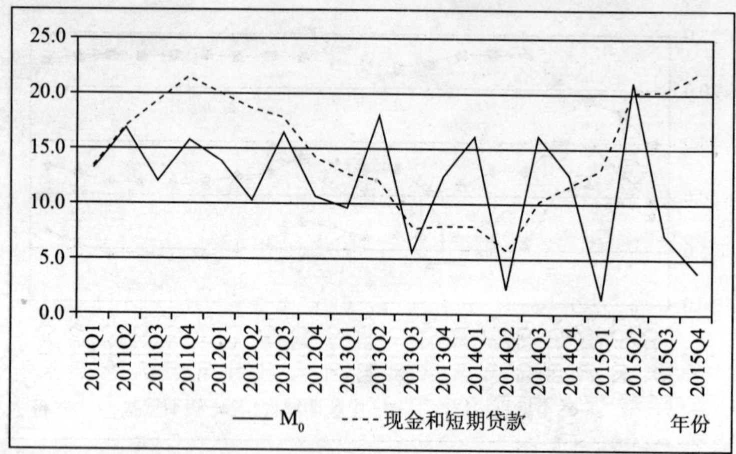

图 29 2011 年第一季度至 2015 年第四季度我国交易性货币供给名义增速预测结果(%)

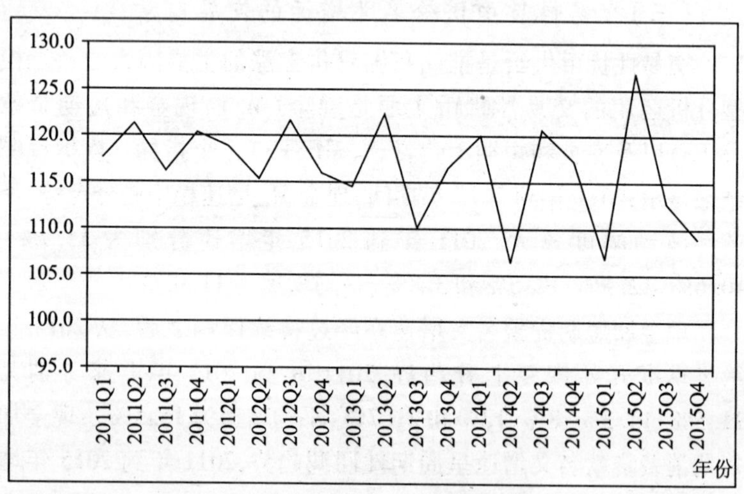

图 30 2011 年第一季度至 2015 年第四季度我国交易性货币供给(现金和短期消费信贷)名义增速预测结果(%)

七、我国城乡居民工资和劳动生产率的发展前景

城乡居民工资和劳动生产率是影响我国物价水平的重要因素。城乡居民工资取决于经济增长和第二产业与第三产业劳动生产率,第二产业和第三产业劳动生产率(职工人均创造实际增加值)取决于第二产业和第三产业实际增加值规模和就业增长状况。

模拟预测结果显示,2011 年第一季度以后城乡居民工资均将保持较快增长态势。其中农村居民工资性收入增速在 2011 年第一季度以后趋于下降,2011 年到 2015 年农村居民工资性收入名义增速分别为 16.5%、21%、15.1%、11.6%和 13.3%,实际增速分别为 15%、11.6%、11.9%、8.4%和 10.9%。城镇职工平均工资增速在 2011 年第一季度以后趋于上升,2011 年到 2015 年城镇职工平均工资名义增速分别为 10.2%、10.5%、11.2%、9.8%和 8%,实际增速分别为 10%、5.8%、10.6%、6.9%和 7.8%。

模拟预测结果显示,2011 年第一季度以后我国第二产业就业人数增速相对稳定,第三产业就业人数增速趋于上升。2011 年到 2015 年,第二产业就业增速分别为 2.2%、2.6%、1.8%、3.1%和 2%,第三产业就业增速分别为 4.6%、5.2%、6.2%、6.9%和 7.6%。

与就业增速和增加值增速相对应,2011 年第一季度以后第二产业实际劳动生产率增速相对平稳,第三产业实际劳动生产率增速趋于下降。2011 年到 2015 年,第二产业实际劳动生产率增速分别为 9%、9%、9.1%、8.7%和 9.5%,第三产业实际劳动生产率增速分别为 4.1%、3.4%、2.4%、2.7%和 1.9%。

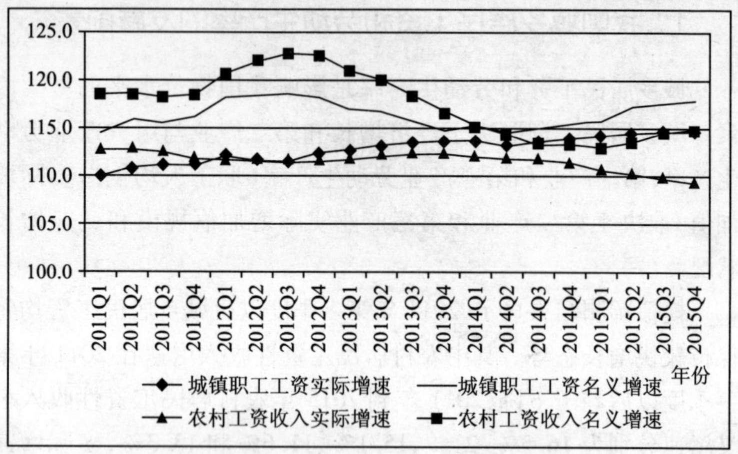

图 31　2011 年第一季度至 2015 年第四季度我国城乡居民工资增速预测结果(%)

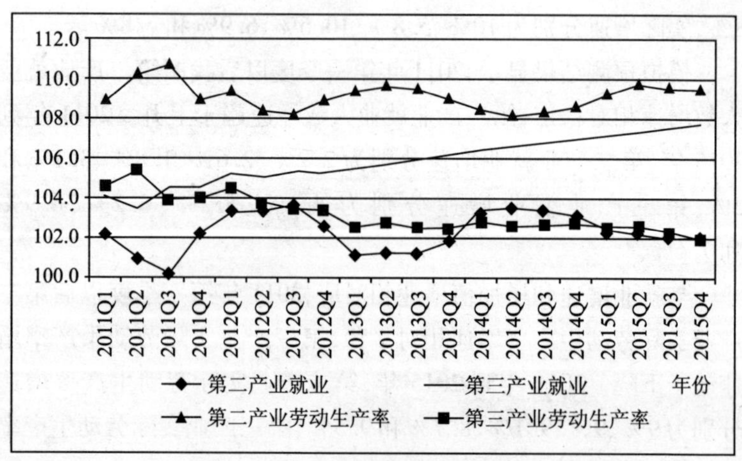

图 32　2011 年第一季度至 2015 年第四季度我国第二产业和第三产业就业与实际劳动生产率增速预测结果(%)

八、我国物价涨幅的发展前景

在模型物价分析中,我们将交易性货币供给、实际需求、工资上涨、劳动生产率和输入型通胀作为影响物价波动的基本因素,同时考虑了预期因素和上游初级产品涨价因素对中下游产品和最终消费品价格的影响。模拟预测结果显示,2011 年第一季度以后我国居民消费价格(CPI)的上涨趋势依然很强,2011 年 CPI 涨幅在 5.1% 左右,2012 年第三季度提高到 7.6% 的高峰,从 2012 年第四季度开始下降,并逐步进入小幅度上涨状态,但非食品价格仍保持较快增长状态,2013 年到 2015 年非食品价格平均涨幅为 3.3%。2011 年和 2012 年工业品出厂价格(PPI)仍存在较大上涨压力,涨幅分别为 5.7% 和 9.5%。2012 年第四季度以后,随着进口价格下降、输入型成本推动因素弱化,PPI 涨幅趋于回落,但 2013 年到 2015 年平均涨幅仍保持在 6.4% 左右的高水平。

(一)CPI 涨幅的发展前景

近年来我国食品价格大幅度波动,是影响我国 CPI 走势的关键结构性因素。在劳动成本上涨和工业企业产品出厂价格上涨推动下,近年来非食品价格也出现小幅度上涨势头,成为加大 CPI 涨幅的重要因素。利用宏观部"中国季度经济增长模型"模拟预测的结果显示,2011 年第一季度以后食品价格涨幅将继续提高,非食品价格也将持续上涨,2011 年和 2012 年我国将面临比较严重的通货膨胀压力,2011 年 CPI 涨幅为 5.1%,2012 年第三季度涨幅达到 7.6% 的高峰,此后随着食品价格涨幅的下降,2012 年第三季度以后 CPI 涨幅将逐步回落,但 2012 年以后非食品价格仍保持较快上涨态势,成为我国物价上涨的主要推动力量。2011 年到 2015 年,CPI 涨幅分别为 5.1%、6.8%、0.9%、0.4% 和 2.5%,非食品价格涨幅分别为 2.9%、4%、1.2%、3.3% 和 4.5%。

1. 食品和非食品价格涨幅的发展前景

食品价格涨幅是决定 CPI 涨幅的关键结构性因素。模拟预测结果显示，2011 年第一季度以后食品价格涨幅在短暂回调后还将恢复上升趋势，到 2012 年第三季度达到 15.4% 的高点后趋于下降。具体看，2011 年第一季度到四季度食品价格累计涨幅分别为 10.8%、10.5%、10.3%、11%，2012 年第一季度到第四季度食品价格累计涨幅分别为 13%、15.1%、15.4% 和 14.1%，2013 年到 2015 年食品价格涨幅分别为 0.3%、-4% 和 1.3%。

非食品价格在 CPI 中占有 67% 左右的权重，其涨幅的小幅度波动也会对 CPI 涨幅产生重要影响。模拟预测结果显示，2010 年第一季度以后非食品价格涨幅将保持小幅度上升态势，到 2012 年第三季度季度达到 4.9% 的阶段性高峰，此后趋于回调，但仍将保持较快增长态势。具体来看，2011 年第一季度到 2011 年第四季度非食品价格累计涨幅分别为 1.9%、2.5%、2%、2.9%，考虑到 2011 年第一季度模拟预测值与实际涨幅存在 0.8 个百分点的偏差，2011 年全年非食品价格涨幅有可能达到 3.7%。2012 年第一季度到 2012 年第四季度非食品价格累计涨幅分别为 4.3%、4.3%、4.9% 和 4%，2013 年到 2015 年非食品价格涨幅分别为 1.2%、3.3% 和 4.5%。

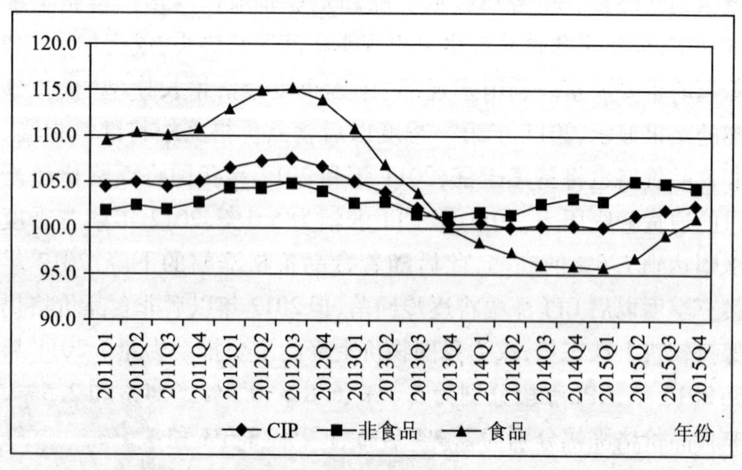

图 33　2011 年第一季度至 2015 年第四季度我国 CPI、食品和非食品价格涨幅的预测结果(%)

2. 非食品分类消费支出价格的发展前景

2011 年一季度以后，衣着、家庭设备、交通通信、医疗保健、文

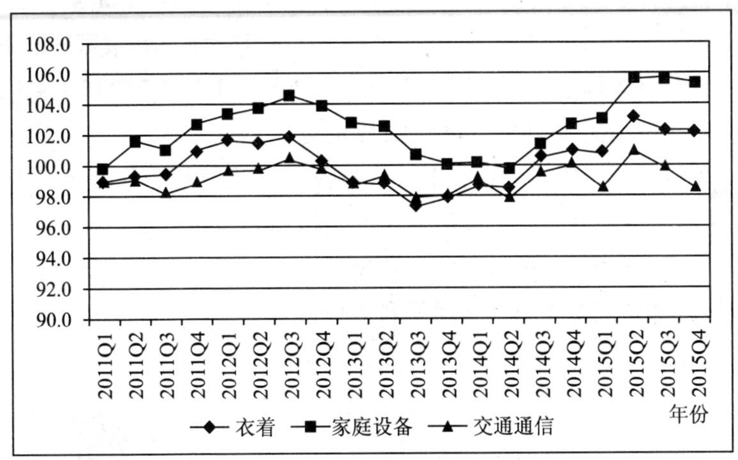

图 34　2011 年度一季度至 2015 年度四季度我国衣着、家庭设备和交通通信价格涨幅的预测结果(%)

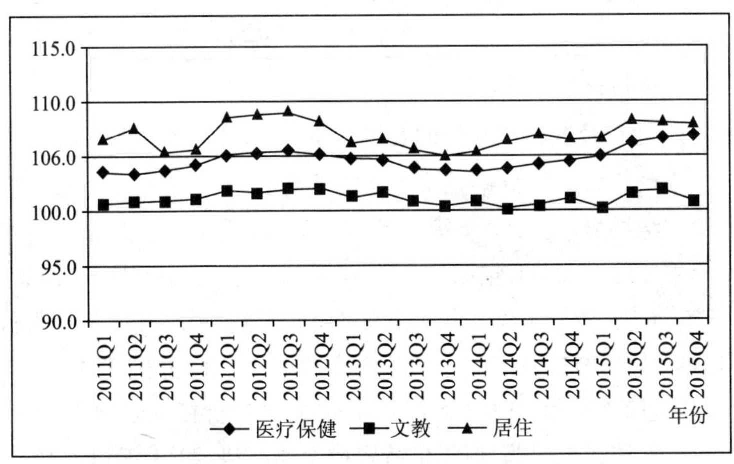

图 35　2011 年度一季度至 2015 年度四季度我国医疗保健、文教娱乐和居住价格涨幅的预测结果(%)

教娱乐和居住六大类非食品分类消费支出价格涨幅均呈周期性上涨趋势，其中家庭设备、医疗保健和居住价格涨幅较高，是非食品较高持续上涨的主要因素。具体来看，2011 年到 2015 年，衣着消费价格涨幅分别为1%、0.3%、-2.1%、1%和2.2%；家庭设备用品及服务价格涨幅分别为2.8%、3.9%、0.1%、2.7%和5.4%；交通通信用品及服务价格涨幅分别为-1%、-0.1%、-1.9%、0.2%和-1.4%；医疗保健用品及服务价格涨幅分别为4.2%、5.1%、3.6%、4.5%和6.8%；文教娱乐用品及服务价格涨幅分别为1%、1.9%、0.3%、1.1%和0.8%；居住用品及服务价格涨幅分别为5.6%、8.3%、5%、6.8%和7.9%。

(二)工业品出厂价格涨幅的发展前景

模拟预测结果显示，2011 年和 2012 年我国工业品出厂价格仍将持续上涨，涨幅分别为5.7%和9.5%。在输入型价格上涨压力减弱（进口价格下降）等因素影响下，2012 年以后工业品出厂价格涨幅趋于下降，但 2013 年到 2015 年期间仍保持较快上涨态势，各年度 PPI 涨幅分别为4.4%、6%和7.8%。从分类产品出厂价格涨幅来看，2011 年第一季度以后生产资料和生活资料出厂价格均将保持持续上涨态势。

1. 生产资料价格涨幅的发展前景

生产资料出厂价格是决定 PPI 走势的关键结构性因素。模拟预测结果显示，2011 年第一季度以后，我国生产资料出厂价格将小幅度回调，2011 年第一季度到第四季度涨幅分别为7.7%、7.3%、4.9%和6.1%。受进口价格上涨影响，2012 年生产资料价格涨幅大幅度提高，第一季度到第四季度涨幅分别为11.7%、11.2%、12.1%和10.9%。2012 年以后进口价格涨幅缩小，生产资料价格涨幅也回落，但仍保持较快上涨态势，2013 年到 2015 年涨幅分别为5.3%、7.9%和9.1%。

从生产资料分类产品价格涨幅来看，2011 年到 2015 年期间，采掘业价格涨幅分别为 15.7%、28.1%、17.8%、22.6% 和 18.8%，平均涨幅为 20.6%；原材料工业价格涨幅分别为 9.2%、15.1%、9.3%、12.7% 和 14.4%，平均涨幅为 12.2%；加工工业价格涨幅分别为 4.3%、7.7%、2.8%、4.1% 和 6.3%，平均涨幅为 5.1%。

需要高度关注的是，2011 年第一季度以后采掘业价格上涨向原材料和加工工业价格的传导力度正在提高，在采掘业价格平均上涨 21% 的情况下，原材料和加工工业价格平均涨幅分别高达 12% 和 5.1%，远高于 1997 年到 2008 年上游产品价格向中下游产品价格的传导力度：1997 年到 2008 年的 10 年期间，采掘业价格平均上涨了 12.7%，原材料和加工工业价格平均涨幅分别只有 5.1% 和 0.6%，上游产品价格的上涨在加工工业环节大部分被消化吸收。

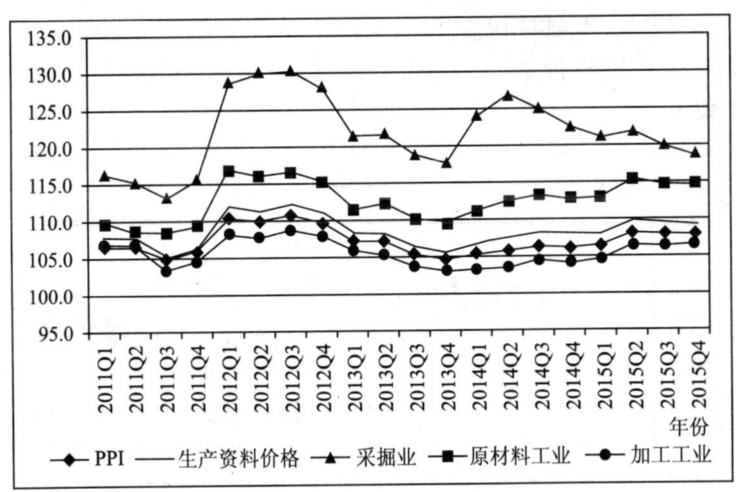

图 36　2011 年第一季度至 2015 年第四季度我国生产资料价格涨幅预测结果（%）

2. 生活资料价格涨幅的发展前景

模拟预测结果显示，2011 年第一季度以后我国生活资料价格仍将保持较快上升态势，2011 年第一季度到第四季度涨幅分别为 2.7%、3.9%、3.5% 和 4.5%，2012 年第三季度生活资料价格涨幅达到 5.8% 的阶段性高峰后逐步回落，但仍将保持持续上涨态势，2012 年到 2015 年，涨幅分别为 5.1%、1.3%、1.2% 和 3.7%。

生活资料价格涨幅的走势主要由 PPI 中的食品价格涨幅走势决定。2011 年到 2015 年 PPI 食品价格涨幅分别为 8.4%、8.2%、2.2%、-0.1% 和 4.5%。

2011 年到 2015 年期间，衣着价格涨幅分别为 3.5%、3.3%、1.5%、2.6% 和 4.1%，日用品价格涨幅分别为 3.1%、5%、2.4%、2.5% 和 3.9%，耐用品价格涨幅分别为 0.5%、1.8%、-1.6%、0.7% 和 2.2%。

与 1997 年到 2008 年的情况相比，2011 年到 2015 年，衣着、日用品和耐用品价格的较快上涨表明，2011 年第一季度以后工业企业生产资料价格上涨向生活资料价格的传导力度也大幅度提高。

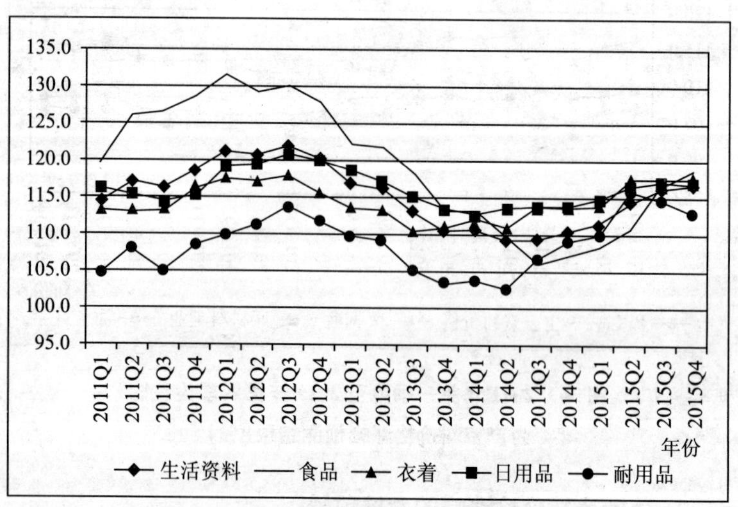

图 37　2011 年第一季度至 2015 年第四季度我国生活资料价格涨幅的预测结果(%)

九、结论与政策建议

模型模拟预测结果显示，在美欧日进口增速保持适度增长、国内宏观调控政策相对稳定的情况下，2011 年我国经济增速仍将回调 9.7%，2012 年及以后恢复较快增长状态，2012 年到 2015 年年均增速在 10% 左右。在经济保持较快增长的同时，我国通货膨胀压力也不断加大，2011 年和 2012 年 CPI 涨幅分别为 5.1% 和 6.8%、PPI 涨幅分别高达 5.7% 和 9.5%，在 2012 年第三季度会出现 CPI 上涨 7.6%、PPI 上涨 10.6% 的阶段性通货膨胀高峰。2012 年以后食品价格下降，CPI 涨幅不断回落，但 CPI 非食品价格和 PPI 仍将保持较快上涨态势，内在通胀压力依然较大。抑制物价上涨幅度、防止经济出现严重通货膨胀，是 2011、2012 两年政府宏观调控政策的重点任务。

从我国物价上涨的影响因素来看，自 2010 年第一季度以来我国物价涨幅不断提高，主要是由进口价格上涨引致的输入型价格因素、交易性货币供给增速提高和城乡居民工资性收入实际增速提高推动的。预测结果显示，输入型价格因素、交易性货币供给增速提高和工资上涨依然是 2011 年第一季度以后物价上涨的主要推动因素。控制物价上涨幅度，需要适度控制交易性货币供给和城乡工资上涨速度，也可以通过人民币适度升值减缓输入型价格因素对国内物价上涨的压力，但需要处理好抑制物价上涨和稳定经济增长的关系。

（作者单位：国务院发展研究中心）

2011年通货膨胀的走势与治理对策

胡乃武

一、当前我国通货膨胀形成的原因

当前我国通货膨胀形成原因主要有以下三个方面：

第一，流动性过剩。造成流动性过剩的主要原因是外汇占款。根据中央银行发布的最新统计数据显示，4月外汇占款余额为24万亿元，比上月增加了3017亿元，1—4月份新增外汇占款达到14348亿元。巨大的外汇占款大大增加了国内货币的流动性，从而加大了通货膨胀压力。

第二，成本的过快上涨。国内生产要素成本的上升是通货膨胀形成的重要原因。无论是人工成本、土地价格还是原材料价格上涨趋势明显。据国家统计局2010年统计公报，全年原材料、燃料、动力购进价格上涨9.6%，工业品出厂价格上涨5.5%，2011年原材料、燃料等成本上升趋势更加明显。此外，2011年劳动工资将会持续上涨，加上利率上调，都会使企业的成本上升，从而推动了物价总水平的上涨。

第三，输入型价格的上涨。2011年，国际原油价格突破100美元大关，金属矿和粮食价格的上涨幅度都达到10%左右。西方国家实施量化宽松的货币政策，加剧了流动性过剩，再加上世界经济缓慢复苏和大宗商品存在供需缺口，都推动了物价水平的上涨。

二、2011 年我国通货膨胀的走势

2011 年我国将存在温和的通货膨胀，全年通胀率预计为 4% ~5%。通胀的高点将出现在第二季度，之后将在略有下降的基础上趋于稳定，全年将呈现“前高后稳”的态势。但也存在以下几个不确定性：

第一，2011 年物价上涨仍有较大的过剩的流动性基础，流动性回收是否能够实现预期目标存在不确定性。首先，长期的高速货币发行导致目前累积的流动性存量较大，只要 2011 年 M_2 的增速达到 14% 以上，我国的经济货币化率（M_2/GDP）就将再创历史新高；中国人民大学经济研究所预测 2011 年 M_2 增速将有可能达到 16.5%，因此流动性过剩问题仍难以得到明显的缓解。其次，2010 年中长期贷款占比较高，导致 2011 年的信贷规模惯性较大，贷款仍将保持高速增长。再次，热钱的流入和贸易顺差的持续高位运行将使外汇占款比重依然较大，从而将部分抵消掉紧缩性货币政策的效应。最后，地方政府的投资冲动也将倒逼中央银行增大货币发行。

第二，2011 年我国农产品价格可能会进一步上涨。首先，部分粮食主产区出现大面积干旱，2011 年要实现粮食连续 8 年增产难度较大。其次，全球自然灾害频发和美元贬值压力将会导致国际农产品价格持续上涨，从而就会给我国农产品价格带来较强的输入型价格上涨的压力。再次，2011 年我国“民工荒”现象加剧，农民工工资将进一步上涨，由此将会推动农产品价格的上升。此外，在流动性过剩的背景下，“新国八条”等政策的出台将会使大量闲散资金由房地产市场流入农产品市场，进而推动 2011 年的农产品价格的上升。最后，2011 年我国继续上调稻谷和小麦等农产品的最低收购价格，虽然这有利于提高农民的生产粮食积极性、增加农民收入和保障国家粮食安全，但是会进一步推动已经持续上涨的粮食价格。

第三,受发达国家持续实施量化宽松政策以及2011年全球经济超预期反弹等因素的影响,包括石油、农产品和基础原材料在内的国际大宗商品价格将进一步升高,从而会加大我国输入型通货膨胀的压力。

总的来说,由于我国实体经济运行状况基本上是良好的,宏观调控政策的基调已回归稳健,因此,2011年会发生温和的通货膨胀,根据中国人民大学经济研究所的预测,2011年全年的通货膨胀率为4.7%,2012年为3.4%。

三、治理通货膨胀的对策建议

第一,2011年全年尤其是上半年应实施稳健偏紧的货币政策,着力回收过剩的流动性,积极应对当前的通货膨胀;采取有效措施防止 M_2 全年增速超过16%的预期目标;动态调整存款准备金率,力争把全年的新增信贷规模控制在7万亿元之内;适度加快人民币升值进程,2011年升值幅度可达到3.5%。

第二,加强通货膨胀预期的宏观管理。从治理流动性过剩导致的各种后遗症出发,实施稳健偏紧的货币政策,为防止经济泡沫的蔓延创造良好的货币环境。同时,货币管理与信贷监管应延伸到银行的表外业务和民间融资活动。

第三,加强通货膨胀预期的微观管理。一方面,应当对涨价敏感的低收入人群进行利益补偿,建立特殊人群价格补贴机制;另一方面,加快市场秩序的治理,防止各种游资利用居民对物价上涨的恐慌心理进行投机活动。

第四,加强输入型通货膨胀的管理。一是通过降低进口关税,加大进口力度,以平抑本国短缺商品的价格;二是可以适度进行人民币升值,以对冲国际价格的上涨;三是强化对国际游资的管理,特别是针对特殊行业国际游资存在的新方式进行有效的管理。

第五,加大供给管理的力度。其中最为重要的是加大支农力度，增强农业的综合生产能力，进一步加强和巩固农业的基础地位，确保粮食安全；其次是健全关键物资的储备制度；最后是控制部分价格敏感性产品的出口。

第六，强化政府对货币政策和投资政策的管理，约束和防止地方政府投资冲动带来的信贷倒逼。

（作者单位：中国人民大学）

第三部分

收入分配与经济增长

中国经济增长与经济周期（2011）

中国经济增长与经济周期（2011）

试论低端劳动力工资形成机制的变革及其经济效应

中国人民大学"中国宏观经济分析与预测"课题组[①]

一、引言

自2004年"民工荒"暴发后，农民工工资结束了长期的停滞状态，进入了一个上升通道，特别是世界经济在金融危机冲击下一蹶不振之际，伴随着中国的经济的快速复苏，低端劳动力市场出现了结构性拐点变化，大规模的"农民工返乡潮"快速被"民工荒"所替代，劳动工资不降反升，20多个地方政府提高最低工资标准，其增速接近20%，以外商投资企业和民营企业为龙头对农民工加薪，增速达到40%左右[②]。进入2011年，"民工荒"愈演愈烈，还出现了中西部与东部争抢农民工的现象。如何看待本轮的工资上升？本轮工资上升是一个短期现象还是一个长期趋势？本轮工资上升到底会对我国经济产生什么短期影响和长期影响？本文将在实证研究的基础上对以上问题做出相应的回答。

① 中国人民大学"中国宏观经济分析与预测"课题组负责人杨瑞龙、毛振华、朱科敏。报告执笔人：杨瑞龙、杨继东等。本研究报告也是杨瑞龙主持的国家社会科学基金重大项目"内需可持续增长的结构性基础与宏观经济政策研究"（项目号09&ZD019）的阶段性研究成果。

② 本文所采用的数据如无特殊说明均来源于国家统计局、OECD数据库和中国人民大学经济研究所数据库。

二、中国低端劳动力市场已由总体过剩向结构性过剩转变

民工荒的出现不仅说明了中国低端劳动力市场出现了由总体过剩向结构性过剩的拐点变化,更为重要的是它宣告了中国低端劳动力市场的工资形成机制发生了重要的转变。

1. 即使在金融危机的冲击下,以农民工为代表的低端劳动力工资仍然不降反升,持续上涨

自2004年"民工荒"暴发后,农民工工资结束了长期的停滞状态,进入了一个快速的上升通道。迄今农民工工资延续了6年的上涨态势,涨幅超过1倍,年均涨幅超过12.4%,至今也没有平息下来的迹象,甚至还有进一步强化的趋势。一个典型事实就是,在金融危机肆虐的2008—2009年农民工工资不降反升,幅度不下10%。在农民工屡受歧视的二元就业制度下,农民工工资的涨幅居然反超城镇劳动力,仅2001—2005年反超幅度就达到64%[①]。图1描绘了自1985年以来制造业实际平均工资增速。2000年后,制造业实际平均工资增速在10%左右。

2. 劳动力市场供求关系出现大幅度逆转,局部出现"民工荒"

全部在岗职工人数2010年3月同比增长了3.5%,工业企业就业量1—3月增长了2.9%,而城市劳动力需求供给比达到103%,超过正常繁荣时期95%的平均水平。同时,沿海和内陆局部区域同时出现了"民工荒"(参见图2)。从地区情况来看,在2010年中国东部、西部、中部各个区域的劳动力需求—供给比都超过0.95,达到历史的最高水平。另据国家统计局发布的《2009年农民工监测调查报告》,2009年度,东部地区务工的外出农民工人数下降8.9%。特别是珠三角地区,2009年该地区务工的外出

① 参见中国人民大学"中国宏观经济分析与预测报告(2010年第三季度)"的分报告。

农民工较2008年减少22.5%。

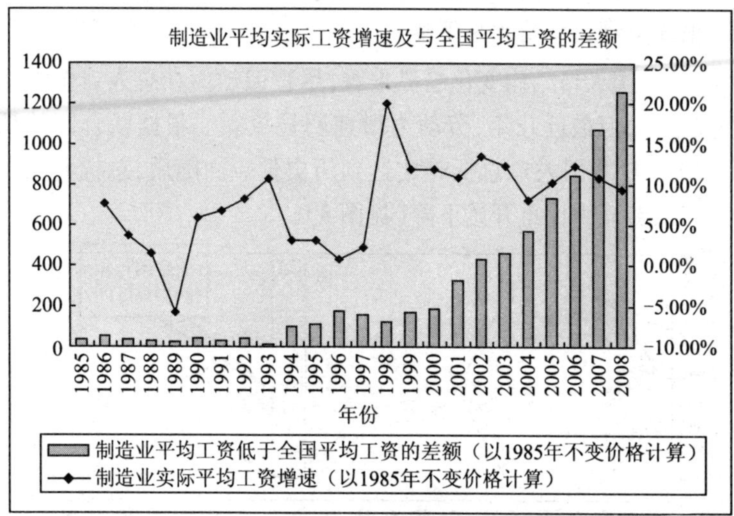

图1 制造业平均工资实际增长速度

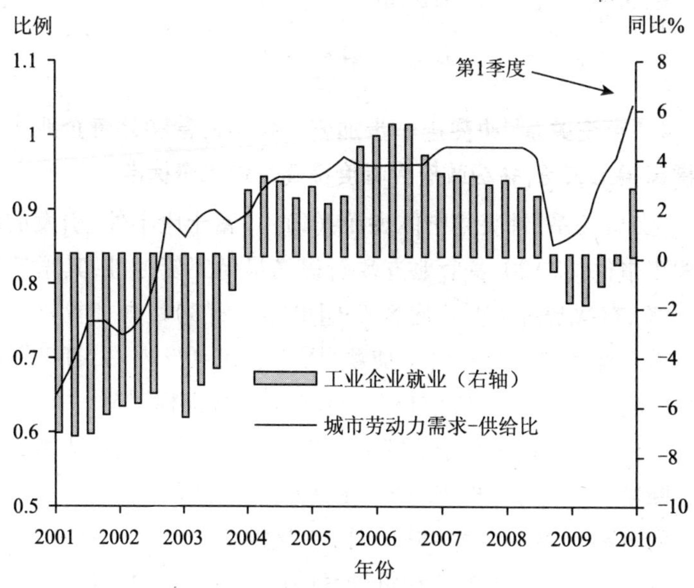

图2 城市就业状况

3. 我国人口结构已经发生显著变化,低端劳动力增长幅度放缓,低端劳动力供给水平下降

从我国人口结构变化趋势来看,尽管劳动力在总人口中占比仍然很高,但最近几年,劳动力增速明显放缓。根据联合国的预测,2010 年我国人口总抚养比达到历史低点。随后,总抚养比开始增长,劳动力比重开始下降(见图 3)。

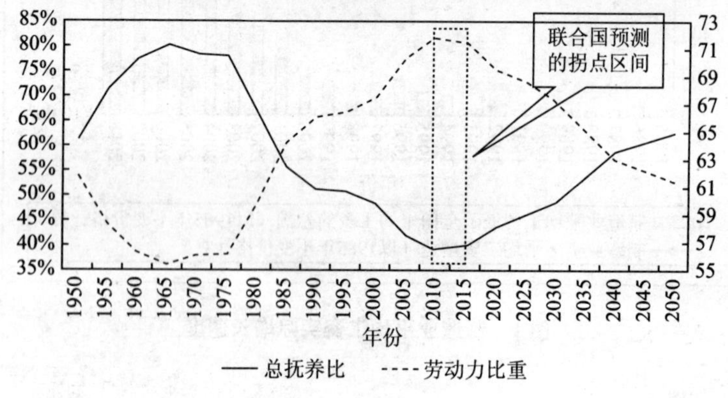

图 3　中国人口结构

4. "劳资关系"冲突进一步加剧。各种民营和外资企业大幅度提高招工工资,各级政府大幅度提高最低工资标准

"劳资关系"冲突集中体现在:(1)由"富士康事件"引发的南北罢工事件;(2)20 多个地方政府提高最低工资标准,其增速接近 20%,首次超过年度劳均名义 GDP 增速;(3)以外商投资企业和民营企业为龙头对农民工加薪,增速达到 40% 左右,打破了以往"工资增长慢"、"工资增长以国有单位为风向标"局面。

劳资纠纷问题最显著的特征是纠纷的数量和涉及的人数都呈现不断增长的趋势。根据《劳动统计年鉴》,1996 年我国相关部分受理的劳动争议案件为 48121 件,涉及劳动者人数为 189120 人;2008 年相关部分受理的劳动争议案件达到 693465 件,涉及劳动者人数为 1214328 人,案件数量和人数分别为 1996 年的 14.4 倍和 6.4

倍。图4、图5反映了近年来我国劳动争议案件的变化情况。

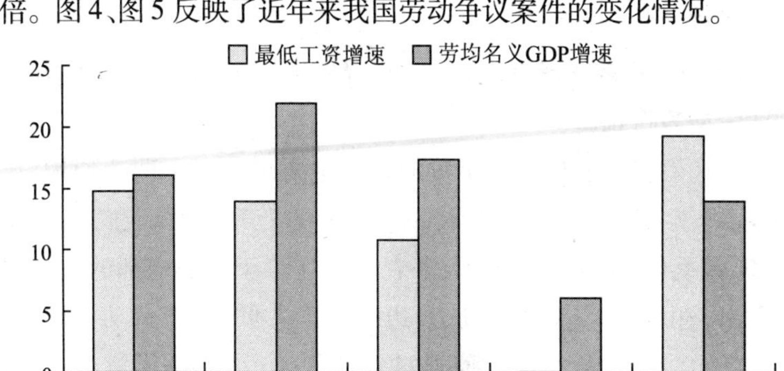

图4　最低工资标准增速与劳均名义GDP增速

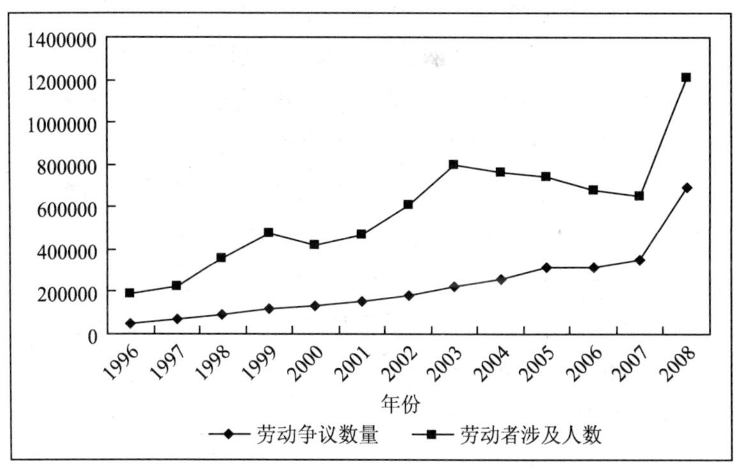

图5　中国劳动争议受理数及涉及劳动者人数

三、工资形成机制从生存工资法则转向市场议价型工资法则

本轮工资上涨不仅说明了中国低端劳动力市场出现了结构性拐点变化，更为重要的是它宣告了中国低端劳动力市场的工资形成机制正从传统的“生存工资定价法则”向“保留工资约束下的

市场议价法则”转变。

1. 随着我国经济发展水平的提高，保留工资不断上涨，推动低端劳动力价格上涨

留在农村的农民保留工资的上涨主要源于以下两个原因：第一，农村改革使务农收入进入一个稳健的上升通道。在“两级所有、家庭承包”的土地制度下，务农收入就等于家庭内部的人均农业产出。由于存在剩余劳动力，边际生产力低，随着劳动力转移，人均产出将增加。过去政府通过农业税、各种统筹提留、压低粮食价格等手段将人均产出增加的好处剥离出农户，压制了务农收入的增长。但现在，随着农业税豁免、清除统筹提留、粮食补贴、粮食收购价保护政策等，人均产出增加的好处留给了农户，人均产出的增加真正演变为务农收入的增加。可以预料，出于改善城乡结构的考虑，我国仍会进一步强化农村制度创新以及对农民利益的保护，务农收入的增长态势仍然会继续。

第二，受制于经济发展的资源约束，资源价格不断上涨，它将带动城市生活成本、交通费用的增长，并对转移成本构成上行压力。调查发现，农民外出务工的最主要三项开销是食品支出、衣着支出、交通通信支出，特别是食品支出，占总开销的 2/3 以上。仅 2003—2008 年短短 5 年时间内，食品价格累计上涨了 48%，年均涨幅接近 10%，这会在相当程度上抬高城市生活成本及生存工资。

2. 我国留守劳动力的家庭分工型特征决定了即使农村存在大量剩余劳动力，劳动供给也不再具有无限弹性

中国目前农业劳动力人数仍高达 3 亿人，其就业比重达到 40%，可以说，农业部门仍滞留着大量的剩余劳动力。对于这一点的一个最直观的验证就是，近年来随农业劳动力的持续转移，农业产出非但没有减少，反而连年增产，仅 2003—2008 年粮食产量就从 4.3 亿吨一路增至 5.3 亿吨。

需要强调的是，即便剩余劳动力大量存在，也不代表劳动供给曲线就像刘易斯二元经济结构理论所描述的那样具有无限弹性。这与我国农村劳动力的家庭分工模式有关。传统理论假设，由于农业收入极低，农业剩余劳动力到工业部门务工的机会成本近乎为零，所以只要城市工业部门的工资水平超过农民的保留工资和转移成本，农民工就会在既定的工资水平下源源不断地涌向城市，这是造成劳动供给曲线无限弹性的根本原因。但在今天的中国外出务工的机会成本正在不断上升，并不像传统理论假设的那样忽略不计，特别是在城乡分割的二元体制下，务工地与家庭生活地点的空间分离使他们难以兼顾家庭内部的劳动分工，家庭效用损失越发明显。

按贝克尔的家庭劳动分工理论，一个人的劳动供给决策不仅取决于劳动力市场的收益与成本比较，更重要地还要取决于家庭内部劳动分工的需要。即使他参加工作能够赚取工资，如果家庭需要他留下来分担内部劳动，他也可能会放弃这样的机会，除非工资足以弥补他放弃内部劳动所带来的效用损失。对于中国农村来说，可能正面临着这一现实。在改革开放之初，农村留守劳动力比较多，将劳动提供给工业部门不会对家庭内部劳动产生明显影响．但随着劳动力的持续转移，留守劳动力越来越少，照顾老人、子女、房屋等家庭内部的劳动分工日益迫切。留守劳动力虽然闲散，但在承担家庭劳动分工方面是一个不可或缺的载体。离开这种分工，家庭生活质量就会受到很大的影响，子女无人管教、老人缺乏呵护、房前屋后荒芜、财产面临失窃危险等，都是这种影响的典型表现。

目前，全国有 2.5 亿个农户家庭，3 亿个农业劳动力，平均算下来每户只有 1.2 个留守劳动力，如果要继续转移，很多农户都将面临没有劳动力留守的情形，家庭分工对留守劳动力的劳动供给将构成掣肘。当然，家庭分工的掣肘作用要真正发挥出来还有一个前提，那就是家庭经济状况有所好转，农民摆脱了对务工收入的饥渴式依赖。近年来随着农村制度创新，农业收入有很大的提高，农村生活也在不断地改善，农民进城务工的推力正在弱化。就拿近十年的变化来说，农村居民人均纯收入从1999年的2210元增加到2008年的4761元，按可比价格计算，实际增长率为68%。如果按每户3.2个人口计算，现在农户家庭的年均收入达到1.5万元①。

上述变化将带来一个重大影响，那就是对于农民来说劳动供给不再是不计机会成本的，如果要再增加农民的劳动供给，由于会带来家庭效用的损失，工业部门必须以更高的工资作为补偿。这样，即使在农村还存在大量农村剩余劳动力的情况下，只要工业化对劳动力需求上涨，工资也会随劳动供给的增加而增加，劳动供给曲线变为一条斜向上的曲线，是缺乏弹性的。

3. 随着中国制造业国际地位的确立，制造业对劳动力需求持续增长，劳动力供给已经由总量过剩转向结构性过剩，低端劳动力供求关系发生根本性变化，未来中国工业化进程加速，会进一步催生工资上涨

在2010年中国东部、西部、中部各个区域的劳动力需求—供给比都超过0.95，达到历史的最高水平。未来中国工业化进程加速，会催生出工资上涨的另一股强劲动力。第一，巨大的就业压力将倒逼中国工业化以不间断的速度向前推进。工资上涨是在劳动剩余条件下发生的，在应对工资压力的同时，国家不会忘记就业目标，而带动就业的根本途径就是通过工业化实现经济的快速增长，可以说，就业扩张与工业扩张已连成不可分割的一个整体。第二，工业化将进入加速期，产值急速扩张带动劳动需求急速膨胀，巨大的劳动需求会形成巨大的推力，推动市场议价型工

① 参见丁守海：《劳动剩余条件下的工资上涨——兼评"刘易斯拐点"是否到来》，中国人民大学"中国宏观经济分析与预测"（2010年第三季度）分报告。

资超越生存工资的约束，出现持续、强劲的上涨。从工业化自身演进规律来看，中国当前正处于从工业化中期的第Ⅰ阶段向第Ⅱ阶段过渡的时期，工业化的重心将从重化工业化转向高加工度化，产业链将拉长、中间投入品的产值比重加大、生产结构将出现多层次化。

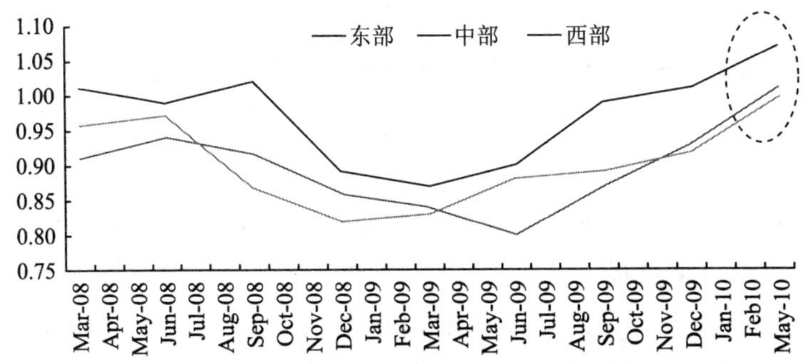

图6 各地的城市劳动力需求—供给比

4. 随着中国重化工阶段和加工贸易化阶段达到顶点，在全球化日益加深的条件下，过去长期被压抑的中国制造业工资水平存在回补趋势

要素价格均等化定理表明，随着国际贸易的深入展开，一国相对丰裕的要素需求将增加，而稀缺要素的需求将有所减少，不同国家相同要素的价格将趋于均等。在一般意义上，发达国家的高技能劳动力要素丰裕而低技能劳动力资源相对稀缺，发展中国家的情形则恰恰相反。在存在国际贸易的背景下，由于发达国家的比较优势集中在高技术行业，发展中国家的比较优势则建立在低端产业之上。国际贸易的结果将增加对发达国家高技能劳动力以及发展中国家低技能劳动力的需求，反映在劳动力要素价格上，便是发达国家高技能劳动力报酬和发展中国家低技能劳动力报酬的上涨。

图7描绘了1998—2008年中美两国不同技能水平的劳动力相对工资的变化情况。从图7中看出，随着自由贸易的展开，除去2000年外，伴随着对美国低技能工人需求的减少，美国低技能工人的平均工资相对于高技能工人出现了持续下滑的趋势。1998年，美国低技能工人的平均工资为高技能工人的65%，而到了2008年，这一比重则下降到了58%。

中国的情形则与美国呈现出较大不同。与高技能工人相比，低技能工人的工资呈现出U形变化的趋势。在2003年之前，相对于高技能工人，我国低技能工人的平均工资不降反升，相对比重由1998年的71%下降到了2003年的64%。这既是我国丰富廉价的劳动力资源优势的外在反映，也在一定程度上反映了我国低端劳动力报酬的过度压低。2003年以后，随着我国经济重化工阶段和加工贸易化阶段的深化，我国低端劳动力的需求不断增加，低技能工人劳动报酬也快速上升，相对工资比重由2003年的64%上升到了2008年的72%，存在较为明显的"回补"特征。

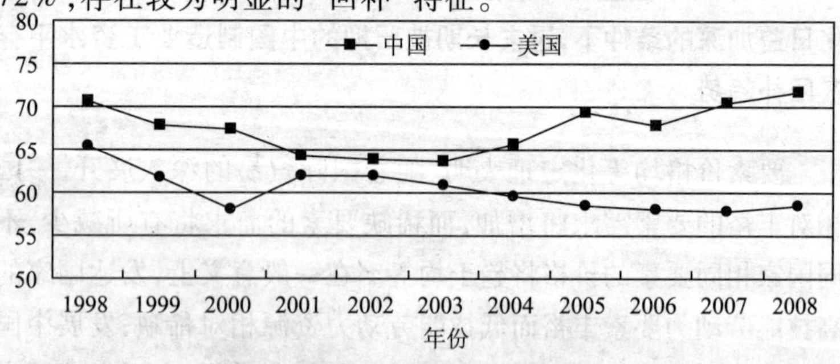

图7　1998—2008年中国和美国不同技术水平产业的工人相对工资(单位%)

注：相对工资以低技术行业平均工资占高技术行业平均工资的比重表示。有关行业技术水平的认定请参见OECD(2007)。美国相关数据来源于美国经济分析局，中国的相关数据则根据历年《中国劳动统计年鉴》整理计算得出。

四、低端劳动力价格上涨将强化要素市场价格机制在资源配置中的主导作用

低端劳动力价格上涨的传导作用将导致中高端劳动力市场工资水平的相应变动，最终导致要素市场总体发生变化，促使要素市场价格机制在资源配置中的主导作用得到加强。在要素价格市场化机制的作用下，工资形成机制变革将带来新的增长点，形成新的竞争基础。

1. 工资形成机制的变革有助于收入分配结构的调整和产业结构的升级

由农民工工资上涨引发的劳动者收入水平的提高将带来中国收入分配格局的变化，从而启动中国市场化的收入倍增变化，并加速中国“收入—消费升级”的台阶效应的到来。这种变革必将改变中国工资占 GDP 比重过低和消费启动大大落后于同类国家的局面，从而加速推进中国消费升级和产业升级。

尽管从 2000 年后职工的实际工资增幅在 10% 左右，但工资总额占 GDP 比重仍呈下降趋势，收入对消费的制约直接影响了由主要依赖外需向更多依靠内需转变。农民工的工资形成机制的变革必将改变中国工资占 GDP 比重过低和消费启动大大落后于同类国家的局面，从而加速促进中国的消费升级和产业升级。从全国整体水平来看，人均 GDP 超过 3000 美元，意味着消费结构将全面进入工业化消费时代，消费升级将快速展开。到 2011 年，中国人均 GDP 将步入 4000 美元大关，按照一般的经济发展规律来看，中国也将步入对服务业需求加速的阶段。而农民工工资形成机制的变革无疑将使上述台阶效应加速到来。

2. 工资形成机制变革，有利于居民收入增长，对增加国内需求，对经济保持平稳较快发展具有重要的意义

长期以来，居民消费支出水平低、增长缓慢，对经济增长的拉

动作用逐渐减弱。提高劳动力收入,一方面可以增加农民工收入,提升农村居民的购买力。另一方面,也可以促使进城务工农民更多地留在城市,加快我国的城市化进程,从而刺激内需发展。2009 年我国居民消费支出占 GDP 比重为 35.6%,不仅低于世界平均水平,也低于低收入国家平均水平。图 8 表明,自改革开放以来,与国际水平相比,消费对经济增长的贡献率较低。特别是 2000 年后,消费对经济增长的贡献明显下降。

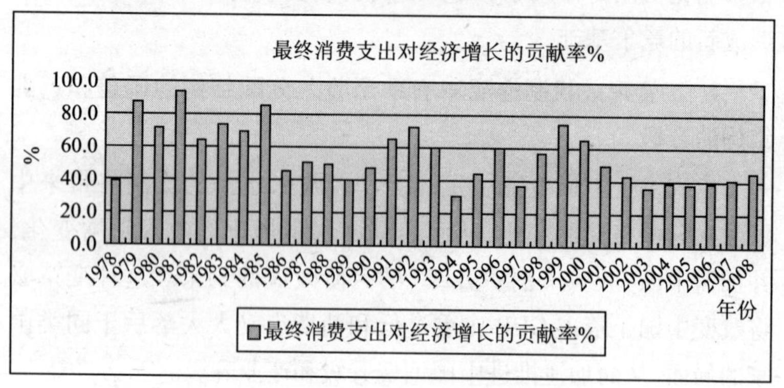

图 8 最终消费支出对经济增长的贡献率

3. 工资形成机制变革将加速推动中国产业在区域上的“梯度转移”,并使中国产业在“加速性梯度转移”中实现产业升级

中国幅员辽阔,地区经济发展存在较大的区域差异,这一点在地区间劳动力工资的差异上反映得也较为明显。从图 9 中可以看出,在 1996—2008 年期间,我国不同地区间,制造业部门的年平均工资呈现出显著差异,东部地区的平均工资要显著高于我国的中部和西部地区。平均而言,在 1996—2008 年期间,东部地区的制造业平均工资比西部地区高出了 29.8%,而比中部地区高出了 40.8%。事实上,即便考虑到劳动生产率的地区差异,从单位劳动成本的地区比较来看,我国不同地区间的劳动力成本差异也是非常显著的。在 2008 年,我国不同地区间的劳动力成本差

异特征非常明显。东部地区的北京、上海和福建成为劳动力成本相对较高的省市,而河南、安徽等中部地区的省份则是劳动力成本相对较低的地区。

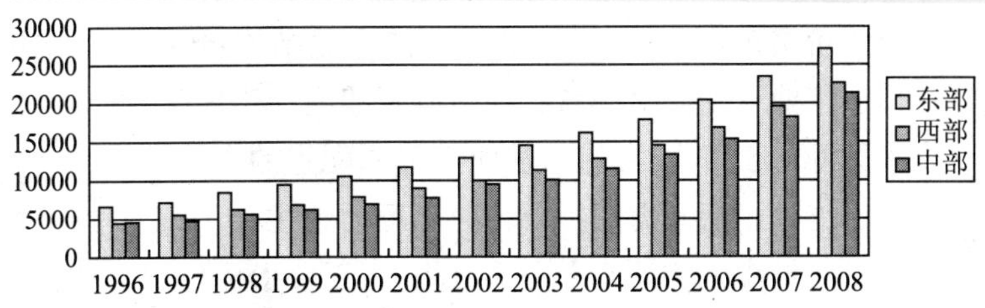

图9　我国不同地区制造业部门的平均工资(1996—2008年)

工资形成机制变革将大大压缩东部区域产业生存的空间,从而导致产业自动向中西部转移。事实上东西部人均工资随着劳动力供求的变化而发生了巨大分化,到2009年东部人均工资高出中西部人均工资接近30%,而土地价格高出中西部40%以上。这直接推动很多劳动力密集型产业向中西部转移,以及东部产业的自发升级。同时,东部各种劳资关系的恶化也使大量资本向中西部转移,以谋求要素套利和制度套利。例如,2009年外资流入的区域分布大部分集中在中西部。同时,很多行业的代表性企业也纷纷向内陆布局。

不仅人均工资东部与中西部差异很大,而且2001年东部地区的部分行业单位劳动成本比中部和西部地区低很多,到2007年中部地区的单位劳动成本优势更为突出,而三大地带之间的单位劳动成本差距在缩小,甚至趋于一致。中西部地区在逐年大幅提高劳动报酬的背景下,实现了单位劳动成本的快速下降,并且在大部分行业具有单位劳动成本优势,也从侧面反映出东部地区需要产业转移的迫切性和可行性。

4. 工资形成机制的变革将导入产业结构高级化内在机制和推进城市化进程

当前经济结构调整的困难在于,缺少市场导向型结构调整的内在驱动力量，即在二元经济结构下，要素价格市场化机制长期无法实现。经济发展过程就是通过生产结构调整和就业结构变化促使人均收入水平不断提高的过程。工资形成机制的变革推动了要素价格市场化的过程，这将促使产业结构自动升级，中国将在推进工业化的同时提前启动制造业的高加工度化，进一步强化未来国际分工的大国地位，从而使资源配置的主导力量也具有内在的可能性由行政力量主导转向市场力量主导。另外，由于城镇化水平与城市人均消费水平呈正相关，工资形成机制变革有利于增加居民收入，增加了农民工进城的机会，这将进一步加快我国的城镇化进程。

五、结论及其政策含义

近年来"民工荒"现象的涌现不仅说明了中国低端劳动力市场出现了结构性拐点变化，更为重要的是它宣告了中国低端劳动力市场的工资形成机制正从传统的"生存工资定价法则"转向"保留工资约束下的市场议价法则"转变。这种由低端劳动力市场开启的全局性工资形成机制的变革在未来不断加速的城市化进程、进一步工业化以及制度改革的作用下，必定引起工资的补偿性上涨、保留工资的提高以及工资与劳动生产效率的同步提高，中国经济将迎来工资快速上涨的新时期。这一新时期有以下显著特点：

第一，劳资关系将发生深刻变化，带来收入分配格局的变动，为中国迎来库兹涅茨倒U形曲线的拐点性转变提供了新契机，为缩小收入分配差异过大提供了新的可能性，促进中国经济增长模式由外需驱动型向内需驱动型、投资驱动型向消费驱动型的加速转变。

第二，区域结构的变化，将带动工农关系、城乡关系新格局的形成。

第三，要素价格比的变动将促使产业结构自动升级，中国将在推进工业化的同时提前启动制造业的高加工度化,进一步强化未来国际分工的大国地位。

第四,城镇化建设将迎来新的发展机遇,劳动关系的深刻变动和工资水平的加速上涨将使中国迎来城市化的超加速期。

第五,工资增长以及相应的人力资本政策的实施,将使中国步入人力资本投资的加速时期,人力资本的加速积累将使中国经济增长步入人力资本偏向型发展期。

鉴于上述判断,我们不能过分夸大低端劳动力市场供求拐点式变化以及随之而来的工资水平的快速上涨所带来的负面效应。我们必须高度重视这种低端劳动力市场工资形成机制变革的战略性意义,应当看到低端劳动力市场的变化不仅是中国社会进步的产物,也是开启中国全面市场型结构转型的支点。对此,我们提出以下几个方面的政策建议:

第一,要从战略发展的高度,把低端劳动力市场的工资形成机制的变革与要素价格市场化作为未来经济结构调整的核心,通过价格机制的杠杆作用撬动整个经济结构的重塑。从而将以往单纯的行政转型思路转变到以市场导向来推动经济结构转变的思路上来,使市场主体自发地、全面地、稳定地在分配机制的调整、产业的升级、区位的选择和创新的强化中扮演重要的角色。

第二,要积极推动低端劳动力市场工资形成机制的变革,引导和规范低端劳动力市场"市场协议"工资形成机制的培育。政府要顺应工资形成机制变革趋势,积极推进工资形成机制变革的制度建设。落实《劳动法》,切实推进工资集体协商机制和进行深入细致的工资条例改革。同时,逐步完善工会制度,加强劳资纠纷的立法,重视农民工的培训。同时积极采取各种措施,以应对工资水平的上涨带来的负面冲击。

第三,尽管市场力量成为未来结构调整的基本驱动力,但劳动剩余与工资上涨的并存格局决定了结构调整还要辅之以政府的适度干预,防止单一的市场机制将中国经济过早地引入到偏废就业的新古典轨道。政府干预主要体现在中观层面的产业干预和微观层面对企业技术选择行为的间接引导上。例如,在农民工工资水平大幅度上涨和农民工工资市场议价机制形成之后,政府应当引导该机制变革对于中高端劳动力市场的冲击,积极培育市场化工资形成机制,有意向地调整传统的劳资关系,加强初次分配改革中的各项制度建设。

参考文献

[1]蔡昉. 中国经济面临的转折及其对发展和改革的挑战[J]. 中国社会科学,2007(3).

[2]蔡昉. 中国劳动力市场发育与就业变化. 经济研究,2007(7).

[3]丁守海. 劳动剩余条件下的工资上涨——兼评“刘易斯拐点”是否到来. 中国人民大学“中国宏观经济分析与预测”(2010 年第三季度)分报告。

[4]胡景北. 对经济发展过程中工资上升运动的解释[J]. 经济研究,1994(3).

[5]韩俊,崔传义,范皑皑. 农村剩余劳动力微观调查. 见:蔡昉. 中国人口与劳动问题报告 No. 8:刘易斯转折点及其政策挑战[M]. 社会科学文献出版社,2007.

[6]刘易斯. 二元经济论(中译本). 北京:北京经济学院出版社,1988.

[7]拉尼斯. 增长和发展:演进观点(中译本)[M]. 北京:商务印书馆,2004.

[8]孙久文,胡安俊:劳动报酬上涨背景下的地区间产业转移研究. 中国人民大学“中国宏观经济分析与预测”(2010 年第三季度)分报告.

[9]王检贵,丁守海.中国究竟还有多少农业剩余劳动力?[J].中国社会科学,2005(5).

[10]Lewis. A. Development with Unlimited Supplies of Labor", *The Manchester School*,1954,Vol. 22,pp. 1 –32.

[11] Mehra. S. Surplus Labour in Indian Agricultural", *Indian Economic Review*,1966,No. 1,pp. 30 –47.

[12] Ranis. G., Fei. J. H.. A Theory of Economic Development", *The American Economic Review*, 1961, Vol. 51, No. 4, pp. 533 –565.

城乡不同收入群体通胀差距对收入、消费的影响

——基于中国季度宏观经济模型(CQMM)的实证分析①

厦门大学宏观经济研究中心 CQMM 课题组

一、导言

在食品及居住类价格推动下,2010 年我国居民消费价格指数(CPI)大幅上涨,侵蚀了城乡居民特别是低收入群体的实际收入,抑制了全社会居民消费需求扩张,使最终消费对经济增长贡献率持续下滑,转变经济发展方式面临更为艰巨的任务。

现有文献集中研究了我国城乡收入差距(income gap)的问题,但是对城乡间通胀差距(inflation gap)的研究却较少,更没有研究关注城乡不同收入群体之间的通胀差距。城乡以及城乡不同收入群体面临的通胀差异会扩大不同收入群体的实际收入差距,削弱我国居民对通胀的耐受力。同时,关注不同收入群体之间通胀差距还意味着当前不仅必须从总量上抑制通胀,而且要注重缩小城乡不同收入群体之间的通胀差距。

本文基于中国季度宏观经济模型(CQMM)实证分析了中国城乡不同收入群体所面临的通胀差距及其对城乡不同收入群体

① 本研究获得国家社科重大项目“扩大国内需求的宏观经济政策研究”(08&ZD034)、中国教育部人文社会科学重点研究基地重大项目“中国季度宏观经济模型的拓展”(10JJD790001)、国家自然科学基金项目“中国季度地区宏观经济模型的开发与应用”(71073130)的资助。本文执笔人:龚敏、李文溥、陈抗、卢盛荣、李静、王燕武。

收入和消费的影响。通过构建城镇7个收入组别、农村5个收入组别的消费行为方程，模拟分析了一定幅度的总量CPI上涨对城乡以及城乡不同收入群体的CPI的影响程度，进而分析通胀差距对不同收入群体收入及消费的影响。

本文首先分析我国城乡不同收入群体的收入增长与消费情况；其次构建一个需求导向的结构式季度宏观经济计量模型，以此为基础模拟分析总量CPI的上涨对我国城乡及城乡不同收入群体的CPI、收入增长及消费变化的影响；最后提出抑制通胀并有效降低通胀的社会成本，不仅需要控制通胀的总量水平，而且需要缩小通胀在不同收入群体之间的差距。

二、城乡不同收入群体的收入差距与通胀差距

1. 城乡及城乡不同收入群体的收入差距

自2001年以来，我国经济在保持较快增长的同时，城乡收入差距逐渐拉大。城镇家庭人均可支配收入增长持续快于农村家庭人均实际纯收入的增长（见图1）。① 虽然2010年食品价格上涨大幅度提高了农村居民收入，其实际收入增速近十年来首次超过城镇居民，但两者之间差距仍然高达3.2∶1。

与此同时，城乡不同收入群体的收入差距也呈扩大态势。如果把城镇居民分成低收入户、中等收入户和高收入户3组，那么，近十年来，人均实际可支配收入呈“高收入高增长、低收入低增长”的态势：城镇高收入户人均可支配收入在20世纪90年代初对低收入户的比值是2∶1，之后持续上升，2008年达到3.6∶1左右；同期中等收入户对低收入户的比值也从1.4∶1扩大到1.9∶1。② 把农村家庭也分低收入户、中等收入户和高收入户3个组

---

① 分别以2010年城镇和农村居民消费价格指数（分别为3.2%和3.6%）剔除价格变化的影响。

② 2010年城镇家庭人均可支配收入为19109元。其中，低收入户收入为9231.3元，中等收入户收入为17217.1元，高收入户收入为31196.7元。

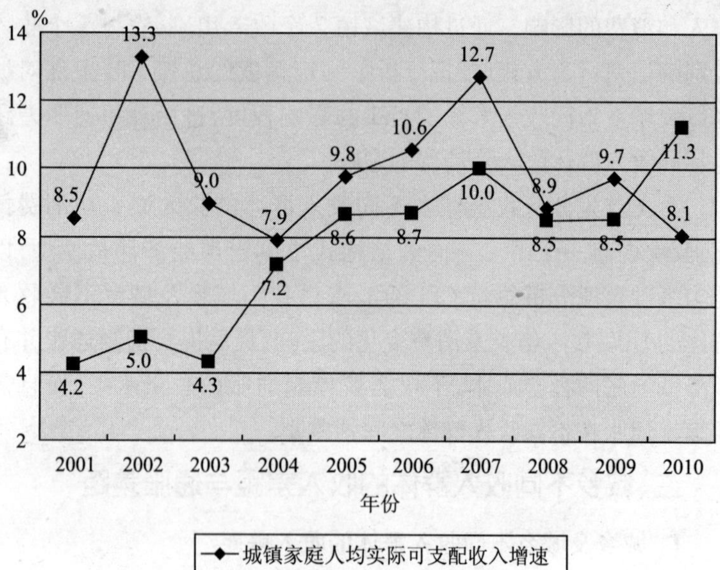

图1 城乡居民实际收入增长情况(同比)

资料来源:CEIC。

别,不同收入群体之间收入差距也在不断扩大:农村高收入户人均纯收入对低收入户的比值自2000年起持续上升,2009年到达7.95∶1,2010年下降至7.5∶1;中等收入户对低收入户的比值保持在2.8∶1的水平。①

计算城乡各收入群体人均收入对人均GDP增长的弹性,发现城镇低收入家庭人均收入每增长0.71%,中等收入家庭增长0.9%,高收入家庭则增长1.08%;②农村低收入家庭人均纯收入每增长0.47%,中等收入家庭增长0.64%,高收入家庭增长

① 2010年农村家庭人均纯收入为5919元,低收入户收入为1870元,中等收入户收入为5222.4元,高收入户收入为14043.7元。

② 若把城镇家庭分七个组别,那么,最低收入家庭人均收入对人均实际GDP的弹性仅为0.56,最高收入家庭的收入增长弹性最高,为1.26。

0.7%。农村高收入家庭的收入弹性甚至低于城镇低收入家庭。说明现阶段我国人均GDP的增长伴随着收入差距的不断扩大。在城镇高收入和最高收入家庭的收入增速一直都超过人均实际GDP的增速,其他收入群体则反之。

城乡间以及城乡不同收入群体间收入差距的扩大,直接抑制了消费需求的扩展,不利于改善民生,调整经济结构,转变发展方式。与世界其他经济体相比,中国居民消费占比是相当低的。同属"金砖四国",巴西的居民消费占GDP的比重长期在60%以上,而我国仅占36.5%(李文溥和龚敏,2010)。①

2. 城乡间及城乡不同收入群体间的消费结构差距

不同收入群体消费行为的一个显著特征是,收入水平越低的家庭,收入及消费支出中用于食品的比例越高。在城镇家庭中,1995年低收入家庭食品支出占消费的比例为58.1%,2000年为46.6%,2009年依然高达44.6%;1995年高收入家庭食品支出占消费支出的比例为45.6%,2000年为34.6%,2009年进一步下降为33%。在农村,2002年低收入家庭食品支出占消费支出的比例为55.9%,2005年为51.4%,2009年依然高达47%;2002年高收入家庭食品支出的比例为38.7%,2005年为39.4%,2009年下降为34.8%。

同样地,2000年城镇低收入家庭用于食品消费的支出比例约42%,高收入家庭为26%;2009年前者下降为36.9%,后者下降为22.4%。2005年农村低收入家庭人均纯收入中用于食品消费的支出比例约74.6%,高收入家庭为23.3%;2009年分别降为71.4%和21.1%。城乡不同收入群体的边际消费倾向,城镇最低收入组为0.87,低收入组为0.75,中等收入组为0.66,高收入组为0.63,最高收入组为0.58。

① 基于Penn World Table 6.3的数据计算,2007年在196个国家中按居民消费占GDP的比例由高到低进行排列,中国仅列第166位。

3. 城乡间及城乡不同收入群体间的通胀差距

在城乡收入差距不断扩大的同时，城乡居民所面临的通胀差距也在不断扩大。比较城乡 CPI 的增长情况，一个显著的特征是 2001 年之后，农村居民的 CPI 上涨普遍快于城镇居民的 CPI（见图 2）。① 从经济发展过程来看，随着城乡市场一体化，农村居民 CPI 快速增长是城乡价格缺口缩小的一种体现。也有研究认为，农村交通基础设施、通信设施以及医疗教育成本普遍高于城镇，是导致城乡通胀差距的主要原因（Chong，Zhang and Feng，2011）。

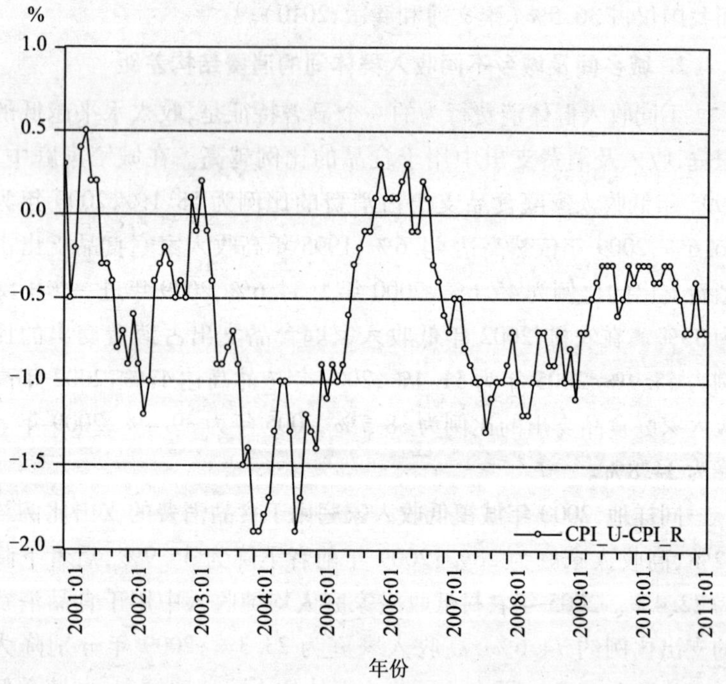

图 2 城乡居民通货膨胀差距

资料来源：CEIC。

---

① 在 1994 年之前，城镇居民 CPI 涨幅一般都高于农村居民 CPI；但 1994 年之后农村居民 CPI 的上涨普遍快于城镇居民的 CPI。

如果以2000年第二季度为基期计算城乡不同收入群体的通胀水平,城乡不同收入群体间通胀差距更为明显(见图3、图4)。一个显著特征是:自2003年开始,城乡不同收入群体之间通胀差距开始拉大;并呈现高收入家庭CPI持续低于低收入家庭的状态。在城镇居民家庭中,2010年低收入家庭的CPI比2000年上升了34.6%,而高收入家庭的CPI仅上升了26.3%;在农村家庭中,低收入家庭的CPI比2000年上升了43.1%,高收入家庭的CPI仅上升37%。城乡间以及城乡不同收入群体间通胀差距的存在并扩大是导致我国城乡不同收入群体间实际收入差距持续扩大的一个重要原因。

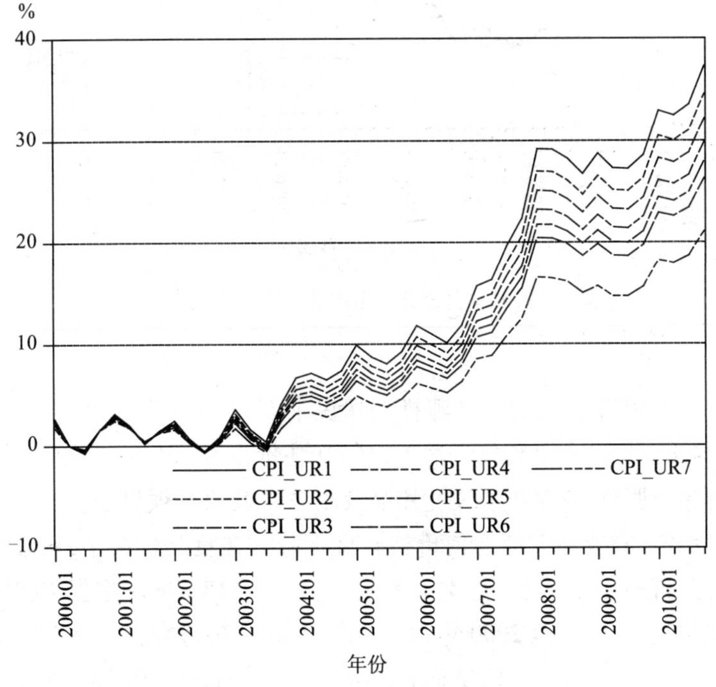

图3　城镇家庭分七个组别的CPI(2000Q2=100)

资料来源:作者计算。

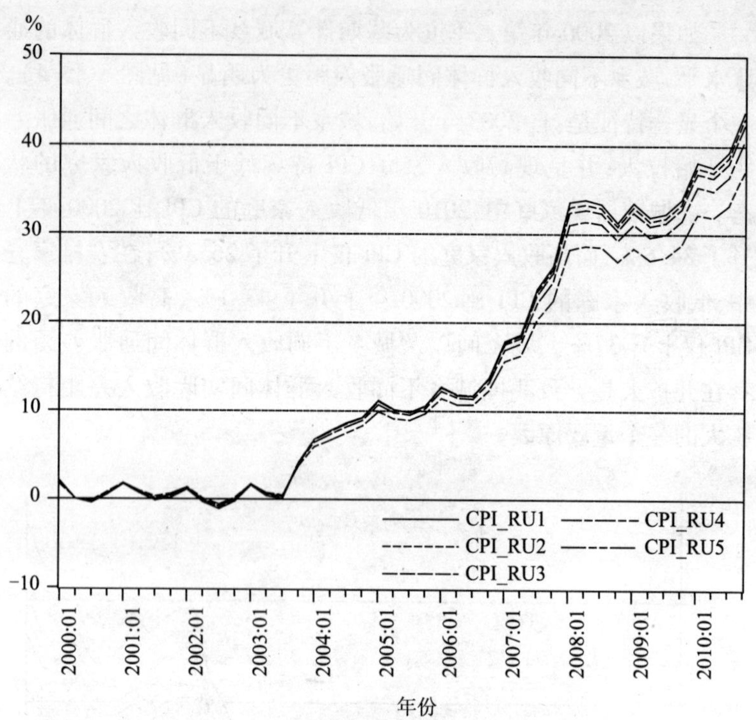

图4 农村家庭分五个组别的 CPI(2000Q2 = 100)

资料来源:作者计算。

2010 年食品价格上涨推动居民消费价格指数(CPI)上涨了 3.3%;其中,食品价格上涨 7.2%;居住价格上涨 4.5%;家庭设备用品及服务、娱乐教育文化用品及服务以及服务项目价格基本保持稳定;衣着和交通通信价格轻微下降。在食品价格中,粮食与蔬菜价格涨幅居前,分别上涨了 11.8% 和 18.7%。根据 CQMM 课题组的计算,以 2000 年第 2 季度为基期,2010 年的八大类商品 CPI 变化中,城镇居民所面临的食品价格上涨了 70.5%,居住价格上涨 35.2%;衣着、家庭设备及用品、交通通信价格均呈下降态势;医疗保健、娱乐教育和杂项价格分别上涨 7.3%、10.8% 和 11.7%。农村居民所面临的食品价格上涨了 73.8%,居住价格上涨41.6%；衣着、交通通信价格均呈下降态势；家庭设备及用品、医疗保健、娱乐教育和杂项分别涨价0.15%、20.6%、19%和9.5%。

我国经济快速增长，居民收入水平提高的同时不仅城乡而且城乡不同收入群体间的收入差距在不断扩大。同时，城乡及城乡不同收入群体间的通胀差距也在不断扩大。通胀对不同收入家庭实际收入的侵蚀程度不同，进一步加剧了收入差距的扩大，不仅抑制了全社会居民消费需求扩张，使最终消费对经济增长贡献率持续下滑，而且削弱了中低收入群体居民对通胀的耐受力，增加了通胀的社会问题。

目前，已有大量文献研究中国城乡收入差距问题（income gap），主要从收入分配、区域发展失衡以及市场化进程等方面入手，定性定量地研究了导致我国城乡间、地区间、行业间收入不平等的程度、变化趋势及其决定因素。认为城市化、人口构成、对外贸易及FDI、国企改革、农业转型以及教育卫生事业发展等对收入差距具有重要影响。然而，对城乡通胀差距（inflation gap）的研究却较少，更没有研究针对城乡不同收入群体收入差距和通胀差距并存的局面展开分析。一个可能原因在于，缺少能把收入差距、通胀差距以及总需求决定统一在一起的分析工具。因此，现有研究在探讨收入差距时始终无法把通胀差距的影响考虑在内；而对通胀差距的分析也仅停留在对城乡价格指数构成差异的分析。

中国季度宏观经济模型（CQMM）是一个需求导向的结构式动态季度模型。在开放经济条件下基于支出法GDP核算的构成构建消费、投资、政府收支、对外贸易、价格指数、货币和财政政策七个方程模块。最近我们在消费和价格指数模块构造了包含城镇7个收入组别、农村5个收入组别的消费和价格行为方程。利用更新的CQMM，我们分析了不同收入群体所面临的消费物价上涨的幅度、不同收入群体收入与消费支出以及总需求的总量与结构变化关系，并模拟分析一定幅度的总量CPI上涨对不同收入群体产生的通胀差距;以此为基础,探讨旨在控制总量通货膨胀的政策如何兼顾缩小城乡居民的通胀差距。

三、中国季度宏观经济模型(CQMM)

CQMM是结构式模型,长期以来我们致力于根据中国转型期的经济特征构建行为方程,使模型最大限度地体现现阶段中国经济结构特征。经过近五年的研发,目前CQMM包括27个行为方程,28个内生变量和25个外生变量。应用CQMM,可以模拟分析总量CPI的变化会如何影响城乡及城乡不同收入群体的CPI变化,并分析不同收入群体的CPI变化对不同收入群体实际收入水平的影响,进一步分析对不同收入群体消费支出水平的影响,模拟相关政策方案。

CQMM主要由消费、投资、政府收支、对外贸易、工资和价格指数、货币和财政政策模块组成。图4给出了CQMM模型的结构图。

1. 最终消费模块

最终消费分为居民消费与政府消费。其中,城镇居民人均消费用城镇人均可支配收入作为解释变量,人均实际GDP和制造业单位劳动成本决定城镇人均可支配收入。农村居民人均消费由农村家庭人均现金收入(包括工资收入和非工资收入)来解释。政府的公共消费支出是外生决定的,取决于财政收入(包括预算内和预算外收入)。对居民消费模块进行扩展以分析通胀对中国不同收入群体的影响。在原来区分城镇与农村消费模块的基础上,进一步把城镇居民按收入等级分为最低收入户、低收入户、中低收入户、中等收入户、中高收入户、高收入户和最高收入户7个组别;把农村居民划分为低收入户、中低收入户、中等收入户、中高收入户、高收入户5个组别。分别计算不同收入组的CPI水平,以此为基础估计城乡居民不同收入组的消费行为方程,以揭示通胀对城乡不同收入群体实际收入与消费行为的影响。

2. 投资模块

固定资产投资按照资金来源分为国内贷款、外国投资、预算内、自筹资金与其他。其中,国内贷款、自筹资金与其他投资是固定资产投资中占比最大的三个部分,是财政货币政策调控的主要对象。因此,使用实际货币供应量(M_2/GDP deflator)名义贷款利率来解释这三个变量;固定资本形成总额可用固定资产投资总额来解释。上述投资变量均使用投资价格指数剔除价格波动的影响。

3. 政府支出模块

政府支出包括政府投资性支出和非投资性支出。前者与靠预算内融资的固定资产投资有关;后者主要受财政收入以及政府消费性支出的影响。

4. 对外贸易模块

按照中国对外贸易的特有模式,我们分别对加工贸易和一般贸易构建行为方程。选择美国和欧元区作为主要的贸易伙伴国,除了美国和欧元区的经济增长指标外,出口方程中还加入制造业相对单位劳动成本作为中国与潜在贸易竞争国的制造业比较优势指标。加工贸易出口与一般贸易出口主要受美国和欧元区经济的影响;加工贸易进口由加工贸易出口和出口对进口的相对价格来解释;一般贸易进口由实际 GDP 和进口平对国内消费品价格的相对价格来解释。

5. 价格模块

GDP 平减指数的解释变量包括滞后 CPI,固定资产投资价格指数和进口价格指数;固定资产投资价格指数由 M_2 的增长率和进口价格指数来解释;CPI 的解释变量包括固定资产投资价格指数和 M_2 的增长率。

城乡不同收入群体所面临的 CPI 水平的计算方法是:第一,根据城镇和农村居民八大类消费品价格指数的同比及环比数据,以2000年第2季度为基点，构建相同基期的城镇和农村的八大类季度消费价格指数。第二，根据城镇和农村居民不同收入群体对八大类消费品的支出数据，计算出这八大类商品分别在城镇及农村居民消费支出中所占据比重，并以此作为不同收入群体的消费权重。由于样本期间内，各年的消费权重差别不大，因而选用中点年份（2005年）的权重作为整个样本期的权重。第三，将不同收入群体的八大类消费支出权重，与第一步获得的相同基期的城

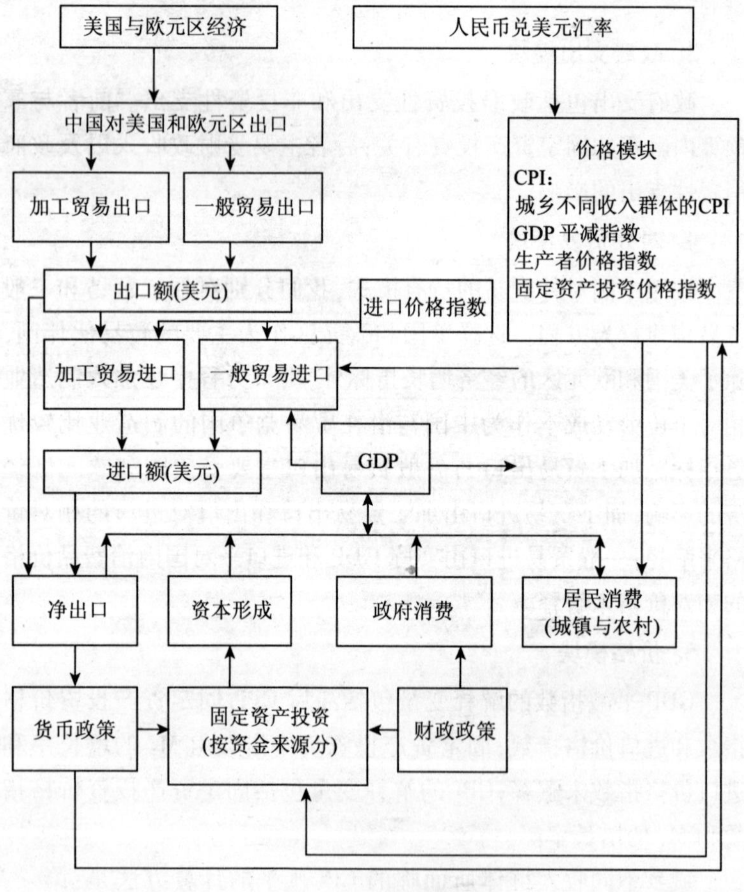

图4　CQMM的结构图

镇和农村八大类消费价格指数一一对应相乘并加总后,得到不同收入群体的居民消费价格指数。第四,对城镇及农村居民不同收入群体的收入和消费支出的年度数据插值成季度数据。其中,季度收入序列分别用城镇人均可支配收入和农村人均现金收入序列做引导序列;季度消费支出则分别用县级以上和以下的社会消费品零售总额做引导序列。第五,将不同收入群体的季度收支数据,用第三步得到的各组别相同基期的 CPI 序列进行平减,从而得到城乡不同收入群体可比价计算的收支序列。

6. 货币模块

在现行汇率制度下,外汇储备的增加通过外汇占款转化为货币供应量的扩大。同时,M_2 的变化会影响固定资产形成、固定资产投资价格指数和 CPI,但不影响利率水平。

在数据方面,我们使用季度数据估计 CQMM。由于国家统计局没有公布有关支出法 GDP 构成的季度数据,我们使用插值的方法通过年度数据来获得相关的季度数据(CQMM 课题组,2008—2010)。同时,用于模型估计的大部分时间序列数据均经过了季节性调整。用 Eviews 中的 x12 去除季节性。

四、通胀对不同收入群体收入及消费的影响

为了分析通胀对城乡不同收入群体的影响,课题组基于 CQMM,进行了样本区间内的模拟分析,并把模拟结果与基准模型的结果进行对比。假设 2006 年发生一次性的通胀冲击,使 2006 年 CPI 的涨幅比实际值(1.5%)提高了 3 个百分点,达到 4.5%。如果城乡居民的名义收入没有相应调整,其实际收入必然下降。通过 CQMM,我们能够定量测定在全国范围内 CPI 涨幅提高 3 个百分点后,城乡及城乡各收入群体所面临的 CPI 分别会有多大程度的上涨;以及城乡不同收入群体 CPI 的不同上涨幅度对其实际收入和消费支出的影响程度。

1. 总量 CPI 上涨对城乡及城乡不同收入群体 CPI 的影响

CQMM 模拟结果表明,当 CPI 涨幅增加 3 个百分点后,城乡不同收入群体所面临的 CPI 上涨幅度各不相同,因而对各收入组的消费影响也不同。CQMM 的模拟结果显示:

(1)2006 年如果 CPI 涨幅提高 3 个百分点,那么,与基准模拟相比,对农村居民 CPI 的影响高于对城镇居民 CPI 的影响。2006 年城镇居民的 CPI 涨幅因此提高了 2.89 个百分点,农村居民的 CPI 涨幅提高了 3.22 个百分点。

(2)与基准模拟相比,CPI 涨幅提高 3 个百分点,对城乡低收入群体的影响大于对高收入群体的影响。城镇 7 个等级收入群体所面临的 CPI 上升幅度随着收入水平的增加而减少。2006 年最低收入水平城镇户(第 1 组)的 CPI 变化最大,提高了 4.05 个百分点;最高收入水平城镇户(第 7 组)的 CPI 仅增加了 2.51 个百分点,两者相差 1.54 个百分点(见图 5)。

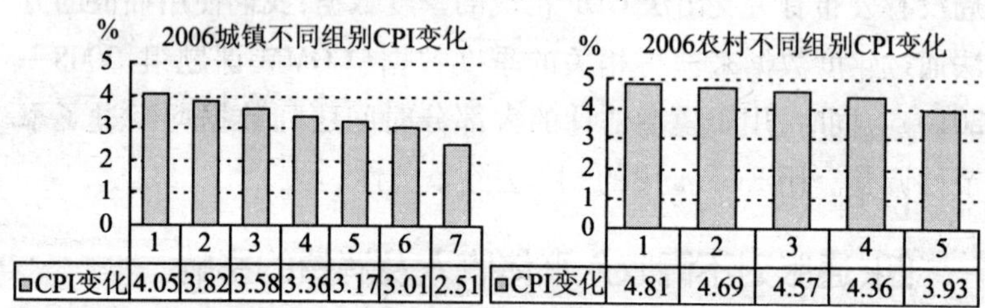

图 5 城乡不同收入组别 CPI 变化差异

资料来源:课题组计算。

农村家庭也按其收入水平划分为 5 个等级。2006 年 CPI 涨幅提高了 3 个百分点之后,各收入户所面临的 CPI 增幅随收入水平的增加而减少。农村低收入户(第 1 组)的 CPI 提高了 4.81 百分点,远远大于城镇低收入户的 CPI 增幅;农村高收入户(第 5 组)的 CPI 增加了 3.93 个百分点,与城镇最低收入户的 CPI 增幅相当(见图 5)。

因此,2006 年如果 CPI 涨幅比实际值提高了 3 个百分点,达到 4.5% 时,那么,城镇最高收入户的 CPI 将是 4%,而农村低收入户的 CPI 将是 6.3%。

2. 总量 CPI 上涨对城乡及城乡不同收入群体实际收入的影响

由于城乡各收入群体所面临的 CPI 涨幅不同,导致各收入群体的实际收入变化也不同。模拟结果显示,CPI 涨幅提高 3 个百分点,与基准模型相比,2006 年当期城镇居民实际人均可支配收入将下降 3.70%,农村居民实际人均纯收入将下降 7.93%。

在城镇各收入群体之间,实际人均可支配收入的减少幅度随收入水平的提高而减少。2006 年城镇最低收入户(第 1 组)的人均实际可支配收入下降了 6.01%,最高收入户(第 7 组)的人均实际可支配收入下降了 1.52%(见图 6)。农村不同收入组别的人均实际纯收入下降幅度相对接近,除了低收入户外,其他组别的收入降幅均大于城镇最低收入组实际收入下降幅度。虽然农村低收入户人均实际纯收入下降的幅度(5.32%)相对不大,但他们是中国居民中收入最低的群体,收入下降的空间原本就非常小,因此,实际收入下降对他们的影响将更加严重(见图 6)。

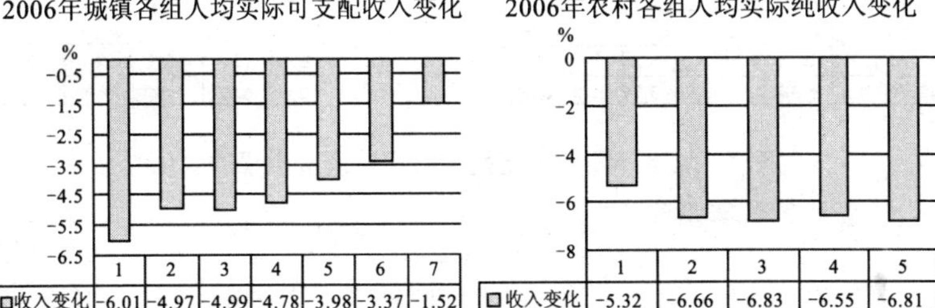

图 6　城乡不同收入组别人均实际可支配收入变化

资料来源:课题组计算。

因此,如果 2006 年 CPI 从 1.5% 上升到 4.5%,将使农村低收入户的人均实际纯收入下降 5.32%,而城镇最高收入户的人均实际可支配收入仅下降 1.52%。

3. 总量CPI上涨对城乡及城乡不同收入群体实际消费支出的影响

扣除价格波动后的实际收入是消费支出的主要决定因素。城乡居民实际收入下降必然导致人均消费支出下降。由于收入最低的群体边际消费倾向最高,恩格尔系数也最高,因而,CPI上涨对农村居民消费的影响要远远大于对城镇居民的影响。

模拟结果显示,与基准模型相比,2006年城镇居民人均消费支出减少2.72%,农村居民人均实际消费2006年减少了7.92%。农村居民实际消费下降的幅度在模拟期间均大于城镇居民。在各收入群体之间,2006年人均实际消费下降的幅度随收入水平的上升而下降。其中,城镇居民从最低收入户到最高收入户的消费支出下降幅度从-5.38%到-1.06%;农村居民从低收入户到高收入户的消费支出下降幅度从-7.27%到-6.46%(见图7)。

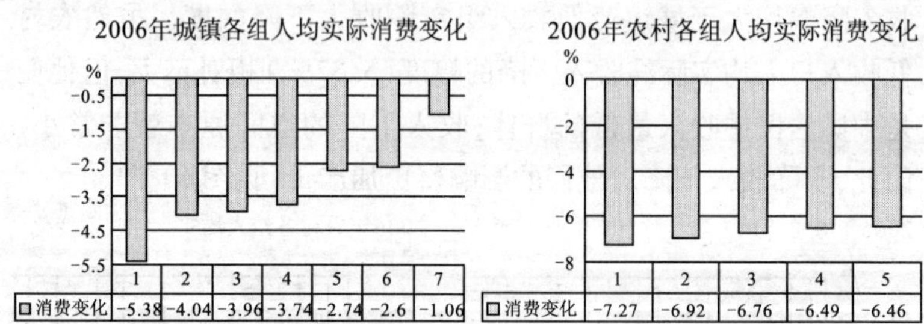

图7 城乡不同收入组别人均实际消费水平的变化

资料来源:课题组计算。

因此,CPI上升对低收入群体的消费支出影响最大。2006年CPI涨幅如果提高3个百分点,那么,农村低收入户的实际人均消费支出将可能下降7.27%,而城镇最高收入户的人均实际消费支出仅下降1.06%。

综上所述,CPI上涨对农村居民的冲击大于城镇居民,对低收入群体的冲击大于高收入群体;在时间上,各收入群体的消费支出在价格上涨当期受到的影响大于下一个时期。这意味着,给定中国城乡居民之间的收入不平衡状况,城镇与农村内部各自不同收入组居民收入差距将因通胀而不断扩大。2010 年以食品价格上涨带动的 CPI 提高,无疑将侵蚀低收入群体的实际收入,压缩他们的消费支出,从而更强烈地抑制全社会居民消费需求的扩张。

五、结论与政策建议

在通胀威胁日趋明朗的背景下,2011 年在实施积极的财政政策的同时,货币政策转向稳健,并确定了 4% 的通胀目标。但是,2011 年作为“十二五”的开局之年,各级政府加快增长欲望强烈,信贷扩张压力依然很大。因此,2011 年 M_2 增速很可能突破目标水平。基于 CQMM 的预测结果表明,如果 2011 年各级政府的增长冲动从而投资规模无法得到有效控制,M_2 增速达到 18%,2011 年的 GDP 可能增长 10.13%;但 CPI 将上涨 5.4%,固定资产投资价格指数可能上涨至 7.92%,GDP 平减指数将提高到 8.55%。

对总量 CPI 冲击所进行的效应模拟分析表明,如果 CPI 涨幅提高 3 个百分点,那么,农村居民 CPI 的上涨幅度将高于城镇居民 CPI 涨幅;城镇家庭实际人均可支配收入将因通货膨胀下降 3.7%,农村居民实际人均纯收入将下降 7.92%;城镇居民人均实际消费支出将减少 2.72%,农村居民人均实际消费支出将减少 7.93%。CPI 上涨对农村居民的冲击大于城镇居民,对低收入群体的冲击远远大于高收入群体。这意味着,2011 年如果不能有效控制 CPI 上涨,那么,我国城乡间以及城乡不同收入群体间的通胀差距还将进一步扩大,从而收入差距也将进一步扩大。

因此,抑制通胀并有效降低通胀的社会成本,不仅需要控制通胀的总量水平,而且需要缩小通胀在不同收入群体之间的差距。也就是,旨在控制总量通货膨胀的政策需要同时兼顾缩小由于城乡居民通胀差距所进一步导致的收入差距的扩大。

对总量通胀的控制,需要找准导致通胀的原因:2010 年开始高攀的通胀水平,部分由于自然灾害等短期因素影响导致食品价格快速上涨,部分源于弱美元以及国际形势不稳定而导致的输入性通胀,但是,究其根本原因,还在于现阶段我国经济发展方式以及宏观调控方式:2009 年的“保增长”是以政府主导的投资需求扩张来弥补外部需求萎缩;当外部需求开始复苏,政府为保增长而扩大的投资却未能或难以甚至不愿及时退出,导致政府投资与民间投资同时扩大,从而形成了通货膨胀的压力。之所以如此,根本原因在于我国宏观经济结构失衡,增长严重依赖“投资驱动和出口拉动”。货币政策在扩张与收缩上作用严重不对称:扩张时非常容易把信贷注入经济体,紧缩时作用却非常有限(龚敏、李文溥,2005)。目前准备金率已提高到 20.5%,却难以收缩信贷。[①] 加上地方政府奉行“GDP 主义”,投资热情一向高涨。因此,宏观调控政策需要:(1)在控制通胀与追求增长之间作出权衡。尽管今年宏观经济政策方向已经明确,货币政策转向了“稳健”,并不断调高存款准备金率和利率。但是,各级地方政府“十二五”规划的速度目标普遍过高,转变经济发展方式措施却较弱。如果中央政府不采取切实有力的措施抑制各地的增长冲动,4%的通胀控制目标将难以达到。因此,当前宏观经济决策必须在控制通胀与追求增长的数量组合上作出权衡。

(2)坚决地将增长速度控制在 9%。当前,投资需求过度扩张是通胀的主因。PPI 涨幅高于 CPI,预示着进一步通胀的压力。抑制投资需求过度扩张,必须控制增长速度。CQMM 预测表明,如欲维持 10% 以上的增长速度,通胀率可能突破 5%。如果希望将通胀控制在 4% 左右,就必须下决心将速度控制在 9%。其有效措施是进一步紧缩货币政策,控制货币供应量,使其增速控制在 14% 左右。

---

① 此外,还有因外汇占款增加而导致的基础货币扩大,也是一个重要因素。

(3)必须充分重视通货膨胀对不同收入阶层尤其是农村低收入阶层收入的影响,采取有力措施保障低收入阶层的收入增长,以有效在抑制通胀差距所产生的社会成本。

以食品及住房价格上涨为特征的通胀极大侵蚀了低收入群体的实际收入,进一步压缩了消费需求乃至总需求,增加了通胀的社会成本。因此,我们认为,需要继续提高最低工资标准,提高以制造业为主的劳工工资水平,以保障城乡低收入阶层的收入和消费水平。尽管自 90 年代中后期以来,我国工人的工资水平在逐步上升,但是,与此同时,工人的劳动生产率也在迅速上升,而且上升幅度明显超过劳动报酬增长速度。中国制造业单位劳动成本在劳动报酬提高的同时逐年下滑。通过计算并比较对中国出口产品最具潜在竞争力国家的相对单位劳动力成本,发现我国制造业与主要竞争对手国相比,至今仍有较强的人工成本优势(约为 1∶1.5)(CQMM 课题组,2010;李文溥,2011)。此外,目前中国在基础设施、国内市场、产业配套等方面均优于主要竞争对手国,因此,今后一段时期里即便较大幅度地逐步提高劳工工资,使之与劳动生产率增长同步,中国也不会丧失制造业的国际竞争优势。相反地,有利于转变经济发展方式,促进技术进步。因此,应当进一步提高最低工资标准、制造业劳工工资水平,增强中低收入阶层抵御通胀侵蚀收入的能力。

参考文献

[1] Terence Tai - Leung Chong, Ning Zhang and Qu Feng, "Structural Changes and Regional Disparity in China's Inflation" [J]. Economics Bulletin, Vol. 31, Issue1, 2011.

[2]李文溥,龚敏. 出口劳动密集型产品导向的粗放型增长与国民收入结构失衡[J]. 经济学动态,2010(7).

[3] CQMM 课题组 .2010—2011 年中国季度宏观经济再展望[J]. 厦门大学学报(哲学社会科学版). 2010(6).

[4]李文溥主编. 中国宏观经济分析与预测2010:劳工工资:宏观经济视角的研究[M]. 北京:经济科学出版社,2011.

[5]龚敏,李文溥. 我国货币政策对总需求扩张的效应分析[J]. 厦门大学学报(哲学社会科学版),2005(5).

经济发展中的收入分配差距变动趋势[①]

王少国

一、经济发展中收入分配差距变动趋势的理论观点

1. 古典学派的观点

古典学派经济学家非常重视分配理论,重点研究土地、劳动和资本三种生产要素之间的收入分配。亚当·斯密把国民划分为工人、资本家和地主三大阶级,其收入分别是工资、利润和地租,构成了社会的三种基本收入。他认为“资本增加会使工资提高,并有降低利润的趋势”。因而随着资本积累,工资和利润的分配份额差距会缩小。就工资和利润的不均等而言,他认为起因于职业或行业性质的不均等,这些属于合理的不均等。但政府的干预政策造成了新的不均等,主要表现为限制或者加剧了某些职业的竞争以及阻碍了劳动和资本的自由流动。由此可以推出垄断和就业限制会扩大收入差距。斯密还认为在城乡之间的要素流动,使城乡差距表现为缩小趋势。在大卫·李嘉图的理论中,农业技术进步是关键,如果技术进步没有发生或进步缓慢不足以抑制生活资料价格上升,由于土地有限,收入分配将表现为地租份额上升、工资份额上升和利润份额下降的变化趋势;反之则反是。但就人均而言,与以上趋势并一定一致。乔治·拉姆赛把社会分

① 本文为北京市人才强教项目“中青年教师人才培养计划”和北京市教委面上项目“收入分配差距对经济效率的影响及适度水平研究”(项目编号:SM201110038009)的阶段成果。

为工人、雇主、资本家和地主四个阶级。工人得工资，雇主得利润，资本家得利息，地主得地租。他认为分配的实际对立存在于劳资双方之间[①]。生产率的提高使实际工资增加，同时却有减少劳动者收入在总资产中所占比例的倾向。依照这一观点，由于生产率的提高是经济发展的一般趋势，可推出劳资双方的分配差距在长期会不断扩大，扩大速度取决于生产率提高速度。但在频繁的机器代替工人的短期内，失业增加和工资率降低相伴随，劳资双方的分配差距会更快地扩大。结合长短期分析，拉姆赛的理论所揭示的劳资双方的分配差距，如图 1 所示。

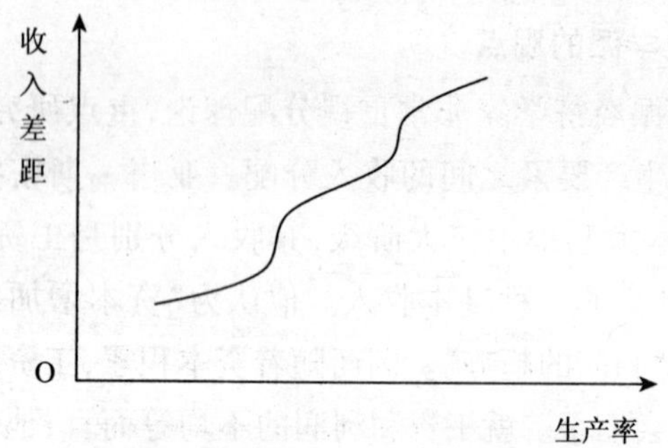

图 1 拉姆赛的劳资分配差距变动趋势

2. 马克思的观点

马克思认为，随着资本积累的不断增长和劳动生产力的不断发展，工人的生活资料虽然会有所增加，但是工人所得到的工资在新创造价值中所占的比重在下降，资本家榨取剩余价值的比重却在提高，"从而工人和资本家的生活状况之间的鸿沟越来越深"。[②] 这是由于资本积累不仅使得资本在数量上增大，而且使得

---

① 这里的劳资双方指的是劳动者一方与雇主和资本家构成的另一方，拉姆赛认为地租对于资本主义生产方式来说是不必要的，因而把地租排除在分配的实质性分析之外，也就不考虑地主了。

② 《马克思恩格斯全集》第 23 卷，第 707 页。

资本有机构成提高，这是资本主义发展的一种客观趋势。资本有机构成的不断提高，提高了劳动生产力，但也带来大量相对过剩人口，形成产业后备军，“产业后备军的绝对量和财富的力量一同增长……工人阶级中贫困阶层和产业后备军越大，官方认为需要救济的贫民也就越多。这就是资本积累的绝对的、一般的规律”。[①] 由此表现出的是资本主义日益严重的收入分配不平等。资本主义积累加剧了社会贫富两极分化，也加剧了资本主义基本矛盾，即生产的社会化和生产资料的资本主义私人占有制之间的矛盾，这又成为资本主义经济危机周期性爆发的根源。经济危机使资本主义社会再生产由失衡强制性地恢复均衡，暂时缓解了基本矛盾，由此贫富差距也会暂时得到缓和，但随着固定资本在有机构成提高基础上的大规模更新，经济复苏和高涨，收入差距又会迅速提高，贫富分化更加严重。综合马克思的思想，从中可以得出收入差距变动趋势在资本主义社会表现为：随着经济的周期波动，在复苏和高涨阶段不断扩大，在危机和萧条阶段有所缩小的周期性变化，但差距每次缩小后又在更大差距的基础上展开，如图 2 所示。

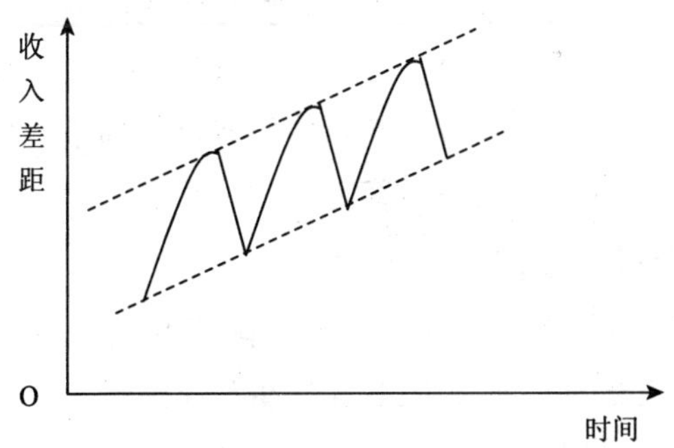

图 2　马克思的劳资分配差距变动趋势

---

① 《马克思恩格斯全集》第 23 卷，第 571 页。

3. 新古典理论的观点

早期新古典经济学家继承了古典经济学从生产要素角度研究分配规律的传统。美国经济学家克拉克认为劳动和资本的边际生产力各自决定工资和利息的分配。马歇尔认为生产要素的供求均衡价格决定工资、利息、利润和地租等一系列分配变量,并认为“似乎可以确定,工人阶级的收入一般至少和其他阶级的收入增长一样快”,因此可推断出劳资的收入差距在一定时期内是基本不变的。亚瑟·鲍利也得出了类似的结论,即所谓的“鲍利定律”:劳动收入的相对份额保持稳定。后来新古典经济学家运用生产函数和替代弹性来研究产出中的劳动与资本相对收入份额的变化。最初运用柯布—道格拉斯生产函数,由于根据函数得出的替代弹性为1,意味着要素收入的相对份额保持不变,因为替代弹性为1表明投入要素数量和其相对价格会同比例变动。索洛改进了柯布—道格拉斯生产函数,建立了替代弹性不变的生产函数(CES函数),可以揭示不同要素相对价格的变化方向,不再受限于鲍利定律。后来一些学者又对CES函数进行了扩展,由此揭示技术进步中的要素收入分配份额的变化方向。从新古典经济学家对劳资双方收入分配份额的理论研究来看,早期倾向于认为保持不变比例,后期随着生产函数的改进倾向于比例会发生变化,但变动方向在理论上并不确定。

4. 发展经济学的观点

西蒙·库兹涅茨通过对一些发达国家和发展中国家“二战”后收入分配状况的实证分析,提出“收入分配不平等的长期趋势可以假设为:在前工业文明向工业文明过渡的经济增长早期阶段迅速扩大,而后是短暂稳定,然后在增长的后期逐渐缩小”,即收入差距呈现“倒U”形变动的库兹涅茨假说。刘易斯的二元经济理论采用了李嘉图—马克思假设,即在固定的实际工资水平下,劳动力存在无限供给。在刘易斯拐点之前,一方面,资本家的收入比重会随着现代部门或资本主义部门的扩张而提高，而该部门的工资水平基本保持不变；另一方面，传统部门的剩余劳动力在逐步由传统部门向现代部门转移的过程中，其工资由维持生存水平提高到资本主义部门的工资水平。[①] 这两个方面都导致了刘易斯拐点之前收入差距的不断扩大。但在刘易斯拐点之后，由于传统部门的剩余劳动力转移完毕，资本主义部门的继续扩张需要与传统部门竞争劳动力，导致两部门的工资水平上升，使资本家和工人的收入差距缩小，两部门的工资差距缩小，从而表现为总体收入差距的不断缩小。因此，按照刘易斯的二元经济理论观点，收入差距随着经济发展水平的提高表现为“先扩大，后缩小”的“倒 U”形变动趋势。

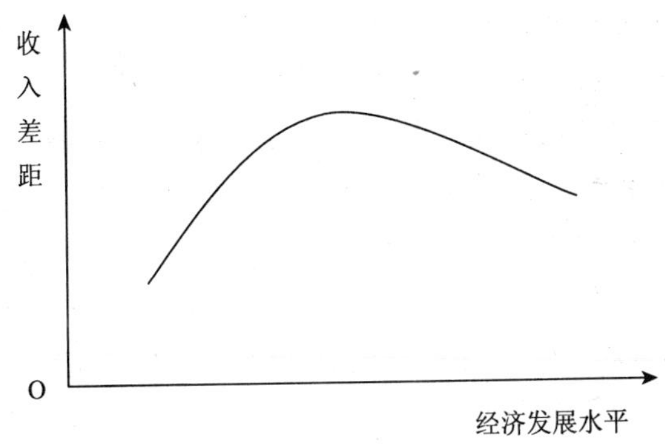

图 3　库兹涅茨—刘易斯的收入差距变动趋势

二、经济发展中收入分配差距变动趋势的理论依据及实证分析

1. 经济发展中收入分配差距变动趋势的理论依据

亚当·斯密的分配论基于劳动价值论，但在分析分配差距变动趋势时，既从理论角度出发，又紧密联系了社会实际。一是认

① 刘易斯认为，资本主义部门的实际工资约高于传统部门 30% 左右。

为资本积累会加剧资本家之间的竞争,包括劳动力需求的竞争和商品市场的竞争,由此会抬高工资而降低商品价格,从而利润下降;二是基于劳动和资本所投入行业的性质差异;三是政府限制市场自由调节的政策。大卫·李嘉图的分配论以劳动价值论为基础,劳动者在生产中所创造的价值,是各种所得的唯一源泉。生产物的价值被分解为工资、利润和地租,因而三者之间存在此消彼长的关系。地主所得地租的增加,不仅会直接减少利润,由此降低资本家所得的利润份额,还会通过生活资料价格的上涨,导致工人工资提高,提高工人所得工资的份额,间接地进一步降低利润份额。工人工资的提高只不过是资本家与地主利益对立的中间环节。因此,地租增加是导致劳资双方收入分配此消彼长的原因。地租增加的原因又在于农业技术的进步缓慢和土地的有限性使农业提供的农产品难以满足需求,农产品价格上涨,由此在土地优劣等级不同的条件下产生越来越多的级差地租。拉姆赛的分配理论同样基于劳动价值论,认为生产力的提高,短期导致商品价格的降低和对劳动力需求的减少,因而劳动者实际工资提高,但失业加剧,工资总额占总价值的比重更快下降;在长期,一方面资本的增加并不导致对劳动需求的同比例增加,另一方面是雇主和资本家为一方的对利润的贪婪,压低工人工资,提高劳动强度和延长劳动时间。这导致了劳动收入相对份额的下降。

马克思的分配理论是以劳动价值论和剩余价值论为基础的。劳动价值论继承了古典经济学家理论的科学成分,揭示出的是以工人为一方的被剥削阶级和以资本家、地主为另一方的剥削阶级的对立。他以剩余价值论为基础,认为利润和地租都是剩余价值的转化形式。就劳资双方而言,资本家为追逐剩余价值,不断进行资本积累,而资本积累又带来资本有机构成的提高,并成为资本主义发展的必然趋势,由此出现平均利润率的下降和相对人口过剩,但利润率的下降和利润量的上升并行不悖,还会趋向于提高剩余价值率。这使得资本主义社会收入分配出现两极分化。资本家对剩余价值的追逐,推动了生产的日益社会化,使资本主义社会的基本矛盾日益尖锐,最终导致生产相对过剩的经济危机周期性爆发。危机的爆发,虽然导致工人的工资下降,但资本家的利润下降往往更大,社会的贫富分化会暂时性缓解。由于剩余价值规律的作用,上述过程会不断地重复,直到资本主义被社会主义所代替。

新古典的分配理论基于要素稀缺性和要素市场完全竞争的假定。克拉克以边际生产力理论为核心研究收入分配,认为边际生产力决定生产要素之间的收入分配。马歇尔在均衡价格论的基础上,确立了按生产要素分配的理论,而劳动、土地、资本和企业组织等生产要素的价格也取决于各自的均衡价格。后来的新古典分配理论主要构建在从微观理论中总结出的生产函数和替代弹性上。最初运用的柯布—道格拉斯生产函数把规模报酬不变和个别要素报酬递减结合起来,由函数得出的替代弹性为1。索洛的CES生产函数放松了劳动和资本替代弹性为1的假设,由此可以更好地揭示劳动和资本分配份额的相对变化。

库兹涅兹“倒U”形假说基于新古典经济学的要素报酬取决于边际生产力的理论。在早期阶段,资本相对于劳动力更加稀缺,资本报酬高于劳动报酬,而非熟练劳动力难以替代资本,从而资本份额增加,劳资收入差距扩大。但随着资本的积累,人口增长速度的下降以及劳动者技能的提高,劳动相对于资本开始变得稀缺,劳动收入份额相对于资本利润份额开始增加,劳资收入差距不断缩小。但由于在实证研究中运用家户统计资料来验证收入差距的变动趋势,在原因解释上又考虑了法律政策、人口增长、产业结构变动以及工业化和城市化等因素的影响。刘易斯理论在刘易斯拐点之前的收入差距扩大主要基于古典经济学通常假设的劳动力报酬取决于劳动力生存所需要的生活资料价值,因而在传统部门存在非市场决定的生存工资,在现代资本主义部门则存在不变工资。在刘易斯拐点之后的收入差距缩小则基于新古典世界的均衡价格理论，由于劳动力相对于资本由过剩变得稀缺，由供求决定的工资相对于利润表现为更快地上升。

2. 经济发展中收入分配差距变动趋势的实证分析[①]

关于收入分配差距变动趋势的实证分析，古典发展阶段经济学家更加侧重基于劳动价值论进行理论演绎，加之资本主义发展时期较短，统计资料相对缺乏，难以进行收入差距长期趋势变化的实证研究。随着资本主义发展了足够长的时间，统计资料也更加完善，对收入差距变化趋势的实证研究越来越多。这里我们主要从对新古典分配理论和库兹涅兹“倒U”形假说的实证研究来分析收入差距变动的一般趋势。[②]

帕累托提出了一个测度收入分配不平等程度的 α 值。[③] 柯林·克拉克的研究表明美国、英国、法国和澳大利亚的 α 值虽有波动，但总体呈现提高的趋势，大岛对亚洲国家的研究也表明，α 值随着时间而增长。这些研究证明收入分配差距随着经济发展呈下降趋势。索洛利用欧洲工业国家20世纪50年代中期以前20年的数据进行研究，得出的结论是收入差距的变化是趋于下降的。科尔柯对美国1910年以来近半个世纪的资料按照十等分进行的不完全比较，得出收入差距呈扩大趋势，但克拉维斯选取美国1888年至1958年这一时期的数据，发现收入差距在1890年至1918年和1936年至1944年两个时期是下降的，而1945—1958

① 下面的实证分析有的是从功能性分配角度进行的，有的是从规模性分配角度进行的，但由于功能性分配在分配差距变动趋势中起决定性作用，规模性分配以功能性分配为基础，所以二者反映出的收入分配变动趋势是一致的，因此，这些分析不影响对上述收入分配理论所阐述的变动趋势的检验。

② 因为这些分析主要是运用统计资料进行统计分析或者计量分析，因此其结论可以运用于验证古典学派以及马克思的有关收入分配趋势变化的观点。

③ α 值基于帕累托的收入分配定律计算，即 $N = AY^{-\alpha}$，其中Y表示社会收入水平，N为收入大于等于Y的人数占总人口的比例。通过数据拟合可以得到 α 值，α 值越大，收入分配越平等；反之则反是。

年基本保持稳定，也就是说并没有收入差距上升或者下降的固定趋势。丹尼森和莱文森的研究表明美国 1929—1952 年的劳动收入份额是上升的，劳资收入差距缩小。克拉维斯对美国 58 年的劳动与资本替代弹性的研究估计出的替代弹性为 0.64，表明在这一时期内劳动的增长低于资本，因此劳动分配的相对份额是增加的，而不是鲍利和柯布—道格拉斯的不变。阿罗、索洛、钱纳里和明翰斯对世界各国 24 个行业的替代弹性进行估计，发现 23 个行业替代弹性小于 1。福克斯加入虚拟变量区分发达国家和发展中国家，估计结果位于 1 上下，中位数为 1.04。索洛估计了美国不同地区十个行业的替代弹性，位于 0.06—1.96 之间，中位数为 1.01。弗格森和莫罗尼估计了美国 1948—1962 年 20 个行业要素相对份额变动，得出随着资本深化，劳动分配份额上升的结果。

就收入分配差距的“倒 U”形趋势的检验，库兹涅兹在提出“倒 U”形变动趋势时，研究了一组发达国家和发展中国家的数据，发现工人薪酬占总收入的份额在高收入国家趋于提高，在低收入国家趋于降低。关于收入分配差距的“倒 U”形假说，得到了一些学者的支持，伯克尔特对 1965 年 56 个国家和阿鲁瓦利亚对 1970 年的 60 个样本国横截面数据的研究均支持了“倒 U”形假说，还有钱纳里等的研究也支持了“倒 U”形假说。但另外一些学者的研究否定了“倒 U”形假说，戴宁格和斯奎尔对 56 个国家的研究表明“倒 U”形只是一个幻觉，实际上并不存在。菲尔兹研究了亚洲“四小龙”的收入差距变动，发现即使早期阶段也不必然伴随收入不平等的恶化，甚至可以减低。

三、对经济发展中收入分配差距变动趋势理论观点的新综合

从收入分配差距变动趋势的实证研究来看，有的表明变动趋势是上升的，有的表明是下降的，有的表明上升或下降过程是存在较大波动的，有的表明存在“倒 U”形趋势，有的否定“倒 U”形

趋势。这些各式各样的实证结论,使得收入分配变动趋势至今在理论界也难以达成一致。造成这种研究现象的原因固然有学者在研究过程中选取样本、统计方法和计量方法等方面的差异因素,但更主要应在于收入分配差距与其众多影响因素之间的相互影响。

从学者们的研究来看,对收入分配差距变动趋势构成影响的因素主要包括:技术进步、人力资本、要素的国内外流动、垄断、金融发展、二元经济、工业化和城市化、制度、政府的分配政策、产业结构、人口增长、工会力量、通货膨胀、慈善、经济周期,甚至文化传统等众多因素。这些因素有的是扩大收入差距的力量,有的是缩小收入差距的力量;有的有时起到缩小收入差距的作用,有时又起着扩大收入差距的作用;有的理论上应该起到扩大或者缩小收入差距的作用,但实际上由于作用机制的不健全却可能起着相反的作用;还有一些因素与收入差距变化存在互为因果的关系。这些因素的综合作用,自然使得收入分配差距的变动趋势表现出很大的不确定性,加之研究者所选样本的时间长短不同以及时期差异,结果必然表现出各式各样的状态。但结合收入分配差距对经济发展的影响,理论上又存在收入差距的适度水平,收入差距高于或者低于一定的适度水平都会对经济效率产生抑制作用,从而制约经济增长和经济发展,这就意味着在经济能够长期持续发展的国家,收入差距既不会不断地扩大,因为不断扩大的趋势必然会最终超过适度水平,而对经济发展产生抑制,如果不能适时调整收入差距,经济发展必然会陷于长期停滞而变得不可持续。同理,这些国家的收入差距也不会不断地降低,因为不断降低必然会最终低于适度水平,进而抑制经济发展,如不能适时调整也必然会使经济发展长期停滞。由此我们可以判断,那些成功实现经济发展的工业化国家,其收入差距的长期变动趋势必然表现为在一定差距轨道范围内变动,在短期内受各种影响收入分配的长短期因素的综合影响而存在波动,有时这种波动还会相当剧烈。

由于市场自由调节收入差距的力量往往导致马克思理论的收入分配变动趋势，往往对生产力造成巨大破坏，那么成功实现经济发展的国家的收入变动趋势必然要有政府对收入分配的成功干预，来改变马克思理论的收入分配变动趋势，以使其保持在适度范围内。如图4所示，这些国家收入分配变动的长期趋势，会在政府分配干预下向右下方偏移，偏移幅度取决于与发展阶段相适应的适度水平范围。但经济发展失败的国家，即那些经济长期发展缓慢甚至陷于停滞的国家，其收入差距一般表现为长期偏离适度水平，要么长期高于适度水平，比较有代表性的就是拉美地区；要么长期低于适度水平，比较有代表性的就是原计划经济国家的发展后期。

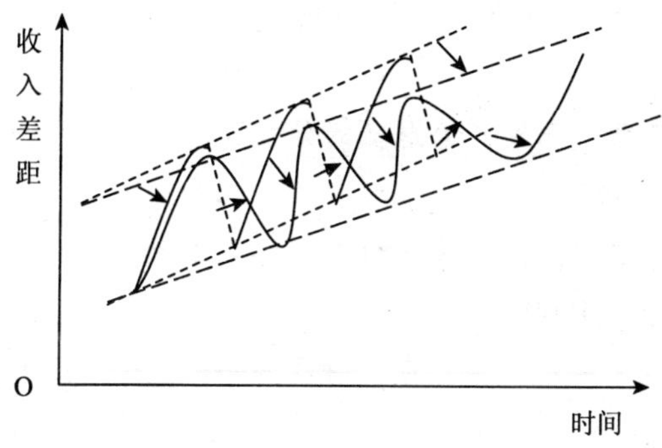

图4　政府和市场作用下的收入分配变动趋势

综上所述，如果经济进步是任何国家发展的必然趋势，那么收入分配差距的长期变动趋势既不会是不断上升，也不会是不断下降，也并不一定表现为“倒U”形趋势，[①]而应是市场和政府干预

① 因为如图4所示的轨道如果在某国或地区政府干预下向右下方偏离幅度足够大，才能达到适合该国或地区社会文化等因素的适度范围，推动经济发展，这时该国或地区成功发展的收入差距变动趋势就会越来越接近于在水平轨道中的波动，而不是“倒U”形趋势，台湾地区和韩国在经济成功发展过程中的收入差距变动趋势就表现为水平轨道内的小幅波动。

共同作用下总体呈现在适度轨道范围内波动的变动趋势。由此也可以认为有关收入分配变动的长期趋势的研究变得不再重要,而更应关注收入分配研究的传统领域“公平与效率”问题,并侧重于揭示收入差距的变化是否偏离了适度水平,以便为政府把收入差距控制在适度范围提供政策参考和相应建议。

参考文献

[1]亚当·斯密. 国民财富的性质和原因的研究[M]. 北京:商务印书馆,1997.

[2]大卫·李嘉图. 政治经济学及赋税原理[M]. 北京:商务印书馆,1997.

[3]乔治·拉姆赛. 论财富的分配[M]. 北京:商务印书馆,1997.

[4]理查德·琼斯. 论财富的分配和赋税的来源[M]. 北京:商务印书馆,1999.

[5]马克思,恩格斯.《马克思恩格斯全集》第23卷[M]. 北京:人民出版社,1960.

[6]约翰·贝茨·克拉克. 财富的分配[M]. 海口:南海出版公司,2007.

[7] Kuznets. S. Economic Growth and Income Inequality. American Economic Review, March, 1955.

[8]阿瑟·刘易斯. 劳动无限供给下的经济发展[M]. 北京:北京经济学院出版社,1989.

[9]吉利斯,波金斯,罗默,斯诺德格拉斯. 发展经济学[M]. 北京:中国人民大学出版社,1999.

[10]马丁·布朗芬布伦纳. 收入分配理论[M]. 北京:华夏出版社,2010.

[11] C. G. Clark. “Condition of economic progress.” Macmillan Press, London, 1940, pp. 533 - 537.

[12] Solow, Robert M. (1960). "Income Inequality Since the War" in Postwar Economic Trends in the U. S. (Ralph E. Freeman ed.), New York: Harper, 1960, pp. 113.

[13] Kolko, Gabriel, Wealth and power in America: an analysis of social class and and income distribution. New York: Praeger, 1962, pp. 178.

[14] Kravis, Irving B. Relative Income Shares in Fact and Theory. American Economic Review. 1959(12), pp. 917 – 949.

[15] Arrow, K. J, Chenery H. B., Minhas B. S., Solow R. M. (1961). "Capital – labor substitution and economic efficiency." Review of Economics and Statistics 1961(8), pp. 225 – 250.

[16] Victor R. Fuchs. "Capital – Labor Substitution: A Note." Review of Economics and Statistics, November 1963, pp. 436 – 438.

[17] Paukert, F. "Income Distribution at Different Levels of Development: A Survey of Evidence." International Labour Review 108, pp. 97 – 125.

[18] Ahluwalia, M. (1976). "Inequality, Poverty and Development." Journal of Development Economics 6, pp. 307 – 342.

[19] Deiniger, K., and L. Squire (1996a). "A New Data Set Measuring Income Inequality." World Bank Economic Review 10, pp. 565 – 591.

[20] Fields, G. S. (1989). "A Compendium of Data on Inequality and Poverty for the Developing World." Mimeograph, School of Industrial and Labor Relation, Cornell University.

（作者单位：首都经济贸易大学经济学院）

与民争利,还是让利于民

——以保障性廉租房为例

张曙光

一、引言

在 2011 年的“两会”上,政府许诺,2011 年要建设 1000 万套保障性廉租住房,“十二五”期间规划建设 3500 万套。两会代表欢呼雀跃,报以热烈的掌声,各大媒体也纷纷报导拥护的消息。笔者一方面高兴,认为这是一件好事。它表明,政府已经明确意识到,提供保障性廉租房是政府职责,把它列入了政府的目标和任务之中。这是房地产政策的一项重大调整;另一方面,从现有事态的发展来看,此事也不无令人担忧之处。

担忧之一是,政府通过垄断保障性廉租住房市场,进一步扩张自己控制社会经济生活的实力。

担忧之二是,政府提供保障性廉租住房的目标能否实现,还是一个需要进一步观察的问题。

担忧之三是,通过城中村改造来解决保障性住房,其结果是与民争利。

这就提出了一个重大的问题:政府到底应当怎样提供公共保障服务,或者说,到底应当怎样来观察和看待政府行为?

1. 判断政府行为的标准

我们各级政府的门口都挂着“某某人民政府”的大牌子,也写有“为人民服务”,“立党为公,执政为民”的大标语,然而,仅凭这些标语、口号是无法判断政府及其官员行为的。因为它仅仅是一个口号，而不是一个可以执行和检验的行为标准。我们的政府官员哪一个不说他是为人民服务的？但是事实如何？远的不说，最近被审查的原铁道部部长刘志军及其同伙、那个与本人同名的总工程师张曙光，他们到底是为人民服务的，还是为他自己及其一小撮人服务的，难道还不清楚吗？他们身体力行的是，立党为私，执政为利。

其实，判断政府行为是否合理的一个重要界限和标准是，政府是与民争利，还是让利于民？如果是与民争利，那就是刘志军一伙，与强盗、黑帮无异，他们不仅是与民争利，而且从老百姓口袋中抢钱，哪有让利之说；如果是让利于民，还权于民，那就是真正的人民政府为人民。这里没有什么既不争利又不让利的中间地带。据此而论，政府除了合理的税收和恰当的转移支付，不能采用其他手段参与收入的再分配。

之所以与民争利还是让利于民能够成为判断政府行为的一个基本标准，是因为，与民争利是无限的，而让利于民是有限的。政府要与民争利，就会无限扩张，狮子大张口，手伸得很长，无法约束，无法制止，官员也会贪得无厌，欲壑难填，腐败成性，“前腐后继”，以致搞得民不聊生，政府垮台。这在历史上不乏其例。而让利于民则是有限度的，不可能让到政府一无所有，官员无以生存。相反，在现代社会，政府是一个不可或缺的重要机构，政府要生存，要提供公共服务，就要掌握一定的财力，它的规模以满足政府提供公共服务的需要为限，且有一个合理标准，经济学上有最优税率一说。足见这是有根据的。

如果此说成立，那么，判断政府行为的一个具体标准就是，政府的税收和收入要与政府提供的公共服务相适应或者相对等。从目前我国的情况来看，政府收入远大于政府提供的服务，政府的很大一部分收入的支出没有用在提供公共服务上，而是用在了其他方面，通过各种途径变成少数既得利益者的财富，至于挥霍浪费，诸如“三公”消费之类，就不用讲了，单是政府吃喝一项，一年就达6000多亿元，而政府提供的公共服务在很多方面仍然缺乏，比如，在产权保护方面，至今仍然没有一套严格执行的制度规则，很多仍以官员讲话为准，说变就变，产权仍然不是一个制度变量，而是一个政策变量，甚至政府官员直接侵犯私人产权，发生强征、强拆、强建之类的事情。

不仅如此。政府占有的资源和收入已经不少，但是，政府仍然认为自己的收入不足。目前，税收占GDP的比例为20.9%，并不算高，但全口径的政府收入占GDP的比例达32.2%，已相当高。然而，前不久，国家税务总局局长著文说，目前的政府收入占比不高，政府收入满足不了提供公共产品的需要，要随着经济的发展逐步提高政府收入的比重。根据韦森的计算，现在政府税收8万多亿元，全国13亿人口人均纳税6200元，而2010年农民的人均收入是5919元，低于人均纳税水平。我们不知道政府收入（包括预算收入和预算外收入）多少为合适，能否为政府收入规定一个最高界限，严格监督，不许超过。

从政府提供公共服务的方式来看，也可以找到一个界限和标准。全部社会产品大致分为三类：公共产品、私人产品、半公半私产品。纯公共产品由政府提供，军队警察当然不能由私人来办。如果这类产品政府供给不足，出现黑社会势力，这只能说明政府无能，因为政府供给不足，才有黑社会替代供给；如果政府供给充足，黑社会也没有活动的余地。私人产品由市场供给，也不成问题。问题就出在半公共半私人产品方面。

从社会经济发展的趋势来看，一方面，随着科学技术的进步和组织制度的创新，自然垄断的内容和范围在缩小，竞争的内容和范围在扩展，过去作为自然垄断的领域也出现了竞争性，政府在退出，市场在扩展。比如，路网具有垄断性，可由政府和国有企业供给，但运输和网上服务则可以由私人企业和市场提供。另一方面，随着社会的分化和社会生活的复杂多样化，政府的公共职能也在扩大，过去一些完全的私人产品，其一部分也带有某种公共服务的性质。保障性廉租住房的情况就是如此。因为,住房本是私人产品,但保障性廉租房则具有平等的性质和社会稳定的功能,因此,提供保障性廉租住房也就成为政府的职能和责任之一。

尽管政府2011年计划新建1000万套保障性廉租房,但从供求两个方面都存在一些问题。从需求方面来看,政府只考虑了城市中无房和缺房的贫困人口,而没有把进城的农民工和刚毕业留城的大学生考虑在内;从供给方面来看,国有房地产企业并未承担起保障性廉租房的建设任务,他们的全部力量仍然集中在土地市场上炒地皮,高档商品房市场上炒房价。这是与政府的职责和承诺背道而驰的。

2. 廉租房的市场供给

廉租房是否只能由政府供给,市场不能供给?很多人的回答似乎是肯定的。政府现在要大规模地开发建设保障性廉租住房,似乎也是在这样的思想指导下进行的。然而,现实却并非如此。在我国目前的情况下,市场不仅提供了廉租房,而且是廉租房的主要供给方式。因为,中国经济的高速发展和大量农村人口拥进城市,对住房市场提出了巨大的需求,而在此之前,政府并未认识到自己要供给保障性廉租住房,也没有建设保障性廉租住房。于是,在政府没有供给的情况下,市场代替政府供给了大量的廉租房。这是中国目前住房市场的一个无法否认的现实。

市场供给廉租房的方式和途径之一是,城中村的大量出现。由于中国存在二元分割的土地制度,城市的土地是国有的,而农村的土地是集体的;城市的土地是建设用地,农村的土地除了宅基地、少量乡镇企业用地和公共用地以外,主要是农业用地。中国的二元经济结构和城乡差别不仅是建立在传统农业部门和现代工业部门生产技术和生产效率差异的基础之上的,而且是建立在这种城乡分割的土地制度之上的。自改革开放以来,在城市工业高速发展、城市面积迅速扩大和城市人口大量聚集的过程中,出现了大量的城中村。它们地处城市中间,却是农村集体土地。

由于进城人口居住需求急剧增加,这些城中村的居民也逐渐放弃了原来的农业生产活动,而主要从事商业服务业和房屋出租活动。这一点最为典型的是深圳市。

最初,深圳市的城中村只有带院落的二层、三层小楼,供一家人生活居住,随着深圳的开发建设,流动人口的大量增加及其对住房的需求,于是二三层变成四五层,政府开始管制,村民继而抢建,博弈的结果是从七八层盖到了现在的十多层,最高的达15层。一层为商业店铺,三层以上全部出租。到特区外两个辖区的土地全部实施国有化以前,深圳共有城中村320个,占地总面积93.5平方公里,有私宅35万栋,总建筑面积1.06亿平方米,居住着500万人。深圳的高速发展,城中村作出了不可磨灭的贡献,它不仅满足了打工者的生存需要,而且保持了低工资的优势,是深圳发展的秘密所在。因为城中村的房价只有村外相邻城市房价的1/2~1/3,一室一厅的租价2007年前后也只有600元左右,其他生活成本也相对较低,为进城农民工创造了一个适宜的生存环境。

与城中村密切相关的现象是"小产权"房,这也是市场供给廉租房的一个重要方面。它的出现既是由现行土地制度决定的,也与城市房地产业的发展密切相关。由于现行法律制度规定,只有国有土地才能建设商品房,集体土地不能建设商品房,甚至农村居民的住房既不能卖给城里人,也不能向城里人出租,但是随着房地产业的发展,房价的大幅上涨,在城市的周边出现了大量的不能合法交易的商品房,人称"小产权"房。据前几年国土资源部的统计,全国的"小产权"房共计66亿平方米,约占全部住宅面积的1/3。由于政府管制的原因,这些房屋的售价和租价也与"大产权"房存在成倍的差距。因而,也是城市贫困人口和农村进城人口的栖息之地,成为廉价(租)房的供应来源。

事情的荒唐之处在于,城中村和"小产权"房提供了大量的保障性廉租住房,帮助政府解决了大量进城人口住房的大问题,保证了经济的发展和社会的稳定，而政府不仅不承认它的合法性，反而千方百计地限制它、消灭它。各个城市的旧城改造、城中村改造，就是以改造之名，行取缔和拆除之实。至于“小产权”房，则以粮食安全和保护耕地为由，左一个通知，右一个规定，一律取缔，不准建、不准卖、不准租，一切交易活动均属非法。于是，政府和农民、政府和城中村的村民发生了尖锐的矛盾和冲突，成为中国社会严重失衡和危机的根源。

在正常情况下，凡市场能够解决和提供的，政府应当退出；凡市场满足不了需求的，政府可以提供补充的部分；凡市场不能解决和提供的，政府才组织提供。而我们的现实却不是如此，因而发生了政府与民争利的矛盾和冲突。也正是由于，一方面政府不承认廉租房的市场供给，千方百计地取缔和消灭城中村和“小产权”房；另一方面又大规模地建设保障性廉租住房，所以才有我们开始提出的政府垄断廉租房市场之说。

政府为什么要改造城中村，消灭“小产权”房？是因为城中村比较脏乱，有碍城市观瞻和城市形象，还是因为城中村难以管理，事故多发，抑或是由于“小产权”房威胁到粮食安全和耕地保护？也许这些因素都有，其中很多是似是而非，且都不是主要的。主要是由于农民通过城中村和“小产权”，抵制了政府和强势群体的掠夺，获得了一部分本属于自己的利益，因而发了点小财。据说，城中村的村民有的财产达几亿，甚至几十、几百亿元。即使如此，有什么不好呢？又有什么可怕呢？与政府占有的大量资源，十多万亿的收入相比，老百姓的钱并不多，也不富，难道百姓钱多了富了会出事吗？会变质吗？这仍然是传统计划经济的思维。

有人认为，由于城中村和“小产权”房的存在和发展，城市郊区的农民钱多了，富起来了，这不仅不公平，而且一些人游手好闲，不劳而获，抽烟、赌钱、打麻将。我们不能排除这种社会现象的存在和发生，至于不公平一说，则值得商榷。地区差异是一个客观存在，级差地租也是一个避免不了经济现实。城市经济发展,城郊人口跟着受益,这是不可抗拒的自然法则。为什么城市的土地比农村的贵,近郊的土地比远郊的贵,道理就在这里。难道让郊区农民与边远地区农民一样贫困,就公平吗?以所谓城郊农民发财造成不公,反证政府强制拆迁有理,是强盗逻辑。

3. 唐家岭的故事

唐家岭位于北京市中关村上地高新技术产业园区的中心地带,是一个典型的城中村。该村有三千多村民,由于该村的区位优势,是北京的活力所在,区内企业众多,交通便利,拆迁前共居住了5万多人,人称“北漂”的聚集地,80%是毕业的大学生,形成一个发达的城市社区,各种服务相对齐全,特别是宽带上网必须具备。虽然这里的居住条件相对较差,但房租便宜,18平方米月租只有五六百元,是进城农民工和刚毕业的大学生可以承受得起的。由于人口过分稠密,卫生条件相对较差,安全也不是太好,政府以此为由决定拆迁改造。

由市场供求关系所决定,这里的出租屋连片成排的不少,四五层甚至七八层的楼房也很多。刚开始,政府决定按一层的面积给予补偿,并且把48个村民代表召集到区政府签了字。村民知道后,不承认政府与村民代表的协议,签名上访。当天下午,笔者到唐家岭考察,看到村民签名的情况,并与组织者交谈,当时已经签名两千多人。据说,为了尽快拆迁,后来政府让步到按照四层的面积给予村民补偿,不知道最后按什么标准与村民达成拆迁补偿协议,现在拆迁改造正在实施。笔者也到大学生住户中实地察看,并与大学生交谈。政府拆迁改造,只与村民商谈补偿事宜,不与住户商议居住问题,似乎住户的权利根本不在政府考虑之列,大学生也没有这种权利意识,他们只在淘宝网上的唐家岭社区中做生意,而不关注自己的居住权利问题。这就是我们目前的社会现实。

故事的精彩之处还在后面。开始,政府是以城中村改造为由进行拆迁,据说,目的是要建设保障性住房,建设北漂公寓。然而,现在却改变了主意。前些日子,笔者见到了《蚁族》一书的作者廉思,他对北京地区的城中村做过长期的跟踪观察,多次去过唐家岭,情况非常熟悉,他告诉笔者,现在政府把唐家岭的地卖给五矿公司,用于盖商品房。这一变化把政府建设和提供保障性廉租住房的幌子全曝光了。

从唐家岭的故事中可以看出,政府与民争利的步骤和方式有三点:

第一是拆迁改造不能按照实际面积进行补偿,因为唐家岭人出租房屋赚钱了,因此政府要强行拿走一块,不能让唐家岭人独吞。

第二是拆迁以后不盖北漂公寓之类的保障房,而是卖给开发商,这样,可以赚得一大笔土地出让金。

第三是开发商建设商品房,既可以增加建筑业税收,还可以增加商品房税收,而建保障性廉租房,政府还得补贴。

因此,唐家岭的故事,实际上是以城中村改造为名,行与民争利之实。

4. 斩断争利之手,增强让利之心

规范政府和官员行为,解决保障性廉租住房问题的原则是,斩断争利之手,壮大让利之心。具体办法有以下几个方面。

一是政府生产,政府经营。这是指国有房地产企业生产建设和经营保障性住房。我们至今未见到任何一个地区和任何一家国有房地产企业有这样的表示和安排。就拿2011年的1000万套保障性住房来说,有多少由国有房地产企业提供,政府应当公开,好让老百姓看看政府的决心和诚意。如果这一条都不能落实,那么,其他一切就都无从谈起。按理说,这一点是政府最应当也最容易做到的,也才是真正的让利于民。

二是政府融资,市场供给。如果说国有房地产企业的力量有限,不能承担1000万套的生产供给,而且大部分要市场供给,那么,政府应当解决融资问题,而生产建设交由民营房地产企业完成。从现有情况来看,政府虽然提出了建设1000万套保障房的目标,但是无论是中央政府,还是各个地方政府,没有一个政府明确提出融资的目标和任务,即政府打算解决多少套住房的资金问题,这是问题的关键。如果资金问题不解决,仍然是画饼充饥。

现有解决资金问题的一个办法是,规定土地出让金要拿出10%用于保障性廉租房建设。按此推算,2010年2.7万亿元土地出让金,应有2700亿元用于保障房建设,但是,实际情况是,2009年的土地出让金用于保障房的资金只占1.5%,这就是说只有405亿元。按此计算,一套住房的投资只有4050元。这样看来,大概只够盖一个平方米。岂不是杯水车薪,无济于事?因为,这里有一个悖论:地方政府要从房地产业赚钱,现在要政府掏钱,自然是南辕北辙的事情。如果不改革现行财政体制,做到财权和事权统一,使地方有独立的财政收入来源,要解决这样的问题是不可能的。

三是政府规划,民间融资,民间供给。由于资金规模巨大,政府融资满足不了需求,于是民间融资就成为一个重要渠道。现在政府也提出要吸引民间资本进入。然而,民间资本是要盈利的,政府在这方面如无有效的制度安排和政策鼓励,是不可能吸引民间资本进入的。我们现在只是在建设用地面积上作出了一些安排,除此而外,其他均未提及。比如,土地如何作价?低价供地,可以降低民间资本进入的开发成本;再如,政府补贴,按什么标准?采取什么形式?如果不具体解决这些问题,吸引民间资本进入仍然只是口号而已。

四是停止侵权行为,承认民间已有供给廉租房的合法性,使之从地下转入地上,并给予适当的政策鼓励。比如,城中村改造不是采取政府征收、完全拆除、重新建设的办法,而是由村民自己做主,按照规划改造,对不符合规划要求的加以拆除,对其经营加以规范,如果政府要对其租金加以管制,就应当予以补贴。再如,对于“小产权”房,也应采取新老划断的办法,逐步加以解决。老的,在符合城市规划的前提下,在缴纳各种税费以后,承认其合法,可以自由交易;新的,如果符合城市规划,由谁建设都可,如果不符合城市规划,一律拆除,以显示政策的严肃性。如果作为保障性廉租房出租,政府也应给予政策鼓励。

从以上讨论中可以看出,城市规划相当重要,政府应当加强这方面的工作,而且城市规划一旦确定,官员无权随意改变。

如果能够实施以上办法,不仅保障性住房的问题可以得到合理解决,政府和官员的行为也可以得到校正和规范,政府也就不是争利之手,而是具有让利之心,各种社会矛盾和冲突也可以得到有效的解决,我国民间社会的建设和自治也可以有一个较大的发展,并提升到一个新的水平。

参考文献

[1]温家宝. 政府工作报告.

[2]薛天栋. 现代西方财政学[M]. 上海:上海人民出版社,1983.

[3]廉思. 蚁族——大学毕业生聚居村实录[M]. 北京:北京师范大学出版社,2009.

[4]中国社会科学院财政与贸易经济研究所. 中国财政政策报告2009/2010.

[5]韦森. 学习温总理政府工作报告关于财政收支问题.

第四部分

周期波动与政策选择

中国经济增长与经济周期（2011）

制造业劳动报酬水平与产业竞争力变动趋势探析①

李文溥　郑建清　林金霞

引言

"努力实现居民收入增长和经济发展同步、劳动报酬增长和劳动生产率提高同步"是转变经济发展方式,调整国民收入"两高一低"结构失衡的重要途径之一。近十年来,制造业的平均工资水平在国民经济19个部门中仅位列第14位,是最低的五个部门之一。② 作为一个就业人口3491.9万人,约占全国城镇就业总数27.77%,同时创造了整个国家近1/3GDP(2008年为32.65%)的重要产业部门,制造业的工资水平对居民收入、劳动报酬水平从而国内消费的扩张具有举足轻重的作用。与此同时,中国又是世界制造业大国,2009年制造业出口占我国出口总额的85.8%。制造业的产业竞争力也是讨论制造业劳动报酬水平必须关注的重要问题之一。本文拟在我们此前对我国制造业单位产出劳动力成本(ULC)的研究基础(李文溥、王燕武、李晓静,2011)上,对制造业及分行业的劳动报酬与我国制造业产业竞争力、国际贸易竞争力的变化趋势作进一步探讨。

本文余下部分安排如下:第一部分是文献综述,第二部分测

---

① [基金项目]国家社科基金重大项目"扩大内需的宏观经济政策研究"(批准号08&ZD034)。

② 其余四个部门是居民服务及其他服务业,水利,环境和公共设施管理业、建筑业,住宿及餐饮业,农林牧渔业。

量我国制造业劳动力成本;第三部分说明提高劳动报酬对制造业及其内部不同行业利润率的影响;第四部分探讨劳动报酬与制造业国际贸易竞争力之间的关系;第五部分是结论。

一、文献综述

现有的相关研究文献主要集中在以下几个方面:(1)对制造业企业效率的研究。李丹、胡小娟(2008)采用数据包络方法对制造业各个行业中内外资企业的相对效率、全要素生产率及其构成情况进行了实证研究。余淼杰(2008)从企业层面考察了中国贸易自由化与制造业企业生产率之间的关系。(2)对制造业国际竞争力的研究。如金碚、李钢、陈志(2007)将多个竞争力衡量指标合成一个指数来考察我国加入WTO之后的制造业国际竞争力现状及趋势。王玉、许俊斌、南洋(2011)采用省级面板数据分析了中国各地区制造业的竞争力。(3)对制造业劳动生产率的研究。如曲玥(2010)对制造业的劳动生产率情况进行测算发现,自进入21世纪以来,我国制造业劳动生产率增长速度很快,主要是由技术进步而非要素投入驱动的。(4)对制造业劳动力成本的研究。近年来,国际上对中国制造业劳动力成本的研究颇多。Judith Banister(2007)在一篇总结性的论文中详细列出了中国制造业在全球市场上的竞争优势。Janet Ceglowski and Stephen Golub(2005)运用相对单位劳动力成本,比较了中国和美国制造业的单位劳动力成本。Vivian Chen, Bart van Ark, Qin Xiao and Harry X. Wu(2007) 研究了中国分省市制造业单位劳动力成本。

在国内方面,任若恩等(2001)首次用购买力平价汇率对中国与美国及其他国家的制造业劳动生产率、单位劳动力成本进行国际比较;王慧敏、任若恩(2003)介绍了一种比较国际竞争力的指标——以单位劳动成本为基础的实际有效汇率(ULC - based REER);马丹、许少强(2006)利用ULC - based REER指标对中国国际竞争力的历史变迁和冲击来源进行研究;贺聪等(2009)根据

ILO 组织推荐的经购买力平价调整后的单位劳动力成本指标,比较了 2000—2006 年中国同主要贸易伙伴国和竞争对手的制造业竞争优势。

我们认为,有关研究还须进一步完善:(1)多数研究距今已有一段时日。Judith Banister(2007)的数据只到 2004 年①;贺聪等(2009)用的数据截至 2006 年,其中一些重要的发展中国家的数据更短,如墨西哥、巴西、马来西亚的数据只到 2004 年、2002 年、2001 年;其他文献研究的数据年限则更早了。(2)制造业内部不同行业的单位劳动力成本的变化趋势。(3)劳动力成本变化对产业利润率、产业国际贸易竞争力的静态、动态影响。

二、我国制造业的劳动力成本

1. 我国制造业劳动力成本的测算

劳动力成本是各企业(单位)在一定时间内向劳动者支付的全部费用,有广义、狭义之分。狭义的劳动力成本仅指工资;广义的劳动力成本除工资外,还包括职工福利、社会保险、培训等方面的费用。根据劳动部(1997)261 号文件规定,人工成本包括职工工资总额、职工福利费用、社会保险费用、职工教育经费、劳动保护费用、职工住房费用和其他人工成本支出。本文主要采用广义劳动力成本,鉴于数据的可获得性,将劳动力成本分成两部分:一是工资;二是非工资费用。我国没有现成的制造业职工的劳动报酬数据,也没有非工资费用方面的统计。本文采用贡森(2003)的研究方法粗略估算非工资费用,即根据企业职工工资总额的比重乘以全国社会保险福利费来获得。以上推算的合理性在于我国各行业职工的主要社会保险福利基本上是按照工资总额来提取

① 她 2009 年的论文将数据更新到 2006 年,但距今也已四年。参阅:Erin Lett and Judith banister, 2009,"China`s manufacturing employment and compensation costs: 2002 – 06",Monthly Labor Review.

或缴纳的。

人均工资、全国社会保险福利费用数据来自《中国劳动统计年鉴》。考虑到不同国家全年劳动时间不同,本文计算劳动力的小时报酬,以保证国际可比性。年劳动时数根据《中国劳动统计年鉴》的数据计算获得。结合劳动报酬数据,可以算出我国制造业劳动力的小时报酬。

制造业劳动生产率等于制造业增加值与职工年平均数的比值。制造业增加值数据来自《中国统计年鉴》。2007 年之前的规模以上制造业分行业增加值来自各年中国统计年鉴;2008 年、2009 年来自 CEIC 数据库。规模以上制造业企业分行业职工人数来自 CEIC 数据库。

1999—2009 年我国制造业小时劳动报酬和劳动生产率的变动趋势如图 1 所示:(1)小时劳动生产率和小时劳动报酬都呈较快增长态势,但制造业小时劳动生产率年均增长 15.16%,比小时劳动报酬增速(13.81%)高出 1.35 个百分点。(2)制造业单位劳动力成本 1999—2004 年逐年下降;2004 年之后呈上升趋势,但是,2009 年制造业的劳动力成本仅为 1999 年的 88.9%。

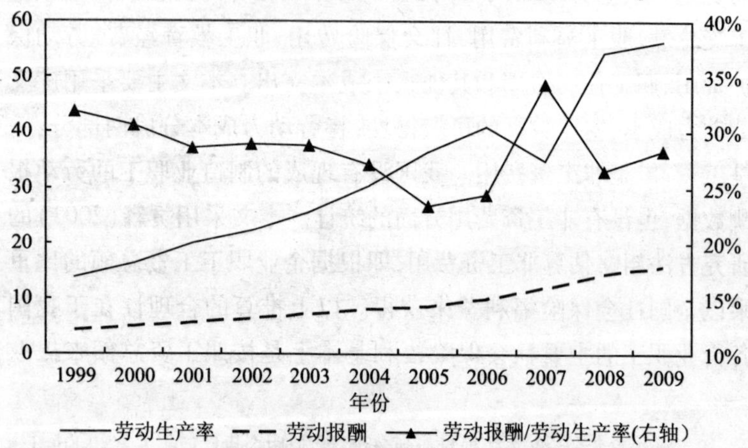

图 1 我国制造业小时劳动报酬与劳动生产率(元/小时)

数据来源:根据《中国统计年鉴》与《中国劳动统计年鉴》数据计算。

2. 单位劳动力成本的国际比较

考察制造业竞争力,要综合考虑劳动力成本和劳动生产率的关系。如果前者的增长率超过后者,产品竞争力会下降;反之则反之。因此,“单位产出劳动力成本”是一个较好的指标。

单位产出劳动力成本(Unit Labor Cost,ULC)是国际劳工组织(1999)建立的劳动力市场关键指标(KILM)的一个重要组成部分,它表示每增加1单位增加值所耗费的劳动力成本,反映了一国劳动力成本与劳动生产率的相对变动情况。计算公式为:ULC=(LCH/ER)/OH,其中,LCH是以本币表示的某国单位时间劳动力成本,ER是某国货币对美元的汇率,OH代表以本国货币表示的某国就业人员单位时间所创造的增加值。

本文选取两种类型共18个国家和地区对我国制造业劳动力成本进行国际比较。第一类是我国外商直接投资主要来源地和主要贸易伙伴国,包括美国、日本、韩国、德国、法国、荷兰、英国、新加坡、意大利、俄罗斯和中国香港、中国台湾12个国家或地区。2009年,这些国家或地区对我国内地投资占我国内地外商直接投资的比重超过了70%,同时我国内地对这些国家或地区的出口占我国内地出口额的65%以上。第二类是我国内地吸收外资和出口的主要竞争对手,包括印度、印尼、菲律宾、泰国以及巴西、墨西哥6国。通过与这两类国家或地区的比较,可以了解我国内地制造业劳动力成本在国际范围内是否仍然具有优势。

首先,与FDI主要来源地及主要贸易伙伴国相比,我国制造业单位产出劳动力成本具有绝对优势(见表1)。2008年,我国内地制造业单位产出劳动力成本是美国的30.35%,中国香港的48.23%,日本的31.73%,德国的19.24%,英国的25.79%,意大利的24.56%,法国的27.44%,荷兰的22.58%,韩国的22.69%,新加坡的20.07%,中国台湾的53.98%,俄罗斯的22.22%。

其次,与我国吸引FDI及产品出口的主要竞争对手相比,我国制造业单位产出劳动力成本也是最低的。2008年,我国制造业单位产出劳动力成本是巴西的13.74%，墨西哥的30.85%，印度的30.27%，印尼的78.21%，菲律宾的14.44%，泰国的62.84%。

表1　中国内地与FDI主要来源地及主要贸易伙伴国的制造业ULC

国家或地区	2002	2003	2004	2005	2006	2007	2008
按劳动报酬计算的ULC							
中国	0.29	0.29	0.27	0.23	0.24	0.34	0.27
美国	0.82	0.83	0.84	0.85	0.85	0.88	0.87
%①	35.07	34.56	32.44	27.56	28.83	39.1	30.35
日本	0.72	0.77	0.81	0.79	0.74	0.72	0.84
%	40.07	37.25	33.51	29.51	32.77	47.66	31.73
德国	0.84	1.03	1.13	1.13	1.14	1.26	1.38
%	34.26	28.09	23.99	20.73	21.35	27.32	19.24
英国	0.75	0.84	0.95	0.98	0.99	1.08	1.03
%	38.58	34.31	28.51	23.9	24.69	31.68	25.79
意大利	0.56	0.71	0.82	0.83	0.86	0.97	1.08
%	51.79	40.56	33.27	27.97	28.35	35.47	24.56
法国	0.55	0.66	0.74	0.75	0.78	0.87	0.97
%	52.62	43.52	36.69	30.97	31.13	39.27	27.44
荷兰	0.7	0.87	0.95	0.95	0.96	1.06	1.18
%	41.02	33.12	28.55	24.55	25.31	32.38	22.58
韩国	0.95	1	1.07	1.22	1.33	1.42	1.17
%	30.35	28.69	25.36	19.21	18.35	24.19	22.69
新加坡	0.95	0.96	0.93	0.88	0.94	1.05	1.32
%	30.46	29.91	29.26	26.55	26.08	32.69	20.07
中国台湾	0.44	0.44	0.45	0.47	0.47	0.45	0.49
%	65.1	65.25	60.12	49.34	51.95	75.77	53.98
巴西	0.79	0.83	0.97	1.28	1.51	1.72	1.93
%	36.68	34.67	27.85	18.22	16.17	19.94	13.74
墨西哥	0.82	0.75	0.74	0.8	0.81	0.83	0.86
%	35.32	38.27	36.7	29.35	30.24	41.33	30.85

① %所在的行计算的是中国内地制造业单位劳动力与相关国家或地区的比值。

续表

国家或地区	2002	2003	2004	2005	2006	2007	2008
按工资计算的 ULC							
中国内地	0.22	0.22	0.2	0.17	0.18	0.25	0.19
中国香港	0.396	0.405	0.44	0.424	0.417	0.396	0.397
%	56.27	53.99	46.39	41.18	43.14	63.37	48.23
印度	0.13	0.12	0.19	0.12	0.34	0.55	0.63
%	169.63	179.26	108.04	140.27	52.85	45.69	30.27
菲律宾	0.68	0.73	0.81	0.93	1.12	1.23	1.32
%	32.71	29.87	25.33	18.68	16.09	20.47	14.44
俄罗斯	0.3	0.37	0.45	0.52	0.63	0.81	0.86
%	75.3	58.37	45.5	33.67	28.36	30.92	22.22
泰国	0.28	0.27	0.25	0.25	0.29	0.31	0.3
%	80.53	80.14	81.91	70.76	62.1	82.04	62.84
印尼	0.24	0.27	0.29	0.27	0.3	0.3	0.24
%	91.24	80.55	70.37	64.82	59.71	84.89	78.21

数据来源：根据 ILO，CEIC 数据库，中国劳动统计年鉴相关数据计算。

从表 1 中还可以发现，不管是相对于 FDI 主要来源地和主要贸易伙伴还是相对于吸引外资和产品出口的主要竞争国，2002 年以来我国制造业单位产出劳动力相对成本（即 ULC 之比）呈现逐年下降趋势。这意味着我国制造业的劳动力成本优势在不断强化。2002—2008 年，我国狭义劳动力成本年递增 13.94%，广义劳动成本年递增 15.24%。同期我国制造业劳动生产率年递增 16.88%，远高于第一类和第二类国家劳动生产率的增长幅度（见表 2）。因此，我国制造业单位产出劳动力成本（即 ULC）不升反降。而其他国家的 ULC 却出现了不同程度的增长。两者共同作用，我国制造业单位产出相对劳动力成本（RUCL）逐年下降。

表2　2002—2008年制造业劳动力成本、劳动生产率及ULC增长率(%)

国家或地区	劳动力成本	劳动生产率	ULC	国家或地区	劳动力成本	劳动生产率	ULC
中国内地	15.24	16.88	-1.18	中国台湾	4.10	2.29	1.81
美国	3.00	1.64	0.99	巴西	17.98	1.59	16.05
日本	4.18	1.49	2.60	墨西哥	2.08	1.08	0.80
德国	9.68	0.88	8.63	中国	13.94①	16.88	-2.41
英国	7.79	1.95	5.43	中国香港	3.93	3.91	0.04
意大利	11.62	-0.23	11.57	印度	37.5	5.84	30.09
法国	10.68	1.10	9.92	菲律宾	15.32	3.23	11.69
荷兰	10.63	1.42	9.09	俄罗斯	26.96	6.27	19.19
韩国	7.8	2.99	3.53	泰国	4.85	3.20	1.16
新加坡	7.61	1.80	5.64	印尼	4.06	4.04	0.00

数据来源:同上表。

3. 分行业的制造业劳动力成本

下面把制造业粗略分为“劳动密集型”和“资本密集型”进行ULC分析。在制造业中,属于劳动密集型的大致是:纺织业;纺织服装、鞋、帽制造业;皮革、毛皮、羽毛(绒);木材加工及木、竹、藤;家具制造业;造纸和纸制品制造业;文教体育用品制造业;非金属矿物制品业8个行业。

2009年按广义劳动力成本计算的分行业制造业ULC,最高的是文教体育用品制造业(0.47),最低的是有色金属冶炼及压延加工业(0.12)(见表3)。前者属于劳动密集型行业,后者是资本密集型行业。总的来看,我国资本密集型行业的单位劳动力成本(ULC)要低于劳动密集型行业。2009年,制造业的ULC为0.283,其中,劳动密集型行业的均值为0.324②,而资本密集型行业的均值为0.225,比劳动密集型行业低0.99。

---

① 以下各栏的劳动力成本都是狭义的劳动力成本。

② 这里均值只是简单平均数。

1999—2009 年我国制造业 ULC 年均增速为负数，说明我国制造业单位产出劳动力成本在下降，产业竞争力因此进一步提高。但就劳动密集型与资本密集型产业来看，趋势不同，1999—2009 年，前者约有一半行业的 ULC 在上升，而后者却基本上是下降的。

表 3　　我国制造业分行业 ULC

行业名称	劳动力成本（万元/年）		劳动生产率（万元/年）		ULC		年均增长率（%）		
	1999	2009	1999	2009	1999	2009	劳动力成本	劳动生产率	ULC
农副食品加工业	0.73	2.76	4.22	18.33	0.173	0.151	14.25	15.82	-1.35
食品制造业	0.91	3.18	3.56	15.20	0.255	0.209	13.34	15.61	-1.96
饮料制造业	0.90	3.50	5.51	21.06	0.163	0.166	14.54	14.34	0.17
烟草制品业	1.68	9.40	31.75	177.54	0.053	0.053	18.76	18.78	-0.02
纺织业	0.70	2.55	2.19	9.55	0.320	0.267	13.81	15.88	-1.79
纺织服装、鞋、帽制造业	0.86	2.88	2.50	6.23	0.346	0.462	12.82	9.58	2.95
皮革、毛皮、羽毛（绒）	0.89	2.66	2.58	7.06	0.346	0.376	11.52	10.58	0.84
家具制造业	0.77	2.88	3.06	8.10	0.251	0.355	14.12	10.22	3.53
文教体育用品制造业	0.98	2.73	2.19	5.76	0.446	0.474	10.82	10.16	0.60

续表

行业名称	劳动力成本（万元/年）		劳动生产率（万元/年）		ULC		年均增长率（%）		
	1999	2009	1999	2009	1999	2009	劳动力成本	劳动生产率	ULC
通信设备、计算机及其他	1.49	4.51	7.24	14.08	0.206	0.320	11.71	6.88	4.51
木材加工及木、竹、藤、	0.66	2.47	2.77	11.28	0.238	0.219	14.14	15.07	-0.81
造纸及纸制品业	0.77	3.05	2.98	14.21	0.260	0.214	14.67	16.90	-1.90
印刷业和记录媒介的复制	0.91	3.50	3.28	10.30	0.278	0.340	14.41	12.14	2.03
石油加工、炼焦及核燃料	1.57	5.66	8.24	40.00	0.191	0.142	13.67	17.11	-2.94
化工原料及化学制品制造业	0.92	3.86	3.28	21.01	0.280	0.184	15.44	20.41	-4.12
医药制造业	1.12	4.04	5.15	19.15	0.217	0.211	13.70	14.03	-0.29
化学纤维制造业	1.16	3.36	5.46	21.99	0.212	0.153	11.23	14.95	-3.23
橡胶制品业	0.93	3.34	2.84	12.17	0.328	0.274	13.59	15.65	-1.78
塑料制品业	0.90	3.12	3.49	10.51	0.257	0.297	13.25	11.66	1.43
非金属矿物制品业	0.78	2.91	2.31	12.78	0.336	0.228	14.09	18.63	-3.82

续表

行业名称	劳动力成本（万元/年）		劳动生产率（万元/年）		ULC		年均增长率（%）		
	1999	2009	1999	2009	1999	2009	劳动力成本	劳动生产率	ULC
黑色金属冶炼及压延加工业	1.23	5.14	3.90	33.16	0.314	0.155	15.39	23.85	-6.83
有色金属冶炼及压延加工业	1.12	3.84	3.74	31.93	0.300	0.120	13.10	23.92	-8.73
金属制品业	0.87	3.35	3.26	11.93	0.267	0.280	14.44	13.86	0.50
通用设备制造业	0.91	3.99	2.46	13.62	0.369	0.293	15.96	18.67	-2.28
专用设备制造业	0.86	4.13	2.36	13.51	0.366	0.306	16.93	19.06	-1.79
交通运输及设备制造业	1.15	4.86	3.76	19.09	0.306	0.255	15.49	17.64	-1.83
电气机械及器材制造业	1.05	3.76	4.39	14.97	0.240	0.251	13.58	13.06	0.46
仪器仪表及文化、办公用	1.11	4.04	3.12	11.87	0.357	0.340	13.76	14.30	-0.48
制造业	0.96	3.75	3.01	13.26	0.318	0.283	14.62	15.98	-1.17

数据来源：根据CEIC数据库、中国劳动统计年鉴相关数据计算。

三、劳动力成本上升对企业利润率的影响

近年来，反对进一步提高制造业劳动报酬水平的一个重要观点是：在国际竞争压力下，我国制造业尤其是劳动密集型行业已

经利润微薄,对要素成本尤其是劳动力成本变化十分敏感。提高劳动报酬将会导致大量企业倒闭,工人失业,劳资两亏,因此不宜提高劳动报酬。

本文的计算说明(见表4、表5):(1)就静态而论,提高人均劳动报酬对制造业企业的利润率有明显的影响。其中,劳动密集型行业利润率受劳动成本影响的程度要大于资本密集型。以2007年为例,人均劳动报酬提高10%,劳动密集型行业的利润率将下降8.6% ~29.7%;而资本密集型行业的利润率将下降3.8% ~17.6%。(2)劳动报酬上升对利润率影响是逐年下降的。例如,就影响最大的文教体育用品行业来看,劳动报酬提高10%,行业利润率在2006年会下降41.4%,但是到了2009年,下降幅度就降为29.7%。这说明我国企业对于劳动力成本变化,有较大调整适应能力。(3)从动态来看,现有的劳动报酬上升幅度并没有对企业经营利润造成负面影响(见表5)。不管是劳动密集型行业还是资本密集型行业,2006—2009年劳动报酬年均增速虽然超过10%,但是,除了石油加工、炼焦及核燃料、黑色金属冶炼及压延、有色金属冶炼及压延三个资本密集型行业,制造业其他行业利润总额和利润率都在增长,而利润下降的这些行业却是同期单位产出劳动力成本(ULC)下降最快(有色金属冶炼及压延、黑色金属冶炼及压延)或较快的行业,也就是说,其利润下降与ULC并不相关。整个制造业的运行情况至少说明:到目前为止,提高劳动报酬尚未导致企业利润总额和利润率下降;相反,利润总额随着劳动报酬的增长而更快增长。

表4 劳动力成本变动对企业利润率的影响

行业名称	劳动力成本提高10%对利润率的影响(%)				劳动力成本提高20%对利润率的影响(%)			
	2006	2007	2008	2009	2006	2007	2008	2009
农副食品加工业	-7.7	-6.3	-6.6	-6.6	-15.4	-12.6	-13.2	-13.1

续表

行业名称	劳动力成本提高10%对利润率的影响(%)				劳动力成本提高20%对利润率的影响(%)			
	2006	2007	2008	2009	2006	2007	2008	2009
食品制造业	-10.3	-8.8	-9.6	-7.8	-20.5	-17.4	-19.1	-15.5
饮料制造业	-6.9	-6.2	-6.6	-6.3	-13.8	-12.3	-13.2	-12.5
烟草制品业	-3.3	-3.0	-3.2	-3.8	-6.6	-6.0	-6.4	-7.6
纺织业	-18.4	-16.2	-16.5	-15.1	-36.5	-32.2	-32.8	-29.9
纺织服装、鞋、帽制造业	-27.8	-27.8	-25.5	-22.2	-54.9	-54.9	-50.3	-43.9
皮革、毛皮、羽毛(绒)及其制品业	-27.8	-23.3	-21.8	-17.7	-54.9	-46.0	-43.0	-35.0
木材加工及木、竹、藤、棕、草制品业	-12.5	-10.5	-10.3	-9.9	-24.9	-20.9	-20.5	-19.7
家具制造业	-20.2	-20.1	-21.8	-16.2	-40.0	-39.8	-43.1	-32.0
造纸及纸制品业	-10.7	-8.8	-9.9	-9.8	-21.2	-17.5	-19.7	-19.4
印刷业和记录媒介的复制	-14.5	-13.2	-13.8	-13.1	-28.7	-26.1	-27.2	-26.0
文教体育用品制造业	-41.4	-37.8	-43.9	-29.7	-81.6	-74.6	-86.5	-58.6
石油加工、炼焦及核燃料加工业	9.2	-16.3	4.0	-5.4	18.4	-32.5	8.0	-10.8
化学原料及化学制品制造业	-8.3	-6.6	-8.3	-8.2	-16.5	-13.2	-16.5	-16.4
医药制造业	-9.8	-7.7	-7.3	-7.3	-19.4	-15.2	-14.5	-14.4
化学纤维制造业	-14.6	-7.9	-16.9	-8.5	-29.1	-15.8	-33.7	-16.9
橡胶制品业	-16.4	-13.4	-17.0	-10.8	-32.6	-26.6	-33.7	-21.5
塑料制品业	-16.2	-14.4	-15.2	-14.1	-32.1	-28.6	-30.1	-27.9

续表

行业名称	劳动力成本提高10%对利润率的影响(%)				劳动力成本提高20%对利润率的影响(%)			
	2006	2007	2008	2009	2006	2007	2008	2009
非金属矿物制品业	-13.2	-9.9	-9.3	-8.6	-26.1	-19.7	-18.4	-17.1
黑色金属冶炼及压延加工业	-8.3	-6.5	-9.8	-12.4	-16.6	-13.0	-19.6	-24.7
有色金属冶炼及压延加工业	-4.7	-4.7	-8.3	-7.7	-9.3	-9.3	-16.6	-15.3
金属制品业	-14.5	-13.8	-13.8	-13.1	-28.8	-27.5	-27.4	-26.0
通用设备制造业	-12.6	-11.9	-12.1	-11.6	-24.9	-23.6	-23.9	-23.0
专用设备制造业	-13.4	-10.8	-11.9	-11.5	-26.6	-21.4	-23.7	-22.9
交通运输设备制造业	-12.2	-9.5	-10.4	-8.5	-24.2	-18.8	-20.6	-16.9
电气机械及器材制造业	-12.6	-11.1	-10.6	-9.9	-25.0	-22.0	-21.1	-19.6
通信设备、计算机及其他电子设备制造业	-15.0	-15.5	-18.8	-17.6	-29.8	-30.7	-37.3	-35.0
仪器仪表及文化、办公用机械制造业	-15.2	-13.2	-14.3	-12.9	-30.2	-26.1	-28.3	-25.6

数据来源:根据CEIC数据库、中国劳动统计年鉴相关数据计算。

表5 2006—2009年制造业劳动报酬、利润总额及利润率年均增速(%)

行业名称	劳动报酬	利润总额	利润率
农副食品加工业	30.57	38.49	6.97
食品制造业	24.87	37.93	11.47
饮料制造业	29.33	34.37	8.48

续表

行业名称	劳动报酬	利润总额	利润率
烟草制品业	16.63	11.77	1.17
纺织业	16.19	24.61	9.30
纺织服装、鞋、帽制造业	20.78	30.76	9.65
皮革、毛皮、羽毛(绒)及其制品业	12.52	31.81	14.33
木材加工及木、竹、藤、棕、草制品业	32.06	43.31	7.61
家具制造业	19.31	28.87	5.43
造纸和纸制品业	20.32	24.34	6.05
印刷业和记录媒介的复制	22.30	26.92	5.94
文教体育用品制造业	12.74	26.43	10.41
石油加工、炼焦及核燃料加工业	17.69	-243.95	-235.54
化学原料及化学制品制造业	23.80	24.27	2.56
医药制造业	24.30	38.70	12.44
化学纤维制造业	11.75	34.85	27.36
橡胶制品业	21.78	41.11	18.29
塑料制品业	24.27	30.71	9.85
非金属矿物制品业	24.07	44.25	13.03
黑色金属冶炼及压延加工业	15.23	0.21	-16.70
有色金属冶炼及压延加工业	21.38	1.75	-14.42
金属制品业	24.88	29.62	5.77
通用设备制造业	25.07	28.66	2.33
专用设备制造业	28.09	35.28	5.42
交通运输设备制造业	27.54	45.10	15.23
电气机械及器材制造业	25.57	37.10	12.74
通信设备、计算机及其他电子设备制造业	21.93	15.57	4.93
仪器仪表及文化、办公用机械制造业	15.65	22.80	9.69

数据来源：根据 CEIC 数据库、中国劳动统计年鉴相关数据计算。

四、劳动力成本上升对制造业国际贸易竞争力的影响

制造业是我国的主要出口行业。2001 年，我国农副食品加工

业等28个行业出口额占我国出口总额的69.83%,2009年为85.86%。如果按行业出口额除以产业增加值来计算行业出口依存度,2001年农副食品加工业等28个行业的出口依存度达69.68%,2008年为76.38%,虽受金融危机影响,2009年仍高达59.83%①。较高的出口依存度意味着出口是制造业利润的重要来源。因此,有必要对劳动报酬变动对制造业贸易竞争力的影响进行分析。

根据余淼杰(2008),我国制造业编码与HS两位码的对应关系如表6所示,据此研究我国制造业国际贸易竞争力状况。

表6　我国制造业编码对应的HS两位码

制造业编码	HS两位海关编码
农副食品加工业	02,03,04.07,11,15,17,20,23
食品制造业	04,17,19,21,22,23,25
饮料制造业	09,20,22
烟草制品业	24
纺织业	50,51,52,53,54,56,60
纺织服装、鞋、帽制造业	61,62,63,64,65
皮革、毛皮、羽毛(绒)及其制品业	41,42,43,64,67
木材加工及木、竹、藤、棕、草制品业	44,45,46
家具制造业	94
造纸和纸制品业	48
印刷业和记录媒介的复制	49
文教体育用品制造业	32,92,95,96
石油加工、炼焦及核燃料加工业	27
化学原料及化学制品制造业	28,29,31,32,33,34,38,39,40,54,55
医药制造业	30
化学纤维制造业	47,54,55

① 这些数据是根据CEIC数据库中行业增加值与出口交货值的数据计算的。下文在计算TC指数时,进出口数据是根据HS分类调整为我国制造业分类后,再进行加总得到的。因此,两处的数据可能会有所差异。

续表

制造业编码	HS两位海关编码
橡胶制品业	40,64
塑料制品业	30,39,64
非金属矿物制品业	13,25,68,69,70
黑色金属冶炼及压延加工业	72
有色金属冶炼及压延加工业	28,74,75,76,78,80,81
金属制品业	72,76,82,83,86
通用设备制造业	84
专用设备制造业	84
交通运输设备制造业	86,87,88,89
电气机械及器材制造业	85,94
通信设备、计算机及其他电子设备制造业	85
仪器仪表及文化、办公用机械制造业	90,91

在考察我国制造业分行业国际贸易竞争力时,本文采用贸易竞争力指数(TC)指标。其计算公式为:$TC=(EX_i-IM_i)/(EX_i+IM_i)$。

其中,EX、IM分别代表出口额、进口额,i表示一国某一产业或某一产品。通常认为,TC指数值与产品国际贸易竞争力之间存在以下关系:

表7　TC与产品的国际贸易竞争力

TC指数值	产品的国际贸易竞争力
$TC\geqslant 0.8$	很强
$0.5\leqslant TC<0.8$	较强
$0<TC<0.5$	强
$TC=0$	一般
$-0.5\leqslant TC<0$	低
$-0.8<TC<-0.5$	很低
$TC<-0.8$	非常低

从表8中可以看出:第一,2009年劳动密集型行业的TC指数都大于0。其中,纺织业、木材加工及木、竹、藤、棕、草制品业、造纸和纸制品业具有强竞争力;皮革、皮毛、羽毛(绒)及制品业、文

教体育用品业具有较强竞争力；而纺织服装、鞋、帽制造业、家具制造业具有很强竞争力。第二，2009 年资本密集型制造业 TC 指数为正为负的行业个数约各占 50%。其中，TC 指数最高的是饮料制造业(0.64)，具有较强竞争力；最低的是石油加工、炼焦及核燃料加工业(-0.72)。第三，从 TC 指数的变化来看，我国劳动密集型行业 2001—2009 年的 TC 指数基本上是正增长。除了家具制造业 TC 指数微小下调外，其他 7 个劳动密集型行业的竞争力都进一步提高了。同期，资本密集型制造业△TC 上升和下降的行业个数约各占一半。第四，虽然从分行业来看，△TC 有正有负。但是，TC 变化为负的这些行业基本上没根本改变原来的竞争力状况。同期，制造业不同行业的劳动力报酬年均增长都超过了 10%。可以说，提高劳动报酬不仅没有削弱劳动密集型制造业的竞争力，反而一定程度上提高了其国际贸易竞争力。

表 8　2001—2009 年我国制造业 TC 指数

行业名称	TC			2001—2009 年	
	2001	2006	2009	△TC	劳动报酬增速(%)
农副食品加工业	0.27	0.13	0.07	-0.20	14.25
食品制造业	0.16	0.06	-0.03	-0.19	13.34
饮料制造业	0.82	0.75	0.64	-0.18	14.54
烟草制品业	0.18	0.10	0.02	-0.16	18.76
纺织业	-0.05	0.15	0.31	0.36	13.81
纺织服装、鞋、帽制造业	0.93	0.96	0.96	0.03	12.82
皮革、毛皮、羽毛(绒)及其制品业	0.67	0.69	0.75	0.08	11.52
木材加工及木、竹、藤、棕、草制品业	-0.09	0.21	0.12	0.21	14.14
家具制造业	0.92	0.93	0.91	-0.01	14.12
造纸和纸制品业	-0.42	0.12	0.32	0.74	14.67
印刷业和记录媒介的复制	0.13	0.46	0.39	0.25	14.41
文教体育用品制造业	0.66	0.72	0.74	0.08	10.82
石油加工、炼焦及核燃料加工业	-0.35	-0.67	-0.72	-0.37	13.67
化学原料及化学制品制造业	-0.26	-0.16	-0.12	0.14	15.44

续表

行业名称	TC			2001—2009 年	
	2001	2006	2009	△TC	劳动报酬增速(%)
医药制造业	-0.14	-0.22	-0.27	-0.13	13.70
化学纤维制造业	-0.35	-0.06	-0.09	0.26	11.23
橡胶制品业	0.66	0.53	0.55	-011	13.59
塑料制品业	0.03	0.05	0.01	-0.02	13.25
非金属矿物制品业	0.35	0.49	0.54	0.18	14.09
黑色金属冶炼及压延加工业	-0.66	0.11	-0.35	0.31	15.39
有色金属冶炼及压延加工业	-0.20	-0.12	-0.37	-0.17	13.10
金属制品业	-0.19	0.28	-0.02	0.17	14.44
通用设备制造业	-0.09	0.26	0.31	0.41	11.71
专用设备制造业	-0.09	0.26	0.31	0.41	16.93
交通运输设备制造业	-0.02	0.13	0.16	0.19	15.49
电气机械及器材制造业	0.02	0.07	0.16	0.14	13.58
通信设备、计算机及其他电子设备制造业	-0.04	0.02	0.11	0.15	13.76
仪器仪表及文化、办公用机械制造业	-0.13	-0.27	-0.25	-0.11	14.62

数据来源:根据 CIEC 数据库、中国劳动统计年鉴相关数据整理计算。

五、结论

本文的研究得到以下几个结论:

第一,自 1999 年以来,制造业劳动报酬水平年递增 10% 以上,但是,我国制造业单位产出劳动力成本(ULC)仍然呈下降趋势,2009 年的 ULC 甚至不及 1999 年的 90%。主要原因是制造业的劳动生产率提高速度大大超过了劳动报酬的增长幅度。它造成了劳动报酬占产业附加值的比重持续下降趋势。经国际比较发现,不管是与我国 FDI 主要来源地、主要贸易伙伴还是与吸引外资、出口商品的主要竞争对手相比,我国制造业的相对单位产出劳动力成本(RUIC)不仅具有绝对优势,而且优势在继续强化之中。

第二，分行业来看，制造业中劳动密集行业的ULC及其增速均大于资本密集型行业。UCL有所上升，这是由于近年来劳动密集型行业的劳动报酬在原有较低基数基础上增速大于劳动生产率增长；而资本密集型行业的ULC基本上仍呈下降趋势。

第三，从静态来看，劳动报酬变化对企业利润率有较大影响，但影响程度逐年减弱。其次，就现实情况看，劳动报酬对企业利润率的动态影响却是相反的。伴随着不同行业劳动报酬的较快增长，企业的利润总额和利润率也在迅速增长，而且利润总额的增速还快于劳动报酬的增速。因此，从长期来看，合理地逐步提高劳动报酬不仅不会对制造业企业利润率和利润总额带来消极影响，反而会促进企业利润总额增长和利润率提高。

第四，劳动报酬与制造业国际贸易竞争力之间也不存在此消彼长的关系。近十年的数据说明，制造业中劳动密集型行业的国际贸易竞争力随着劳动报酬水平的提高而增长；伴随着劳动报酬增长，资本密集型行业的国际贸易竞争力上升与下降的行业数目前基本上是平分秋色。就其中国际贸易竞争力下降最大的行业而论，其单位产出劳动力成本基本上是下降的。因此，可以认为，劳动报酬仅仅是影响制造业国际贸易竞争力的一个因素，认为劳动报酬水平的提高将导致制造业国际贸易竞争力下降的说法是没有根据的，其影响的方向及其程度还取决国内外其他众多因素的共同作用。

仅就上述研究结果，或许尚不能得出一个国家的劳动报酬水平应有变动方向的政策结论，但是，在劳动报酬、居民收入占GDP的比重多年持续下降以致国内消费不振，已经导致经济增长严重依赖投资与出口增长的情况下，上述研究结论的政策推论就十分明确了。

参考文献

[1]李文溥,王燕武,李晓静.工资上升、制造业国际竞争力与转变发展方式.见:李文溥主编.中国宏观经济分析与预测[M].北京:经济科学出版社,2011.

[2]贡森.我国劳动力市场竞争力的国际比较研究.见:国务院发展研究中心调查报告.

[3]袁富华.中国劳动密集型制造业出口和就业状况分析[J].经济理论与经济管理,2007(4).

[4]金碚,李钢,陈志.中国制造业国际竞争力现状分析及提升对策[J].财贸经济,2007(3).

[5]余淼杰.中国贸易自由化与制造业企业的生产率[D].工作论文,北京大学中国经济研究中心。

[6]李丹,胡小娟.中国制造业企业相对效率和全要素生产率增长研究[J].数量经济技术经济研究,2008(7).

[7]曲玥.制造业劳动生产率变动及其源泉[J].经济理论与经济管理,2010(12).

[8]王玉,曲俊斌,南洋.中国各地区制造业竞争力及其影响因素的实证研究[J].财经研究,2010(2).

[9]任若恩,柏满迎,黄勇峰,何耀光.关于中国制造业国际竞争力的研究[J].政策与管理,2001(11).

[10]王慧敏,任若恩.对国际竞争力指标——以单位劳动成本为基础的实际有效汇率的研究[J].生产力研究,2003(1).

[11]马丹,许少强.中国国际竞争力的历史变迁与冲击来源[J].国际金融研究,2006(1).

[12]贺聪,尤瑞章,莫万贵.制造业劳动力成本国际比较研究[J].金融研究,2009(7).

[13]Erin Lett and Judith banister(2009),“China’s manufac-

turing employment and compensation costs: 2002 – 06", Monthly Labor Review.

[14] Peter Hooper and Kathryn A. Larin (2005), "International comparisons of labor costs in manufacturing", International Finance Discussion Papers.

[15] Judith Banister (2007), " Manufacture China today: "Employment and labor compensation", Economics Program Working Paper Series.

[16] Janet Ceglowski and Stephen Golub (2005), "Just How Low are China's Labor Costs?", working paper.

[17] Vivian Chen, Bart van Ark, Qin Xiao and Harry X. Wu (2007), "Labor Compensation, Productivity and Unit Labor Cost in Chinese Provinces", Paper for International Conference on Experiences and Challenges in Measuring National Income and Wealth in Transition Economies Organized by the International Association for Income and Wealth and the National Bureau of Statistics of China September 18 – 21, 2007, Friendship Hotel, Beijing, China.

（作者单位：厦门大学宏观经济研究中心、经济研究所）

稳定化政策基准、期限和激励政策组合

张 平 付敏杰

在金融危机的冲击下，各国政府纷纷采取了稳定化政策，发达国家阵营以美国的量化宽松、欧洲金融稳定基金(EFSF)为代表的稳定机制，实质以金融加速器为基础的稳定金融政策。发展中国家则纷纷采取经典凯恩斯主义的积极财政政策，如中国是以积极财政推进基础设施投资作为危机应对政策。政府的稳定政策均起到了短期化解“恐慌”风险的作用，但从稳定到常规增长的时间却越来越难以确认，美国连续推出了量化宽松 I、II，扭转交易，甚至要推出量宽 III，理论上完美的短期稳定政策正逐步变成长期的“救市”政策。中国政府支持铁路债、允许地方试点发债等一系列举措，从某种意义上已经进入了第二轮稳定化政策，希望通过稳定债券、股票市场等方式化解地方债务、铁路债务带来的短期现金流风险，同时加大保障性住房建设稳定以投资规模，但是保障房建设的主体——地方政府却没有相应的财力。宏观稳定政策解决了短期资金需求，保持了宏观稳定，但是流动性只浮于虚拟经济和金融层面，并没有向实体经济扩散。如果没有持续的增长，稳定政策就必须长期坚持，反而会带来更大的宏观成本。当前发达国家遇到的“无就业复苏”就是对稳定政策的最大挑战，如果实体增长长期低于潜在增长率目标，失业率高居不下，必然加大财政支出救助，减少财政收入，更多和更大的债务包袱会引起更高的风险。严峻的现实意味着在寻求稳定化政策的同时，尽快地寻找可持续发展的动力是为更重要的，这样才能使一国经济回到良性循环的轨道。

中国经济当前处在一个选择的关键时刻,一方面,要稳定金融,控制地方融资平台债务、地产价格下跌等引起金融风险;另一方面,更要寻找如何从政府动员资源的数量性扩张转向依赖市场机制激励的经济发展的路径,这两项任务在一个充满不确定性的国际化背景下显得非常艰难。展望2012年,全球经济的需求放缓,中国的输入性通货膨胀压力会略有减轻,但同时外需不足会直接推低中国经济增长,中国当前的增长趋势已经逐季下滑,趋势不容乐观。宏观政策是否会重新回到加大数量激励的政策中,有没有转向市场引导经济内生发展的道路,是直接对中国未来可持续发展的挑战。

本文以潜在增长率变化为基准集中讨论中国的稳定化政策,并探索以市场化激励中国经济的可能性政策选择,寻找持续发展的道路。

一、稳定化政策的基准和尺度

各国的宏观稳定政策目标设定的基准都是潜在增长率(长期增长趋势),调控的重要内容是监测潜在增长率是否发生了根本性变化,并将目标增长率向以潜在增长率政策区间调整。宏观稳定化的政策就是要激励或调控经济回到潜在增长区间,并择时退出激励或调控性政策。如果是短期冲击,稳定化政策的作用是非常有效的,但是大的结构性调整,短期稳定政策会被连续使用,政策难以退出或回到中性,连续使用宏观稳定政策就会不断累积出宏观稳定政策的成本。宏观稳定化政策尺度一般由潜在增长率区间调控,但其跨期成本则要受到国家动员资源能力的限制。

从潜在增长率的尺度来看,美国、欧洲和日本等发达经济体都有专业的研究潜在增长率机构,以此定义国家的宏观政策目标区间,如美国国会预算办公室(Congressional Budget Office ,CBO),其测算就成为美国总统顾问报告的保留内容,而欧盟财金事务理事会(European Commission Directorate General for Economic and Financial Affairs)、日本央行(Bank of Japan, BOJ)都进行研究更新,成为政策目标的参考。其他理论研究也有很多,国内很多学者都对潜在增长率进行了计算。

宏观稳定政策的尺度,多是在“奥肯定律”对应的增长与就业关系和“菲利普斯曲线”对应的就业与通胀的关系基础上定义的潜在增长率,即经济增长—就业—物价三者长期均衡值。偏离均衡就可进行宏观政策调控,建构政策管理的负反馈机制,推动走向其均衡。而供给角度的潜在增长率多是基于生产函数来进行计算的,探索经济体的要素是否得到了充分利用,是否有根本性改变生产率的变量发挥作用,如 2001 年美国总统顾问报告用大篇幅探讨了信息技术革命是否大幅度改变生产率问题等。

美国国会预算办公室的“潜在产出(Potential Output)”界定:潜在产出是对可达 GDP 水平的一种估计,此时经济资源处于充分利用状态,反映了生产能力的增长状况。潜在产出是对“最大可持续产出”的一种度量,当实际 GDP 大于或小于潜在产出时,经济将出现通货膨胀压力或资源闲置问题。日本央行的“潜在产出”界定:在中期潜在产出代表了经济可持续增长路径;在长期潜在产出表示物价稳定的经济状态。欧盟财金事务理事会的“潜在产出”界定:潜在产出是反映经济供给能力的综合指标,经济增长可持续性、通胀趋势均可以经由这个指标进行观察,周期分析、政策制定、增长前景分析建立在潜在产出增长趋势的预测之上。这些定义都涉及潜在增长与资源利用和物价之间建立经验关系,从本质探讨两个方面的内容:(1)经济可持续增长状态;(2)与物价的均衡关系或以就业衡量的资源利用,前者是宏观的总量平衡角度,后者是供给角度。

中国潜在增长率的估计,从总量均衡角度来分析大多沿着菲利普斯曲线进行实证,因为就业难以直接观察,所以基本放弃了奥肯定律,而直接从增长与物价的关系入手,建立均衡关系以理解宏观稳定政策目标。中国社科院经济所经济增长与宏观稳定课题组长期以来追踪潜在增长率研究,并以此构造了中国的宏观决策目标区间和分析了影响生产函数变化的关键变量,并不断地更新研究。张晓晶(2007)、张平、王宏淼(2011)、袁富华、张平(2011)都进行了更新和分析。利用扩展菲利普斯方程能很好地模拟中国宏观均衡的关系,刻画了经济增长和物价关系,并与政府宏观政策出台进行对应,经验分析是非常吻合的。

根据1985—2011年中国经济增长和物价的数据我们构造了简单的回归模型:

$$CPI = -9.785 + 0.288 \times CPI(-1) + 1.385 \times GDP(-1) + [MA(1) = 0.897]$$

t　2.5　1.73　3.73

调整 R^2 = 0.743　　DW = 1.82

表1　扩展菲利普斯曲线进行模拟得出的政策均衡区间

CPI	-4	-3	-2	-1	0	1	2	3	4	5	6	7	8	9	10
GDP	5.7	6.2	6.8	7.3	7.8	8.3	8.8	9.3	9.8	10.4	10.9	11	12	12.4	13

从表中可以看出经济增长在7.8%~10.4%区间为潜在增长的均衡区间,对应的物价水平为0%~5%,最为安全的经济增长和物价区间多年来经验定义在8%~10%,物价在1%~4%。政策界限依区间而定,低于8%,经济需要激励,低于8%就会伴随着通缩,强激励,低于7%则认为硬着陆了,强烈刺激政策;高于两位数经济过热。现在基本上不看GDP增速了,但严格控制通货膨胀,通胀超过4%趋向5%宏观开始微调,超过5%,宏观政策紧缩;通胀趋向10%强烈紧缩,采取冻结物价等系列行政措施。

1998—2002年调控的"软着陆"区间是七上八下,物价低于0,均值在1%。新世纪后到现在,经济增长明显加快,两位数的增长占据主要时期,实质容忍的增速高于了两位数。从历史经验数据来看,一般是GDP过快增长总会滞后一年拉动通货膨胀。传统上过快增长经常被称为"过热",也是调控的对象,但近年来似乎不再控制增长速度了，所以“十一五”经济增长明显加快，如不引起通货膨胀则不控制增速。但对增长速度的下限政策比较敏感，如2008年中国经济增长两个季度低于7%增长，强力的财政和货币政策刺激随之而启动。对物价进行高度关注，接近和超过5%，都采取强力的管控和行政干预，2004年、2007年、2011年都是如此，长期的经验构造了一个以增长下边界7%和通胀上边界5%构成的宏观政策管理目标安全区。

潜在增长率另一大研究体系主要是从生产函数的供给角度看潜在增长率的计算，有大量学者进行了这方面的研究，但缺少参数前瞻性分析，潜在增长率的研究偏于往后看，这样与总量均衡方式就有了很多雷同性，属于比较静态分析。供给函数的核心应该是分析决定潜在增长率的因素是否发生了结构性变化，其趋势如何。我们在生产函数研究中引入了一系列的前瞻指标，如引入碳排放约束、人口转变和“资本和劳动产出弹性逆转”等对潜在增长率的变化情景进行模拟。

自1992年全面改革开放以来，中国经济波动多次，越来越平稳，最为严重的过热是1994年，投资拉动引起物价的上升高达24%，而经济增速较低的区间一是1998年受到亚洲金融危机的冲击，经济增长七上八下了，且伴随着通货紧缩；二是2008年全球金融危机，经济增长两个季度低于7%，但恢复较快，年度增长依然较高。从经济波动的特征中可以看出，外部冲击对中国经济的减速是明显的，1998年恢复慢，但结构调整较大，开启了城市化；2008年恢复快，结构变革不明显。

2008年的全球金融危机冲击，暴露了世界经济传统的分工格局已经难以为继的局面。发达国家经过了这次金融冲击，已经难以成为全球的增长贡献者。发达经济体对全球经济增长的贡献从2008年一直滑落，按IMF的估计2013年新兴市场国家对全球的带动份额将超过发达国家。这也意味着发达国家消费和提供储备货币，中国、印度等新兴市场国家提供制造和服务品，资源国家提供资源的分工格局发生根本变化。近来的欧债危机,美国经济可能的二次探底等的威胁,都在加速原有分工体系的解体,各国将被强制“再平衡”,这对中国这样一个出口导向的国家无疑有着重要的影响,基于全球规模制造的供给规模会下降,从国际环境层面上强化了对潜在增长率进行重估的必要性。

中国“十二五”将经济增长目标定在了7%,已经有了一定的减速准备。但近年来的高速增长,特别是“十一五”年均增长11.2%的背景下,很多人认为中国经济增长潜在增长率应该提高到两位数以上,而不是下调至7%。“十一五”期间高增长带来的高物价也是明显的:从2006年到现在6年间,由于金融危机冲击导致2009年通货紧缩外,2007年消费物价为上涨了4.8%,2008年上涨5.9%,2011年消费物价水平预计5.5%,物价调控的上限似乎也有上调压力。

未来中国的增长和物价的均衡目标,是继续用原有的稳定尺度,还是直接上调物价和增长的区间,即提高物价调控上限以扩展菲利普斯曲线的安全区域,从而利用更为宽松的政策推动高增长?宏观调控的“锚点”是否应该调整?我们认为上调潜在增长率的理由不充分。从建构稳定化的宏观经济增长看,中国已经实施了三十年的稳定宏观政策目标区间,继续使用显然对微观主体而言更具有可信度。稳定政策本质上就是通过架构一个负反馈的信息机制,让微观主体能理性预期,从而推动系统平稳和收敛。首先政策当局的信誉非常重要,其次需要工具及调控力度等相配合。稳定化政策如果过多地择时,即强调时机的话,就会引起宏微观的政策博弈,顺周期操作是很容易出现的。宏观政策目标稳定,有助于稳定市场预期。

当前全球经济格局大变化,稳定政策预期目标需要有更大的政策灵活空间。如果预期不能稳定,政策灵活性很快会被外部冲击扰动改变成为顺周期操作,会引起更大的经济波动。

二、宏观稳定化政策的外部扰动

稳定化政策管理的核心是构造一个政策的“理性预期”，即负反馈的机制，负反馈预期取决于规则、政府可信和政策工具配合。择机的宏观政策目标经常会导致“适应性预期”，形成正反馈机制，顺周期操作，加大波动。因此预期管理的核心就是增加预期信息量，确保政策目标区间的稳定性，使微观主体更能进行理性预期判断并进行行为自我矫正，形成负反馈，从而稳定经济。我国的周期波动的主因是投资饥渴，先导指标是信贷扩张（后扩展为社会融资总量），同步变量是 GDP，滞后反应是物价。传统的调控是从投资过热入手的，物价管控是最后一步。物价回落后至中性后，政策也就回到中性。但在开放的条件下有很多因素变得不可控制，中国 2005 年年末人民币汇改后，外汇储备激增，外汇占款推动了基础货币的投放，尽管有多项对冲，货币投放依然过快。从新增贷款来看，2005 年新增贷款 1.7 万亿元，2006 年 3.18 万亿元；2007 年已经高达 3.64 万亿元，2008 年 4.77 万亿元，到了 2009 年 9.8 万亿元，2010 年也几乎达到 8 万亿。按社会融资总量看，2005 年 2.13 万亿元，2009 年 14.12 万亿元，2010 年 14.3 万亿元的水平，2011 年预计也在 14 万亿元的水平。货币投放必然刺激经济过热，2007 年进行了政策收缩，但受到外部冲击，又转向刺激，经济经外部冲击短暂冷又转入了更为过热的增长状态，热钱不断涌入，货币投放一路扩张，因此仅仅单项控制物价无济于事。相反，当前经济已经出现了降温趋势，但外汇占款仍然预期升值流入加大，需要央行不断调高存款准备金率来对冲外汇占款，结果可能会导致进一步紧缩和推低增长，引发顺周期调控，而不是建构一个逆周期调控。

开放条件下顺周期扰动特性不断加强，不仅仅来自于真实的外需，也来自于商品的价格、货币、金融市场和预期冲击。反思 2008 年，全球金融危机能在短短几个月内导致全球经济的“突然停止”,全球化下的价格、货币和预期传递是高效的,真实需求降低往往会滞后很长时间。这种外部冲击的扰动需要稳定化政策的前瞻性加强,对先导变量要加以提前性调整,否则会加大顺周期扰动,而不是稳定经济了。

建立负反馈的预期管理机制,不仅要有“通货膨胀预期管理”,也要建立相应的“景气”预期管理,让经济增长与物价能相互关联和均衡起来。中国当前的稳定政策表现出很强的单向治理的特征,缺乏相应的市场对冲机制和自动稳定机制。单向治理的特征表现为以下三个方面:(1)单向治理的政策的自我加强性。如不断收缩贷款会导致存款减少,进一步降低了贷款能力,随着经济的不活跃,货币乘数进一步下降等。(2)多个部门共同单向治理的联合一致性。当前的宏观政策管理当局基本上自扫门前雪,央行主要要对冲外汇占款对货币的冲击,财政部就管收税,银监会不要出坏账,住建部控房价,发改委控物价,农业部管猪,宏观参数化条件变成了各自数量控制考核的指标。各部门联合治理虽然能很快见效,但是也很容易过头,行政干预更会扰动市场经济本身的运行秩序。(3)政策机制的僵硬性。局部政策的操作难以前瞻,因此政策的灵活性被部分量化的分解性所替代。这种数量化单向的治理模式应对外部不确定冲击和国内周期频繁调整显得力不从心。

当前经济波动频繁,我们刚刚稳定住物价,又要面临经济下滑的挑战,所以稳定政策的核心是要自我保持前瞻性、总体性和自我均衡调节,避免过度反应。动不动就行政化、数量化的干预会极大地扰动市场,引起更大的共振。中国的稳定化政策中的激励政策仍有余地,但其引起的宏观成本也会越来越高。仅仅靠政府扩大财政、投放货币刺激总需求扩张带动增长显然是不够了,欧美当前的危机应是对凯恩斯革命以来宏观调控成本累积的清算,值得政策管理者思考。

我国面对调低了的2012年的全球经济增长,其前瞻性政策应该有所调整了，特别是降低金融风险，为市场上提供流动性，发展债券市场和多层次股票市场，推动企业转型和对中小企业救助都是有益的和有能力的，但稳定政策不是万能的，其期限结构决定着宏观稳定化政策组合的成本和效果。

三、稳定政策应遵循潜在增长率变化趋势

宏观稳定政策目的就是将波动过大的经济拉回到潜在增长均衡的区间内，而不能持续依赖稳定政策的激励机制或调控，加大经济波动。因此稳定政策是短期政策，而这一政策将沿着潜在增长率水平变化而调整。决定潜在增长率变动的核心因素是基于生产函数(供给侧)讨论的，只有进行前瞻性的潜在增长率探讨，才能理解未来增长的变化趋势和影响变化的结构因素。

生产函数表达式：$\log(Y^*) = TFP + \alpha \cdot \log(K^*) + (1 - \alpha) \cdot \log(L^*)$；

其中，星号代表潜在变量符号，Y 是产出，TFP 是全要素生产率，K 是资本，L 是劳动供给，α 和 $1 - \alpha$ 分别代表资本和劳动的产出弹性。潜在增长率测算依赖与产出弹性的核算才能计算出来。

从资本和劳动的产出弹性进行国际比较来看，中国的资本和劳动的产出弹性的经验值为 0.6 和 0.4(张平等 2011)，这与中国的要素分配份额高度一致。从 1978 年到 2007 年劳动报酬占比一直保持在 40%，资本份额占比保持在 60%(张车伟 2009)，表明中国产出要素报酬份额稳定，产出弹性没有发生大的变化。而发达国家则产出弹性与中国非常不同，如美国国会预算办公室生产函数方程：$\alpha = 0.3, 1 - \alpha = 0.7$；欧盟财金事务理事会生产函数方程：$\alpha = 0.37, 1 - \alpha = 0.63$。中国经济仍处在资本驱动的范畴，经济结构中仍以重化工等大型制造业为主体，人力资本和技术进步贡献水平较低。

从中国当前的实践来看，中国生产函数的几个重要变量仍会保持一段时间，但由于受到国际再平衡的压力、低碳和城市化的

发展，中国要素弹性“结构”也在逐步转变。这直接影响了中国经济供给效率。第一是劳动供给增长的减速，劳动力价格上涨，预计到2015年后劳动的绝对供给量减少，劳动力供给增长缓慢会导致产出增长减速；第二是劳动市场的供需变化和政府的公共政策会牵引劳动在整个分配中的比例提高，推动劳动产出弹性逐步加大，资本产出弹性下降，资本积累作用下降；第三是城市化率已经超过了50%，产业结构变化，服务业比重不断提升，其增长的规模效应和效率会低于制造业，即服务业比重越高，增长速度反而越慢，但服务业对就业和人力资本水平提升都是有意义的；第四是“全球再平衡”直接推动中国内需发展，提升消费是必然趋势。而提高居民消费的根本，就在于改变资本和劳动在分配份额的比例；第五受到全球低碳规则的约束，在加入碳约束下中国潜在增长率年降低一个百分点（袁富华2010）。

从生产函数角度来看，导致潜在增长率下降的因素较多，而继续推进经济大幅度增长的要素动力因素下降，唯一可依靠的是人力资源提升和技术进步了，但这是不易的。从需求侧看，2008年经济进入后危机时代，全球经济的分工和“再平衡”成为了未来较长时期的“常态”，中国经济扩张的外部压力上升，IMF预计外部需求将降低中国潜在增长率1个百分点。城市化推动的内需扩张也不是无边界的，会在2011年达到50%后出现减速特征，特别是对中国这样一个土地城市化远超前于人口城市化的国家，城市化带动的投资转折更会提早到来。

以上分析中国潜在增长率会进入逐步降低的过程，当期宏观稳定政策的尺度保持稳定，不是应该按照“十一五”借人民币升值，大幅度投放货币造就的高增长那样认识潜在增长率。

“十二五”期间的物价，从要素决定上来看，需要释放“十一五”经济过热累积的物价压力。从成本推动上来看，农产品价格和公共产品价格上涨是一个必然趋势，这主要是两个部门的劳动生产率提高速度较慢，而未来工资上涨和土地要素价格提高都会超过这两个部门的生产率提高速度。这些因素共同作用的结果，给“十二五”期间物价带来上涨压力。但“十二五”的物价区间也没有太大的调整余地，全球面临着总需求下降的压力，而国内潜在增长率平稳，通货膨胀率保持原有的0%～5%的物价稳定区间应是合理区间，这有助于物价预期的管理。

宏观稳定政策应逐步依据潜在增长率变化的规律，逐步降低刺激，以适应潜在增长率的逐步下降的趋势，才能防止经济过热，保持稳定。与稳定政策的总量激励相对的是供给激励政策，需要的是结构性、体制性的改革，而不仅是总量平衡，更需要政策的组合和期限优化。

四、稳定化政策期限结构和激励政策组合

宏观经济政策是应宏观经济问题而生的，有什么样的问题，就应该寻找什么样的政策。从传导机制角度来看，形成于微观层面的宏观问题往往具有较长的期限，形成于宏观本级层面的宏观问题则具有较短的期限，形成于中观层面的问题期限居中。正是这三个层面的宏观问题成因，组合成了完整的宏观政策期限结构。

我们将期限结构定义为由不同层面的因素所累积成宏观问题的期限数量关系。研究宏观经济政策的期限结构问题，根源在于宏观经济问题的期限结构。现代经济学对于微观主体行为和对于产业结构的内涵强调就是期限结构的重要表现。期限结构暗含在所有宏观问题研究之中，尽管它本身并没有构成一个单独的研究主题，本文将其看做是宏观经济问题的一种时间维度。我们认为，宏观经济问题可能更多的不是来自于宏观本身层面，而更可能是由于微观和中观问题汇总而成。如果宏观政策不能对应相应宏观问题的期限结构，可能会导致宏观经济政策难以出现预期效果，或者是提前透支未来的政策效果，导致由于政策本身引发的“调控出来”的经济波动。期限错配的结果可能是延缓问

题的发生,更有可能是造成在更大的宏观成本累积和由于错配而造成的新问题,最终不得不采用新的政策去对冲发生期限错配的政策。当然,由于合成法则的存在,并不是所有的微观问题和中观问题都会汇总成宏观问题,但是并不代表这些问题不存在。

形成于微观层面的宏观问题,传导路径和周期较长,使用宏观经济政策对其进行调控时,由于涉及市场经济最深层次的微观主体偏好和行为参数(要素供给数量和组合方式)改变,往往在短期内很难见到效果,因而必须使用期限更长的政策,这符合财税政策的主要特征。解决形成于中观层面的宏观问题,往往并不需要调整市场主体的行为,而只是在保持市场主体理性决策的基础上,通过外部环境的改变使市场主体行为产生与总量经济更加相容的效果。由于不涉及微观主体行为改变和利益格局的调整,政策周期往往要短于产生于微观层面的问题,金融稳定政策往往具有这种特征。解决产生于宏观层面的宏观问题,则不改变市场主体行为改变和决定环境,因而期限要求也最短。当然,期限长短只是以现有宏观问题和宏观政策为导向的划分。随着新政策的出现,其分类的完整性有待完善。

宏观经济政策的核心是其效果,但是不同的宏观经济政策却可以实现相同效果。以长期政策来处理短期问题,马上就能够见到很好的效果,但是会对经济体产生当前不能观测到的长期成本。以往的宏观经济政策决策的核心是政策效果问题,忽视了政策期限结构这一个技术维度。例如,长期以来对于财政政策和货币政策在平抑经济周期效果上的争论,往往只是关注了何种政策更加能够在短期内见效,却忽视了这种政策本身所具有的期限问题,导致政策期限错配。

第一个期限错配的例子来自财政政策。20 世纪 50—60 年代,已经走出大萧条的美国和西方发达国家,持续采用大量的财政政策以拉动内需和平抑短期经济波动,不断提高的边际税率和持续上升的转移支付严重地影响了劳动者的劳动供给行为,从而损害了长期增长(Romer and Romer, 2010)。财政政策期限较长,主要是因为其对于微观主体行为的影响是逐步传导到位的,因而在短期内很难看到供给面发生了的明显改变,这就给过度使用财政政策留下了太大空间。发达国家以财政扩张基础的需求管理政策严重忽视了微观成本,在宏观效果的掩盖下,促成了短期政策长期化,并逐步造成了政府规模的膨胀和私营部门经济效率的降低,最终导致"滞胀"出现。

第二个期限错配的例子来自金融政策。自2008年金融危机以来,美国主要采用了以金融稳定为核心的量化宽松政策,成功制止了资产价格暴跌、银行倒闭和通缩的出现,但是却没有带来美国经济的快速复苏,对美国经济二次探底的讨论也从未停止。美国应对经济问题政策难以见效的根本问题在于,金融功能的顺利实现是以微观主体行为不需要改变为前提的,但是美国经济的根本问题恰恰是微观层面的过度消费问题。无就业复苏引发的愈演愈烈的"占领华尔街"运动,基本反映出了市场主体对于调整利益格局的呼声。美国当前采用财政政策才是合理选择,当务之急是找到财政政策的操作空间,但是20世纪50—60年代的财政扩张已经消耗了太多的财政救急资源,欧洲也是如此。

第三个期限错配的例子来自货币政策。长期以来,中国的M_2增长率都到达GDP的两倍甚至更多,显示出货币政策操作长期化倾向。在转型经济的背景下,传统计划经济体制下的公有要素(土地、国有资产等)不可交易性导致的市场化和由于经济发展而导致的货币化和金融深化都会吸收一定的货币,从而导致单位要素产出对应的货币量基本稳定并且不会引发通货膨胀。但是随着要素市场改革和金融支持的基本完成,要素市场改革已经不会再吸收新的货币。这样保持原有的货币投放增速并以此来保持经济高速增长,必然就会引发通货膨胀,就像2007年以来所经历的那样。

一个理想的宏观政策组合需要充分注意到期限结构问题,合理安排不同期限的政策如何搭配。原理上应当用长期政策解决微观行为主体的环境激励促进经济可持续；中期政策解决增长问题，短期政策解决纯粹的稳定问题。根据前面的分析，这三种政策分别对应长期限的结构性改革；中期是减税等供给政策激励增长；短期总量稳定化政策。

长期政策——结构性改革来解决。结构性改革核心是通过环境来改变微观主体的行为，使其在相同或者不同的偏好下，通过约束环境参数的改变，产生不同的优化结果。这种优化结果必然会带来微观主体经济利益格局的调整，甚至伴随财富和资源的代际转移。以财税分配体制改革为例，依据中国城市化发展到新阶段的特征调整流转税和直接税的结构，中央地方分配机制，培育金融市场发展等都会产生重要的再分配作用。长期政策应该立足长远，切不可频繁调整，更不可朝令夕改，很多是通过立法完成，主要消除跨期资源配置阻碍。通过结构性改革政策，可以在长期中缓慢改变消费者偏好、要素供给数量和生产者技术水平，并使其反馈到宏观层面上来，从而达到预期的稳定可持续发展的宏观效果。

中期政策——主要是供给政策来解决。以激励体经济增长为前提。供给学派的崛起促进了供给政策的发展，现代宏观经济学把增长纳入宏观体系中，核心就是促进经济增长，技术创新，如减税、加速人力资本累积，空间配置等，激励微观主体，促进经济增长。与长期政策政策不同，供给政策一般不涉及大规模的市场主体利益格局调整，而是以直接激励微观主体为主，如 R&D 支出可抵扣税收等。

短期政策——称为稳定化政策，直接用总量或需求政策来概述，实际上短期的稳定政策还包括了行政干预或管制性政策。稳定化政策核心就是消除经济偏离均衡目标的波动，即降温或升温。总量政策、行政干预很少能涉及微观主体的行为动机和微观主体可支配资源的跨期配置。当前我国住房的限购、限价、限贷等就是典型的行政干预政策，在短期内遏制住房价格快速上涨也是有效的，但长期化就会导致资源配置的扭曲，必须逐步取消行政干预转为开征物业税等才能使之从短期降温逐步转变到长期有效。实现宏观稳定，降低经济波动是总量、行政干预等稳定政策的核心目标，一旦稳定目标完成，短期稳定化政策就应退出或转变为中性，否则的话反而会导致稳定化政策的"滞后冲击"，短期的宏观波动问题形成通常与外部冲击，尤其是外部名义冲击有关。

表2　宏观问题根源与政策期限结构

宏观政策	解决问题	期限	政策措施
稳定化政策	名义变量冲击	短	总量、行政干预
供给政策	经济增长	中	减税、资本市场激励
结构性改革	可持续发展	长	财政体制改革等

关于前面所说的期限混搭问题，即不同政策可以实现相同的宏观效果，本文认为期限对应是解决相应问题的最小成本方式，任何的期限错配都会推高解决问题的成本。例如，当前欧美的金融稳定政策，虽然短期救助成本低于直接的财政扩张，但是金融稳定不能从根本层面上解决微观主体的消费者过度借贷、要素供给不足和创新力度不足的问题，只能以更高的成本累积来延缓问题的爆发。这样的结果是金融稳定政策长期化运行，成本累积超过直接采用财政政策的成本。只有紧缩财政支出，实现预算平衡，改变微观主体和整个国家借钱搞福利的运转方式，实现国内利益结构的深层调整，才能真正走出债务危机。

前面关于期限结构定义和分析是以政策"零起点"为前提的，没有考虑资源约束。资源约束在一定程度上就是前面所说的资源动员能力，很多发达国家的短期政策选择都受到了明显的资源约束。资源约束只是短期存在的，主要受政治投票影响，在长期中可以通过政治改革来得到根本缓解。目前，中国国内可用资源充沛，政治体制也与发达国家不同，政策制定者自由裁量的空间很大,分析中国政策不用考虑资源约束问题。针对国内的当前的宏观状况,我们提出以下短期、中期和长期的货币、金融和财政政策。这些政策是从期限结构出发的,但是政策期限错配因素的存在,很多中期问题和长期问题的解决已经迫在眉睫:

第一,货币政策回归中性,稳定市场预期。在长期的货币政策扩张之后,货币政策应当回归其短期政策的本来面目自2010年1月以来,本轮货币政策紧缩已经接近两年,大型机构存款准备金率从15.5%上调到21.5%,一年期存款利率从2.25%上调到3.5%,较好地起到了控制通胀的效果。但是有三个行为需要矫正:(1)防止长期化倾向。本轮货币紧缩是在2007年紧缩基础上的延续,虽然有助于矫正货币政策长期扩张的行为,但是本轮紧缩时间已经较长,且政策操作“短、频、快”,显示出对政策力度、政策的成本和福利效果的预估不准,应当尽早回归中性以稳定市场预期。(2)改变操作方式。本轮调控“重数量,轻价格”的操作特征明显,共上调存款准备金率12次,利率5次,前者调整力度远远超过后者。这种调控方式弱化了市场通过价格来配置资源的基本方式,更不利于市场形成预期的形成。(3)避免非市场干预。多部门同时单向调控,“发改委约谈”等形式的行政直接干预过多,影响了市场配置资源的基本规则。

第二,改革金融体制,完成从动员性扩张向市场配置的转变。(1)做好稳定金融,正视城市化的融资和风险。当前地方融资平台(城投公司)所投向的项目大多数有投资额大、周期长,收益率较低,2012年集中兑付时有很大的违约风险,中央政府应通过市政基建债券、信托、基金或政策性银行支持方式,化解地方债务的现金流风险。近期发改委和财政部支持铁路债,允许四个省市进行自行发地方债,已经表明了政府稳定金融的决心,这是具有前瞻性的做法。(2)要继续推进利率市场化改革,建立从基准利率到市场主体行为之间的缓冲地带,是市场主体通过契约方式来解决融资问题。(3)推动民间金融正规化,消除制度性歧视,促进直接融资,强化其促进资本形成的职能,防止民间金融转向高利贷,破坏市场经济秩序。(4)弱化信贷配给和窗口指导,推进调控方式常规化。稳定金融是宏观政策的当务之急,但是大多数指标表明,相对于发达经济体的债务包袱而言,中国宏观经济整体上是健康的,政府应该将更多的精力和资源放到长期激励上来。

第三,推进财税制度改革,促进长期增长。中国在金融危机后制造业部门利润不断摊薄,是原有市场主体粗放式增长模式和低价竞争行为难以为继的体现。应当立足于通过财税制度来实现产业升级,促进创新,才能实现经济的健康和可持续增长。(1)调整税制结构,提高直接税比重,控制收入分配差距。中国当前的税收结构以流转税为基础,随着城市化的发展,居民的税收和未来享受的福利在口径上要逐步匹配,税收结构应向着流转和直接税并重的结构转变。推进个人所得税综合改革,将个人的劳务所得和资产所得纳入统一征管平台,从完全分类纳税走向分类与综合相结合,降低名义税率,减少累进档次。(2)鼓励实体创新,促进产业升级和服务业发展。在增值税扩围后,应当逐步开始降低增值税税率,激励实体部门创新。促进地方政府通过提高城市聚集和竞争力等方式获得收益,改变过度依赖"土地财政"的行为。逐步取消福利与户籍的捆绑,建立一个广覆盖、可转换的基本社保体系。从土地城市化走向人口城市化,提高空间集聚效率,获取城市建设、管理和公共支出等方面的规模经济。国际经验表明服务业和城市化进程、城市规模、人口密度等直接相关,调整服务业和工业结构关键在于增加空间集聚。(3)提高政府财政收支的透明度,在预防腐败的同时,也有助于防止类似于城投平台性质的政府隐形债务再度膨胀,使政府规模总体清晰可控,减少不可测之风险。

参考文献

[1]张晓晶．潜在增长率的测算．载于:张平、刘霞辉主编．经济增长前沿,2007.

[2]张车伟,张士斌．中国初次分配的研究中劳动份额问题研究．载于:中国经济研究报告.2011－10－20. 中国社科院经济学部办.

[3]张平,刘霞辉,王宏淼主笔．中国经济增长前沿Ⅱ[M].北京:中国社会科学出版社,2010.

[4]袁富华．低碳经济约束下的中国潜在经济增长,经济研究,2010(8).

[5]袁富华,张平．经济结构调整、人口结构变化及减排约束下的中国潜在增长水平研究．工作论文,2011.

[6]BOJ,2004,"The New Estimates of Output Gap and Potential Growth Rate", Research and Statistics Department.

[7]BOJ,2010,"Measuring Potential Growth in Japan: Some Practical Caveats", Research and Statistics Department.

[8]CBO,2001,"CBO's Method for Estimating Potential Output: an Update", The Congress of the United States Congressional Budget Office.

[9]CBO,2004,"A Summary of Alternative Methods for Estimating Potential GDP", The Congress of the United States Congressional Budget Office.

[10]Directorate－General For Economic And Financial Affairs, 2006,"Calculating potential growth rates and output gaps － A revised production function approach", European Commission.

[11]Christina Romer and David H. Romer, 2010:"The Macroeconomic Effects of Tax Changes: Estimates Based on a New Measure

of Fiscal Shocks". American Economic Review (June): 763 – 801.

（作者单位：张平，中国社科院经济研究所；付敏杰，中国社科院财贸经济研究所）

反危机政策的反思

沈　越

从2008年9月美国5大投资银行之一的雷曼兄弟倒下触发全球性金融危机算起,危机已历时3年。其间世界各国与国际经济组织联手出台了史无前例的大规模救市措施,经过3年来的危机治理,现已取得了较大成效,并积累起一些全球联手共同应对危机的经验。但是,由于大规模应对危机的措施出台,也产生了一系列的负面效应,尤其是危机爆发初期实施过急,规模过大的干预措施,其后遗症十分明显,以致影响了现今乃至今后一段时期宏观经济走势。对于这些经验教训,值得认真总结。

一、全球反危机措施效果的总体评价

在经济全球化背景下,这次危机的规模虽然远大于1930年代那场危机,但其对经济社会的冲击及其后续影响却明显小于那次危机。其重要原因是,国际经济组织与各国政府及时采取了大规模的干预措施。由于新兴工业国与发达经济体的经济结构存在巨大差异,干预的效果也有很大差别。

新兴工业国由于实体经济存在增长空间,可以通过政府干预把潜在增长能力调动出来。其应对危机的措施具有一箭双雕之效,在刺激需求的同时,这些措施又可以加速经济发展。例如,中国将救市资金注入尚有增长空间实体经济,尤其是基础设施和城市化建设,创造出替代出口下降的新需求。所以可以理解,中国在遭受危机冲击后不到一年的时间内,经济就率先止跌转升,并引领了世界经济的复苏。

发达国家因不存在粗放扩张的空间，其对付危机措施的效果明显低于新型工业国。虽然发达国家的经济复苏不尽如人意，但也基本走出了危机困境。美国除失业率不尽理想外，其他经济指标已属于正常，且经济回升基础较扎实，态势明显。只是失业率偏高，一直在9%左右徘徊。这个水平的失业率并非像通常人们认为的那么糟，它其实已接近美国现有经济结构下的自然失业率。如果没有新的制度创新或技术创新出现，这种状况不会有很大改变。欧盟国家则受到主权债务危机困扰，但这似乎与金融危机关系不大。这种债务危机主要来自欧洲社会模式长期积累的弊病，金融危机不过是将其长期性问题暴露出来而已。欧盟国家治理主权债务危机的种种措施，如缩减政府支出和减少政府债务有助于改革这种社会模式的弊病。

发达经济体与新兴经济体之间在经济发展上出现“冰火两重天”式的失衡，已似乎与金融危机的冲击与复苏的关系不大，而体现的是世界经济结构演进的长期趋势，即新兴工业国在国际经济中的地位不断上升，而发达经济体的相对地位则相对下降。总之，金融危机及其影响已渐行渐远，但应对危机措施的后遗症却日益凸显，真正的后危机时代已经到来，反思与治理这种消极后果则是这一时期的重要任务。

二、救市资金的流向及规模

三年来，在危机冲击面前，各国无一例外地采取凯恩斯主义经济政策，通过财政政策与货币政策向市场大规模注资。这种全球性共同行动在阻滞经济下滑的同时，也因实体经济无法吸纳过多资金而形成新的泡沫。

救市资金是通过财政与金融两条渠道进入市场：在发达国家一部分未被消化的过剩货币流入公共债务“池子”中，目前日本的公共债务已超过名义 GDP 的220%，正面临主权债务危机的欧盟国家的公共债务已达年GDP的100%～200%。在美国因倾向于自由主义立场的共和党反对财政赤字与公共债务无限度的增加，2011年8月国债上限被提高，其上限也将超过年GDP水平。尽管美国也存在国债规模过大问题，但与其他工业化国家相比，情况稍好一些。对于这一部分货币，如果应对措施得当，只要池子不决口，就不会引发新的震荡，高国债对经济的影响将是长期的。与之不同，通过宽松货币政策流入市场的过剩货币的负面效应则是立竿见影的，它直接导致全球性的流动性过剩、通货膨胀与资源价格上涨等一系列问题。

新兴经济体的刺激措施虽然因创造出的新需求而吸纳了相当部分的救市资金，但增发的货币仍不可能全部被实体经济吸收，伴随刺激措施奏效，经济止跌转升，通货膨胀压力也日益加大。2011年3月巴西、印度、俄罗斯、阿根廷、越南的CPI就分别达到6.3%～13.9%，中国2011年7—9月CPI指数已连续3个月超过了6%，并存在进一步上升的趋势。

面对这一宏观经济形势，那种认为新兴经济体流动过剩与通货膨胀是输入型的看法值得商榷。这种外因论看起来似乎有些道理，却似是而非。危机虽然是由美国制造的，但应对危机措施的过急、过大却有新兴工业国自身的责任。

在中国，从增量角度来看，从2008年年底出台大规模刺激措施到2011年9月，人民币新增贷款已超过25万亿元，其中2008年最后两个月新增贷款2万亿元，2009年新增贷款9.6万亿元，2010年新增贷款7.95万亿元，2011年1—9月新增贷款5.68万亿元。如果考虑金融危机以来新增外汇储备1.2万多亿美元的约8万亿元人民币占款，直接向市场新投放的货币量已超过33万亿元人民币。从存量角度来看，中国金融机构2011年9月的存款余额已近80万亿元人民币，比2007年年底的40万亿元存款余额增加了近一倍。

三、规模偏大、实施过激措施消极后果

大体来说，中国应对危机措施的消极效应可以概括为以下 6 个方面。

1. 流动性过剩凸显，资产泡沫生产，通胀压力加大

当大规模资金注入经济，而由刺激性措施创造的新需求还未形成时，这部分有成本的资金势必涌向股市与楼市，虚拟经济成为货币投放的"池子"，最近几年楼市价格飞涨与此直接相关。值得一提的是，在这一轮楼市泡沫形成过程中，股市及时采取了扩容措施，把上证指数稳定在 3000 点以下，阻滞了资金进入股市，没有形成明显的股市泡沫。但是，股市也没有发挥通常吸纳过多货币的"池子"功能。在这种背景下，大量资金涌向房地产，推高房地产市场泡沫。当增发货币逐步被实体经济吸收后，经济明显增速，使 2009 年第 4 季度的 GDP 增速一度达到 11.9% 的高位。随之而来，通货膨胀压力也逐步增大，并呈现出短期内无法明显下降的趋势。自 2010 年以来央行已经 12 次提高存款准备金率，大型金融机构的准备金率已达 21.5% 这一中外历史从未有过的高水平，尽管这一措施锁定了 15 万亿元左右的银行存款，但仍不能抑制通货膨胀上升趋势。

2. 产能过剩问题更加突出，结构调整困难

危机本身是市场自发力量消除泡沫的过程，前些年发达国家的金融泡沫也诱发了新兴经济体实体经济的泡沫，危机在消除金融泡沫的同时也应是新兴工业国去除过剩产能，进行经济结构调整，实现产业升级的时机。但是，"过急"的刺激措施排斥了利用市场机制去过剩产能，调整结构时机。如在危机中再实施"振兴产业"扩展性政策，还容易造成复制传统产业、扩大产能过剩的后果。当产能过剩到不得不调整压缩时，采用行政性而非市场性压缩手段时，为了避免被行政性压缩而采取的对策，通常是力图达

到用行政办法规定的"技术性指标",其结果是面多了加水,水多了加面的循环,过剩产能不能有效地淘汰,甚至越调整越大。这不仅错过用市场机制去淘汰过剩产能、调整结构的时机,而且给经济稳定长期发展留下了隐患。

3. 基础设施建设超前发展,透支未来增长潜力

目前中国正处于工业化和城市化中期阶段,经济增长有较大空间,尤其是基础设施尚有很大的投资空间。在这次危机冲击中,中国经济能够最早止跌转升,并引领了世界经济的复苏,在很大程度上来自快速增长的投资需求替代了出口需求下降。但短时间大规模的基础设施投入,其负效应也十分明显。从中国未来经济增长的潜力来讲,危机后铁路、公路、机场等基础设施建设的规模并不算十分大,但这些投入消耗的都是现期的资源,大规模的投入会造成投资品价格上扬,不仅会拉动物价总水平的上涨,也会给投资品行业提供错误信息,加剧产能过剩。目前钢铁等行业的产能严重过剩,与基础设施的超前发展有密切关系。此外,这种超前发展还透支了未来的增长空间,为中国经济长期稳定增长造成不良影响。地方政府在大规模的基础设施建设中扮演了重要角色,在中央政府鼓励与默许下,各地纷纷建立起融资平台。中央政府的刺激措施被地方政府视为千载难逢的发展机遇,金融危机为传统经济增长政绩观提供了新平台。

4. 强化国有经济与民营经济的不平等地位,不利于国有企业的进一步改革

在国有经济与民营经济尚未在制度上获得与国有经济平等地位条件下,救市资金将更多地流入国有企业,这为国有企业扩张创造了条件,国有企业无须依靠技术与制度进步,便能取得市场优势,固化甚至加剧二者的不平等地位,阻滞了其进一步改革。财政救市资金流入民营经济,有国有资产流失、权钱交易之嫌。而注资国有企业,即使配置不当,也没有上述政治风险。在现行的金融制度下,为应对危机而新增贷款,主要是通过国有商业银行通过“点贷”方式注入国有企业，使国有企业首先获得救市资金；当实施过急、规模过大的救市措施引发了流动性过剩，通货膨胀压力加大，不得不紧缩时，首先感到资金紧张的不是国有企业，而是民营企业。自2010年以来为抑制因前期投放货币过多引发的通胀压力，而采取的适度紧缩措施所造成的民营经济资金紧张，民间金融活跃和高利贷盛行，就是一个明证。这种信贷配给制度造成资金一松，首先松国有经济；资金一紧，首先紧民营经济的不对称局面。这势必加剧不同所有制经济之间不平等地位。一些人曾经认为，用指令性计划大规模注资国有企业，一段时间后就能通过市场扩散到民营企业。事实证明，这只是辩护性一相情愿。在民营企业还没有明显感受到信贷急剧扩张的宽松环境时，资产泡沫与通货膨胀压力就迫使政府不得不转向收紧银根。这时首当其冲的又是民营经济，而非国有经济。

5. 加剧国民收入结构不合理现状，使国民收入进一步向政府、资本倾斜

在主要依靠投资拉动的经济增长中，资本有一种自我强化的功能，就是将越来越多的国民收入将转化资本。这会引起资本收入与劳动收入不成比例的增长，使收入分配向资本倾斜，国民收入分配越来越不利于劳动，而有利于资本。金融危机以来的大规模投资，使本来已经不合理的国民收入分配结构更加失衡。再加上中国的不合理的税收制度、通货膨胀等因素的作用，使国民收入进一步向政府与资本倾斜，劳动收入的增速更加慢于政府收入与企业收入。2011年前三季度GDP同比增速9.4%，财政收入同比增速29.5%，规模以上工业企业实现利润同比增长28.2%，城镇居民人均可支配收入同比增长13.7%，扣除价格因素，实际增长7.8%。

6. 抑制市场机制作用，强化政府行政干预职能

因反危机措施大都是政府行为，带有明显的行政干预特征，过度使用行政性措施势必强化政府干预经济的职能，削弱了市场调节作用。在中国以强政府为特征的市场经济中,政府涉市更广更深,许多在弱政府背景下由市场承担的职能都由政府代劳。再加上中国的市场经济不是自生自发的秩序,而是在政府主导下由计划模式逐步转型而来的,在渐进式转轨过程中政府职能的转变不彻底,政府习惯于用传统的手段来干预经济。在这种体制背景下,政府的大规模干预市场的做法不仅会抑制市场的功能,而且还有体制复归之虞。

四、成也凯恩斯,败也凯恩斯

现代市场经济中系统的反危机措施始源于30年代大危机时代罗斯福新政的实践与凯恩斯革命的理论推动。经过几十年的发展,凯恩斯主义已经制度化在现代市场经济体制中。这一方面扩展市场对经济规模扩张的容量,但另一方面,它也引发了一系列问题。其中无过于过分崇拜政府反周期的能力,所有当政的政治家几乎无一例外地喜欢采用其政策主张,把其视为促进经济发展、增加就业、实现政绩的灵丹妙药。

西方国家1970年代出现的滞胀,就直接与美国在战后长期实施凯恩斯主义的"充分就业"政策有密切关系,而这次金融危机很大程度上来自美联储错误的货币政策。没有美联储宽松的货币政策,华尔街就不可能创造出衍生品的泛滥。为阻滞市场对"科技泡沫"、"网络泡沫"的自我调整过程,维持美国上个世纪末长达近10年新经济中形成的"格林斯潘神化",美联储在从2001年年初起通过13次减息,将联邦基金利率从6.5%降至1%,低利率催生了房地产金融市场上次贷泡沫。当房地产的虚假繁荣加大通胀压力时,美联储又不得不采取紧缩性政策,从2004年6月至2006年6月连续17次加息到5.25%,这又刺破了自己一手制造的泡沫,以致引发金融危机。

货币超发已成为现代经济的一种常态,无论是正常增长还是应对危机时期,概莫能外。应对危机的措施又为下一次危机埋下隐患。总结这次应对危机的经验教训,应该对凯恩斯主义的有效性与适用性进行认真反思。正如新剑桥学派的罗宾逊夫人所说,它不过是应对危机的“权宜之计,其有效性不得而知”。其关键是扩张需求措施不能创造有效供给,市场的有效扩张最终得依靠技术进步与制度创新。因此,我们可以说,现代市场经济中如果没有凯恩斯,危机与衰退将更严重,因为如果没有凯恩斯主义,世界经济不可能有今天这样大的规模,自发的市场也许早已经崩溃。同时,正是因为有了凯恩斯,现代市场经济才像今天这样弊病丛生,因为凯恩斯主义不仅在理论给政府过度干预市场提供了合法性,政府对市场的干预也因此有了可供操作手段。

五、对反危机措施的几点反思

中国依靠需求扩张、超发货币拉动的资源、资产重新定价而引发的经济增长方式主要是数量与规模的扩张,其技术与制度创新含量较低。这种增长模式弊端不少,亟待转型。由于中国工业化、城市化水平不高,数量扩张型增长方式尚有空间;再加上强政府模式下各级政府追求 GDP 的政绩观,这又决定经济发展方式的转变将是长期艰巨的任务。这要求:

第一,从短期来讲,应切实贯彻科学发展观,在观念上克服经济增长的“政绩观”;从长期来讲,则应从制度安排上解决政府职能问题,逐步削弱政府对经济增长负有的重责,把政府主要职能转向提供公共品与公共服务上来。

第二,在面对市场冲击背景下,应处理好“救市而为”与“顺市而行”的关系。明确什么是政府应该做并且有可能做的,什么是不该作为以及无力而为的。例如,不应用带有强烈行政特性的产业政策来压缩产能,而应利用市场自发力量调整产能。

第三,强调中央银行货币政策独立性,规避出于政治目的的经济决策,避免经济的政治循环。在货币政策中实施中,应更多使用亲市场的手段,如调整利率,而不是偏好带有很强行政色彩的信贷计划与调整存款准备金率来调控资金的供求。

第四,提高调控主导者的经济决策水平。由于政府在中国经济中的重要作用,决策者掌握现代经济学知识尤其重要。

第五,积极推进改革,改变政府行为方式尤其是宏观调控方式,深化金融体制与国有企业改革。

(作者单位:北京师范大学经济与管理学院)

从最终需求看中国经济增长

蔡志洲

根据国家统计局公布的数据,2011 年一季度我国 GDP 的增长率达到了 9.7%,仍属于较快的增长,但无论是从价格总水平的变动上,还是从最终需求的三个方面来看,都存在一定的问题。首先是居民消费价格同比上涨 5.0%,幅度仍然偏高,其次是从最终需求的三个方面来看,出口同比增长 26.5%,固定资产投资同比增长 25.0%,社会消费品零售总额同比增长 16.3%。如果消除价格上涨因素,同比的消费需求增长率是回落的,仍然明显地低于固定资产投资的增速,而固定资产投资的增速又低于出口。这和我们在全球金融危机后扩大内需、改善民生和拉动消费的目标之间,存在一定的差异。这种格局的存在和延续,并不仅仅是宏观调控方面的原因,更深刻的原因在于我们的经济增长和经济发展方式本身存在一系列问题。缓解和解决这些矛盾,不仅需要加强宏观调控,还要解决我国长期存在的多方面结构性矛盾。

一、中国正处于经济发展的特殊阶段

中国当前经济发展中面临的一系列失衡,不仅是由于国内外短期因素的冲击,而且和中国经济发展所处的特殊阶段密切相关。中国 2010 年经济总量是 39.8 万亿元,名列世界第二位。但是按照人均 GDP 水平,2009 年我国仍排在世界第 124 位,相当于中等收入的发展中国家的平均水平。在这方面,国际社会和国内的判断是有争议的。国际社会认为低估了中国的发展水平,理由主要是两个方面:第一个方面是统计上的问题,认为我国有很多行业收入没有统计到 GDP 当中来,比如说一些服务业;第二个方面就是汇率,认为人民币是被低估了,用汇率法反映的人均 GDP 不能真实地反应中国的经济规模。而国内一些人却质疑我国的经济发展水平被高估了,因为我国最突出的现实就是收入差别大,而统计上没有真实反映低收入人群的情况。

虽然国内和国际对"中国是个中等收入的发展中国家"有质疑,但是从农业劳动力就业比重演变趋势和恩格尔系数等一些结构性指标来看,无疑中国就是一个中等收入的发展中国家。世界银行的统计表明,没有解决温饱的国家,农业劳动力就业比重会达到 72% 以上;农业劳动力就业比例达到 54% 的国家,属于下中等收入的发展中国家;农业劳动力就业比重达到 40% 的国家,属于中等收入的发展中国家。而我国现在农业劳动力就业比重在 40% 左右。从联合国公布的恩格尔系数标准划分来看,最穷国家的恩格尔系数是在 60% 以上;解决了温饱的国家恩格尔系数是在 50% ~60% 之间;初步小康国家的恩格尔系数是在 40% ~50% 之间;全面小康国家的恩格尔系数是在 30% ~40% 之间。我国现在的恩格尔系数仍然接近 40%,这也是处于中等收入的发展中国家水平。

由低收入国家发展到了中等收入国家,是我国改革开放和经济增长取得的巨大成就。但是进入中等收入这个阶段后,会面临着和以往发展不同的新的矛盾,面临"中等收入陷阱"的威胁("中等收入陷阱"是指发展中国家经过一段较长时期的高增长达到了中等收入阶段之后,由于种种原因,经济发展出现一种停顿、停滞)。

从现有的理论文献和政策层面分析来看,有三个方面的原因构成中等收入陷阱发生:

第一个原因是创新能力差。因为创新能力差,经济增长主要靠投入量增长带动经济增长,就不能实现从依靠要素大量投入向依靠要素效率提高来带动经济的增长的转变。中等收入国家面临的最大问题就是创新能力不能满足经济发展的要求,这需要进行技术创新和制度创新。

第二个原因是经济增长的成本高。发展中国家的优势是劳动力、土地等要素便宜。但是经过十年、二十年甚至更长时间的发展,这些要素价格就会上涨。因此说劳动力价格的上涨是一种必然的趋势。

第三个原因是国际原因。因为发展中国家产业结构单一,内需不足,主要靠出口,依附于国际市场,并在比较大的程度上依靠国际市场。只要国际市场出现比较大的周期动荡,发展中国家原来存在的内需不足的问题马上就会空前突出。

这三个方面的原因在我国都不同程度地存在着,所以需要高度注意,争取及时有效地穿越中等收入陷阱,保持经济可持续、均衡、稳定、有效的增长。而从当前中国经济发展的矛盾来看,虽然受到货币流动性充裕等宏观政策的短期政策的影响,但从长期看和这三个方面的因素也有着密切的关系。从经济发展方式看,在经济加速增长阶段,我们更重视经济总量的扩张,在经济增长中更加重视投入的增加而不是效率的提高,强调发挥我们在要素价格方面的优势而对技术进步、效率的提高重视不够,而在宏观政策导向上鼓励积累、鼓励投资和鼓励规模的扩张;在收入分配上,我们的居民收入上涨长期低于经济增长,事实上是依靠较低的劳动力成本实现经济扩张,但一旦经济发展到一定水平,无论是从居民分享经济发展的成果来看,还是从积累和消费协调发展的关系看,劳动力成本都需要上升时,很多企业却可能因为成本上升的压力面临经营困难;而从对外部经济的依赖来看,自改革开放以来中国经济增长的一个重要特点,就是外向型经济的发展快于中国整体经济的发展,但是到了现在,一方面,国际市场对中国商品出口的接受能力有可能递减;另一方面,中国经济增长所需要的能源和自然资源的依赖性却在不断增加,而由国际输入的通货膨胀压力却是长期持续的。

但与此同时,我们也应该看到,克服"中等收入陷阱"的威胁,中国也有三个特有的优势:

第一个优势是"天时"。我国还处在一个高速增长的阶段,未来十年甚至二十年,如果我们能处理好发展中的各种矛盾,我国还能继续维持相对较高的经济增长。

第二个是"地利"。中国地区之间发展是极不平衡的,这个不平衡在一定条件下是落后的表现。但是换一个角度来看,当一个国家的经济进入了持续稳定的高速增长的周期之后,大国地区之间的不均衡会形成一种梯度。欠发达地区的经济发展将会对全国经济的发展形成推动。它可能延长一个国家经济长期高速增长的时间,波浪式向前推动。

第三个就是"人和"。人和就是指改革,目标是市场化。当前中国国内市场的资源越来越从行政支配的角度转向市场竞争的角度,资源使用的效率在提升。这种制度变迁是有增长效应的。

因此,从现在我国所处的发展阶段、地区之间的非均衡的发展情况以及体制改革带来的积极性和效率的提高来说,我国的经济发展具有克服中等收入陷阱的诸多优势。那么,我们就要努力转变我国的发展方式,把优势转变为现实,使我国的经济能够顺利地穿越中等收入陷阱,进入一个可持续发展的轨道。

二、如何看待我国最终需求拉动的优先顺序

改革开放伊始,邓小平首先以 GDP 翻两番为目标,提出了实现中国式现代外化的数量标准。在当时的背景下,这一目标的提出为我们解决一系列发展难题指明了方向。在一个贫穷的(人均 GDP 在 200 美元左右)、经济增长和经济发展停滞的(国民经济到了崩溃的边缘)的国家,如果不把人心转移到经济建设上来,如果没有一个明确的经济发展目标,中国就永远不能摆脱贫穷、落后的面貌。这一目标的提出以及为实现这一目标所进行的努力,推

动着中国开始了加速的经济增长也就是通常所说“经济起飞”。在过去的30多年里，中国的高速经济增长可以称为世界经济增长史上的奇迹。

对于中国的高速经济增长，有很多经验可以总结，从生产领域看，主要通过经济体制改革（如通过渐进的市场化过程和改善政府宏观管理）调动生产者的积极性和合理配置资源，而从需求领域看，那就是发展以出口带动的外向型经济、增加积累和扩大投资、改善人民生活和实现消费。在表1中以现行价格进行长期比较，可以看到三者之间出口增长最快，投资次之，消费最慢。其中，出口和投资的增长高于GDP，而消费的增长低于GDP。

表1　　2000年与2009年最终需求比较

	现价支出法国内生产总值（亿元）	最终消费支出（亿元）	资本形成总额（亿元）	货物出口总额（亿元）
2000	98749.0	61516.0	34842.8	2492.0
2009	345023.6	165526.8	164463.5	12016.1
年均增长（%）	14.9	11.6	18.8	19.1

资料来源：《中国统计年鉴2010》。

在支出法GDP中，在最终消费支出（消费）和资本形成总额（投资）之外，另外的一项为净出口（即出口减进口），但从最终需求的角度看，出口是属于国外对本国货币和服务的需求，而进口则分别用于消费、投资或再出口，而从生产的角度来看，无论是生产消费品、投资品还是出口商品，都需要进行中间投入并创造增加值，因此，对于最终需求的分析，不仅需要使用净出口的概念，也需要使用总出口的概念。

对于发展中国家来说，要实现经济起飞和保持后来的高速发展，增加积累和扩大投资具有重要的意义。因为只有扩大投资，才能实现由简单再生产向扩大再生产的转化，实现加速增长。但对于落后的封闭经济来说，靠自身积累取得超常规的发展是很困难的,因此,发展外向型经济就具有了特别重要的意义,它可以将境外的资源(资金、技术、市场、管理等)和国内的生产要素相结合,加速国内的积累和发展过程。实行对外开放,是中国在现代化进程中的正确选择。由于在生产要素方面特有的优势,中国外向型经济的发展长期地领先于经济增长,表现为出口依存度的不断提高。与此同时,随着中国经济规模的扩张,国内自身的投资也在不断增加,而且随着中国自身实力的不断增加,在由外商直接投资和国内投资形成的总投资中,国内的比重就可能不断增加,从整体上来看,自改革开放以来,我国投资的增速一直高于经济增长,而进入新世纪以来,这种趋势表现得更为明显。从目前的趋势来看,如果不改变经济增长方式,要想继续保持高增长,就只有不断地扩大出口和增加投资。而在 GDP 和最终需求总量的增长率不变的情况下,如果投资和出口对增长的弹性系数较大,那就意味着消费对增长的弹性系数较低。从现在的情况来看,如果这种现象继续持续下去,中国经济很可能就不能保持过去 30 年那样的强劲增长,甚至有可能遇到曲折。作出这样的判断主要是基于以下一些原因:

首先是外向型经济的发展。经过 30 多年的发展,中国的经济总量和对外经济已经发展到了相当大的规模。到“十一五”规划完成时,中国已经成为世界上的第二大经济体和最大的出口国(GDP 占全球的比重达到 8% 以上,出口占全球的比重达到 10% 以上),中国对世界经济的贡献和依赖都在增强。改革开放以来,尤其是进入新世纪和加入 WTO 之后,中国抓住世界新技术革命和产业转移的时期,发挥自己的比较优势,通过加速的工业化进程使自己迅速成为世界上新的制造业中心,这对提高中国的整体实力、国际地位都有重要的意义。但是在另一方面,中国经济对外部的依赖性增加了,这既表现为出口对世界市场的依赖,同时也表现为发展外向型经济对原料、能源和自然资源等进口的依赖,这就使得国际经济环境的变化随时可能传导到国内来,这也是近几年来，所谓输入型通货膨胀对我国经济的影响越来越大的重要原因。与此同时，为了加强出口产品的竞争力，我们出口产品的价格提升的幅度却相对较低，为了冲抵劳动力价格上涨、成本上升等一系列降低企业利润空间的因素所造成的影响，国家通过汇率政策、出口退税政策等方面的倾斜支持出口企业，保持出口企业能在微利的情况下继续发展。但在这种情况下，外向型企业继续扩张的难度开始加大，而且在许多情况下，由于出口产业依赖的是国内低价的生产要素如土地、电力、劳动力、运输成本等，而这些生产要素从短期来看是充裕的，但从中长期看却有可能发生短缺，这实际上意味着从长期的观点来看现在的生产活动很可能是不经济的，很可能将影响我国的可持续的发展。而从中国经济对世界的依赖性来看，由于出口产品的构成是面向全球的，一旦外部环境发生变化，如 2008 年发生全球金融危机时那样，我们的经济增长就会受到严重影响。全球危机时，我们采取的是扩大投资的措施来对冲外部环境变化带来的冲击，但所带来的副作用是明显的。即使不发生危机，由于我们采取的鼓励出口政策，使我们经常项目下长期存在大额顺差，导致外汇储备大量增加，在国内形成大量外汇占款，在国外则形成大量金融资产，总体经济的风险在不断加大。

其次是投资拉动的经济增长效率在降低。改革开放初期，尽管我们经过新中国建设多年的努力，工业发展水平已经有所提高，但是和世界各国相比，无论是从经济总量上还是人均水平上看，都是相当低的。对于当时的中国而言，经济发展问题实际上就是增长问题，如果总量不能得到迅速扩大，不能把蛋糕做大，无论把蛋糕怎么分，也仍然无法改变贫穷落后的事实。因此，我们在改革开放的同时，还必须集中一部分财力，让一些地方先富起来，而这些地方先富起来的主要途径和特征，就是扩大固定资产投资，无论是 20 世纪 80 年代的经济特区，还是 90 年代的沿海开放城市，还是后来迅速发展起来的城市，它们之所以能够取得超常规的发展,特征就在于投资先行。从生产力合理布局的要求来看,这些地方发展起来后,生产要素的价格会上升,而另一些地方的比较优势就会显现出来,随着基础设施等条件的改善,有一部分投资就从发达地区向欠发达地区转移,以较低的投入获得较高的产出。但是实际情况却是,在那些获得了优先发展的地方,在各级政府的政策倾斜下,仍然在不断地扩大投资,如在各个大都市进行的房地产投资,由于土地价格的飙升,同样的投资所能够获得的单位面积是在不断下降的,但由于其他方面的原因,这些地方的房价还在上涨,这实际上就降低了整个国民经济的资金效率。发达地区的投资没有降下来,但是欠发达地区的经济条件有了改善,为了自身的发展,它们也必须扩大投资,它们的投资也在上升,而国家为了拉动经济增长,也在大力发展基础设施的投资。在这众多的投资中,有些会形成未来的公共消费(如铁路建设)和私人消费(如住房),有些改善了当地的环境和生产能力,但也有一些投资很可能在将来闲置甚至浪费,例如,各地近年来发展的汽车企业和钢铁企业,就很可能出现这种情况。如果这种浪费发生(事实上现在已经发生),那么我们今天创造的GDP,在将来看很可能就是无效投入,那样的增长是没有意义的。

最后是经济发展的要求对原有的经济增长方式形成了新的制约。经过30多年的高速经济增长,中国现在的GDP总量已经达到了当年的20倍以上,邓小平提出的GDP翻两番的数量目标,无论从哪个时间段来看,都已经或者即将提前实现。在20世纪80年代末,中国解决了人民的温饱问题;90年代末实现了总体小康;进入新世纪前后,中国提出要在新世纪的前20年实现全面小康。现在,20年已经过去了一半,从经济增长率和人均GDP水平来看,我们进展得很顺利,但和全面小康要求达到的人民生活水平仍然有差距。无论是从改善人民生活的要求来看,还是从经济增长的要求来看,都需要居民消费有一个比较大的提升,这也是国家在现阶段重视改善民生的重要原因。自改革开放以来,中国的居民消费增长是很快的，虽然它的增长低于经济总量和投资的增长，但和世界各国相比，这一阶段的中国居民消费可以说是增长得最快的。而不同阶段的消费升级，都为中国创造着新的经济增长点。开始是解决吃穿，然后是家用电器和信息产品，然后是汽车和住房。但现在的矛盾已经不是消费升级的问题，而是全面地提升全体人民的生活水平，这比简单地消费升级更加困难。以住房为例，现在无论是农村还是城镇，人均住房面积都达到了 30 平方米以上，这和经济发展水平相近的中等收入国家或地区相比，已经属于比较高的水平。但是在中国，由于经济发展不均衡，居民的收入分配也是不均衡的，这样在一部分居民的收入不断转成积累和投资的同时，另一部分居民家庭则可能因为收入较低而不能提高消费，从而导致整体居民的消费拉动不足。而通过调节收入分配拉动消费由于关系到各方面利益的调整，远比将产品出口到国外复杂，这可能也是我们在一部分生产能力过剩的情况下，仍然只能选择出口而不能转向内需的原因。

三、改善民生增加消费应该成为新时期基本的发展目标

当前我国经济总量面临的主要问题是：内需不足，增长乏力，而且还和世界经济的恢复不明朗交织在一起。一方面，我们担心经济增长可能陷入低迷、低增长；另一方面，通胀压力特别大，成本提高和一些输入性的国际因素会影响到国民经济的成本，推动国内市场的价格总水平上升。2008 年政府为了应对金融危机采取强有力的扩张手段，虽然收获了比较高的经济增长速度，但也为未来的通货膨胀留下了隐患。事实上，我国目前的通货膨胀是 2007 年通货膨胀的延续，只不过全球金融危机打断了这一进程，引起通货膨胀的各种深层次矛盾并没有解决，扩张性的货币政策事实上又强化了这种矛盾。从长期来看，在经济增长和经济发展过程中，价格总水平是需要适度上升的，否则，价格信号就不能很好地成为引导资源配置的基本工具。但是如果市场制度不健全，

信息传递不及时,或者是宏观调控出了问题,商品价格该调整的时候没有及时调整,一旦爆发出来就会引起很大的震动。从2007年以来的CPI变动来看,食品价格的变动始终是影响价格总水平的主因。如果说过多的货币供应导致了需求拉动的通货膨胀,那么在生产领域,成本推进的通货膨胀则体现了经济发展的诉求,农产品价格的大幅上涨尤其反映了这一点。如果说在其他领域,生产者可以通过技术进步、压低成本空间等消化部分生产资料的上涨,那么在农产品产销领域,这样的空间是很小的。且不说农民提高收入水平方面的要求,仅仅就农业生产资料的上涨而言,就不是通过提高农业劳动生产率所能消化掉的。还有企业的劳动成本、能源和资源产品的成本的提高,事实上都反映着经济发展和可持续发展的要求。

从长期来看,要保持中国经济的可持续增长,还是要解决中国经济面临的结构性矛盾。我国的经济发展存在四个方面的结构性矛盾:

第一个方面是内需不足。在2003年到2007年间我国平均经济增长率是10.6%,这里面有2.6%是出口贡献的。“中等收入陷阱”的形成原因中,非常重要的一条就是国际市场波动对本国经济增长的稳定性的影响太大。要摆脱对外需的过度依赖就需要发展内需,转变经济发展方式,提高制度和技术创新的能力。这不是短期的政策能解决的,需要长期通过制度的变化来解决。

第二个方面是投资和消费结构失衡,消费需求不足,经济增长过于依赖投资需求。自改革开放以来,剔除价格因素后我国投资需求每一年的增长率在13.5%左右,这比世界平均水平高出差不多一倍。在大多数国家尤其是发达市场经济国家,10%的经济增长中,消费需求会占到6%~7%,而我国正好与此相反。要解决投资和消费失衡不是简单的政策问题,也需要在制度上进行一系列的调整。

第三个方面是收入分配中出现的一系列结构性矛盾。我国居民收入增长是比较迟缓的，这就带来了一个严重的问题，真正的消费主体应该是居民，而居民的收入增长缓慢严重影响内需的扩大。除了大格局结构失衡之外，在居民收入内部，居民收入的差别在扩大，而且扩大的速度比较快。经济高速增长带来的好处，更多更快地给了收入比较高的阶层，而大多数的低收入或者中低收入阶级的收入增长更慢。高收入者的边际消费倾向低，他们倾向于去买保值品、去投资、去储蓄，而不是消费。这样一来，大量的国民收入从消费当中沉淀出来了，这就导致消费需求不足。收入分配的差距扩大问题，不仅影响社会公平目标，同时影响效益目标、经济增长和经济增长的可持续性。

第四个方面是中国的社会发展水平落后于中国的经济发展水平的矛盾。这本质上就是城市化的问题。中国的城市化水平和中国目前的经济发展水平比较起来，城市化水平相对还是落后的。城市化是一种生活方式，城市化水平低本身并不可怕，可怕的是城市化水平低造成的城乡差距大。解决这个问题的关键是提高农民的收入，同时，通过城市化改变农民的生活方式，提高农民的受教育水平和就业机会，然后提高农民的人力资本价值，这样实现农民收入的增加。这也需要我们进行长期的努力。

自改革开放以来，GDP 指标一直是我国经济发展的重要或主要目标，把年均 10% 的经济增长率保持这么久，这是我们的伟大成就。由于中国的人均发展水平仍然不高，同时面临巨大的就业压力，适度的经济增长仍然是需要的。但是从现在的情况来看，由于各方面条件的约束以及经济发展、可持续发展的要求，我们可以适度地放慢经济增长。我国"十二五"规划提出年均增长率达到 7%，同时还要求居民收入的改善不低于经济增长，这种调整是积极的，同时也对我国的经济发展提出了艰巨的任务。这事实上要求在经济增长率下调的情况下，居民收入的实际增长仍然保持不变，这就要求我们在经济增长中解决深层次的结构问题，使我们的经济发展更加均衡、更有效率。而这些结构问题不是短期的宏观财政和货币政策能解决的，它要靠制度创新，转变发展方式。而转变发展方式的核心是让经济增长的动力从一般的要素投入量扩张转变到要素效率的提高，依靠技术的进步拉动经济增长。在提高效率的同时，使社会公众公平地分享到经济发展的福利。而从最终需求上看，这就要求我们调整传统的通过扩大出口、扩大投资来实现规模扩张的做法，结合我们在本世纪实现全面实现小康的目标，把保持居民收入和消费水平稳步增长、结构更加合理作为更重要的发展目标，而出口、投资和 GDP 的增长则应该服从于这个目标，换句话说，也就是要以较低的出口、投资和 GDP 的增长率，获得较高的消费增长率。而我们的制度创新、政府职能的转变和宏观调控，也应该服务于这个目标。

（作者单位：北京大学国民经济核算与经济增长研究中心）

我国经济增长与波动的实证研究

陈乐一　李玉双

自新中国成立以来，社会主义建设事业取得辉煌成就，我国经济面貌发生了翻天覆地的变化。但我国经济建设也并非一帆风顺，经济增长经历了多次波动或衰退乃至萧条的阶段。本文主要探索新中国成立以来我国经济增长与波动的轨迹，寻找经济增长稳定性不断增强的原因。由于大规模经济建设始于1953年，因此本文实际分析的是1953年后经济增长与波动的轨迹。

一、我国经济增长的周期划分

经济波动研究一般选用GDP增长率作为考察指标。测定经济周期的方法主要有三种：速度法、移动平均法、对数差分法。速度法是一种直接以经济增长率指标来测定经济波动、描述经济波动特征的方法。移动平均法是为消除一些不规则因素对经济增长的影响，而对经济增长率进行数年移动平均处理以描绘经济周期的方法。该方法处理后的数据能在一定程度上消除短期随机波动的影响，平均移动越长，效果越好。但是这种方法存在严重的缺陷。由于处理过的数据存在明显的滞后现象，与速度法相比，移动平均处理过的波峰与波谷在时间上会往后移，移动的年份过长也会导致研究数据的过多缺失。对数差分法是以产出水平的一阶差分值为指标来描绘周期波动的方法。在现有的文献中，大多数学者通常选择速度法来测定经济波动，描述经济波动特征。因此,本文也将选取用经济增长率指标来划分经济周期,并分析我国经济周期波动的主要特点。

按照“谷—谷”法进行划分(见图1),1953—2010年中国经济增长率的波动共呈现出11个周期①,但是第11个周期才刚刚开始,这里不予分析。这11个周期的前5个周期,属于改革开放之前,后6个周期属于改革开放之后(见表1)。要说明的是,第6个周期的1977年、1978年这两年属于改革之前,1979—1981年这三年属于改革之后,由于采用“谷—谷”划分法,而该周期的波谷年份(1981年)位于改革之后,因此,第6个周期作为改革后的周期。在划分经济周期时,如果周期的长度仅为两年,则将其与相邻的周期合并,这种情况在第5个周期内出现过,它包含两个相邻的小波动,分别是:1973—1974年和1975—1976年的两次波动。②

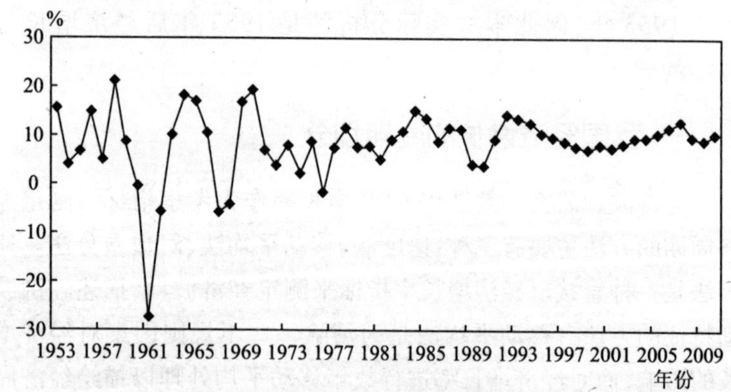

图1 GDP增长率波动图

资料来源:1953—1998年数据来源于《新中国五十年统计资料汇编》,1999—2007年数据来源于《中国统计摘要2009》,2008—2010年数据来源于国家统计局网站(http://www.stats.gov.cn/)。

---

① 实际上1953年属于上一个周期。

② 参见刘树成:《中国经济周期波动的新阶段》,上海远东出版社1996年版,第6、8页。

表 1　　中国经济周期的划分与周期长度

波序		周期起止年份	波长(年)		扩张持续长度(年)		收缩持续长度(年)		扩张与收缩之比率
			实际长度	平均长度	实际长度	平均长度	实际长度	平均长度	
改革开放前	1	1954—1957	4		2		2		
	2	1958—1962	5		1		4		
	3	1963—1968	6	4.6	3	2	3	2.6	0.76
	4	1969—1972	4		2		2		
	5	1973—1976	4		2		2		
改革开放后Ⅰ	6	1977—1981	5		2		3		
	7	1982—1986	5	5.75	4	3	1	2.75	1.09
	8	1987—1990	4		2		2		
	9	1991—1999	9		4		5		
改革开放后Ⅱ	10	2000—2009	10	10	7	7	3	3	2.33
	11	2010—现在							
1954—2009			56	5.6	29	2.9	27	2.7	1.12

注:根据图 1 提供 GDP 增长率的数据计算。改革开放后Ⅰ指的是改革开放后经济高速增长期;改革开放后Ⅱ指的是改革开放后经济平稳快速增长期。由于第 11 个周期才刚开始,这里不予以分析。

二、中国经济增长与波动三个阶段的对比分析

在 1953—2008 年里,以改革开放为界,可分为改革开放前时期和改革开放以来时期。如果再细分,改革开放以来时期又可以划分为经济高速增长阶段和经济平稳快速增长阶段,其中,经济高速增长阶段是 1977—1999 年,包括第 6—9 周期;经济平稳快速增长阶段是指自 21 世纪以来,即自 2000 年以来第 10—11 周期。在这三个阶段中,扩张与收缩的比率、波动幅度大小等波动特征,都存在显著差异。

(一)从扩张与收缩的比率看阶段的划分

扩张与收缩的比率是衡量经济增长稳定性的重要指标。一次完整的周期由扩张和收缩两个阶段组成。扩张与收缩的比率

越高，意味着扩张阶段越长，收缩阶段越短，表明经济增长比较稳定。从表1中可知，改革开放前的5个周期里，扩张期的平均长度为2年，而收缩期的平均长度为2.6年，扩张与收缩比率0.76，小于1。改革开放后经济高速增长阶段，扩张期的平均长度为3年，收缩期的平均长度为2.75年，扩张与收缩比率1.09，大于1。改革开放后经济平稳快速增长阶段，扩张期的平均长度为7年，收缩期的平均长度为3年，扩张与收缩比率上升至2.33，大于1。这三个时期的扩张与收缩比率依次递增，说明新中国成立以来，我国经济扩张的持续性增强，经济增长的稳定程度提高。

（二）从波动幅度大小等波动特征来看阶段的划分

分析我国经济周期的波动特征，主要可以从波动幅度、峰值、谷值、增长水平等几个方面考察。其中波动幅度尤其重要，它由三个指标组成：标准差、波动系数以及峰谷落差。从整体来看，按照“谷—谷”法进行划分，1953—2010年，我国的经济波动可以划分为11个周期，GDP增长率波动系数为0.88，标准差达到7.28%（见表2），同时我国的峰谷落差达到14.3%，平均峰值高达14.8%，平均谷值则只有0.6%（见表3），这些数据表明我国经济周期波动幅度很大。下面将我国经济增长轨迹分为三个阶段来分析经济周期的波动特征。

表2　我国经济波动系数

年份	平均值（%） (1)	标准差（%） (2)	波动系数 (3)=(2)/(1)
1953—1978	6.68	10.32	1.54
1979—1999	9.63	3.19	0.33
2000—2010	9.71	1.60	0.16
1953—2010	8.32	7.28	0.88

注：根据图1提供GDP增长率数据计算。

表 3　我国 GDP 周期的峰谷落差

波序		周期起止年份	波峰时刻(年)	波谷时刻(年)	峰值(%)	谷值(%)	峰谷落差(%)	平均增长水平(%)
改革开放前	1	1954—1957	1956	1954	15	4.2	10.8	7.8
	2	1958—1962	1958	1961	21.3	-27.3	48.6	-0.6
	3	1963—1968	1964	1967	18.3	-5.7	24	7.7
	4	1969—1972	1970	1972	19.4	3.8	15.6	11.8
	5	1973—1976	1975	1976	8.7	-1.6	10.3	4.3
改革开放后Ⅰ	6	1977—1981	1978	1981	11.7	5.2	6.5	8
	7	1982—1986	1984	1986	15.2	8.8	6.4	11.5
	8	1987—1990	1987	1990	11.6	3.8	7.8	7.7
	9	1991—1999	1992	1999	14.2	7.1	7.1	7.1
改革开放后Ⅱ	10	2000—2009	2007	2001	13	7.5	5.5	9.7
	11	2010—现在						
改革开放前(平均值)					16.5	-5.3	21.9	6.2
改革开放后Ⅰ(平均值)					13.2	6.2	7	8.6
改革开放后Ⅱ(平均值)					13	7.5	5.5	9.7
1954—2009(平均值)					14.8	0.6	14.3	8.2

注:根据图 1 提供的 GDP 增长率数据计算。改革开放后Ⅰ指的是改革开放后经济高速增长期;改革开放后Ⅱ指的是改革开放后经济平稳快速增长期。由于第 11 个周期才刚开始,这里不予以分析。

从标准差与波动系数来看(见表 2),改革开放之前的 1953—1978年,我国经济周期波动的标准差达到 10.32%,波动系数则高达 1.54。改革开放以来的经济高速增长阶段,即 1979—1999 年,标准差下降至 3.19%,而波动系数则下降至 0.33。第三个阶段即快速增长阶段 2000—2010 年,这时期的标准差与波动系数与改革前相比更是明显下降了,标准差为 1.6%,波动系数只有 0.16。标准差与波动系数的快速下降说明新中国成立以来我国经济周期波动是由剧烈转向缓和,特别是 2000 年以后,我国经济一直处于一个平稳增长阶段。

从峰谷落差来看(见表 3),改革开放前阶段的平均峰谷落差为 21.9%,属于典型的剧烈波动型。改革开放之后的经济高速增长阶段,周期的平均峰谷落差降至7%;经济平稳快速增长阶段,周期的平均峰谷落差迅速降至5.5%。改革之前的5个周期中,它们的落差均在10%以上,其中第2个周期的落差竟然达到了48.6%。改革之后,落差值都有所回落,所有落差值都小于8%,其中落差值最小的是第10个周期,它的落差已经降到了5.5%。因此,总体来说新中国成立以来我国经济增长的稳定性正在不断增强。

从各个周期的峰值来看(见表3),改革开放前阶段的5个周期的波峰平均值为16.5%,改革后经济高速增长时期的波峰平均值下降到13.2%,改革后经济平稳快速增长期波峰平均值又下降至13%。此外,观察改革开放前后各个周期的峰值,我们可以发现,改革开放前周期之间的峰值差距也很大,例如,第二个周期的峰值高到21.3%,第五个周期的峰值只有8.7%。改革开放后经济高速增长阶段的周期峰值大多在12%左右,峰值均匀。在改革开放后经济平稳快速增长阶段,周期的峰值为13%。这三个阶段峰值都处于高位,表明新中国成立以来我国经济增长一直存在盲目扩张性,容易出现经济过热,尤其是第一阶段周期之间的峰值差距明显,经济波动幅度大。

从谷值来看(见表3),改革开放前阶段的波谷平均值为-5.3%,为古典型;改革后经济高速增长期的波谷平均值为6.2%,经济平稳快速增长期的波谷平均值为7.5%,均为增长型。比较改革前后各周期的波谷,改革开放前竟有3个周期是古典型,其中以第二个周期的波谷位最深,达到-27.3%。而改革开放以后,5个周期均为增长型,经济高速增长期平均谷值比改革开放前上升了11.5个百分点,经济平稳增长期平均谷值比改革开放前上升了12.8个百分点。谷位的显著上升表明新中国成立以来我国经济增长抵抗衰退的能力得到了明显增强。

从平均增长水平来看(见表3),改革前5个周期的平均增长水平为6.2%,改革后经济高速增长期的平均增长水平上升到

8.6%,经济平稳快速增长期为9.7%。三个阶段的平均增长水平是逐渐提高的,这表明改革以来我国经济增长水平显著提高。

从总体而言,我国经济增长与波动可划分为三个阶段:第一阶段,也就是改革开放之前,扩张与收缩之比率低,经济波动幅度很大、峰位较高、谷位深、平均增长水平低,可形象地表述为“大起大落”;第二阶段,也就是改革后经济高速增长阶段,扩张与收缩的比率上升,波动幅度下降、峰位上降、谷位上升、平均增长水平提高;第三阶段,也就是改革后经济平稳快速增长阶段,扩张与收缩的比率进一步上升,波动幅度更小、峰位下降、谷位继续上升、经济增长水平高于高速增长期。就阶段而言,从第一阶段至第二阶段再至第三阶段,经济增长的稳定性顺次增强。一言以蔽之,新中国成立以来我国经济增长的稳定性不断增强,新时期更是呈现出平稳和快速增长的特征。

三、中国经济增长稳定性不断增强的原因分析

新中国成立以来,从第一阶段顺次至第三阶段,经济增长的稳定性不断增强,其原因是多方面的,但是其根本原因是由于改革开放的不断深入,我国经济市场化程度持续提高。计划经济体制时期,我国经济市场化程度极低,各种商品和服务产品的价格形成基本上完全由政府管制,市场因素在经济生活中受到极端压制,政府管制力量远远大于市场力量,外在的政府干预因素经常冲击正常的经济周期,导致经济多次“大起大落”。改革开放以来,我国不断推进市场化进程,削弱政府管制力量,经济的市场化程度不断提高,因此经济波动幅度迅速下降,波动由剧烈转向缓和。随着经济体制改革的深入推进,市场化程度在20世纪90年代中期的水准上进一步提高,对经济增长的直接影响就是导致新一轮经济周期呈现前所未有的平稳特征。市场化程度提高还可以使得经济增长避免不切实际的高速度,实现健康的快速增长。下文选取新中国成立以来的宏观经济数据,实证分析市场化进程

对我国经济波动变化的影响。

(一)变量选取与数据说明

市场化进程是指从计划经济体制向市场经济体制转变的一个过程,包含着一系列经济的和非经济的方面的改革,因此对市场化进程的定量测定是一个非常复杂的工作。由于我国从计划经济体制向市场经济体制转轨的根本问题就是非国有经济比重的不断提高和所有制结构的转变,所以采用非国有经济职工人数占职工人数的比重来表示其市场化进程也是一种比较合理的选择(卢二坡和曾五一,2008)。当然,非国有经济比重只是经济体制转轨的一个具体反应,它不能完全代表市场化进程的所有方面。尽管如此,该指标与市场化的其他方面有着较强的相关性,它的变动大体上能够反映我国市场化的进程(卢二坡和曾五一,2008)。因此,本文采用非国有经济职工人数占职工人数的比重作为市场化进程的代理变量,用 mkt 表示。为了判断市场化进程对经济增长波动的影响,还需要分离出经济增长的波动成分。在本文的检验中,主要使用常用的 H—P 滤波法来分离变量的趋势成分与周期成分。我们对 1953 年以来 GDP 增长率进行了趋势与周期的分解,其周期成分记作 cy。文中所有原始数据均来自《新中国五十年统计资料汇编》、《中国统计摘要 2009》和国家统计局网站(http://www. stats. gov. cn/),样本空间为 1953—2009 年。

(二)ADF 单位根检验

时间序列计量分析需要样本数据是平稳的单位根过程,否则就存在“伪回归”问题。因此,在进行实证分析前需要对时间序列变量进行单位根检验。通过 ADF 单位根检验,我们发现(表 4):cy 在 1% 显著水平上为平稳变量;mkt 在 1% 显著水平上为非平稳变量,而 mkt 一阶差分值在 1% 显著水平上为平稳变量。由于 mkt 是非平稳变量,因此在回归分析时,需要对它进行一阶差分,使它变为平稳变量。

表 4 ADF 单位根检验结果

变量	ADF 统计量	检验形式(c,t,q)	P 值	结论
cy	-5.938672***	(c,0,3)	0.0000	平稳
mkt	-1.821285	(c,0,0)	0.6243	非平稳
dmkt	-11.53056***	(0,0,0)	0.0000	平稳

注：*** 表示在 1% 显著水平上显著；d 表示差分；检验形式(c,t,q)中，c、t、p 分别代表常数项、时间趋势和滞后阶数。

(三)回归分析

根据表 5 可以发现，在回归方程中，dmkt、dmkt(-1)和 dmkt(-2)系数的 T 值在 1% 的显著性水平下显著，F 统计量也通过检验，SC 检验值等于 -2.7502，R^2 等于 0.4136。因此，市场化进程对经济波动的回归方程结果是比较理想的。在表 5 中，dmkt、dmkt(-1)和 dmkt(-2)系数的系数分别为 -0.4014、-0.4030 和 -0.2025，这说明随着市场化程度的不断提高，经济将会运行越来越平稳。因此，我们可以发现，实证结果与上文分析相一致：市场化程度提高还可以使得经济增长避免不切实际的高速度，实现健康的快速增长。

表 5 市场化进程对经济波动的回归分析结果

变量	系数	标准差	T 值	P 值
dmkt	-0.4014***	0.0748	-5.3689	0.0000
dmkt(-1)	-0.4030***	0.0832	-4.8417	0.0000
dmkt(-2)	-0.2025***	0.0745	-2.7174	0.0090
c	0.0140*	0.0079	1.7893	0.0796
R^2 = 0.4136		Schwarz criterion = -2.7502		
F-statistic = 11.7532		Prob(F-statistic) = 0.0000		

注：*** 表示在 1% 显著水平上显著，* 表示在 10% 显著水平上显著，(-1)表示滞后一期，(-2)表示滞后二期，c 表示常数项。

（四）Granger 因果检验

回归分析的结果往往只能量化一个变量变化时，另一个变量变化的情况，但对哪个变量是因，哪个变量是果，却无法有效回答，因此本文采用 Granger 因果检验来研究经济波动与市场化进程之间因果关系。根据表 6 可知：在 10% 显著水平下，我国经济波动与市场化存在双向的 Granger 因果关系，即市场化会影响经济波动，同时经济波动也会影响市场化进程。结合两者之间的回归方程式结果能得到以下结论：市场化程度的不断提高，将有利于经济的平稳运用。

表 6 Granger 因果检验结果

零假设	Obs	F 统计值	P 值	结论
dmkt does not Granger Cause cy	49	2. 27811 *	0. 0514	拒绝
cy does not Granger Cause dmkt	49	4. 12128 ***	0. 0022	拒绝

注：*** 表示在 1% 显著水平上显著，* 表示在 10% 显著水平上显著。

四、结论与对策建议

自新中国成立以来，根据扩张与收缩的比率、波动幅度大小等波动特征，我国经济增长与波动可以划分为三个阶段：改革开放以前时期、改革后经济高速增长阶段、改革后经济平稳快速增长阶段。这三个阶段中，经济增长的平均速度不断提高，经济增长的稳定性顺次增强，尤其是新时期更是呈现出平稳和快速增长的特征。同时，根据 1953—2009 年宏观经济数据，运用计量经济学方法实证分析发现，我国经济增长的稳定性不断增强的根本原因在于随着改革开放的不断深入，经济市场化程度的持续提高，并且市场化程度越高，经济运行就越平稳。因此，要想保持未来经济平稳快速增长，最根本的还是要深化经济体制改革，强化市场力量，进一步加快市场化进程。

历经 30 多年改革开放，我国经济市场化程度已显著提高，但还是存在一些严重问题，主要是各个领域和各地区之间的市场化程度严重不平衡。商品市场、劳动力市场和资本市场三大领域中，资本市场的市场化程度最低。虽然改革开放这么多年了，我国资本市场盈利性的本性依然受到极大压抑，其根源还是计划体制痕迹，致使资本市场一直处于低效运行状态。进一步提高我国经济市场化程度，关键还是要继续深入经济体制改革，不断强化市场力量，通过与旧体制力量的不断反复“搏杀”，市场最终确定自己的统治地位，尤其是资本市场领域，一定要最大限度淡化其行政性，还资本市场营利性的本性。近年来我国经济体制改革取得了重要进展，改革在各领域有序展开，一些重点领域和关键环节的改革有所突破，例如，农村改革继续向深层推进，金融体制以及资本市场改革力度加大，财税投资价格改革稳步进行，社会保障体制改革取得新进展，但是我们又必须清醒地认识到，当前改革任务仍然十分艰巨，制约我国经济增长和发展的一些深层次矛盾和问题没有从根本上得到解决，一些重要领域的改革仍然严重滞后，可以这么说，改革不到位一直是我国经济社会生活中诸多矛盾和问题产生的重要根源，并且已成为实现经济社会全面协调可持续发展和经济平稳较快增长的重大障碍，因此，进一步推进经济体制改革和制度创新，已时不我待，各地区、各部门要把改革放到更加突出的位置，坚持以改革为动力推动各项工作，力争在一些重要领域取得新的突破。

参考文献

[1]刘树成．中国经济周期波动的新阶段[M]．上海：上海远东出版社，1996.

[2]刘树成，张晓晶，张平．实现经济周期波动在适度高位的平滑化[J]．经济研究，2005(11).

[3]陈乐一．我国经济周期阶段与持续繁荣[M]．北京：人民

出版社,2007.

[4]卢二坡,曾五一.转型期中国经济短期波动对长期增长影响的实证研究.载:管理世界,2008(12).

(作者单位:湖南大学经济与贸易学院)

内生信贷的金融经济周期模型分析

陈昆亭　周　炎

一、引言

近20年来世界经济周期波动中最显著的特征莫过于金融因素对实体经济的影响程度的日益增强。20世纪90年代的亚洲金融危机,2007年夏天的美国次贷危机,一次比一次严重的危机让人们认识到,金融市场摩擦、金融冲击和波动、金融中介和信贷政策等金融因素正成为影响经济周期波动,甚至引发经济危机、国家政府危机,继而社会动荡的重要根源。因而,基于金融市场因素的经济周期波动和危机形成机制的研究已成为宏观经济政策管理中的一个重要问题,也是宏观经济周期理论领域的一个新的热点。

当前前沿研究中主要关注的金融因素有:金融市场摩擦,金融冲击,金融中介等,以及与这些因素紧密联系的货币信贷政策的,更复杂的问题还涉及财政政策的组合效应。从方法上最初是计量方面的研究,逐步发展到在动态随机一般均衡(DSGE)模型系统下关于波动传播机制方面的深层研究,总体看主要是周期理论框架方法和内容方面的创新和改进,因而,我们称这些研究为金融周期理论(FBC),以区别于20世纪80年代兴起的实际经济周期理论(RBC)和90年代后逐渐形成的RBC框架与凯恩斯主义贡献结合的产物——广义经济周期理论(GBC,也有一些学者称为组合的周期理论)。

金融周期方面的研究很新,能否适合与应用于中国经济问题的分析还不能确定,或者,经怎样改造才能适合也不清楚。为此,本文拟建立嵌入银行中介部门的金融经济 DSGE 型周期模型以研究模拟中国经济,研究目标为:(1)研究该类模型机制方面与传统周期模型有何创新,理论上有哪些改进;(2)在模拟中国实际经济方面效果如何,数值方法方面有哪些问题和难点;(3)主要金融因素影响实体经济方面的问题,例如,如何影响?影响机制和程度怎样?(4)国际金融市场迅猛发展的大趋势下,政策上应当采取怎样的措施以应对各种内外部冲击,长期有效性和短期最优如何一致等。

本文下面的安排为:在第二部分简单综述周期理论发展(从 RBC 到 GBC,再到 FBC)的大概过程;在第三部分建立一个尽可能考虑贴合中国经济实际现状的金融经济周期模型框架;然后在第四部分数值分析其拟合实际经济的效果,中国实际经济周期特征实证方面的工作同时在这一节中展出,以校正模型经济,我们的实证工作基于 1992—2010 年的季度数据,运用带通滤波技术,并进行模型经济模拟效果的评估;在第五部分进行金融因素影响经济机制方面问题的研究;在第六部分进行政策效果方面的讨论;最后在第七部分给出一个总结。

二、文献综述

20 世纪 80 年代,以 Kydland & Prescott (1982), Nelson & Plosser(1982), Long & Plosser(1983), Prescott(1986), Greenwood, Hercowitz & Hoffman(1988), King, Plosser & Rebelo(1988), Cogley & Nason(1995)等为代表的实际商业周期理论(Real business cycle,简称 RBC)被一度接受为周期理论的正统研究方法。但此后的研究证明,基本的 RBC 模型存在明显的不足,最主要的问题是这些模型中不包含货币,因而无法讨论货币政策效应;另外这些模型对实际工资的预测明显强于实际经济中实际工资同总产出的关系。关于这一点,传统凯恩斯派的模型则走向另一个极端,它们对实际工资的预测明显低于实际经济中实际工资同总产出的关系。两派互相批评,相互吸收优点,于90年代后逐步融合产生出进一步完善的现代周期模型——广义经济周期理论(General Business Cycle,简称GBC)模型。代表性研究如:Ireland(1997,2001),King & Watson(1996),Kim(1999),Mankiw & Reis(2002),King and Rebelo(1993,1999),Giannoni and Woodford(2002,2003),Huang and Liu(2002)等。

GBC理论在直到几年前的15~20年的时间里,基本上被当做动态宏观经济学理论研究方面的标准工具,它的基本框架和研究方法被广泛应用到货币政策、公共财政、劳动经济学、公共经济学、国际贸易等几乎所有宏观问题。以至于人们开始相信,这一方法已经接近完美了。但实际上,传统的RBC模型,凯恩斯主义模型以及他们融合而成的GBC,都不认为金融和信贷市场影响实际经济(基于Modigliani - Miller定理)。那么信贷金融市场对实际经济究竟有没有影响呢?这一问题实际上早在大萧条时Fisher(1933)就提出来了,他认为信贷市场条件的恶化(如债务负担的加重和资产价格的下降),并不仅仅是经济周期的消极反应,他们本身就是经济萧条的一个主要因素。但早期对这个问题的研究主要建立在局部均衡的框架下,并没有引起足够的重视。

亚洲金融危机使这一观点开始受到关注。Bernanke & Gentler(1989)较早就把信贷问题纳入一般均衡框架下讨论,类似的研究还有Bernanke,Gentler & Gilchrist(1999),Kiyotaki & Moore(1997)等。这些研究都认为信贷金融市场具有传播放大波动的作用,并初步模拟出了信贷约束机制(也称为金融加速器效应),在经济繁荣过程中具有杠杆放大效应,在经济萧条过程中,具有加速经济下沉的负向作用。这期间还有不少实证研究也支持这种观点。如Zeldes(1989),Jappelli & Pagano(1989),Campbell & Mankiw(1989),Carroll & Dunn(1997)等。这些实证研究在一定程度上肯定了信贷金融市场的确构成了新时代背景下,经济整体周期波动的重要根源。然而，一些研究指出，这类模型理论上虽然很好，但实际上并不能产生出很好的接近实际经济的波动特征。如 Kocherlakota(2000)在局部均衡框架下发现，在内生信贷约束条件下，冲击的传播放大效应过多地依赖于资本和土地在生产中所占的份额；Cordoba & Ripoll(2004)在一般均衡框架下研究发现，在标准的生产和偏好参数下，抵押信贷约束机制的传播放大效应几乎是零。因而，关于信贷金融周期模型研究又进入低潮。

2007 年的美国次贷危机，成为推动这一领域理论发展的又一冲击，大量的文献再次展开了讨论，其中具有代表意义的大作如：Jerman and Quiadrini (2009), Christiano, Motto and Rostagno (2010), Goodfriend and McCallum(2007), and Gertler and Kiyotaki (2010)等，这几篇文章作为美欧两大主要中央银行核心智囊的大作，代表并总结了西方学者在这一领域研究的前沿技术和主流方向。这些研究一个重要的改进是直接或隐性引入了银行中介部门，以内生前面研究中的信贷约束机制，这是一个最新的模型创新方面的特征，虽然银行中介被嵌入的模型中的研究在这之前就有(如 Lucas,1993)，但目的不同，过程不同，以前的研究重在银行和流动性方面的单一刻画和研究，但最新的研究是把银行，货币政策，和流动性问题统统纳入 DSGE 的周期框架之中，重在研究金融冲击，金融摩擦以及政策冲击等的周期波动问题。这些研究本质上是周期理论的创新，是纳入了金融因素的周期理论，因而，我们称这类最新的研究为金融经济周期理论(Financial Business Cycle, FBC)。下面简单介绍这几个代表性的工作。

Jerman and Quiadrini(2009)通过微观描述公司投融资行为，着重研究公司融资行为对于经济周期波动的影响。通过实证研究公司股票与债务流总水平，建立公司股票和债务融资行为的商业周期模型，研究发现，在单纯生产性冲击下，模型不能很好模拟实际周期波动和公司股票与债务周期行为，但假定直接影响公司借贷行为的信贷冲击后，模型预测结果非常接近实际（在金融流量和实际经济变量两个方面）。

Goodfriend and McCallum（2007）模型中，除了有类似于存在的模型中的金融加速器机制，还假定了银行减速器机制的存在，模型思想为：在黏滞价格的经济环境中，激励就业和产出增加的货币政策冲击，会引发资本边际产出增加，从而，资本价格上涨，经济中可抵押价值增加，则在对于银行储蓄需求不变的条件下，外部融资贴水下降，这是金融加速机制部分；另外，货币政策激励花费的同时也增加对银行储蓄的需求，则在可抵押资产价值不变的条件下，外部融资贴水趋于增加，这形成银行减速机制部分。

该文利用实际历史平均利率、利率差、银行总量，宏观总量数据作为校正模型实际数据基础，校正稳态均衡模型系统参数；对数线性化系统非线性方程组，产生线性近似模型动力系统；考察不同组合冲击下，系统反应机制；研究认为引入银行中介和货币到标准增长模型中，产生对于金融变量和经济总量变量解释力的显著改进。

Christiano，Motto and Rostagno（2010）是欧洲中央银行的长篇工作论文，多达 130 多页，试验图表多达千余，以欧美两大经济体实际金融和宏观总量数据为背景，建立嵌入银行中介到 DSGE 的模型框架，形成目前可以查到的该领域最细致深入的研究。他们的实证研究发现：金融财富风险冲击几乎解释了信贷市场的全部，占外部融资贴水方差的份额在欧洲和美国分别为 85% 和 96%，占实际信贷的份额在欧、美分别为 60% 和 73%；另外，风险冲击可以解释欧、美经济周期波动中投资波动性的比例分别在 1/3以上和 60% 以上；解释 GDP 的比例分别为 35% 和 47%；因而推断信贷市场信息结构对于整体推断至关重要，并以预期偏差与修正为符号机制形成建模思想：风险冲击的真正解释力在于其符号功能，是过去对于未来预期的均衡修正过程在驱动着经济的波动。信贷，资本、资产价格，就业和生产活动的动态关系和变化过程依赖于符号的显示发现机制与过程，由此产生资本预期回报的粘滞性，并衍生至经济的各个环节的黏滞性。研究结论指出：包含金融中介市场摩擦、金融市场冲击和货币政策冲击的金融加速器机制模型是刻画实际经济的最好框架，在没有金融因素的基本模型中，资本价格表现为反周期特征，和实际经济数据特征相反，在引入金融因素的金融加速器模型中，资本价格顺周期，一致与实际经济。

我们研究发现，该研究虽然模型构造足够复杂精细，以至于没有充分深入的研究很难理清其方程、变量之间的关系，但本质上仍是 Ramsey 模型的基本思路，仍然假定企业家、资本家、银行家的人格虚化，假定这些部门的存在，但利润最终归属于唯一的私人部门，即最终的唯一的经济法人——“鲁滨孙”。我们认为这样做多少有些遗憾，因为，引入银行中介的目的在于通过存贷款利率差异的存在刻画金融部门摩擦的机制，同时通过银行家和银行部门职员的努力，实现银行部门利润最大化行为的发生，来内生信贷约束机制（或金融放大机制），如果，人格归一，则逻辑上很难理解严格正利差存在情况下，“鲁滨孙”同时存贷行为的矛盾。相比之下，生产部门和私人部门人格异质性特征的引入则有利于解决这一问题，如 Bernanke & Gentler(1989), Bernanke, Gentler & Gilchrist(1999), Gertler and Kiyotaki(2010)等。

Gertler and Kiyotaki(2010)可以说是这一领域真正的权威力作[①]，建立信贷市场摩擦与总量经济模型，研究两个问题：(1)金融中介市场崩溃如何形成影响实体经济的金融危机；(2)当前中央银行和财政部推行的各种政策如何化解这次危机。该文细致分

① 该文结合该领域两大主要奠基性工作[Bernanke & Gentler,(1989)和 Kiyotaki & Moore,(1997)]为一体，并引入银行中介等新研究成就，预期将成为未来高级研究和教课书中标准内容。

析指出，金融中介市场崩溃①是本次危机中主要特征。在危机中，金融机构既难以获得储户存款，还难以从同行机构中获得拆借，即银行面临严重流动性冲击。因而认为危机之后美国的系列政策是必要的。

从总体来看，这些研究都肯定了金融因素有影响经济的重要贡献，但强调的方面和重点不同，手段不同，解决问题也各不相同。概括起来存在以下问题：

（1）近期最新的研究几乎一致地强调了银行中介的作用，并通过引入银行中介替代此前流行的关于信贷约束机制，但引入银行中介的办法很不统一，究竟怎样比较好，哪种办法更贴近实际，还有待于深入比较研究；同时，关于金融因素的考虑主要集中在金融市场摩擦机制、金融冲击、政策等几个方面，内在机制包括传统的信贷约束机制的效应还很不清晰，存在的研究在多个核心问题上还没有形成统一。

（2）关于金融市场摩擦的刻画和对于经济周期动态的影响机制方面的研究还有待深入；Goodfriend and McCallum（2007）和Gertler and Kiyotaki（2010）通过借出方（银行中介）构造金融市场摩擦；但 Christiano，Motto and Rostagno（2010）则通过企业家部门资本经营管理嵌入金融摩擦。怎样更有代表性，或者，在不同的经济背景下，应该用怎样的手段刻画金融市场摩擦的影响是一个重要问题。

（3）现代经济中金融杠杆效应对经济动态的影响机制是值得研究的，但存在的研究没有专门讨论。

（4）金融冲击是金融市场中的，足以诱发整个经济变量显著变化的扰动。这方面的研究还只是开始，但其未来影响经济在可能性和越来越强的趋势，证明其研究的重要性。Gertler and Kiyo-

① 关于本次金融市场崩溃的描述可参见 Brunnermeier（2009），Gorton（2010）and Bernanke（2009）等；关于数百年来的金融危机的描述见 Reinhart and Rogoff（2009）。

taki(2010)仅仅考虑了资本质量变化冲击,其他几个文章考虑到了:金融财富冲击(摩擦冲击)、银行技术冲击(中介冲击)、和银行超额储备价值冲击,但系统比较和专门的讨论很不深入。其中金融冲击的诱发机制问题,金融冲击与其他因素相互促进的机制等都有待加强。

(5)除了上面几个重点文献,类似研究还有很多,其中,华人学者在此领域也有不少工作,如 Pintus,P. A. ,and Y. Wen(2008),Zheng Liu,Pengfei Wang,and Tao Zha(2010),Zheng Liu & Pengfei Wang(2010)等。但是,以中国经济为背景建立信贷金融周期的 DSGE 模型研究还很欠缺。Chen,Kunting 等(2008),许伟,陈斌开(2009)是可知的国内学者中较早把信贷量嵌入 DSGE 模型中的工作,但是,许伟,陈斌开(2009)采用把信贷作为一个生产函数要素的办法直接引入模型中去了,这种做法的好处是模型简单化了,但未能刻画出信贷在经济中的约束和内生性质; Chen,Kunting 等(2008)采用了类似于 Bernanke & Gentler(1989),Bernanke,Gentler & Gilchrist(1999),Kiyotaki & Moore(1997)的办法,引入了信贷约束机制,但仅仅重点讨论了危机形成机制方面的参数安全范围问题,也没有较好地做实证;因而,有关中国经济 DSGE 模型方面的研究还非常需要加强。

三、模型建立

模型经济由家庭,企业家,银行和政府部门构成,代表性家庭供给劳动,获得劳动收入,收入用于当期消费和储蓄积累;代表性企业家是复合型的,即负责生产部门商品生产的组织工作,还计划资本品的投资和运作,并实现资本积累,银行部门吸收私人部门存款,通过调查和监控努力实现给企业部门的贷款发放,中央银行观察经济生产性缺口和通胀水平,决定准备金率,基准利率和货币增量。

家庭部门:代表性家庭消费经济中单一物品, C_t 表示 t 期

Dixit－Stiglitz 消费流，家庭由两种成员构成，企业工人和银行职员，工人给家庭提供工资收入，银行职员给家庭提供工资和分红收入；最优问题为选择消费、劳动供给和储蓄。因而家庭部门最优生命期效用问题为：

$$\max_{\{C_t,A_t,L_t\}} E_t \sum_{t=0}^{\infty} \beta^t \left[\frac{C_{ht}^{\ 1-\sigma_h}}{1-\sigma_h} + x_t \frac{(1-l_t)^{1-\sigma_h}}{1-\sigma_h} \right]$$

$$\text{s. t. } C_{ht} + \frac{S_t}{P_t} = (1 + r_{at-1}) \frac{S_{t-1}}{P_t} + w_{ft} l_{ft} + w_{bt} l_{bt} + \Pi_{bt}/P_t \quad (1)$$

$$l_t = l_{ft} + l_{bt} \quad (2)$$

其中 S_t 表示 t 期储蓄水平，l_t，l_{ft}，l_{bt}分别表示家庭总劳动、企业部门劳动、银行部门劳动，w_{ft}，w_{bt}分别表示企业和银行实际工资水平；rat 为储蓄利率，在西方经济模型中该利率决定于商业银行和金融机构与私人部门之间关于储蓄的需求和供给之间的市场平衡(trade－off)，受货币当局基准利率影响，但本质决定于市场；但在中国，中央银行采取直接指导存款利率的行为进行货币政策干预，因而，本文模型中，该利率直接假定为政府货币政策指导利率，即货币政策工具，用于研究货币政策冲击效应；Π_{bt} 为银行红利(本文研究重点不关心银行部门盈利情况，为简单，本文中假定商业银行是完全竞争的，始终获得零利润，因而，私人部门分红始终为 0)；β 为代表性家庭主观折现率；x_t 为相对于消费的外生休闲偏好冲击，本文中用于考察需求冲击的波动效应。

在劳动市场自由流动假设下(假定没有行业转移成本，本文不关心这一问题)，银行劳动和企业劳动相同时间的边际价值相同，从而，有相同的工资收益水平，本文中不再区分这两种工资，根据一阶最优条件有下面统一的工资劳动关系：

$$w_t = C_{ht}^{\sigma_h} \cdot x_t (1 - l_t)^{-\sigma_h} \quad (3)$$

私人部门的最优化行为还表现为消费品需求的欧拉方程：

$$E_t \left[\left(\frac{C_{ht+1}}{C_{ht}} \right)^{\sigma_h} - \beta \cdot \frac{1 + r_{at}}{\pi_{t+1}} \right] = 0 \quad (4)$$

其中,定义通胀率 $\pi_{t+1} = P_{t+1}/P_t$。由上式有下面模型推论:

命题1:私人家庭部门(未来一期的)期望消费增长率正相关与现期储蓄利率水平,负相关与(未来一期的)预期通胀水平。

这一结论是平凡的,一致于一般宏观经济学理论。

银行中介:虽然在现实中国经济中,银行部门资信业务收益占有很大比例,但我们试图暂时忽略其这方面功能,而重点关注其在经济中实现私人部门储蓄存款到企业部门投资贷款的中间集散功能。引入银行中介部门到模型中的目标在于嵌入金融市场摩擦,金融冲击,金融市场传播放大波动的机制,因而,仍一致于存在的模型如 Chari, Christiano & Eichenbaum(1995), Christiano, Motto & Rostagno(2010),虚化银行家的独立法人地位,假定银行净利润归私人家庭部门所有,实际上,我们本文中假定金融市场完全竞争,银行净利润为0,这样银行资本和劳动获得全部边际产品;

类似于 Lucas(1990), Chari, Christiano & Eichenbaum(1995), Jerman and Quiadrini (2009), Christiano, Motto and Rostagno (2010),假定银行是以银行劳动和抵押品为投入因素生产流动性和贷款的一种特殊的生产性部门,假定银行的功能函数关系为:

$$D_t/P_t = \varphi_t[(K_{bt})^{\lambda}(l_{bt})^{1-\lambda}]^{\eta}(\frac{E_t}{P_t})^{1-\eta} \tag{5}$$

其中 D_t 表示银行中介部门产生的全部流动性;E_t 表示商业银行超额储备;K_{bt} 表示银行部门资本利用;φ_t 表示一种金融市场的外生冲击,本文中也将考虑其效应;另外假定 S_t 表示私人部门储蓄,用 L_t 表示企业部门贷款,比较易于理解的假设是企业获得大额贷款额度后,商业银行开设专门的户头,企业部门可以支配使用,因而形式上,成为商业银行负债部分,构成流动性需求的主题之一,类似于私人部门储蓄存款一样;都体现为流动性服务的增量,所以有①：

$$D_t = S_t + L_t \tag{6}$$

银行超额储备是银行正常运行的重要因素，设 ξ_t 为政府规定准备金率，本文中视为货币政策冲击的一种，后将讨论其效应，Xt 表示中央银行货币创新部分，是货币政策工具之一，本文中假定为一种政策冲击，后面会讨论其效应，中央银行货币创新不管以什么路径进入（如西方经济中常假设为私人消费信贷许可；而中国当前的现实经济中则以中央银行购买商业银行的外汇途径占货币创新的主体），因而进入超额储备，则超额储备表示为：

$$E_t = S_t + X_t - \xi_t(L_t + S_t) \tag{7}$$

用 r_{ft} 表示企业平均贷款利率（该利率在市场中，受中央银行指导利率影响，但主要是企业与银行的具体合同确定，平均来看为市场对于贷款供给与需求的平衡来决定）。Q_t，W_t 分别为资本和劳动名义价格。银行最大化利润问题为选择存款需求，贷款供给和资本、劳动投入来最大化下面问题：

$$\Pi_{bt} = r_{ft}L_t - r_{at}S_t - [Q_tK_{bt} + W_tl_{bt}]$$

s. t. (6)(7)(5)

银行部门最优行为有如下最优方程：

$$r_{ft} = r_{at}\left[\frac{(1-\eta)D_t}{(1-\eta)(1-\xi_t)D_t - E_t} - 1\right] \tag{8}$$

$$K_{bt} = \beta\eta r_{ft}\frac{\widetilde{D}_t}{Q_t} \tag{9}$$

$$l_{bt} = (1-\beta)\eta r_{ft}\frac{\widetilde{D}_t}{W_t} \tag{10}$$

其中 $\widetilde{D}_t = D_t[(1-\eta)\frac{D_t}{E_t}\xi_t + 1]^{-1}$。 (10')

① (6)(7)式以及后面的关于银行优化结构来源于 Chari, Christiano & Eichenbaum(1995), Christiano, Motto and Rostagno(2010)的模型思想。

企业家资本运作与生产：类似于 Bernanke & Gentler(1989)，Kiyotaki & Moore(1997,2008)，Pintus & Wen(2008)等，首先，我们假定企业家群体为独立的部门，有不同于私人家庭部门的偏好行为(如都假定企业部门有不同于私人部门的贴现率)，设 γ 为企业家主观贴现率。假定家庭是相对于企业家群体而言更耐心的，即假定 $\gamma < \beta$；其次，我们假定企业家和资本家人格化为一个群体，即企业家群体既组织生产，也经营资本的形成、营运，并实现资本积累；企业家群体家庭成员分别独立负责管理 Dixit - Stiglitz 型中间生产性企业，家长管理终端产品组合性生产，则代表性企业家家庭有最优化问题：选择消费、选择投资、选择借贷规模、选择劳动需求和资本租赁来最大化下面问题。

$$\text{Max}\sum_{t=0}^{\infty}\gamma^{t}\frac{C_{ft}^{1-\sigma_f}}{1-\sigma_f}$$

$$C_{ft}+I_t\left(1+T\left(\frac{I_t}{K_t}\right)\right)=Y_t+b_t-(1+r_{ft-1})b_{t-1}/\pi_t+q_tK_{bt}-w_tl_{ft} \tag{11}$$

$$K_{t+1}=(1-\delta)K_t+I_t \tag{12}$$

(11)(12)式为企业部门财富约束资本积累方程。其中，$q_t=Q_t/P_t$ 表示资本品价格；$b_t=B_t/P_t$ 为企业贷款；函数 T(.)度量资本新装成本；有最优条件：

$$q_t=\alpha\frac{Y_t}{K_{ft}} \tag{13}$$

$$w_{ft}=(1-\alpha)\frac{Y_t}{l_{ft}} \tag{14}$$

$$E_t\left[\left(\frac{C_{ft+1}}{C_{ft}}\right)^{\sigma_f}-\gamma(1+r_{ft})/\pi_{t+1}\right]=0 \tag{15}$$

$$E_t\left[q_{t+1}+(1-\delta)g(t+1)+\tilde{g}_{t+1}-(1+r_{ft})g(t)\frac{1}{\pi_{t+1}}\right]=0 \tag{16}$$

其中：$g_t \overset{\Delta}{=} 1 + T(\frac{I_t}{K_t}) + T'(\frac{I_t}{K_t})\frac{I_t}{K_t}$；　$\tilde{g}_t \overset{\Delta}{=} T'(\frac{I_t}{K_t})(\frac{I_t}{K_t})^2$，T(.)为新装资本成本函数，定义 $T(I_t/K_t) = \tau_t(I_t/K_t)^2$，$\tau_t$ 表示所有增加资本成本的因素的集成，我们重点解释之为资源品(如石油等)价格贡献的成本冲击。

中央银行：中央银行的一般性目标为：促进经济发展，平衡国际收支，稳定物价，充分就业。其中，促进经济发展和充分就业是一致的，我们用一个产出目标来代替；稳定物价通过通胀目标来实现；国际收支平衡在封闭经济模型中无法考虑，一个变通的办法是考虑外部利率环境对于本国经济影响的途径，利率是货币政策的主要工具，考虑外部利率冲击效应，等价于考虑外部政策冲击的效应。为此我们假定中央银行需要参考外部利率水平以实现国际收支平衡(主要是考虑国际金融市场，流动性方面的平稳和平衡)。另外，根据中国实际情况，利率作为政策工具，直接由中央银行指令性调整实行，在这样的本文模型中，利率既是工具，又是目标，即可以作为工具直接调整，但要参考外部利率水平；另外，假定中央银行还可以调整准备金率和货币创新等手段调控经济(后面，我们会分别考虑几种政策手段的效应，并研究几种手段的组合效应)。这样中央银行的问题就是：选择基准利率(一致于中国实际，替代为选择储蓄利率)，选择准备金率和选择货币创新来最小化下面问题：

$$\min E_t[\mu_y(Y_{t+1} - \bar{Y}_{t+1})^2 + \mu_\pi(\pi_{t+1} - \bar{\pi}_{t+1})^2 + \mu_r\sum_{j=0}^{1}(r_{at+j} - \tilde{r}_{t+j})^2]$$

其中，$\bar{Y}_t$ 表示政府产出增长目标(或者理解为均衡产出水平)；$\bar{\pi}_t$ 表示政府通胀调控目标水平；$\tilde{r}_t$ 表示外部利率综合水平，本文中表示一种外部政策冲击；有下面 3 个一阶最优条件方程：

$$E_t[\mu_y(Y_{t+1} - \bar{Y}_{t+1})\frac{\partial Y_{t+1}}{\partial r_{at+1}} + \mu_\pi(\pi_{t+1} - \bar{\pi}_{t+1})\frac{\partial \pi_{t+1}}{\partial r_{at+1}} + \mu_r(r_{at+1} - \tilde{r}_{t+1})] = 0 \tag{17}$$

$$E_t[\mu_y(Y_{t+1}-\bar{Y}_{t+1})\frac{\partial Y_{t+1}}{\partial x_{t+1}}+\mu_\pi(\pi_{t+1}-\bar{\pi}_{t+1})\frac{\partial \pi_{t+1}}{\partial x_{t+1}}+\mu_r(r_{at+1}-\tilde{r}_{t+1})\frac{\partial r_{at+1}}{\partial x_{t+1}}]=0 \tag{18}$$

$$E_t[\mu_y(Y_{t+1}-\bar{Y}_{t+1})\frac{\partial Y_{t+1}}{\partial \xi_{t+1}}+\mu_\pi(\pi_{t+1}-\bar{\pi}_{t+1})\frac{\partial \pi_{t+1}}{\partial \xi_{t+1}}+\mu_r(r_{at+1}-\tilde{r}_{t+1})\frac{\partial r_{at+1}}{\partial \xi_{t+1}}]=0 \tag{19}$$

其中,公式(17)就是通常关于利率的 Taylor 规则政策方程,我们这里增多了(18)和公式(19)两个政策方程,这样,中央银行就有了 3 个操纵杆,而不再是只有一个"扳手"了。如果我们假定准备金率恒定不变,以及货币创新不变,则退化为只有单一利率 Taylor 规则。但显然实际中,中央银行经常将几个工具配合使用,因为在有外部政策(利率)冲击的环境中,本国单一的利率工具是不够的。这一思想同样可以应用于开放经济模型。

市场出清条件:产品市场出清要求:

$$C_{ft}+C_{ht}+I_t(1+T(\frac{I_t}{K_t}))=Y_t \tag{20}$$

劳动市场出清有: $l_{ft}+l_{ht}=l_t$ (20')

资本市场出清: $K_{ft}+K_{bt}=K_t$ (21)

金融市场出清: $L_t=B_t\ ;\ \tilde{A}_t=S_t$ (22,23)

外生冲击:模型考虑多种外生冲击变量,它们分别服从简单随机过程:

生产技术冲击 et: $\log e_t=\rho_e\log\bar{e}+(1-\rho_e)\log e_{t-1}+\varepsilon_{et}$, $\varepsilon_{et}\in \mathbf{N}(0,\sigma_e)$ (24)

偏好冲击 xt: $\log x_t=\rho_x\log\bar{x}+(1-\rho_x)\log x_{t-1}+\varepsilon_{xt}$, $\varepsilon_{xt}\in \mathbf{N}(0,\sigma_x)$; (25)

金融市场冲击 φ_t : $\log\varphi_t=\rho_\varphi\log\varphi+(1-\rho_\varphi)\log\varphi_{t-1}+\varepsilon_{\varphi t}$, $\varepsilon_{\varphi t}\in N(0,\sigma_\varphi)$; (26)

外部利率/政策冲击 $\tilde{r}_t$；$\log\tilde{r}_t = \rho_r \log\tilde{r} + (1-\rho_r)\log\tilde{r}_{t-1} + \varepsilon_{rt}$，$\varepsilon_{rt} \in N(0,\sigma_r)$；　(27)

资源品价格/成本冲击 τ_t：$\log\tau_t = \rho_\tau \log\bar{\tau} + (1-\rho_\tau)\log\tau_{t-1} + \varepsilon_{\tau t}$，$\varepsilon_{\tau t} \in N(0,\sigma_\tau)$　(28)

另外，ξ_t 为政府规定准备金率，Xt 表示中央银行货币创新部分，都是货币政策工具，也是政策冲击；但在本文模型中我们首先假定为系统内生决定，然后在研究外生确定情况下，政策冲击问题。

均衡的描述：均衡时，以下 4 个方面达到最优且市场出清：①私人家庭部门；②私人厂商部门；③银行部门；④政府（货币与财政政策）部门。厂商决定投资和生产，家庭决定消费，储蓄和劳动供给、资本品价格、贷款市场利率由市场决定。政府中央银行部门决定存款利率（代表基准利率），准备金率和货币创新；厂商依据工资水平决定劳动需求，权衡对其最终产品的总需决定产出，最大化其利润；银行根据指导性货币政策决定投贷量，供给流动性，最大化利润；政府以最大化社会福利为目标①，选择政策行为。总价格水平和货币供给在本文模型中内生，因而，均衡由系统内生。下面我们来讨论模型系统是否可以产生稳定的内生均衡。

四、政策效应与途径：局部均衡分析

根据银行部门的最优均衡条件，我们有下面结论：

命题 2：超额准备金率与利差呈负相关；法定准备金率与利差呈正向关系；货币创新使利差缩小。

证明：由公式（8）—公式（10'）得到：$\frac{r_{ft}}{r_{at}} = \frac{1}{\Omega_t}\left(\frac{D_t}{E_t}\right)^{\frac{1}{\eta}}\frac{1}{r_{at}} - 1$，所以

① 关于政府目标问题，本文不深入讨论，仅简单假定政府以平稳经济为目标，政策方程的设定基于实证结果，见政策方程讨论部分。

差额准备金率 E/D 与利差 $\frac{r_{ft}}{r_{at}}$ 呈负相关关系；进一步计算有：$\frac{r_{ft}}{r_{at}}$ $= \frac{1}{\Omega_t}\left(\frac{S_t + L_t}{S_t + X_t - \xi(S_t + L_t)}\right)^{\frac{1}{\eta}} \frac{1}{r_{at}} - 1$，其中，$\Omega_t \overset{\Delta}{=} \varphi_t^{\frac{1}{\eta}}$ $\left[\left(\frac{\lambda}{q_t}\right)^{\lambda}\left(\frac{1-\lambda}{w_t}\right)^{1-\lambda}\right]\frac{\eta}{1-\eta}$，则易得 $\frac{d(\frac{r_{ft}}{r_{at}})}{d\xi_t} > 0$；$\frac{d(\frac{r_{ft}}{r_{at}})}{dX_t} < 0$，即证命题。

命题 2 的经济学含义是，利差的扩大，意味着金融市场摩擦的增加。法定准备金率的变化如何影响信贷的途径——银行的利差，具有反周期性。在合理的参数范围内，法定准备金率上升，银行面临利润损失，减少信贷供给。商业银行最优化自身利润水平的行为要求在均衡时，利差水平上升，从而加大市场摩擦，信贷需求也降低，从而使均衡信贷水平下降。单纯货币供给量增长，在增加流动性的同时，也减少信贷市场摩擦，增加信贷。而商业银行超额储备的增加，增大银行信贷的压力，有主动降低利差的倾向，因而，增加信贷供给。因而，法定准备金率与超额准备金率对于信贷的影响是反向的。

五、均衡存在性、稳定性与政策效应：比较静态分析

模型共生成 23 个方程，共同形成模型经济系统，以确定模型系统包含的 23 个变量：{Cf, Ch, It, Kt, Kbt, Kft, Yt, lt, lbt, lft, At, St, Lt, Bt, πt, Pt, rat, rft, Qt, Wt, Dt, Et, Xt}。

在稳态时，方程（1－23）有稳态关系如下：稳态时，市场出清，从而私人部门储蓄供给 A 恒等于银行吸纳的储蓄量 S；银行贷款供给 L 等于企业信贷需求 B。假定稳态时银行吸纳储蓄与放出贷款 L 有稳定关系：$\tilde{s} \overset{\Delta}{=} S/L$，用小写带星号的 b，q 分别表示实际信贷需求和实际资本价格，即 B/P，Q/P；假定稳态时货币创新维持稳定增长率 v，即有：$X \overset{\Delta}{=} v(S + L)$，则有稳态时超额准备金和流

动性为：

$$E = [(1 + v - \xi)(1 + \tilde{s}) - 1]L \tag{*1}$$

$$D = (1 + \tilde{s})L \tag{*2}$$

均衡时，L = B，由(5)得到 $D = \varphi[P^{\eta}K_b^{\eta\beta}l_b^{(1-\beta)\eta}]E^{1-\eta}$，推出：

$$b^{*} = \left\{\frac{\varphi}{\hat{s}}[(1 + v - \xi)\hat{s} - 1]^{1-\eta}\right\}^{\frac{1}{\eta}} \cdot K_b^{\lambda}l_b^{1-\lambda} \tag{*3}$$

其中 $\hat{s} \overset{\Delta}{=} \tilde{s} + 1$；再由(9)(10)(10)得到：

$$K_b = \lambda\eta r_f \frac{\widetilde{D}}{Q} = \lambda\eta r_f l_d b^{*}/q^{*} \tag{*4}$$

$$l_b = (1 - \lambda)\eta r_f \frac{\widetilde{D}}{w} = (1 - \lambda)\eta r_f^{*} \cdot \frac{b^{*}}{w^{*}} \cdot l_d \tag{*5}$$

其中 $l_d = \dfrac{\hat{s}[(1 + v - \xi)\hat{s} - 1]}{(1 - \eta)\hat{s}\xi + (1 + v - \xi)\hat{s} - 1}$，$\widetilde{D} = D[(1 - \eta)\dfrac{D}{E}\xi + 1]^{-1} = l_d \cdot L$

并利用银行利润函数表示关系式得到：

$$\frac{\Pi_b}{P} = \frac{r_f L}{P} - \frac{r_a S}{P} - r_f q K_b - w l_b = [(1 - \eta l_d)r_f^{*} - r_a^{*}\tilde{s}]b^{*} \tag{*6}$$

稳态时，由(*1,2)，$\dfrac{D}{E} = \dfrac{1}{1 + v - \xi - \dfrac{1}{1 + \tilde{s}}}$，代入(8)中得到：

$$\frac{r_f}{r_a} = \frac{1 + v - \eta\xi - \dfrac{1}{1 + \tilde{s}}}{-\eta - v + \eta\xi + \dfrac{1}{1 + \tilde{s}}} \tag{*7}$$

由此易得：$\partial\left(\dfrac{r_f}{r_a}\right)/\partial\xi = \dfrac{\eta^2 - \eta}{(-\eta - v + \eta\xi + \dfrac{1}{1 + \tilde{s}})^2} < 0$，因而，稳态均衡关系是，法准率与利差呈负相关；同理还易得[由公式(8)]，超额准备金率 E/D 与利差在长期稳态均衡关系呈正相关。因而有下面结论：

命题3:长期稳态时,超额准备金率与利差呈正相关,法准率与利差呈负相关。

这与前面局部均衡结论正相反。这说明主准备金率与利差关系的短期反应和中长期反应是相反的。我们后面将实证对照验证其正确性。再重复利用公式(8)得到:

$\frac{r_{ft}}{r_{at}} = \frac{(1-\eta)D_t}{(1-\eta)(1-\xi_t)D_t - E_t} - 1$,解之得到:

$$\tilde{s} = \frac{1}{1+v-\xi-\widetilde{\Omega}} - 1 \qquad (*8)$$

其中 $\widetilde{\Omega} \overset{\Delta}{=} [\Omega(r_a + r_f)]^{\eta}$

命题4:准备金率上升,贷款与存款比率下降;货币创新增加,贷款与存款比例上升。

证明:由公式(*7)易推知,$\partial\tilde{s}/\partial\xi > 0$(过程略),即存款与贷款比例上升,因而贷款与存款比例下降。同理,$\partial\tilde{s}/\partial v < 0$,即存款与贷款比例下降,因而贷款与存款比例上升。

该命题的经济学含义很清楚,准备金率上升,导致信贷紧缩,即贷存比下降;货币增速加大,信贷增长。

为下面假定银行部分与企业部门劳动工资相同,则由公式(1)—公式(4)有:

$$C_h = r_a \cdot \frac{A}{P} + wl + \frac{\Pi_b}{P} = r_a \cdot \tilde{s}b^* + wl^* + \frac{\Pi_b^*}{P} = (1-\eta l_d) r_f^* b^* + wl^* \qquad (*9)$$

$$w = C_h^{\sigma_h}\bar{x}(1-l)^{-\sigma_h} = \bar{x}\left(\frac{C_h}{1-l}\right)^{\sigma_h} \qquad (*10)$$

$$r_a = \frac{\pi^*}{\beta} - 1 \qquad (*11)$$

由(11)到(16)得到:

$$(I/K)^* = \delta \qquad (*12)$$

$$C_f^* = [q^* - \delta(1+\varphi\delta^2)]K^* - r_f b^* \qquad (*13)$$

$$r_f^* = \frac{1}{\gamma}\pi^* - 1 \qquad (*14)$$

$$q^* = (1+r_f^*)g^*\frac{1}{\pi^*} - \tilde{g}^* - (1-\delta)g^* = (\frac{1}{\gamma} - 1 + \delta)(1 + 3\varphi\delta^2) - 2\varphi\delta^3 \quad (*15)$$

$$q^* = \alpha\frac{Y_t}{K_f}, w^* = (1-\alpha)\frac{Y_t}{l_f} \quad (*16,17)$$

则 $\frac{K_f}{Y^*} = \frac{\alpha}{q^*}, \frac{l_f}{Y^*} = \frac{1-\alpha}{w_f^*}$,有

$$w^* = \left[e\left(\frac{\alpha}{q^*}\right)^\alpha\right]^{\frac{1}{1-\alpha}}(1-\alpha) \quad (*18)$$

再由:$K_f + K_b = K$, $l_f + l_b = l$ 结合(*16,17)得到:

$$l_f = \Delta l_0[\frac{q}{w}\frac{K}{l} - \frac{\lambda}{1-\lambda}]l, \ l_b = \Delta l_0[\frac{\alpha}{1-\alpha} - \frac{q}{w}\frac{K}{l}]l \quad (*19,20)$$

$$K_f = \frac{\alpha}{1-\alpha}\Delta l_0[\frac{K}{l} - \frac{\lambda}{1-\lambda}\frac{w}{q}]l, \ K_b = \frac{\lambda}{1-\lambda}\Delta l_0[\frac{\alpha}{1-\alpha}\frac{w}{q} - \frac{K}{l}]l \quad (*21,22)$$

其中:$\Delta l_0 = 1/(\frac{\alpha}{1-\alpha} - \frac{\lambda}{1-\lambda})$。再利用(*3,4)得到:

$$K/l = [(\frac{1}{1-\lambda}\frac{\alpha}{1-\alpha}\Delta l_0 - 1)w - e(\frac{\alpha}{1-\alpha})^\alpha\Delta l_0(\frac{w}{q})^\alpha\frac{\lambda}{1-\lambda}]. [q + \frac{q}{1-\lambda}\Delta l_0 - e(\frac{\alpha}{1-\alpha})^\alpha\Delta l_0(\frac{q}{w})^{1-\alpha}].^{-1} \quad (*23)$$

$$b/l = \frac{1}{1-\lambda}\Delta l_0\frac{q}{\eta r_f l_d}[\frac{\alpha}{1-\alpha}\frac{w}{q} - \frac{K}{l}]. \quad (*24)$$

由此反推即可以解除全部实体经济部门关系,由公式(*13)可以知道稳态资本价格 q 与通胀和名义量无关,由此顺延下来,由公式(*18)指实际工资 w 也与名义量无关,进而,资本分配,劳动供给与分配、实际信贷等都与名义量无关。这说明,稳态所表带的长期均衡状态下,货币对实际经济变量长期中成中性。

但公式(*7)所表带的金融变量:贷存比依赖于通胀水平和

外生货币创新增长率 v。有公式(*3)和(*20,22)可以导出 v 与通胀水平 π 之间的非线性关系:

$$v = \xi - 1 + \tilde{\Omega} + \frac{\Theta}{\tilde{\Omega}^{\frac{1-\eta}{\eta}}} \qquad (*25)$$

其中: $\Theta = [\frac{b}{K_b^{\lambda} l_b^{1-\lambda}}]^{\eta} \frac{1}{\varphi}$,这是与名义量无关的实际量。由定义 $\tilde{\Omega} \overset{\Delta}{=} [\Omega(r_a + r_f)]^{\eta}$,其中 Ω 与名义量无关,由公式(*11,14)建立 v 与通胀的直接关系,公式(*25)确定了均衡通胀与货币增长速度以及准备金率的关系,假定准备金率不变时,v 与 π 存在一个映射关系:

$$v = \xi - 1 + \Omega^{\eta}(\frac{\pi}{\beta} + \frac{\pi}{\gamma} - 2)^{\eta} + \frac{\Theta}{\Omega^{1-\eta}(\frac{\pi}{\beta} + \frac{\pi}{\gamma} - 2)^{1-\eta}} \qquad (*26)$$

我们有下面条件:

$$\frac{\eta}{1-\eta} > 1 + v - \xi - \frac{1}{1+\tilde{s}} \qquad (*27)$$

命题 5:在公式(*27)成立时,稳态解存在唯一;且货币增长与通胀呈正相关关系。

证明:由公式(*26),推出当公式(*27)成立时,$\frac{d\pi}{dv} > 0$(推导过程很简单,返回去使用一下公式(*11,14)和变量定义即可),从而,公式(*26)确定出货币增长与通胀之间单调关系,因而,解唯一。稳态均衡解的存在性也因这一关系的最后唯一确定而总体唯一存在(实体经济部分关系已经在上述过程中唯一确定)。

公式(*27)在合理的参数范围内是很容易成立的,Christiano, Motto and Rostagno(2010)拟合美国和欧洲的经济试验中,η 的取值在 0.95,和 0.94 以上,这样左端项至少大于 10,而右端项根据意义不可能超过 1,因而,公式(*27)可以说是绝对成立的,就我们国家情况来看，即便 η 取 0.5 也照样成立。这一点参数校正部分再讨论。

六、实证分析与结论检验

数据来源与说明：1996—2007 年之间准备率数据来源于 http://finance.ifeng.com/bank/special/zhunbeijinlv4/20101119/2918646.shtml；2007 年之前准备金率数据来源于：http://data.eastmoney.com/cjsj/ckzbj.html；由于存在同一季度中多次调整准备金的情况，以及同一季度准备金率数据不单一等情况，我们采取了处理，即对每个季度中多个阶段数据的情况进行算术平均，使每个季度只有一个近似数据。对于利率在每个季度出现类似情况采取类似处理，利率数据来源于中国人民银行数据网站；货币数据来源：中国人民银行和 http://app.finance.ifeng.com/data/mac/month_idx.php? type =015；为了简单和大概说明问题，我们没有细分 M_0. M_1，M_2，而是采取简单加总起来的办法，来获得总货币量。下面给出所有相关实际图。

法定准备金率的影响：近年我国中央银行频用准备金率进行调控，显示出与以往显著的不同，理论上，准备金率通过影响金融市场摩擦等市场因素，进而影响信贷。实际中存在怎样的关系呢？在图 1 中，我们给出了我国金融机准备金率与贷存利差从 1996Q1 到 2011Q1 的实际波动情况，由于实际中利差波动相对较小，我们采用 5 倍利差数据以使数据有差不多的量级。在图中，金融机构准备金率呈现显著 U 形波动性，而利差则呈不太显著的倒 U 形，报告出金融机构与贷存利差呈现反交叉关系，这一特征一致于我们上一节中模型报告的长期稳态时准备金率与利差的关系。特别是 2006 年之后，反交叉特征显著。

货币创新的影响：货币创新是货币供给增长的直接手段。图 2 报告的是我国经济中 1996Q1 到 2010Q4 的实际货币总量数据图，由于量级不同，很难同图 1 中数据对比分析，为此我们需要计

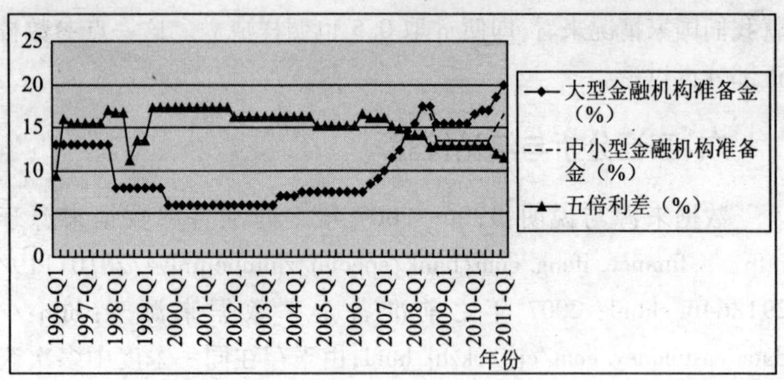

图1　金融机构准备金率与5倍利差实际关系图

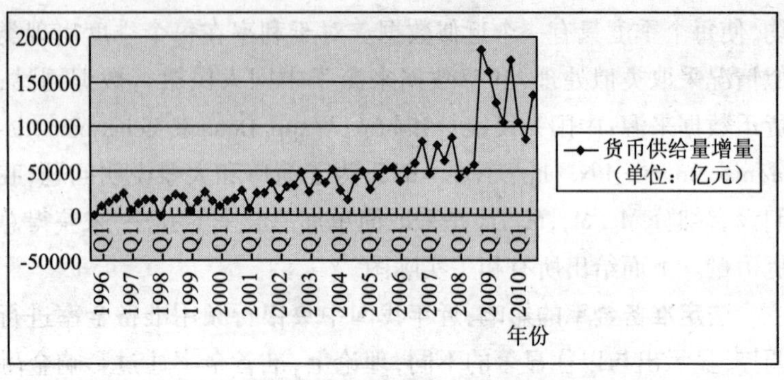

图2　中国经济货币总量实际增量季度数据图

算货币增加率的数据，这一结果报告在图3中，同时所有数据列除以其最大值。类似地，本节后面的图也都经过标准化量级处理，即除以自身序列最大值。数据显示，自1996年以来，我国货币总量创新率大概走势与准备金率近似一致，但波动频繁，短周期而言存在与利差的非周期关系，自2008年以来，极端经济情况下，呈现同利差的背离关系，这与模型报告的货币创新与利差的关系不一致。

货币创新率的这一波动特征说明以下情况：我国政府利用货币工具宏观调控的过程中，准备金率和货币创新始终配合使用，特别自2008年以来,同时采用效应相互抵触的两种手段:一方面增加准备金率以控制金融经济风险,同时又增加货币供给以期激活经济。显示一个阶段以来,央行处于左右为难的境地。而实际经济利差在两种影响相反的政策手段的同时作用下,走出不显著的下降的特征。在这种情况下,不可能同时一致于模型经济中对立的两种表现,因而,货币创新没有表现出同货币创新率一致于模型的关系并不奇怪。

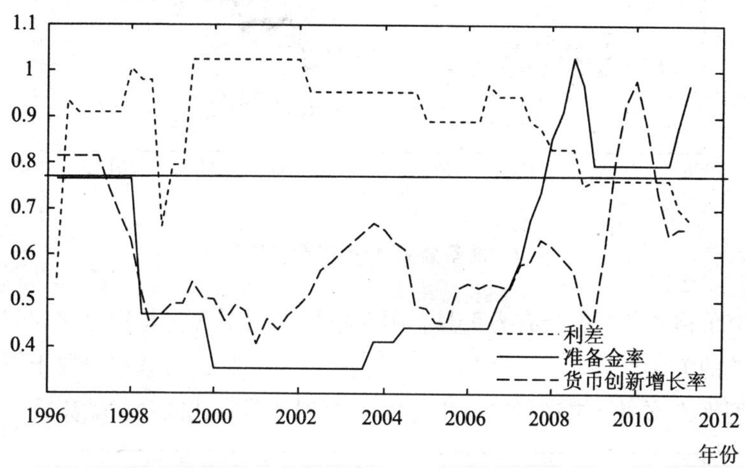

图3　货币创新率,准备金率与利差

不同政策手段对贷存比的影响:贷存比是直接刻画金融市场中信贷结构的量,也是刻画经济状况的温度表。模型理论报告出不同政策手段对该量有不同的影响。我们来看实际经济中的情况。图4报告了两种政策手段与贷存比的关系,贷存比的数据是年度的,来源于中国人民银行公布的金融机构信贷收支情况表(表中数据也都经过标准化处理),图中准备金率与贷存比近似呈现反向交叉关系,基本上支持命题4的结论;而货币增速与贷存比关系不清晰,不能否定命题4的关系。

价格手段——利率工具的影响:我国利率市场化程度有限,不像西方国家那样频用利率工具进行政策调控,但利率毕竟是调

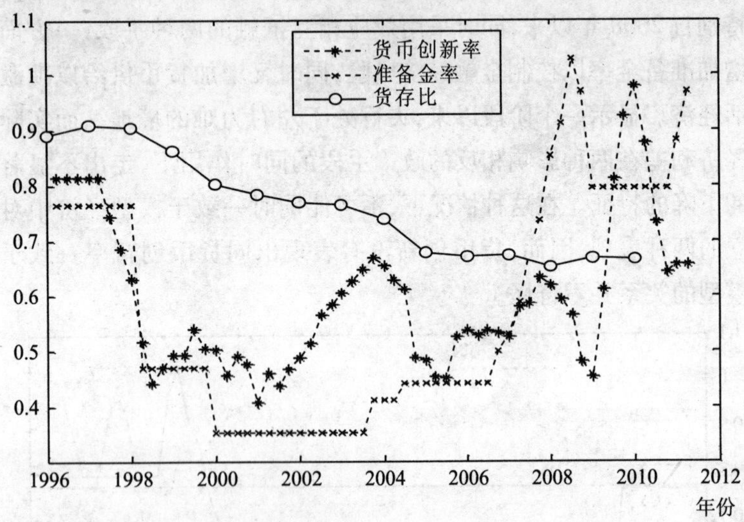

图4 准备金率、货币创新与贷存比

节价格和分配的最有力工具。图5报告了利率变化与贷存比和利差的关系。其中,基准利率与利差呈近似反向关系,基本一致于模型理论预测结果;但基准利率波动似乎对于贷存比波动贡献甚微。

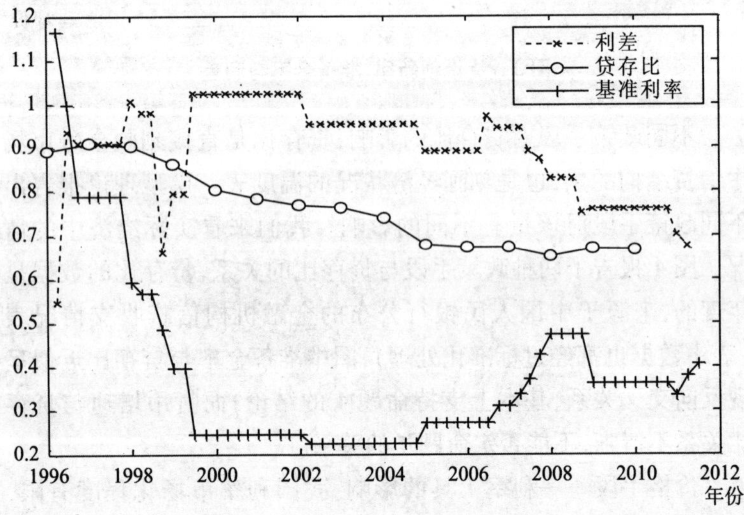

图5 基准利率、利差与贷存比

从总体来看,实际中长期存在的金融、政策数据关系基本上较好一致于模型预测的长期稳态关系。表明模型经济具备总体宏观描述我国经济中,金融、政策因素与实体经济波动规律的基本基础和正确性。

七、模型动态与数值试验

前面理论上分析了模型经济稳定的条件和解性态关系。这一部分我们将具体确定出能够使模型最好地模拟中国经济的波动特征的参数,并比较模型经济的波动特征(给定外生波动源,引发模型经济波动)同实际经济的波动特征的接近程度。好的经济模型可以有很广泛的应用研究空间。具体地,利用对数线性化方法[①]把各部门最优条件和市场出清条件沿稳态展开,易得(带有尖号的量表示偏离稳态的百分比)近似线性化系统方程组,我们通过研究该方程组的解的形态来近似估计原系统方程在受到不同冲击后,在均衡附近的变化情况,这种方法是目前动态宏观中流行的近似算法。离散系统方程放在附录 1 中。

7.1 参数校正

偏好参数:首先我们需要估计时间偏好参数 β 和 γ,取值应使稳态均衡通胀取值一致于实际中国 1996—2010 期间平均通胀水平 3.612% 条件下,稳态利差值等于实际中国这一期间利差均值水平 3.0433%,使储蓄利率一致于实际经济中该阶段均值水平 3.8497%;按此要求,β 和 γ 分别取值 0.998 和 0.969。

生产参数:我们首先根据稳态关系公式(∗15)计算出资本租赁价格水平,其中 φ 表示资本安装成本冲击因素,我们用能源价格(1996—2010)阶段内平均标准水平 1,我们需要选择资本折旧率 δ,这一参数比较通用的数值是,季度率 0.025,以近似年度

---

① 见 King, Plosser & Rebelo(1988)或 陈昆亭,龚六堂,邹恒甫(2004)中线性化方法。

10%的折旧,实际中应该是变化的,随使用率的上升而增加,我国经济发展速度较高,平均使用率要高一些,但没有好的估计数据,我们采用传统近似值。外生技术冲击的一阶自相关系数 ρ_A,取为0.78,以近似实际中国经济波动中产出的一阶自相关系数,非本文试验参数;资本产出份额弹性 α,下面内生决定。另外,外生生产技术冲击参数 e 取均值 1。

金融市场参数:准备金率参数 ξ 取值实际经济阶段平均值 9.7295;货币创新速度 ν 取值实际经济中货币平均增长率 0.1787;存贷比参数 $\hat{S}$ 取值实际经济中贷存比均值 0.7620 的倒数 1.3123;超额准备金在流动性生成函数中的弹性参数 η,金融系统资本劳动弹性参数 λ 通过公式(*7)和公式(*26)求解得到,这两个参数的调整使均衡通胀率 π 与货币增速 ν 之间存在稳定关系,存贷比存在稳定关系。金融系统外生冲击参数 ψ 取稳态值 1。

现在仍然需要确定的参数有:资本产出份额弹性 α,相对风险回避系数 σ,参数 η,参数 λ,这几个参数可以根据几个实际关系确定:(1)实际经济中劳动时间份额 L 按平均 8 小时工作制一般取 1/3,但我国经济中劳动使用强度较高,参照劳动统计数据我们用近似约 3/8;(2)经济中企业劳动与金融服务系统劳动比例参数 Lf/Lb,根据统计数据大约为 220/1(根据统计局 1996—2002 年间数据平均,这期间每年这个比例大体稳定);这样结合公式(*7)和公式(*26)我们可以确定出稳态时一致与实际经济变量比例关系的全部参数。模型稳态参数如表 1 所示:

表 1　常参数表

δ	β	γ	φ	e	ψ	ξ	$\hat{S}$	ν	α	λ,	η	σ	x
0.025	0.998	0.969	1	1	1	9.7%	1.31	0.17	0.36	0.1	0.904	2	2.34

政策偏好参数:政策偏好参数的选取主要参考实际政策执行情况,这样有点挑战。因为中国货币政策近年执行过程中思想体系变化频繁,很难用规则来准确刻度。分段考察则在每一个阶段

都不能独立成立规则，因为所谓规则是要在私人部门形成认知、信誉、认可才真正有规则效应的（如此才能形成市场自律），但每一个这样的阶段都太短，以至于这样的过程没有形成市场自律效应之前，就被修改了。因而，更准确的描述应当属于相机抉择性态。有关政策参数以及政府政策行为的全面研究将另文载出，所以这里缺省这部分讨论。

7.2 冲击反应实验

本文模型包含 6 种冲击，但限于篇幅，本文仅报告有关货币政策冲击和技术冲击的影响，其余的以及更进一步深入的研究计划在另文之中。下面分别报告这些实验结果。

Part Ⅰ：在完美市场化背景下，假定政府维持利率、货币增长率、准备金率等于均衡水平不变，则单一技术冲击后：

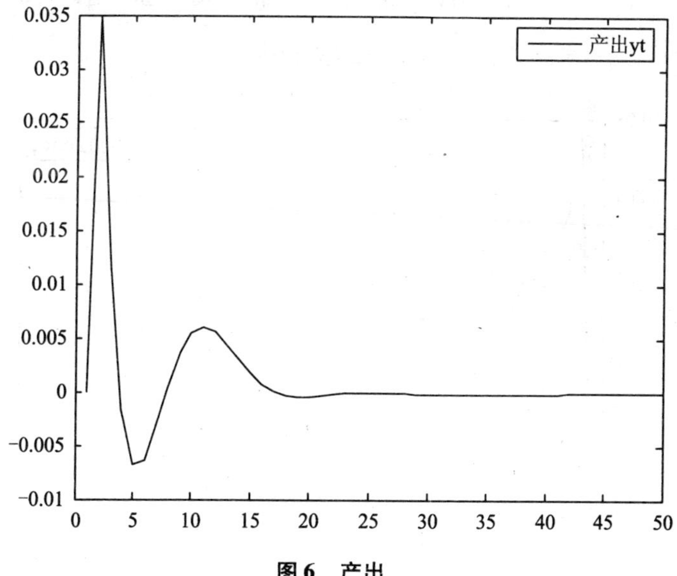

图 6 产出

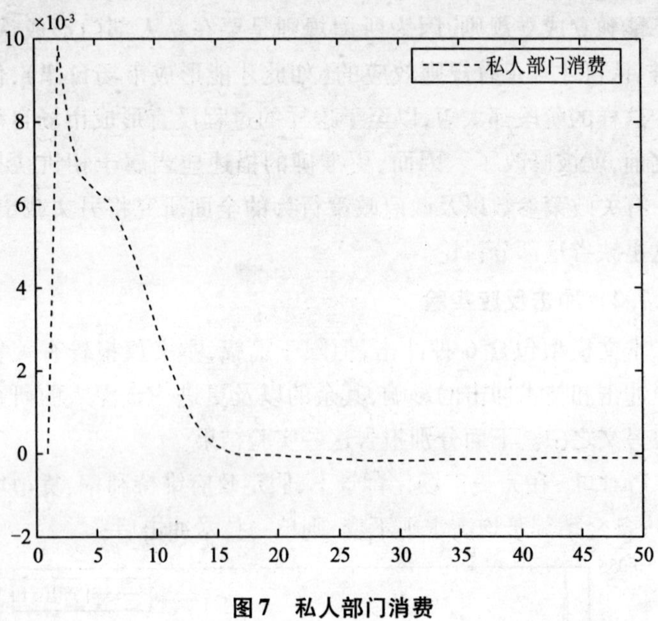

图 7　私人部门消费

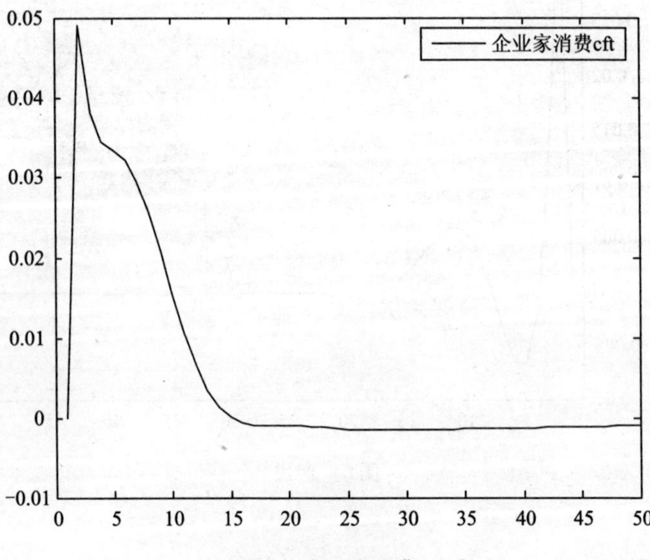

图 8　企业家消费

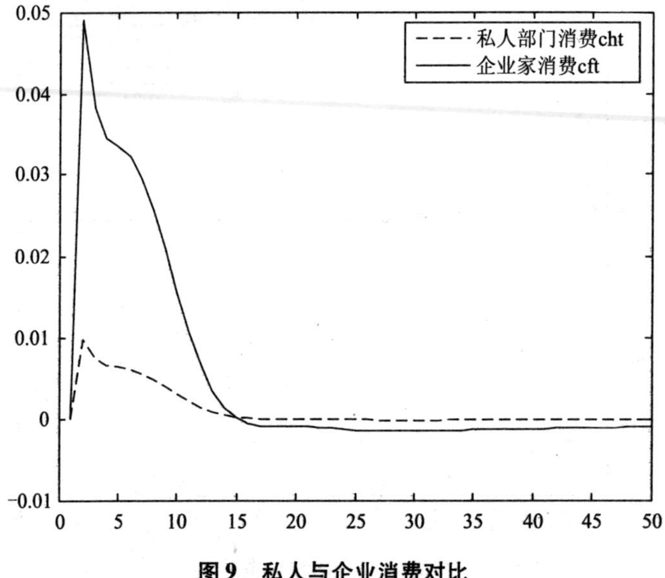

图 9　私人与企业消费对比

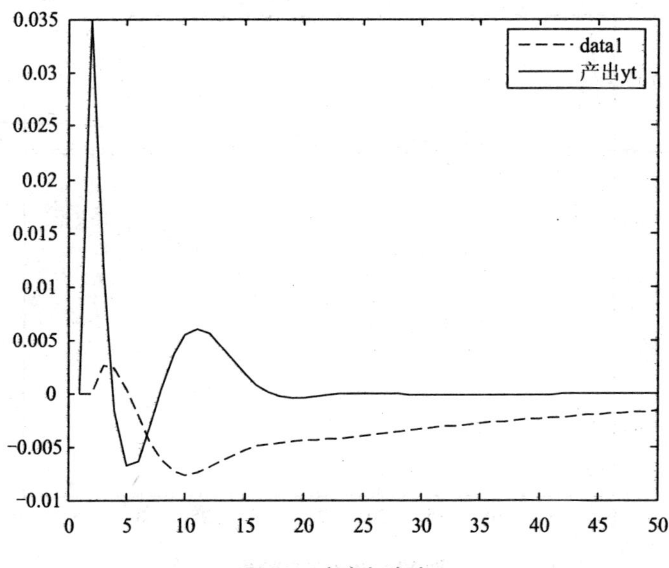

图 10　产出与资本

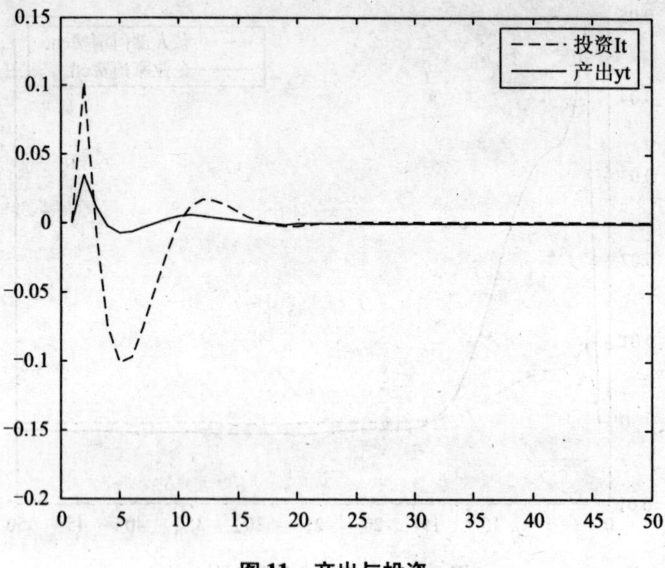

图11 产出与投资

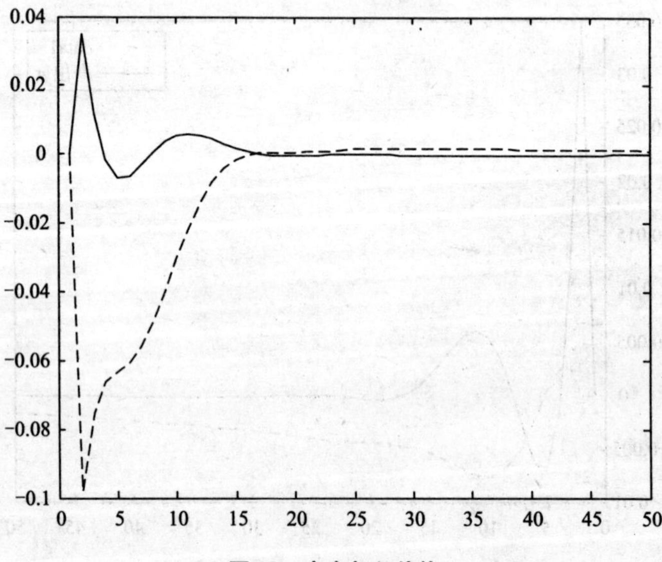

图12 产出与总价格

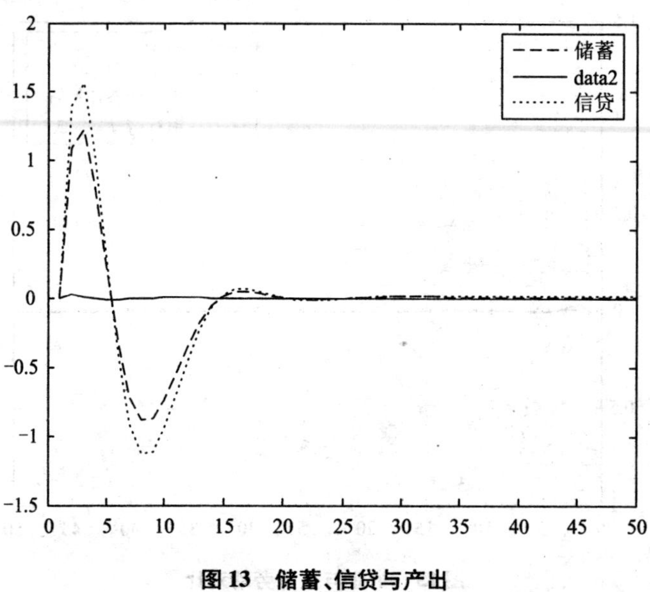

图 13 储蓄、信贷与产出

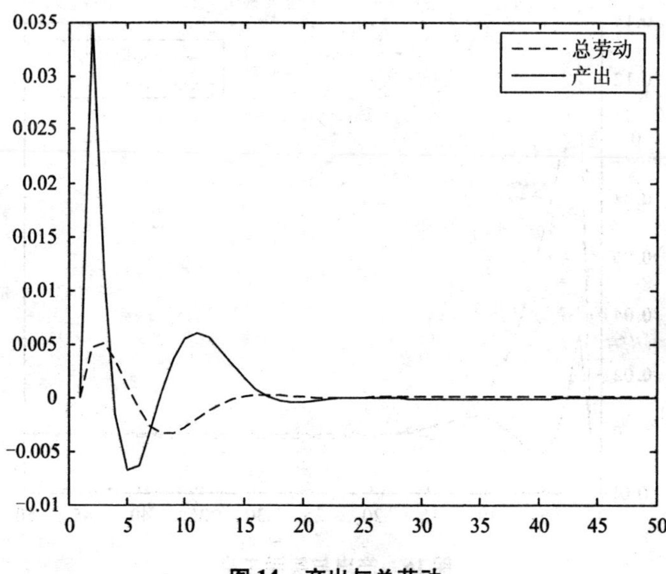

图 14 产出与总劳动

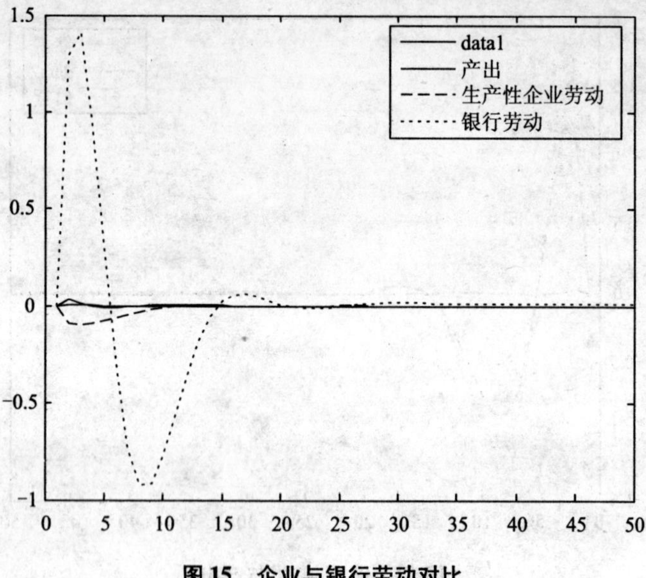

图15　企业与银行劳动对比

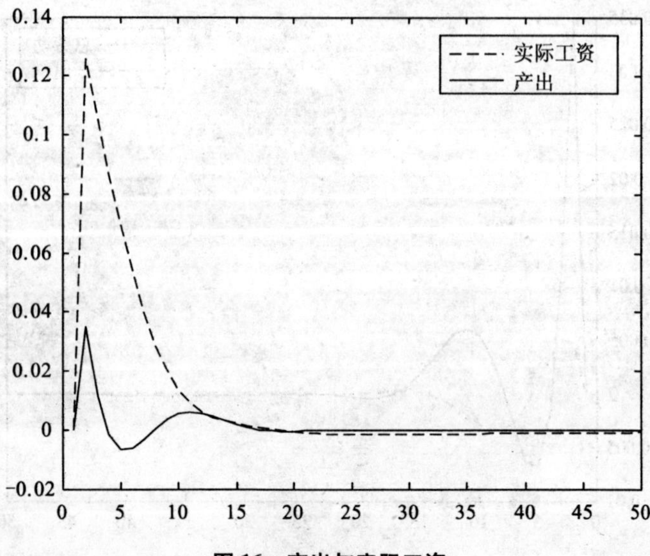

图16　产出与实际工资

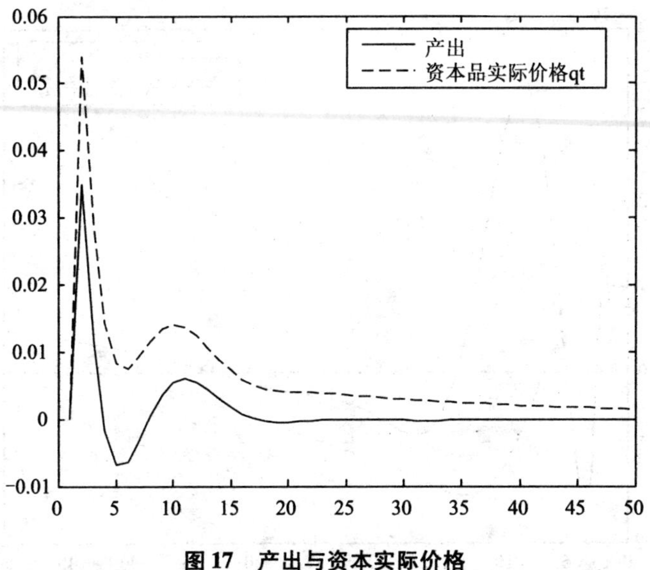

图 17　产出与资本实际价格

Part Ⅱ:在完美市场化背景下,假定政府维持利率、准备金率等于均衡水平不变,且没有其他外生冲击情况下,政府给出一次性货币供给增长率 10% 的上调的结果如下(一次性货币冲击效应):

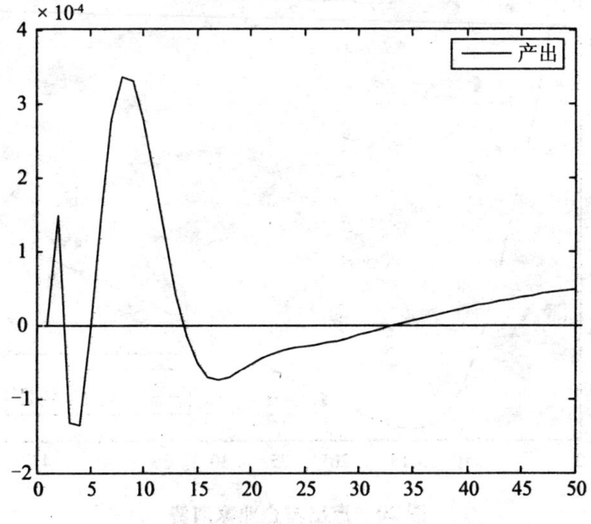

图 18　产出

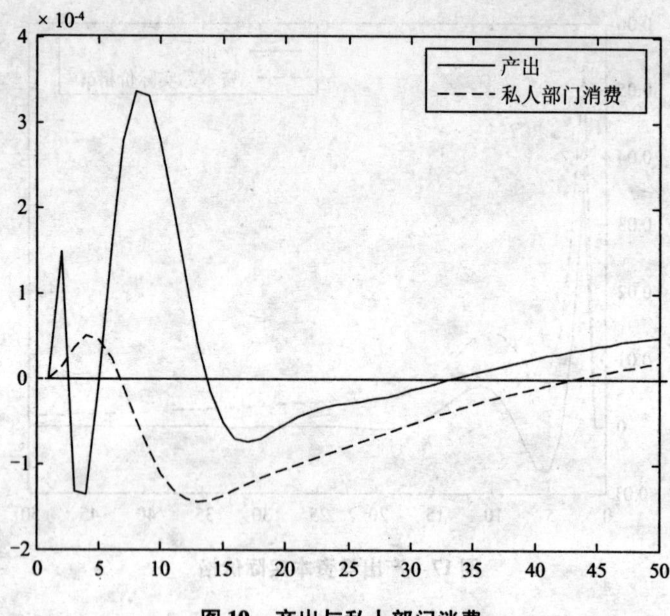

图 19 产出与私人部门消费

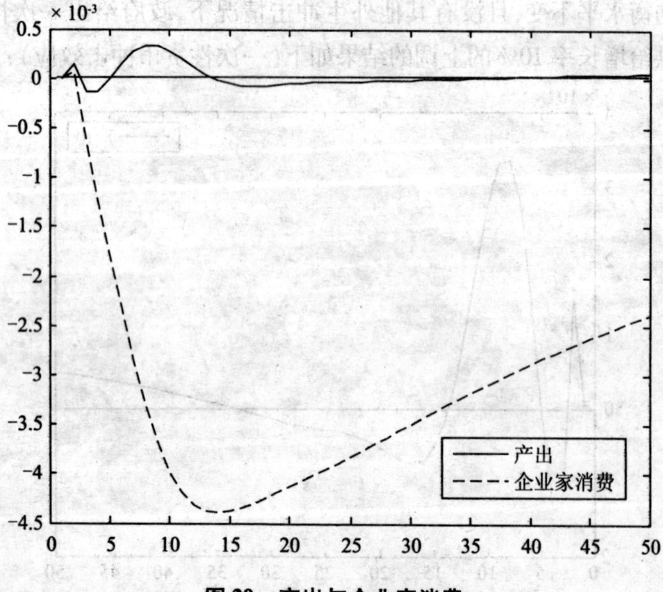

图 20 产出与企业家消费

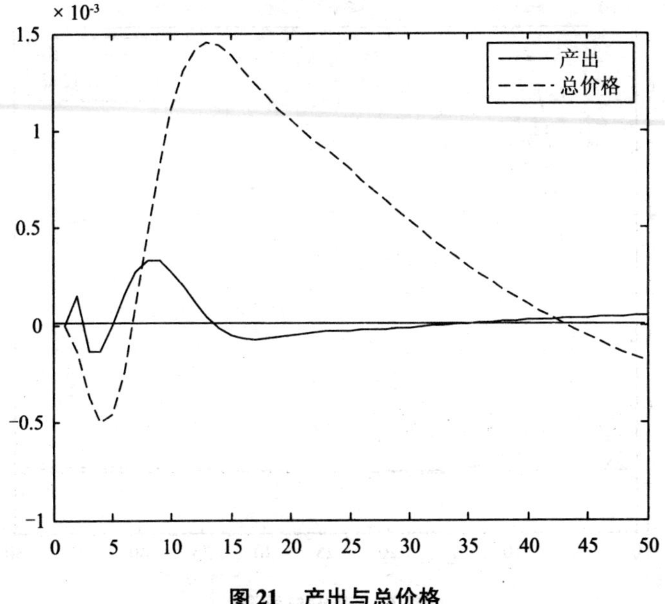

图 21 产出与总价格

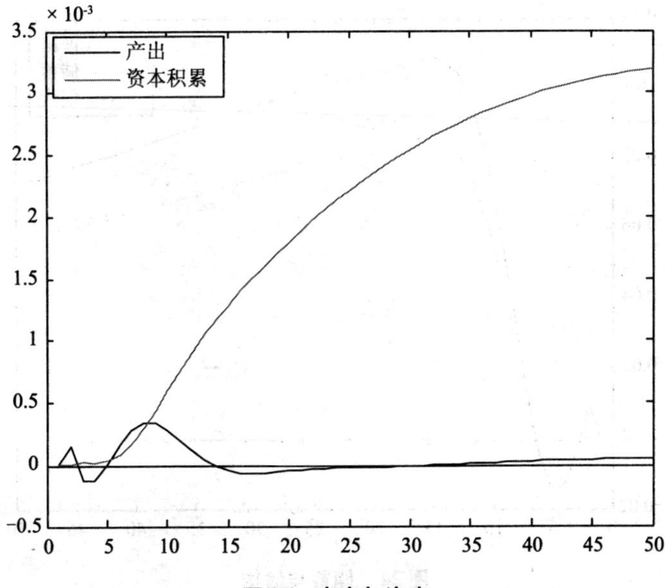

图 22 产出与资本

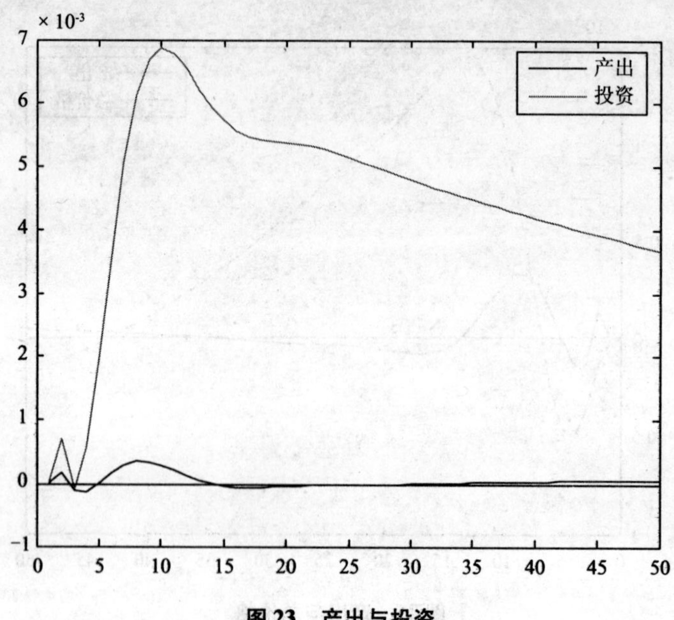

图 23　产出与投资

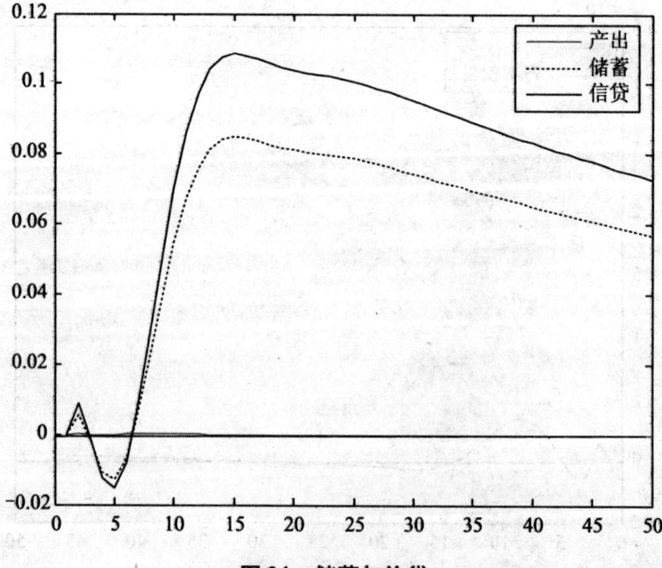

图 24　储蓄与信贷

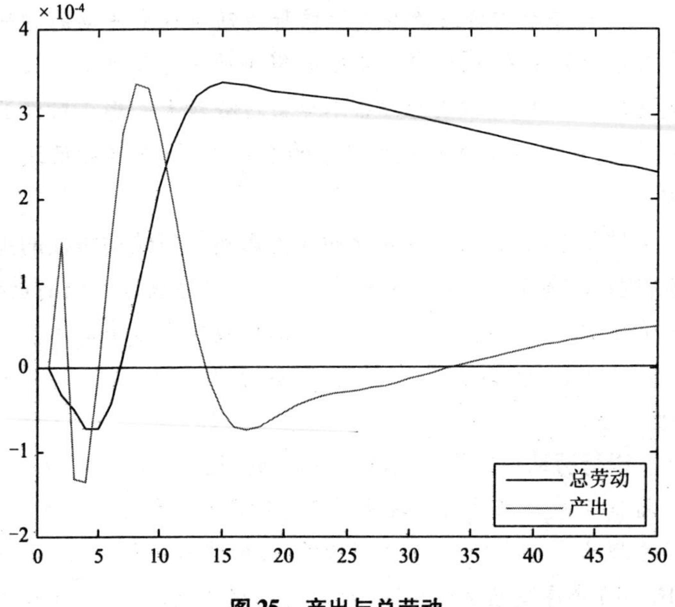

图 25　产出与总劳动

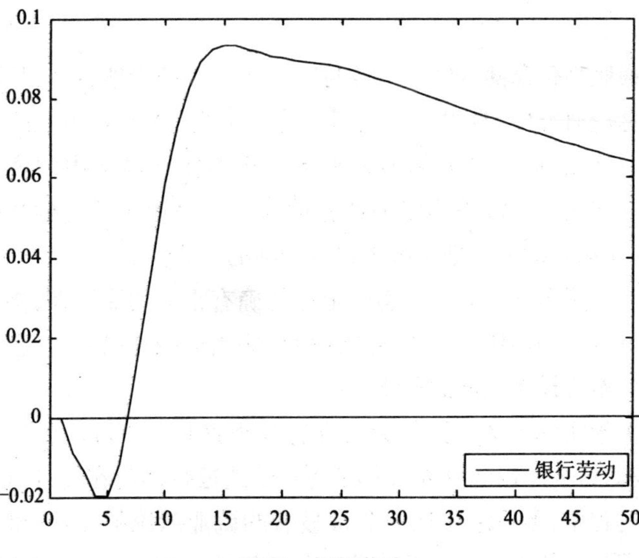

图 26　银行劳动

特征1:金融市场因素形成的信贷波动对经济波动的贡献成为经济波动的主要部分;货币供给的微小冲击可以被形成极大而且久远的信贷冲击;但实际冲击不会被过分放大而形成对经济的剧烈冲击,一次实际冲击的所有影响会在15个季度后迅速衰减至零。

从试验结果来看,银行的活动成为影响经济波动特征的主要因素,内在的逻辑或机制为:银行活动(主要是银行劳动的贡献)几乎完全决定了储蓄和信贷行为,而信贷发生额度决定了投资和总价格水平,进而间接决定了生产和消费行为,即有以下决定路径:

银行劳动→信贷发生额→投资与价格→生产与消费

特征2:一次正向货币冲击并不立即表现为价格水平的上升,而是表现为先抑后扬,大约5个季度后价格水平开始反转上升,约10~13个季度后达到顶峰,此后价格水平反转,但上涨和下跌过程表现出不对称的速度特征,因而,通胀在高位有极强的黏滞性。

通胀高位黏滞性特征一致与实际经济中的一般特征,早期的周期理论研究中,有很多专门讨论这一问题,人们发现实际经济中这一特点,但大部分周期模型无法模拟实际经济中的这一特征。本文模型经济中形成的通胀的黏滞性来源于信贷的高位黏滞性,而信贷的黏滞性来源于银行劳动的黏滞性。

其次货币冲击效应在实际中也的确有很大的滞后期,例如,4万亿效应大约经历了3年后才开始形成当前的通胀效应,也基本一致于本文模型经济的预测。

关于实际经济中银行劳动没有被观察到显著波动特征的事实,我们认为可以解释为,在实际中,虽然银行部门在经济萧条和繁荣过程中,不一定表现为非常显著的就业状况的波动,也不一定表现为一般银行职员的劳动时间的显著变化,而是表现为银行劳动强度的变化,特别是中高层劳动的劳动强度的变化,更准确的应当是,投资性银行的中高层劳动的强度变化,从这个角度来看,则上述结论就会正确得多,虽然我们不一定能提供充分的数据证明,但实际中我们的确知道,银行高级职员劳动和休假旅游之间的变化标准差是非常大的。

有一点,认真的读者的第一反应一定是和我们一开始的反应一样的。即上述机制中银行活动表现出如此之高的影响信贷继而经济活动的原因是否仅仅是因为银行部门流动性生成函数中劳动弹性参数值 η 过高?回答应当是肯定的,关键是这一参数值过高的合理性。认真的思考这一问题,我们认为,如果是10年,甚至20年前,这一参数值可能太大了,但近几年,特别是近10年来,通信技术的发展已经根本改变了这个世界上几乎一切常规性行为的本质特点,现代金融服务业对于实际经济的影响已经到了同20年前时的情况有本质的不同,这种差异性构成了一个方面,另一个重要的方面是近年流动性总量的极度放大,说明经济对流动性需求也确实很大,但限制和制约流动性生成的真正瓶颈如果不是银行超额储备,那当然就是银行活动(劳动和资本)构成的主要因素。当然,这有些猜测的成分,不一定可靠,基于此,我们也真诚希望有兴趣的读者沿着这个问题做下去,看能否证实我们的猜测或证伪,即关于这一参数在多大范围内变化是可能的?

Part Ⅲ:在完美市场化背景下,假定政府维持利率、货币增长率等于均衡水平不变,且没有其他外生冲击情况下,政府给出一次性准备金率给10%的上调的结果如下:

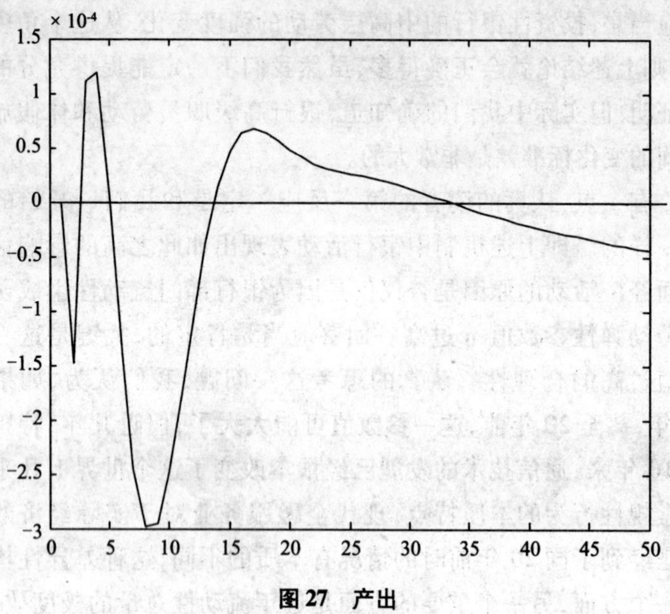

图 27 产出

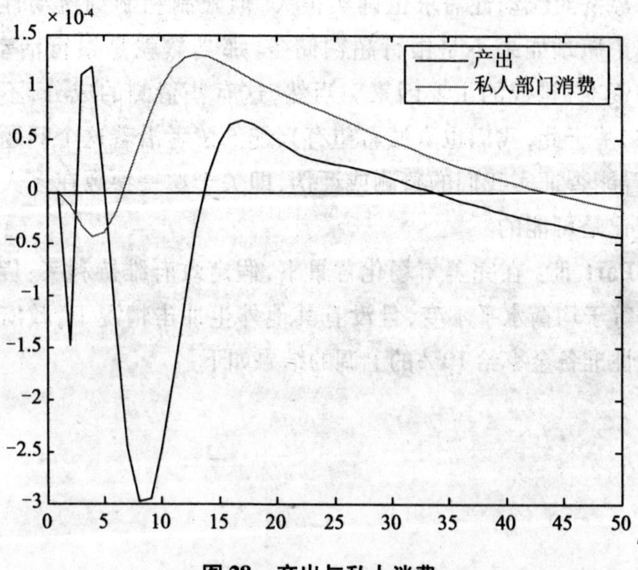

图 28 产出与私人消费

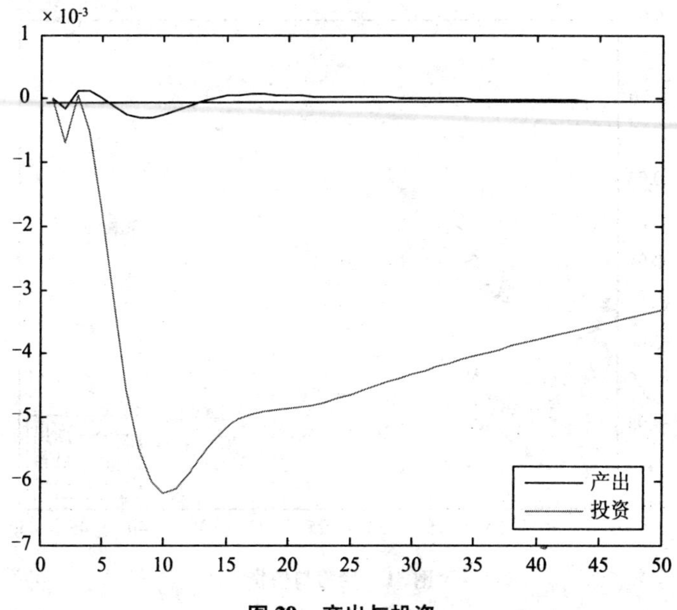

图 29　产出与投资

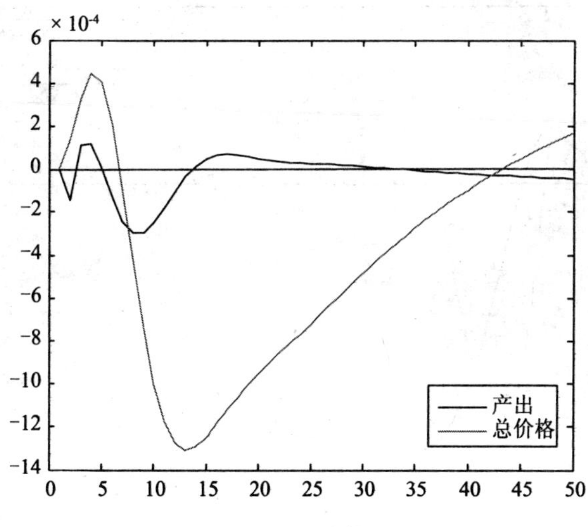

图 30　产出与价格

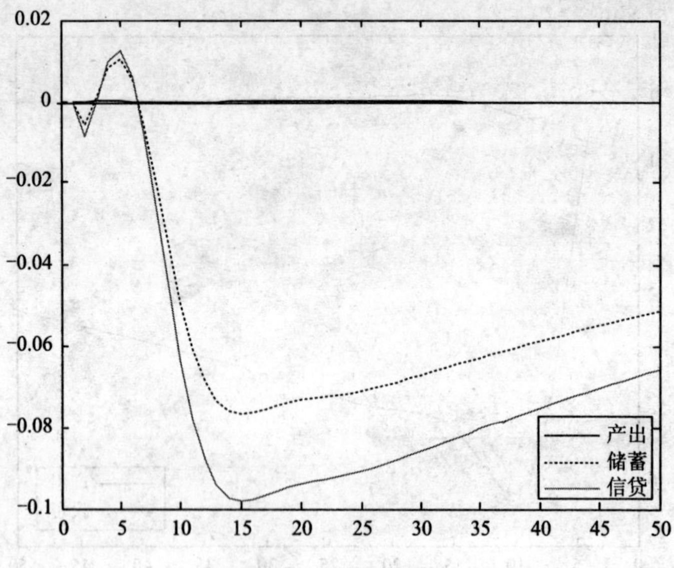

图 31　储蓄与信贷

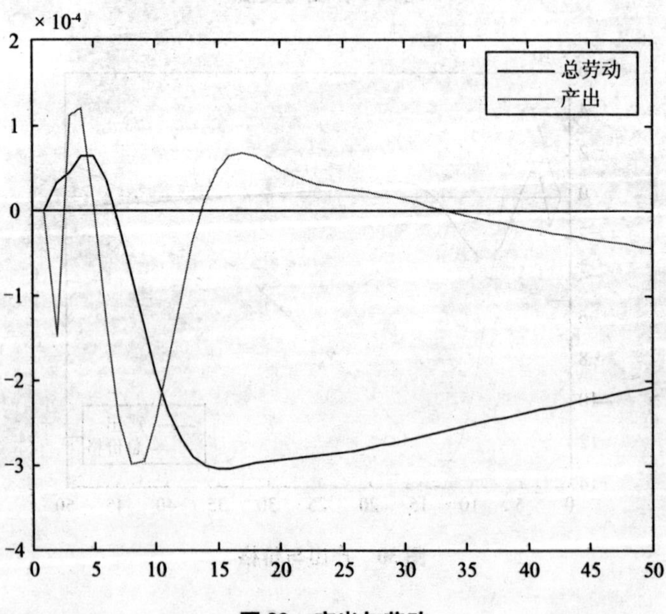

图 32　产出与劳动

特征3:准备金率的效应与货币增长完全相反,一致于实际。

Part Ⅳ:在完美市场化背景下,假定政府准备金率、货币增长率等于均衡水平不变,且没有其他外生冲击情况下,政府给出一次性基准利率给10%的上调的结果如下:

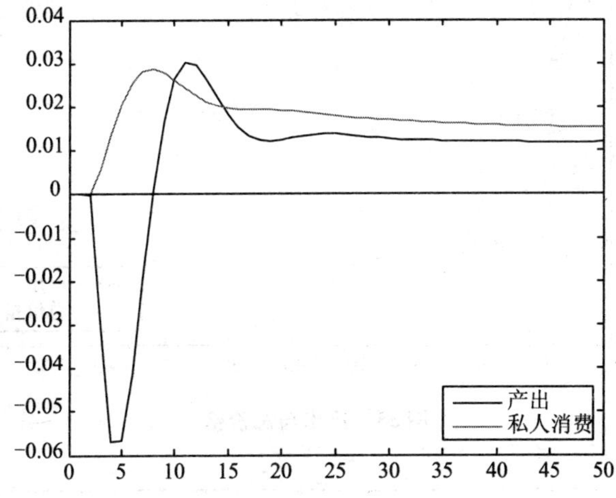

图33　产出与私人消费

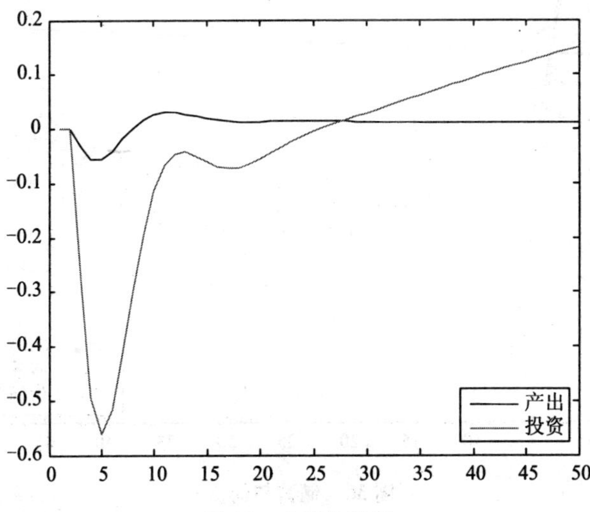

图34　产出与投资

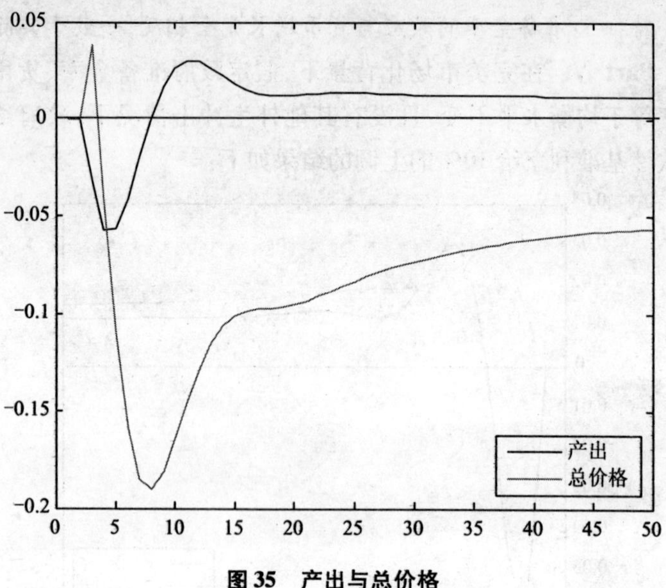

图35　产出与总价格

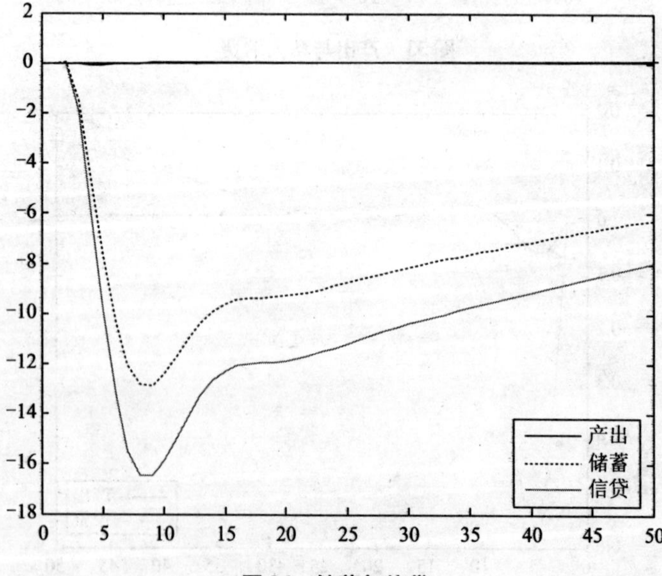

图36　储蓄与信贷

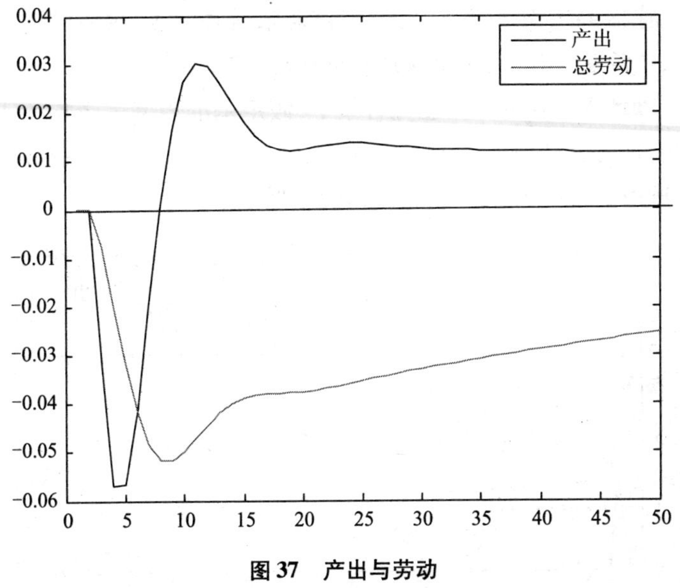

图 37　产出与劳动

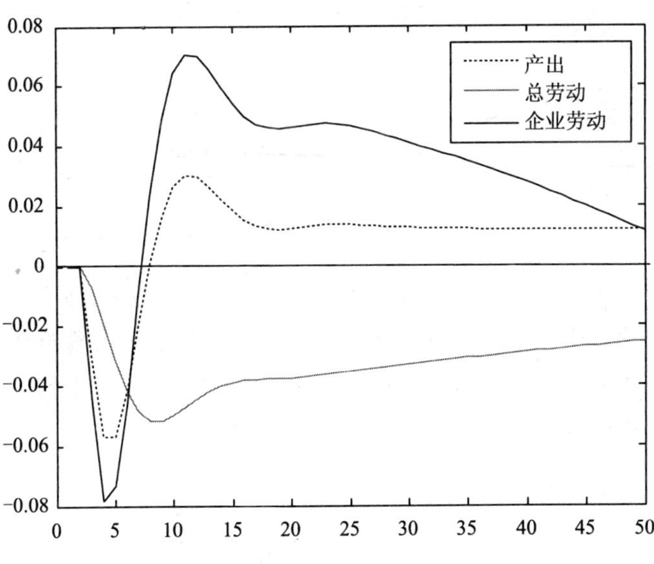

图 38　产出，总劳动与企业劳动

特征4:利率上升有显著价格/通胀削减效应,但同时也有短期生产活动负效应,但中长期产出效应为正。

Part Ⅴ: 在完美市场化背景下,假定基准利率等于均衡水平不变,且没有其他外生冲击情况下,政府给出一次性政府准备金率、货币增长率10%的组合冲击的结果如下:

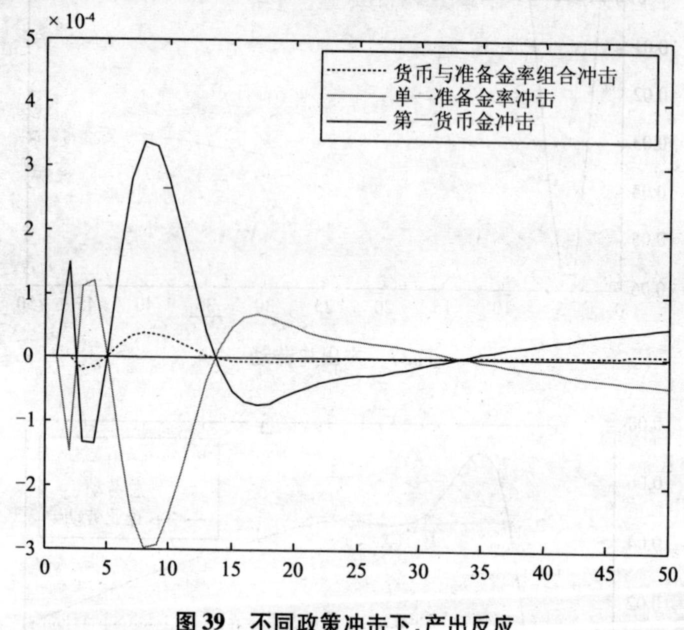

图39 不同政策冲击下,产出反应

特征5:货币与准备金率手段有相互抵消的作用,组合使用可以获得相对平稳的经济波动。这一特征印证了中国货币增长与准备金率同相波动的理论基础,如图3、图4所示,货币创新与准备金率呈顺周期关系。

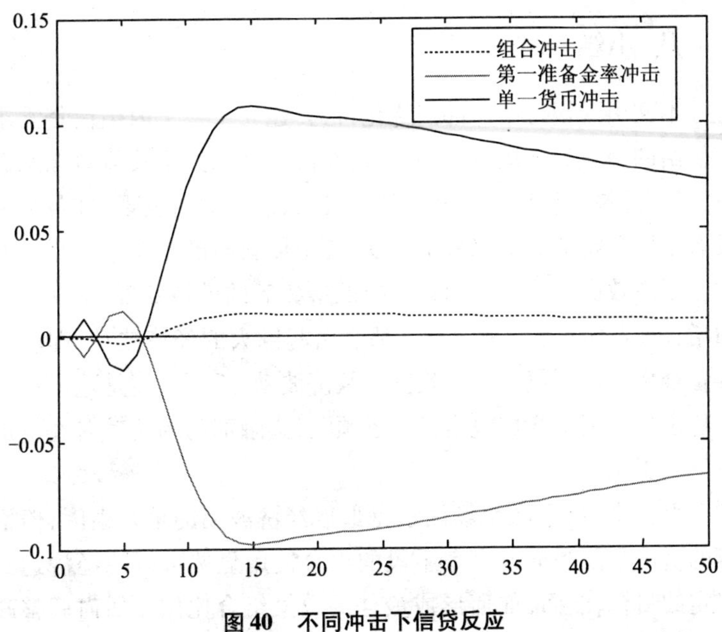

图40　不同冲击下信贷反应

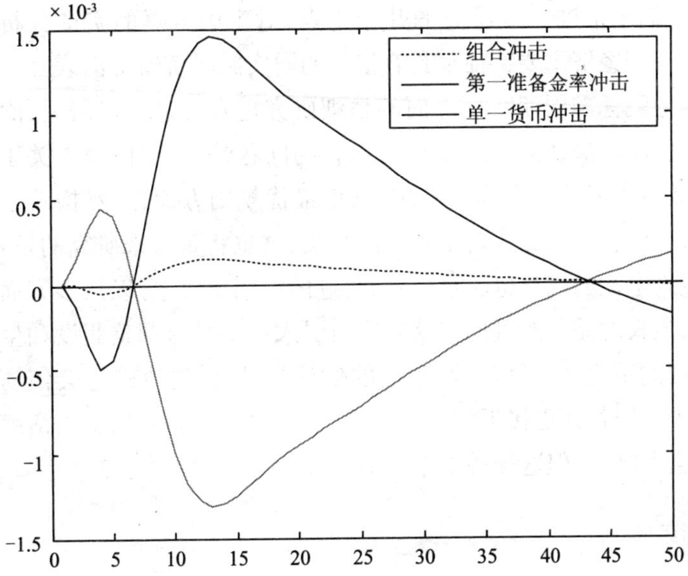

× 10-3

组合冲击
第一准备金率冲击
单一货币冲击

1.5
1
0.5
0
-0.5
-1
-1.5
0 5 10 15 20 25 30 35 40 45 50

图41　不同冲击下价格水平反应

八、小结

本文引入银行中介部门优化行为，建立了一个内生信贷需求与供给的金融经济周期模型，分析经济波动和货币政策对金融总量、经济总量、货币乘数等的影响。比较静态分析发现，准备金率具有逆周期特征。动态分析发现，货币创新与准备金率提高具有相互抵消效应。通过中国数据校准参数后的模拟发现，单纯的货币增长或法定准备金率调整，都会引起巨大的经济波动，即单纯准备金率手段不仅不能有效抚平经济波动，反而可能是造成经济不稳定的原因；同时，模型经济还预测，金融部门的活动对经济形成巨大影响。

综合来看，金融市场因素是形成经济波动的重要根因；但恰当的货币手段和准备金率手段的组合使用显然可以使经济达到稳定的目标，然而，如何形成最佳的政策组合比例？如何调整政策组合的步调？如何构建多种政策手段最优组合？这些问题将是我们未来进一步研究的几个重点；对中国数据的实证分析表明，模型经济主要特征都具有很好的同实际经济特征的表面一致性，但就标准周期特征方面的精细研究也有待进一步研究；除此之外，本节潜在的另一个没有回答的问题是，本节模型中关于政府政策手段的内生选择，以及长期最优规则方面，虽然构筑了框架，并没有真正深入讨论和有效解决，这也将是未来研究的重点；当然，本文的模型也还很简单，改进的空间很大，可以从多方面入手，最大的需要改进的点就是应当引入价格黏滞调整假设和生产部门的不完全竞争假设，我们的估计是，这样的改进将会使动态冲击反应特征更接近实际，系统复杂性更高，同时，稳态均衡解可能会不唯一，但这样的结果意义更大。

参考文献

[1] Bernanke, Ben S. and Gertler Mark, "Agency Costs, Net Worth and Business Fluctuations", *American Economic Review*, March 1989, 79(1), pp. 14 – 31.

[2] Bernanke Ben S., Gertler Mark, and Gilchrist Simon, "The Financial Accelerator in a Quantitative Business Cycle Framework", in John B. Taylor and MichaelWoodford, eds., *Handbook of Macroeconomics*, *Vol. 1C*. Amsterdam: North – Holland, 1999, pp. 1341 – 1393.

[3] Campbell, John Y., and Mankiw Gregory, "Consumption, Income and Interest Rates: Reinterpreting the Time Series Evidence", In Olivier J. Blanchard and Stanley Fisher, eds., *NBER Macroeconomics Annual* 1989, Cambridge MA: MIT Press, 1989, pp. 185 – 216.

[4] Carroll. Christopher D. and Dunn Wendy D, "Unemployment Expectations, Jumping (S, s) Triggers, and Household Balance Sheets", in Ben S. Bernake and Julio J. Rotemberg, eds., *NBER Macroeconomics Annual* 1997, Cambridge, MA: MIT Press, 1997, pp. 165 – 217.

[5] Cordoba, J. – C. and Ripoll, M., "Credit Cycles Redux", *International Economic Review*, 2004a, 45(4), 1011 – 1046.

[6] Chari, V. V., L. J. Christiano, and M. Eichenbaum, "Inside Money, Outside Money and Short – Term Interest Rates", *Journal of Money, Credit, and Banking*, 1995, 27: 1354 – 1368.

[7] Chen, Kunting, Yan Zhou, Liutang Gong, "Credit constraints, business cycles and optimal policies", *working paper*, 2008, 10; Presented on International Conference of Kongju University, in Korea, 2/23, 2009.

[8] Christiano, L. J., Motto, R. and Rostagno, M., "Financial

Factors in Business Cycles", *European Central Bank Working Paper Series*, 2010, No. 1192 / MAY 2010.

[9] Cogley, T., Nason J. M., "Output Dynamics in Real – Business – Cycle Models", *American Economic Review*, 1995, Vol. 85, No. 3.

[10] Fisher, Irving, "The Debt – Deflation Theory of Great Depressions", *Econometrica*, October 1933, 1, 337 – 57.

[11] Gertler, M., and Kiyotaki, N., 2010. Financial Intermediation and Credit Policy in Business Cycle Analysis, N. Y. U. and Princeton, October, mimeo.

[12] Giannoni, Marc P. and Michael Woodford, 2002, "Optimal Interest – Rate Rules: I. General Theory", NBER working paper No. 9419.

[13] Giannoni, Marc P. and Michael Woodford, 2003, "Optimal Inflation Targeting Rules," in B. S. Bernanke and M. Woodford, eds., *Inflation Targeting*, Chicago: University of Chicago Press.

[14] Goodfriend, M. and McCallum, B. T., "Banking and Interest Rates in Monetary Policy Analysis: A Quantitive Exploration", *Journal of Monetary Economics*, 2007, 54, pp. 1480 – 1507.

[15] Greenwood, J., Hercowitz Z. and Hoffman G. W., "Investment, Capacity Utilization and the Business Cycle", *American Economic Review*, 1988, 78: 402 – 417.

[16] Huang, K. X. D and Z. Liu, "Staggered Price – setting, Staggered Wage – setting, and Business Cycle Persistence", *Journal of Monetary Economics*, 2002, 49: 405 – 433.

[17] Ireland, P., "Stopping Inflations, Big and Small", *Journal of Money, Credit, and Banking*, 1997, 29, 759 – 775.

[18] Ireland, P., "Sticky – price Models of the Business Cycle: Specification and Stability", *Journal of Monetary Economics*, 2001,

47:3 - 18.

[19] Jappelli, Tullio and Pagano Marco, "Aggregate Consumption and Capital Market Imperfections: an International Comparison", *American Economic Review*, December 1989, 79(5), pp. 1088 - 105.

[20] Jerman, U., and Quadrini, E, "Macroeconomic E? ects of Financial Shocks", NBER Working Paper 15338, 2009.

[21] Kim, s., "Do Monetary Policy Shocks Matter in the G - 7 Countries? Using Common Identifying Assumptions About Monetary Policy Across Countries", *Journal of International Economics*, 1999, 48, 387 - 412.

[22] King, R. G., C. I. Plosser and S. T. Rebelo, "Production, Growth and Business Cycles: I. The Basic Neoclassical Model", *Journal of Monetary Economics*, 1998, 21: 195 - 232.

[24] King, R. G. and Rebelo S. T., "Real Business Cycles and the Test of the Adelmans", *Journal of Economic Dynamics and Control*, 1993, 17: 207 - 231.

[23] King, R. G. and S. T. Rebelo, "Resuscitating Real Business Cycles, (chapter 14)", *Handbook of Macroeconomics*, *volume* 1*B*, 1999, 927 - 1006.

[24] King, R. G. and M. W. Watson, "Money Prices, Interest Rates and the Business Cycle", *Review of Economics and Statistics*, 1996, 78: 35 - 53.

[25] Kiyotaki, N., and J. Moore, "Credit Cycles", *Journal of Political Economy*, April 1997, 105(2), pp. 211 - 48.

[26] Kocherlakota, N., "Creating Business Cycles Through Credit Constraints", *Federal Reserve Bank of Minneapolis Quarterly Review*, 2000, 24(3), 2 - 10.

[27] Kydland, F. E. and E. C. Prescott, "Time to build and aggregate fluctuations", *Econometrica*, 1982, 50: 1345 - 1370.

[28] Liu, Zheng & Pengfei Wang, "Indeterminate Credit Cycles",

Federal Reserve Bank of San Francisco Working Paper, 2010 – 22, Hong Kong University of Science and Technology, September 2010.

[29] Liu, Zheng, Pengfei Wang and Tao Zha, "Do Credit Constraints Amplify Macroeconomic Fluctuations?" Federal Reserve Bank of Atlanta *Working Paper* 2010 – 1, www. frbatlanta. org/pubs/WP.

[30] Long, B. J., Plosser C. I., "Real business cycles", *Journal of Political Economy*, 1983, Vol. 91.

[31] Lucas, R. E., "Supply – side Economys: An Analytical Review", *Oxford Economic Paper*, 1990, 42: 293 – 316.

[32] Mankiw, N. G. and R. Reis, "Sticky information versus sticky prices: A proposal to replace the New Keynesian Phillips curve", *Quarterly Journal of Economics*, 2002, 117: 1295 – 1328.

[33] Nelson, C. R., Plosser C. I., "Trends and Random Walks in Macroeconomic Time Series", *Journal of Monetary Economics*, 1982, 10(2): 139 – 162.

[34] Pintus, Patrick A and Yi Wen, "Excessive Demand and Boom – Bust Cycles", Federal Reserve Bank of St. Louis Working Paper 2008, 014B.

[35] Prescott, E. C., "Theory Ahead of Business Cycle Measurement", *Federal Reserve Bank of Minneapolis Quarterly Review*, Fall 1986, 10, 9 – 22.

[36] Zeldes, Stephen P., "Consumption and Liquidity Constraints: An Empirical Investigation", *Journal of Political Economy*, April, 1989, 97(2), 305 – 346.

[37] 陈昆亭、龚六堂，邹恒甫. RBC方法模拟中国经济的数值试验[J]. 世界经济文汇，2004(2).

[38] 许伟、陈斌开. 银行信贷与中国经济波动：1993—2005[J]. 经济学季刊，2009(2).

附录1:模型系统离散方程

为了方便读者参考,我们大概以附录形式按照模型构造部分方程出现顺序给出离散方程,个别地方可能略有差异,但主要方程都会给出如下:

部分1:私人家庭部门优化条件及约束方程离散方程:

$$\hat{w}_t = \sigma_h \cdot \hat{C}_{ht} + \hat{x}_t + \sigma_h \cdot \frac{l}{1-l} \cdot \hat{l}_t$$

$$\hat{C}_{ht+1} = \hat{C}_{ht} + (\frac{1}{1+r_a}\hat{r}_{at} - \hat{\pi}_{t+1})\frac{1}{\sigma_h}$$

$$\hat{C}_{ht} = \frac{b^*}{C_h}[-(1+r_a)\tilde{s}(\hat{S}_t + \frac{1}{1+r_a}\hat{r}_{at}) + r_f(\hat{r}_{ft} + \hat{B}_t) + \frac{wl}{b^*}(\hat{W}_t + \hat{l}_t) + (1+r_a)\tilde{s}(\hat{S}_{t-1} + \frac{1}{1+r_a}\hat{r}_{at-1}) - \eta r_f \frac{\tilde{D}}{B}(\hat{r}_{ft} + \tilde{D}_t)] - \hat{P}_t$$

部分2:银行部门优化条件及约束方程离散方程:

$$\hat{r}_{ft} = \hat{r}_{at} + \Delta_1[\hat{\xi}_t + \hat{D}_t - \hat{E}_t] - \Delta_2[-\hat{\xi}_t\frac{1}{1-\xi} + \hat{D}_t - \hat{E}_t]$$

$$\Delta_1 \stackrel{\Delta}{=} \{(1-\eta)\xi\frac{D}{E} + 1\}^{-1}(1-\eta)\xi\frac{D}{E}$$

$$\Delta_2 \stackrel{\Delta}{=} \{(1-\eta)(1-\xi)\frac{D}{E} - 1\}^{-1}(1-\eta)(1-\xi)\frac{D}{E}$$

$$\hat{K}_{bt} = \tilde{D}_t - \hat{Q}_t$$

$$\hat{l}_{bt} = \tilde{D}_t + \hat{r}_{ft} - \hat{W}_{bt}$$

$$\tilde{D} = \hat{D}_t - \Delta_1(\hat{D}_t - \hat{E}_t)]$$

部分3:企业部门优化条件及约束方程离散方程:

$$\hat{I}_t + (1+\varphi\delta^2)^{-1}(\hat{\varphi}_t + 2(\hat{I}_t - \hat{K}_t)) = [k\delta(1+\varphi\delta^2)]^{-1}\{\hat{Y}_t y + \hat{b}_t b - [(1+r_f)^{-1}\hat{r}_{ft-1} + \hat{b}_{t-1} - \hat{\pi}_t][(1+r_f)b/\pi] + r_f q k_b(\hat{r}_{ft} + \hat{q}_t + \hat{K}_{bt}) - wl_f(\hat{w}_t + \hat{l}_{ft}) - \hat{C}_{ft}C_f\}$$

$$\hat{r}_{ft} + \hat{q}_t = \hat{Y}_t - \hat{K}_{ft}$$

$$\hat{w}_{ft} = \hat{Y}_t - \hat{l}_{ft}$$

$$\hat{C}_{ft+1} = \hat{C}_{ft} + (\frac{1}{1+r_f}\hat{r}_{ft} - \hat{\pi}_{t+1})\frac{1}{\sigma_f}$$

$$r_f q(\hat{r}_{ft+1} + \hat{q}_{t+1}) + (1-\delta)g \cdot \hat{g}_{t+1} + \tilde{g} \cdot \tilde{g}_{t+1} = (\frac{1}{1+r_f}\hat{r}_{ft} + \hat{g}_t - \hat{\pi}_{t+1})\bar{g}$$

$$\bar{g} \overset{\Delta}{=} r_k q + (1-\delta)g + \tilde{g}$$

$$\hat{g}_{t+1} = \frac{3\varphi\delta^2}{1+3\varphi\delta^2}[\hat{\varphi}_{t+1} + 2\hat{I}_{t+1} - 2\hat{K}_{t+1}]$$

$$\tilde{g}_{t+1} = \hat{\varphi}_{t+1} + 3(\hat{I}_{t+1} - \hat{K}_{t+1})$$

$$g = 1 + 3\varphi\delta^2$$

$$\tilde{g} = 2\varphi\delta^2$$

$$\hat{K}_{t+1} = (1-\delta)\hat{K}_t + \delta \cdot \hat{I}_t$$

$$x_1\hat{q}_t - x_2\hat{K}_t = \frac{Y}{K}\hat{Y}_t + \frac{b}{K}\hat{b}_t - \frac{b}{K} \cdot \frac{1+r_f}{\pi}(\hat{r}_{ft-1} + \hat{b}_{t-1} - \hat{\pi}_t)$$

其中，$x_1 = \delta(1+\varphi\delta^2) + 2\psi\delta^3 = \delta + \frac{3}{2}\tilde{g}$

$$x_2 = 2\psi\delta^3 = \tilde{g}$$

市场出清条件：

$$\hat{K}_t = \frac{K_f}{K} \cdot \hat{K}_{ft} + \frac{K_b}{K} \cdot \hat{K}_{bt}$$

$$\hat{L}_t = \frac{L_{ft}}{L} \cdot \hat{L}_{ft} + \frac{L_{bt}}{L} \cdot \hat{L}_{bt}$$

$$\hat{S}_t = \hat{b}_t + \hat{P}_t$$

$$\hat{E}_t = \frac{S}{E} \cdot \hat{S}_t + \frac{x}{E} \cdot \hat{x}_t - \frac{\xi(L+S)}{E}[\hat{\xi}_t + \frac{L}{L+S}\hat{L}_t + \frac{S}{L+S} \cdot \hat{S}_t]$$

$$\hat{D}_t = \frac{L}{D} \cdot \hat{L}_t + \frac{S}{D} \cdot \hat{S}_t + \frac{x}{D} \cdot \hat{x}_t$$

$$\hat{D}_t - \hat{P}_t = \tilde{\beta}\eta\hat{K}_{bt} + (1-\tilde{\beta})\eta\hat{L}_{bt} + (1-\eta)(\hat{E}_t - \hat{P}_t)$$

$$\hat{Y}_t = \hat{A}_t + \alpha\hat{K}_{ft} + (1-\alpha)\hat{L}_{ft}$$

近年基础学科理论发展滞后,基础研究人才严重不足。这一事实已经造成全球性应用性理论发展后劲不足,进而造成推动时代发展的科技进步不能支撑实体经济发展的需要。近年全球性发展滞缓正是全球性浮躁和不重视基础的结果。为了证实这一思想和引起对于基础理论研究的重视,并正确规制基础理论发展的路径,需要做好以下工作:(1)30 年来"数理化"本科招生比例变化情况调查(主要发达国家和发展中国家);(2)30 年来"数理化"教师人数、收入等因素调查;(3)30 年来基础理论论文和创新成果数据调查;(4)基础理论影响经济发展的长效机制分析;(5)基础理论发展规律与最佳投入策略研究;(6)我国未来 10 年发展潜力评估。

(作者单位:陈昆亭,宁波大学商学院;周炎,北京大学光华管理学院)

试论世界经济周期[①]

李晓西

这里拟从存在与特征、协动性和传导机制等方面，来认识和分析世界经济周期。

一、世界经济周期是否存在？

世界性的经济周期是否存在，这既是一个实际问题，也是理论问题。如果客观上不存在，理论上讨论其存在与特征就是伪命题；但客观上存在，没有理论的证明，也无法证实其存在，因为这毕竟是不能从直观上把握的。

对这个问题的回答，可以分两步。首先是一些国家间是否存在共同的经济周期？其次是全球性的经济周期是否存在？

1. 区域经济周期[②]

区域经济周期，有时也被称为国家间的经济周期或国际经济周期，以区别于世界经济周期。其含义就是说，几个国家之间经济周期同步出现，而不是全球性的经济协动和同步经济波动。对国家间的经济周期的存在，很多人持肯定态度。早期的学者如摩根斯坦恩(Morgenstern，1959)，对美、英、德、法四国在金本位时期

---

① 本节参考文献：1. Michael P. Niemira 和 Philip A. Klein 著的《金融与经济周期预测》(FORECASTING FINACIAL AND ECONOMIC CYCLES)，中国统计出版社，邱东等译，1998 年；2. 宋玉华等著《世界经济周期理论与实证研究》，商务印书馆 2007 年；3. 刘崇仪等著《经济周期论》，人民出版社 2006 年。

② 中国人民银行西安分行金融研究处：东亚国家(地区)经济周期比较分析(1965—2004)，西安金融，2006. 5。

和两次世界大战间隔时期的经济周期进行比较分析，发现存在很强的同向联系；罗纳德·麦金农（Ronald Mckinnon）和贡特尔·施纳布尔（Gunther Schnabl）2003 年选择东亚 9 个国家以及日本进行了分析，认为东亚经济体都经历了同步的经济周期。德拉斯（Dellas，1986）则发现在英、美、德和日本四国，长期存在着同步的经济周期①。这里，我们以东南亚 4 国为例，来看区域经济周期的存在。请看图 1：

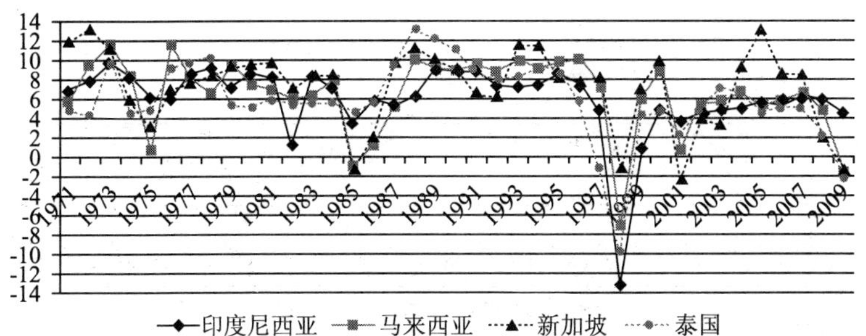

图 1　东南亚 4 国经济波动比较图

（实际 GDP 增长率 %，1971—2009）

资料来源：根据世界银行“世界发展指数数据库”各年数据整理并绘图。

http://databank. worldbank. org/ddp/home. do? Step = 1&id = 4.

从图 1 中可以看到，印度尼西亚、马来西亚、新加坡和泰国，作为东南亚 4 国，除了新加坡在 2003—2006 年出现了较大的经济增长又小幅回落外，从 1971 年到 2009 年，尤其是 1983 年以后，其经济波动趋势非常接近，显示出一种同步经济周期的迹象。实际上，中国香港、中国台湾和韩国的经济周期也具有很强的相关性；日本、菲律宾相互间存在一定程度的相关性；中国的经济周期较为独立，东亚地区性大国（中国、日本）与其他国家经济周期相关

① 宋玉华等．世界经济周期理论与实证研究[M]．北京：商务印书馆，2007.

性相对比较弱；但20世纪90年代以来，中国与其他东亚国家经济相关性呈现不断加强的趋势。①

进一步，我们根据联合国统计数据库将东亚和太平洋地区经济的波动与世界经济波动（主同期）做一比较，就可以发现，20世纪70年代后，东亚经济与世界经济有大体同步的发展轨迹，尤其是1971年到1981年、1993年到2009年这两个时间段，同步性很强。请看图2：

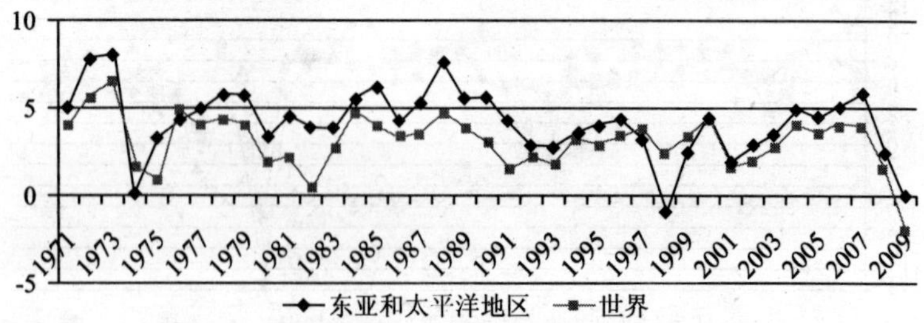

图2 东亚和太平洋地区与世界经济波动对比图

（实际GDP增长率%，1971—2009）

资料来源：根据世界银行“世界发展指数数据库”各年数据整理并绘图。

http://databank.worldbank.org/ddp/home.do? Step=1&id=4.

2. 从统计图表看世界经济周期的存在

许多学者运用各种方法，在不同程度上证明了世界经济周期的存在。朗姆斯戴纳（Rumsdana）和普雷萨德（Prasad）运用随时期变化的加权方法研究了欧盟和世界的经济波动，证明了世界性经济周期的存在，同时揭示了工业化国家经济波动同步性自1973年以来越来越明显；克拉伊（Kraay）文图拉（Ventura）2001年指出OECD国家之间表现出经济波动的高度同步性；浙江大学徐前春

① 刘树成主编．中国经济周期研究报告［M］．北京：社会科学文献出版社，2006.

在其博士论文《世界经济周期的生成和传导机制研究(2004)》中，选取了 50 多个样本国家，通过同步性分析和波形观察，考察了 1882—2000 年的世界经济周期运行状况①。

这里，我们根据世界银行"世界发展指数数据库"，提供的数据进行了整理和编制，绘出世界实际 GDP 增长率波动图如下：

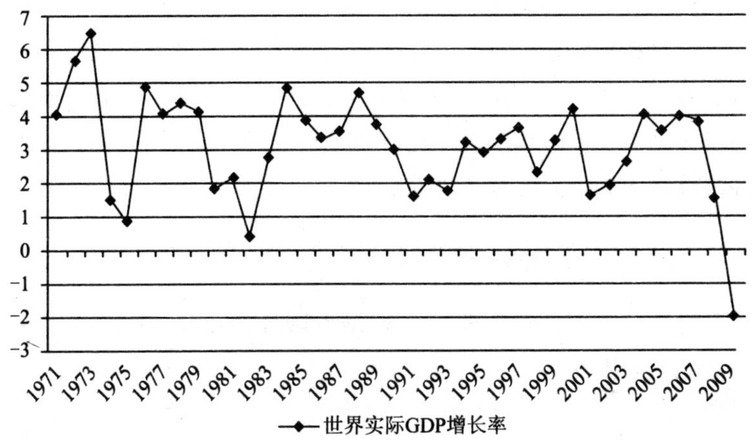

图 3　世界实际 GDP 增长率波动

(实际 GDP 增长率%，1971—2009)

资料来源：根据世界银行"世界发展指数数据库"各年数据整理并绘图。

http://databank. worldbank. org/ddp/home. do? Step = 1&id = 4.

从图 3 中可以看到，从 1970 年以后世界实际 GDP 的增长率变化趋势反映出四个现实：一是存在世界范围的经济波动周期现象。二是经济波动基本均在正值范围内，只有 2009 年出现了负值，为 - 1. 95%，即周期主要表现为经济增长率围绕平均增长率

---

① 引自宋玉华，吴聃：从国际经济周期理论到世界经济周期理论，经济理论与经济管理，2006(3)；并请参考宋玉华、徐前春："世界经济周期理论的文献述评"《世界经济》2004 年第 6 期。

趋势上下波动，而不是经济总量绝对值在平均增长水平上下的波动。三是从经济周期总体来说，扩张期变得越来越长，衰退期相对越来越短。四是按照从低点到低点观察世界经济周期，这段时间有五个明显的谷底年份：1975 年、1982 年、1991 年、2001 年和 2009 年。因此，相应出现长度为 7 年、9 年、10 年和 8 年的 4 个朱格拉周期。

这里特别要提出一个需要注意的事实，就是世界经济周期不可能等同于所有国家经济波动的同步性。若干最具影响国家的经济波动同步性将构成世界经济周期的主体，或者我们称相应的经济波动线为世界经济主周期。

二、世界经济周期的特征

世界经济周期最主要特征就是各国经济波动的同步性。先请看图 4 和图 5：

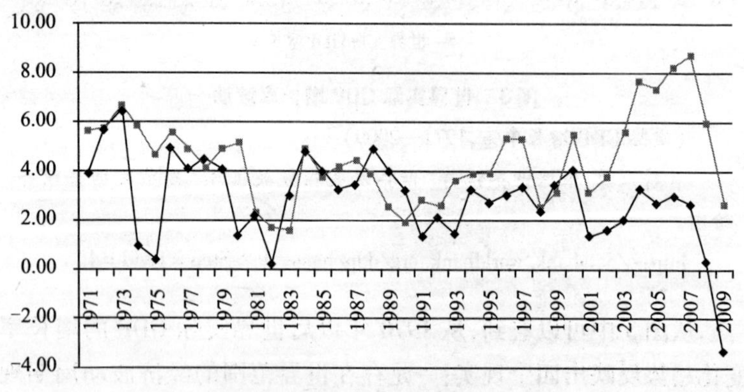

图 4　高收入国家和中低收入国家经济周期波动比较

（实际 GDP 增长率 %，1971—2009）

资料来源：根据世界银行"世界发展指数数据库"各年数据整理并绘图。

http://databank. worldbank. org/ddp/home. do? Step = 1&id = 4.

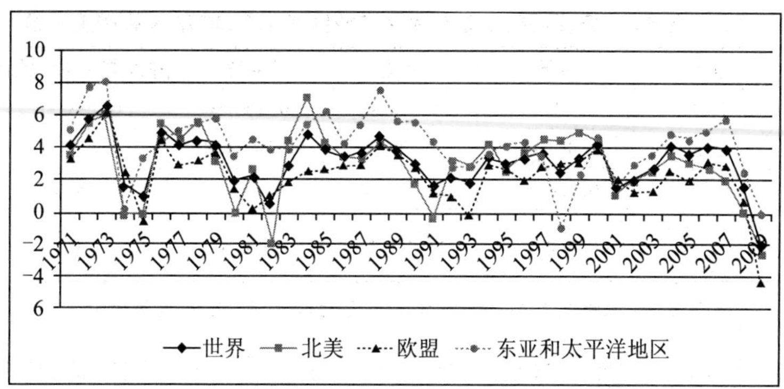

图5　世界、北美、欧盟、东亚和太平洋地区经济周期波动比较

（实际 GDP 增长率 %，1971—2009）

资料来源：根据世界银行"世界发展指数数据库"各年数据整理并绘图。

http://databank.worldbank.org/ddp/home.do? Step = 1&id = 4.

图5反映出世界主要区域经济波动具有一定的相似性，换而言之，存在同步性。进入20世纪70年代后，无论是OECD国家还是发展中的非OECD国家，无论是欧美，还是亚洲，经济增长呈现同步性，由此造就了鲜明的世界经济周期。虽然发达国家与发展中国家经济同步性低于发达国家自身，但同步国数量增加，却是世界经济周期的一个重要新特征，即世界经济主周期国别涵盖面日益增大，同步国家日益多元化。

进一步分析同步性现象，就会发现这源于各国间宏观经济变量存在明显的相关性。表现在，各国间产出总量和产出增长率、消费、投资、就业皆呈正相关性，虽然消费的相关性小于产出的相关性。其中，多国工业生产指数的变动在一定的周期波段上的高度相关性，更有着重要的影响。这种经济变量的相关性，也是世界经济周期的一个明显特征。下面是世界主要区域GDP增长率相关系数表。

表1 世界、北美、欧洲、东亚与太平洋地区实际GDP增长率相关系数

地区	世界	北美	欧盟	东亚与太平洋地区
世界	1	0.861080	0.900186	0.760251
北美	0.861080	1	0.707440	0.490421
欧盟	0.900186	0.707440	1	0.600165
东亚与太平洋地区	0.760251	0.490421	0.600165	1

资料来源:根据世界银行“世界发展指数数据库”各年数据整理计算。

从表1的相关系数又可以发现一个世界经济周期特征,那就是欧美国家对世界经济周期波动影响是最大的。研究表明,欧美国家是促成世界经济周期的主成分国,它们的经济运行主导着世界经济周期的变化趋势。从表1中可以看到,GDP相关度从强到弱依次排序如下:欧盟和世界、北美和世界、东亚与太平洋地区和世界、欧盟和北美、东亚与太平洋地区和欧盟、东亚与太平洋地区和北美。①

最后,世界经济周期的一个特征是:金融市场的相关性与同步性在增强,其强弱按区域排序为欧洲、美洲、亚洲与非洲。其表现形式之一是:国家间证券价格波动的波峰通常领先于产出的波峰,证券价格衰退的同步性比国家间经济衰退的同步性要强;表现形式之二是:国家间利率波动的波峰通常领先于产出的波峰,利率达到峰值前的持续上涨和经济的持续衰退有很强的正相关性。②

三、世界经济周期的协动性和传导机制③

世界经济环境在向全球化方向演变,各类国际市场的相互依赖性不断增强,现代企业制度在世界范围内广泛扩散,私有金融资产和资本商品的数量不断膨胀,这些为经济周期在世界范围内

① ② 宋玉华等. 世界经济周期理论与实证研究[M]. 北京:商务印书馆,2007.

③ 重点参考文献:1. 宋玉华等. 世界经济周期理论与实证研究[M]. 北京:商务印书馆,2007年.2. 刘崇仪等. 经济周期论[M]. 北京:人民出版社,2006.

相互联系的增强提供了基础。国家制度和国际制度不断优化和趋同,国别经济对外部冲击的敏感性增强,各国经济运动越来越显示出同步性。为此,我们需要回答,经济波动如何从世界经济的局部向整体传导?而回答这个问题,就要研究各国经济周期的互动或称协动,研究经济波动的跨国传导机制及其运动规律。

1. 世界经济周期的协动性

世界经济周期的协动性是指在特定的时间内,各国经济周期循环阶段在方向和波幅上表现出的一致性。显然,这种一致性呈现出来的现象就是经济波动的同步性。因此,协动性研究就是对同步性现象的原因分析,对经济周期相关性特征的具体阐释,是对经济周期解释从统计学走向经济学的一个重要环节。现有的研究成果表明,影响协动性的主要因素有:区域经济的一体化,一国经济的开放度、国家间的贸易关系,国际政策协调和市场经济制度的全球普及化等。经济的全球化正在导致经济波动的全球化,通信技术的不断创新更为经济预期的全球同时化提供了基础。

我们重点分析区域一体化对世界经济周期协动性的影响。从理论上来讲,区域经济一体消除或降低了国家间经济往来的交易成本,强化了国家间贸易和投资联系,因而增强了区域内国家间的经济周期的协动性。以欧盟区域中几国为例,请看图6:

从图6可以看到,30多年来,法、德、意、英4国的经济增长,有着非常近似的波动走向。其重要原因之一就是欧洲经济一体化的影响。这种一体化使区域内的贸易和投资大幅上升,使区域内各国经济政策协调和一致,这就增强了区域内各国经济协动性。有专家研究了北美、欧洲和东亚三个区域后得出一个结论:区域经济周期的协动性明显强于世界经济周期的协动性①。也要

---

① 刘崇仪等. 经济周期论[M]. 北京:人民出版社,2006.

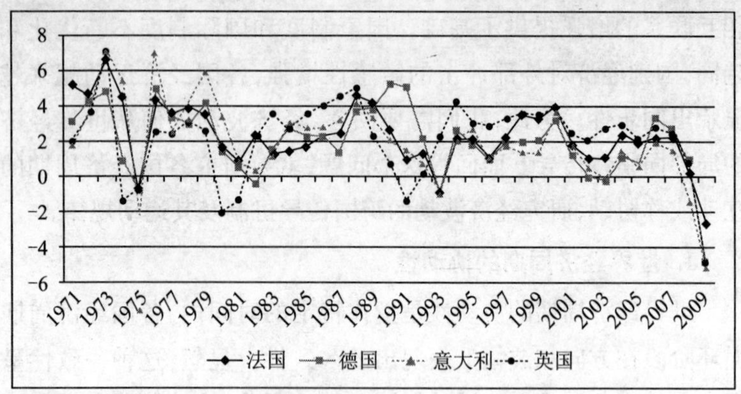

图6 法国、德国、意大利和英国经济周期波动比较

（实际 GDP 增长率 %，1971—2009）

资料来源：根据世界银行“世界发展指数数据库”各年数据整理并绘图。

http://databank. worldbank. org/ddp/home. do? Step = 1&id = 4.

指出，对协动性理解不能绝对化，事实上，不仅非区域一体化国家间存在着不协动现象，而且在区域一体化国家间，也会出现经济波动在方向和波幅上的非一致性。

国际经济协动产生，与共同的外部冲击也有直接关系。当国际产品价格波动冲击区域内各国时，经济一体化的特点就充分显露出来了，即对冲击会有相同的反应，使区域内经济周期出现明显的同步性。当然，在现实中，各国本国供求方面的冲击比国际供求因素的冲击，对一国经济尤其是产出的波动，具有更重要的作用。

最后要指出，区域内的经济周期协动性过程中，存在主导国家。而美国在世界经济波动中，因其国家的经济实力和跨国公司的数量，也起着主导性作用。

2. 世界经济周期形成中的传导渠道

传导渠道主要有国际商品贸易和国际金融交易。其中金融交易主要是指国际资本投资和短期资金国际流动。显然,国际贸易制度、国际金融制度和国际汇率制度,其内容及其调整,会对世界经济周期产生正面或负面的影响。下面分述之:

国家间的贸易关系,对形成国家间的经济同步,甚至促成世界经济周期,有着相当的影响。判断这种影响,可以分三个基本方面:一是贸易量的大小;二是贸易双方产业结构的相似性;三是贸易结构相似性。贸易量越大,或说贸易强度越大,贸易伙伴国的联系越紧密,因而,经济波动的传导机制发挥作用更大;产业结构相似度越高,受外部产业冲击比如石油危机冲击时,经济受损情况就越类似,因而,经济波动轨迹也越相似;贸易结构相似度越高,面临价格冲击时,表现也越相似,经济波动情况也就越相似。实证研究表明,在这三个方面的影响中,贸易量大小或说贸易强度如何,传导性是最大的,影响是最显著的,简而言之,贸易强度与贸易传导效应是显著的正相关。而产业结构相似度、贸易结构相似度与贸易传导效应则表示出弱相关,影响有限。同时要指出,发达国家和发展中国家之间存在不对称的贸易传导渠道:发达国家经济波动会引起发展中国家的经济,但发展中国家的经济波动对发达国家的影响十分有限。

第二条渠道是国际投资。随着全球金融一体化进程加快,国际投资对生成世界经济周期的重要性就更凸显了。这里讲的是国际投资中的生产性长期投资,主要指跨国公司在东道国的直接投资,其对世界经济周期形成有特别重要的影响。无论是新建企业或是兼并收购,跨国公司都将资本纽带及生产体系带入东道国,使得投入与产出、生产与营销国际化了,这对世界经济周期形成也有重要影响。所以说,通过利益与风险共担机制,跨国公司把母国的经济波动传导给东道国,而东道国也把其经济波动传导到了母国。跨国公司的全球战略及其全球管理深刻地影响了各国经济波动的相关性。

第三条渠道是短期资金的国际流动。短期资金凭靠流速快、成本低、逐利性强等特点，在金融全球化背景下，利用国际金融管制日益放松的条件，借助离岸金融市场制度和金融衍生工具的多种形式，在不同国家或地区之间迅速转移，以牟取暴利。短期国际流动资金常常利用汇率、利率变动及其差额，在外汇市场、货币市场、证券市场之间流动套利。大量资金的流入，可在短期内改变一国货币的汇率和利率，影响了一国的进出口贸易，影响投资与消费行为，影响了一国的内外需求，从而影响到一国的实体经济。如果干预这种影响，一国的货币供应量、物价水平、资本市场供求关系等均会有变化，使本来已被造成的经济波动迅速扩散，再度影响实体经济的稳定性。

在分析了协动性和传导机制后，我们有一个初步的认识，那就是：世界经济周期不是各国经济周期的简单加总，而是一个具有相对独立运行规律和特征的有机整体。

参考文献

[1]Michael P. Niemira 和 Philip A. Klein 著：《金融与经济周期预测》(FORECASTING FINACIAL AND ECONOMIC CYCLES)，邱东等译，中国统计出版社，1998 年。

[2][美]多恩布什，费希尔．宏观经济学[M]．北京：中国人民大学出版社，2003.

[3][美]杰弗里·萨克斯和费利普·拉雷恩．全球视角的宏观经济学[M]．费方域等译，上海：上海三联出版社，2006.

[4]克鲁格曼．萧条经济学的回归[M]．朱文晖等译，北京：人民大学出版社，1999.

[5][美]罗杰·A. 阿诺德(Roger A Arnold)．经济学(第5版)[M]．北京：中信出版社，2004.

[6]蔡继明主编．宏观经济学[M]．北京：人民出版社，2002.

[7]刘树成主编．中国经济周期研究报告[M]．北京:社会科学文献出版社,2006.

[8]刘树成．经济周期与宏观调控[M]．北京:社会科学文献出版社,2005.

[9]张军．中美经济周期的同步性及其传导机制分析[J]．世界经济研究,2006(10).

[10]刘崇仪等．经济周期论[M]．北京:人民出版社,2006.

[11]梁小民．高级宏观经济学教程[M]．北京:北京大学出版社,1993.

[12]武康平．高级宏观经济学[M]．北京:清华大学出版社,2006.

[13]刘崇仪等．经济周期论[M]．北京:人民出版社,2006.

[14]宋玉华等．世界经济周期理论与实证研究[M]．北京:商务印书馆,2007.

[15]毕大川,刘树成．经济周期与预警系统[M]．北京:科学出版社,1990.

[16]刘遵义．十年回眸:东亚金融危机[J]．国际金融研究,2007(8).

(作者单位:李晓西,北京师范大学;侯蕊,北京市统计局)

第五部分

经济增长与发展方式转变

中国经济增长与经济周期（2011）

中国地区经济增长质量的差异及其收敛性分析[①]

钞小静 任保平

一、引言

地区经济增长差距一直是经济增长理论研究的重要课题之一。现有相关文献主要在两种框架下展开研究:一种是经济增长数量框架,以人均 GDP 或劳均 GDP 为核心研究国家或者地区之间的经济增长差距(Barroand Sala - i - Martin,1992;Temple,1999;Hobijinand Franses,2000);另一种是经济增长的效率框架,以全要素生产率为内容探讨地区经济增长的差距(Bernardand Jones,1996;Millerand Upadhyay,2002)。经济增长本身是一个涵盖了数量与质量两个方面内容的概念,它外在表现为总数量的扩张,而内在表现为质量的提高,所以对地区经济增长差距的考察也应该从这两个层面来进行。虽然效率视角从一个侧面反映了经济增长的质量,但是很显然现有研究仍缺乏完整意义上的经济增长质量视角的分析,上述两种框架并不能实现对地区经济增长差距的全面考察。

自经济转型 30 多年以来,中国整体经济保持了持续高速增

① 本文得到教育部人文社会科学研究青年基金项目(10YJC790014)、西北大学研究生创新教育项目优秀博士学位论文类(07YYB09)和陕西省重点学科西方经济学建设项目(08 - ZD016)的资助。文责自负。

长的态势,但各地区间的经济增长却表现出明显的非一致性,尤其是自20世纪末以来各地区的经济增长不平衡程度呈现出显著扩大的趋势,地区经济增长差距问题受到越来越多学者的广泛关注。从总体而言,对于中国地区经济增长差异的研究也主要是在经济增长数量和经济增长效率两种框架下来研究地区经济增长差距的变动趋势以及影响地区差距的主要因素,但没有考虑地区间经济增长质量的差异问题。在过去的几十年中,我们一直把经济增长的数量与速度作为发展经济的首要目标,2007年党的十七大将"又快又好"的发展目标转变为实现"又好又快"的发展,将经济增长质量问题放在更为重要的位置之上,政府这一工作重点的调整不仅体现出我国经济发展理念的转变,而且也有力地说明当前经济增长质量问题已经成为我国经济发展的关键内容。那么,从经济增长质量的视角来看,中国地区之间经济增长差距的表现是怎样的,是一种不断扩大的态势还是具有一定的收敛趋势?对这一问题的回答,不仅能让我们全面把握到经济转型过程中中国地区经济增长差距的现实状态,还能够为理解中国的地区经济增长差距提供一个新的视角。基于此,与现有研究所不同的是,本文将从经济增长质量的视角出发,对1978—2007年中国地区经济增长质量的差异及其收敛性进行分析。

本文余下部分的安排如下:第二部分对地区经济增长差距的相关研究文献进行梳理和综述;第三部分以1978—2007年中国各省市区经济增长质量指数值为样本采用统计分析法和回归分析法对全国范围内地区经济增长质量的收敛性进行分析;第四部分运用回归分析法和聚类分析对中国各省市区是否存在俱乐部收敛进行考察;第五部分是本文的主要结论。

二、相关文献回顾及评述

对于地区经济增长差距的研究主要集中于经济增长数量框架之下,以人均GDP作为地区经济增长水平的度量来分析地区差距的变动趋势及其收敛性。从经济增长收敛性理论研究的成果来看,主要形成三种思路:绝对收敛、条件收敛以及俱乐部收敛。如果地区之间的经济增长差距不是永久性的,则称经济存在绝对收敛;如果地区之间的差异只是由于经济的结构异质性造成的,与初始条件无关,则称经济中存在条件收敛;如果这种差异是由经济的结构异质性和初始条件共同决定的,即使经济结构相同的地区,初始水平不同,也可能收敛到不同的均衡,则称经济中存在俱乐部收敛。[①] 新古典理论预测了两种类型的收敛:一种是 Solow 模型和 R - C - K 模型的绝对收敛;另一种是 Barro 方程与 MRW 模型的条件收敛。20 世纪 80 年代中期,世界范围内国家之间的经济增长差距不但没有缩小反而出现扩大的趋势,新古典增长理论的绝对收敛受到质疑。此时出现的新增长理论认为技术进步可以实现规模报酬不变或递增,从长期来看地区经济增长很可能呈发散态势。之后由于新增长理论无法解释部分国家之间确实存在的经济增长趋同现象,于是出现了基于新古典理论的条件 β 收敛,放松了绝对收敛关于国家之间唯一区别在于其初始资本水平这一关键假设(Barroand Sala - i - Martin,1992;Mankiwetal,1992;Sala - i - Martin,1996)。Galor(1996)将收敛性的研究进一步深化,认为新古典理论不仅可以导出条件收敛,还可以推出俱乐部收敛,即使在各国或地区技术、偏好、人口增长、政策、要素市场结构等结构特征相同的情况下,如果初始水平不同,它们也可能收敛到不同的均衡。

在经济增长数量框架下对地区经济增长差距进行实证研究的文献非常丰富,归纳起来主要采用了四种方法:(1)统计指标法,通过各种描述地区经济增长差异的不平等指数来对地区经济

---

① 收敛代表性的统计概念有 σ 收敛和 β 收敛,σ 收敛是指经济增长的分散程度随着时间的推移而不断下降,β 收敛是指不同地区间的经济增长速度与其初始水平负相关。σ 收敛是针对于存量水平而言,而 β 收敛是针对于增量而言,Sala - I - Martin(1996)认为 β 收敛是 σ 收敛的必要非充分条件。

增长差距进行数量描述与分解分析，常见的衡量地区经济增长差距的指数有 σ 收敛指数、变异系数、基尼系数法以及泰尔指数法(Dagum,1997;Shorrocks,1980)。(2)回归分析法，这是地区经济增长差距的实证分析中主要使用的一种方法，包括横截面回归(Baumol,1986;Barro,1991;Mankiwetal,1992)和面板数据回归(Islam,1995;Caselli,Esquiveland Lefort,1996;Lee,Pesaranand Smith,1998)。Baumol(1986)依据新古典经济增长理论建立了 β 收敛模型，采用横截面回归分析法研究了16个OECD国家的经济收敛情况，结果显示这些国家间具有较强的增长收敛性。Mankiw,Romer,and Weil(1992)在索洛模型基础上附加人力资本变量，采用横截面回归分析法研究了121个国家的经济收敛情况。Islam(1995)采用121个国家的面板数据进行实证研究，得出面板数据估计的条件收敛率高于横截面数据估计得到的收敛率。回归分析法可以在验证收敛性是否存在的同时，通过控制影响地区经济增长差距的变量来分析地区差距形成的原因，不足之处在于它无法区分收敛与非收敛之间的中间状态且无法揭示所有地区经济增长的分布动态。(3)时间序列方法，这种方法主要通过单位根检验和协整分析来研究各地区间人均产出的差异在长期内是否会逐渐消失，需要足够长的时间段(Bernardand Durlauf,1995,1996;Evans,1998;Kutanand Yigit,2005)。Bernardand Durlauf(1995)采用时间序列方法对15个OECD国家1900—1987年的样本数据进行经验研究发现，这15个国家的人均产出不存在收敛趋势。Kutanand Yigit(2005)采用面板单位根检验对欧洲1993—2003年的相关数据进行实证研究得出欧洲的经济增长存在很强的随机收敛性。时间序列方法将地区经济增长序列的平稳性纳入考虑，但是检验能力却相对较弱。(4)收入分布方法，这是一种非参数估计法，从整体的角度来考察一定时期内各类经济体概率分布的动态变化过程，根据人均收入序列为离散状态还是连续状态的设定不同，可分为马尔可夫链方法和随机密度核估计法(Quah,1997;Bianchi,1997;Anderson,2004)。Quah(1997)采用核函数估计对105个国家相对人均收入数据进行分析,各国人均收入的密度分布图显示,在时间t中等收入水平处形成单峰,贫穷国家和富裕国家分别处于钟形分布图的前、后尾部,在时间(t+s)各国经济水平的内部分布发生变化,中等收入水平国家向低收入和高收入转化,在低收入和高收入处形成了双峰分布。

对于中国地区经济增长差距的研究也主要是在经济增长数量框架下展开的,研究者们以人均GDP或劳均GDP作为反映地区经济增长水平的指标分别采用不同的方法来分析中国的地区经济增长差距。早期对于中国地区差距的研究主要是采用统计指标法,使用变异系数、基尼系数以及泰尔指数等统计指标对中国地区差距及其变动进行测度和分解,并由此观察地区差距的变动趋势及其影响因素(魏后凯,1992;杨开忠,1994;袁钢明,1996;林毅夫、蔡昉、李周,1998)。近年来对于中国地区经济增长差距的研究主要采用回归分析法和时间序列方法对中国区域经济增长的收敛性进行检验。Chenand Fleisher(1996)、魏后凯(1997)、申海(1999)、蔡昉和都阳(2000)、刘强(2001)、沈坤荣和马俊(2002)、王志刚(2004)、许召元和李善同(2006)、邹薇和周浩(2007)、张茹(2008)等把人均GDP或劳均GDP作为反映地区经济增长状况的指标,采用回归分析法检验了中国各省市区经济增长的收敛性,并进而对影响地区经济增长差距的主要因素进行考察。Zhang(2001)、陈安平和李国平(2004)、张鸿武(2006)、彭国华(2006)、滕建州和梁琪(2006)、覃成林和张伟丽(2009)等采用时间序列方法通过对中国各省市区人均产出序列的单位根检验和协整分析,研究了地区经济增长差距的变动状态及其收敛性。徐现祥和舒元(2004、2005)、何江和张馨之(2007)采用收入分布方法对中国各省市区人均GDP的分布情况进行研究。除此之外,一些学者还重点对地区经济增长差距的收敛速度进行了考察。姚树洁、ChunKwokLei、冯根福(2008)使用参数和非参数方法定量分析了中国大陆各省市与香港、澳门地区在过去40多年间人均收入的收敛速度问题。何一峰(2008)将收敛速度的异质性纳入考虑,利用非线性时变因子模型对1978—2006年中国各省市区的人均实际GDP和劳均实际GDP数据进行研究。周亚虹、朱保华、刘俐含(2009)使用半参数变系数面板数据模型以中国1978—2006年30个省份的人均GDP数据为样本对经济增长的收敛速度进行估算。

目前,对于地区经济增长差距的研究主要在经济增长数量框架下进行,除此之外还有一部分研究从经济增长的效率视角出发,对地区全要素生产率的收敛性进行了分析(Bernardand Jones,1996;Tsionas,2000;Millerand Upadhywa,2002)。彭国华(2005)在测算和分析中国1982—2002年各省市区全要素生产率的基础上,对其进行了收敛检验。经济增长数量是从整个经济量的变化上来描述经济增长的,而经济增长质量则是从经济的内在性质上来反映经济增长,经济增长数量与经济增长质量就像一枚硬币的两面,是同一个问题的两个方面,它们一起构成了经济增长的全部内容。现有对地区经济增长差距研究的文献主要是从经济增长的数量视角入手对地区经济增长差距进行分析,而经济增长效率框架下的研究也只反映了经济增长质量的一部分内容,目前对地区经济增长差距的研究仍缺少经济增长质量角度的系统分析。经过30多年的经济改革与经济转型,中国的经济发展已经步入新的阶段,经济增长数量与质量的关系和侧重点开始发生变化,经济增长质量已经成为决定经济发展的关键因素。因此,与现有研究所不同的是,本文将从经济增长质量视角出发来研究中国1978—2007年间的地区经济增长差距问题以弥补现有文献的不足。

三、中国地区经济增长质量整体的收敛性分析

(一)数据说明

对中国地区经济增长质量的差异及其收敛性进行分析所涉

及的最关键的问题是地区经济增长质量的测度。钞小静、惠康(2009)将经济增长质量的内涵界定为经济增长的结构、经济增长的稳定性、经济增长的福利变化与成果分配以及资源利用和生态环境代价4个维度,并在此基础上构建经济增长质量指数,采用主成分分析法对中国总体层面1978—2007年间的经济增长质量水平进行测度。考虑到各地区相关数据的可得性、指标体系的完整性以及总量分析与地区分析的差异,我们对中国整体经济增长质量指数进行以下调整:第一,中国总量层面金融结构的测度指标为M_2/GDP,由于中国银行体制的独特性造成金融资产无法按地区统计以及M_2数据无法按照各地区进行统计,而中国的主要金融资产集中在银行,利用地区各银行的存贷款数据与GDP的比率基本上可以揭示出中国地区金融结构状况(周立、胡鞍钢,2002),因此,对地区金融结构的测度我们选择存款、贷款余额占GDP的比例作为衡量指标。第二,虽然反映教育状况较合适的指标为人均受教育年限,但由于各地区中部分年份的相关数据不可得,因此我们以各省在校学生人数占总人口的比重来测度受教育状况的改善,其中在校学生数由普通高等学校、普通中等学校、小学人数组成。第三,经济增长的成果分配主要涉及的是收入分配问题,国际上最常用的度量收入分配差距的指标是基尼系数,但是我国各地区基尼系数不存在被广泛认可的测算结果,因此,我们只采用城乡收入比和泰尔指数作为测度成果分配的基础指标。与中国经济增长质量整体水平的测度方法相同,我们对所有逆指标采取倒数形式使其正向化,通过均值化方法对原始数据进行无量纲化处理,然后采用主成分分析法求得各地区1978—2007年间的经济增长质量指数。

本文中所采用的数据来自历年《中国统计年鉴》、各地区2008年统计年鉴、《新中国55年统计资料汇编》、《中国国内生产总值核算历史资料(1952—1996)》以及《中国国内生产总值核算历史资料(1952—2004)》。个别省份少数年份的缺失数据的处理通过对原有数据进行线性回归的基础上，用线性预测值来代替缺失值，应用SPSS16.0缺失值替换功能选项完成。因为大部分地区的历史数据从1993年开始修订，所以1993—2004年的相关数据我们采用《中国国内生产总值核算历史资料（1952—2004）》中修订后的数据，而其他年份则采用《新中国五十五年统计资料汇编》、各地区2008年统计年鉴和历年《中国统计年鉴》中的数据。由于西藏、海南资料不全，重庆在1997年后才成立，为保持数据与逻辑的一致性其数据合并到四川省，最终的数据涉及28个省市。

（二）中国地区经济增长质量差异的σ收敛检验

在地区经济增长差距的研究方法中，统计指标法是一种分析地区经济增长差距简单的、静态的方法，关注的是横截面的分布特征，通过统计描述来研究地区间经济增长差距的分布形状。我们首先计算1978—2007年各省市自治区经济增长质量指数值的变异系数、基尼系数和σ系数来考察中国各地区经济增长质量差异是否存在σ收敛（见图1）。① 由图1中可以看出，用变异系数、基尼系数和σ系数表示的中国1978—2007年28个省市区经济增长质量差距的变化趋势基本是相似的，仅存在略微的差异。1978—1990年，中国地区经济增长质量差距呈现剧烈的波动状态，变异系数、基尼系数和σ系数变动非常大，没有出现明显的收敛趋势。1991年开始用变异系数和基尼系数表示的各地区经济增长质量差异呈现缩小的趋势，分别由0.9705和0.5108下降至

---

① 我们令 Q_i 代表地区 i 的经济增长质量指数值，EQ 为各地区经济增长质量指数值的平均值，ELQ 代表各地区经济增长质量对数值的均值，N 表示地区个数，S 表示标准差，则变异系数 CV、基尼系数 G 和 σ 系数的计算公式为 $CV = \frac{S}{EQ}$，$G = 1 + \frac{1}{N} - \frac{2}{N^2 EQ}(Q_1 + 2Q_2 + 3Q_3 + \cdots + nQ_n)$，并满足 $Q_1 \geqslant Q_2 \geqslant Q_3 \geqslant \cdots \geqslant Q_n$，$\sigma = \sqrt{\sum_i (Q_i - EQ)^2 / N}$。

2007 年的 0.7838 和 0.3833，而与此相反的是 σ 系数则显示这一时期各地区经济增长质量的差异是扩大的，从 0.6477 不断上升到 5.7260。

与现有研究相比，本文所计算的中国地区经济增长质量差距的变动趋势与采用同样方法估计的地区经济增长数量差距的变动趋势并不是一致的（林毅夫、蔡昉、李周，1998；Zhang，2001；刘强，2001；刘夏明、魏英琪、李国平，2004）。刘夏明、魏英琪、李国平（2004）通过计算 1980—2001 年中国 29 个省市区人均 GDP 的基尼系数发现，地区经济增长数量的差距在 1980—1990 年表现为轻微下降，而 1990 年以后呈稳步快速上升的趋势。

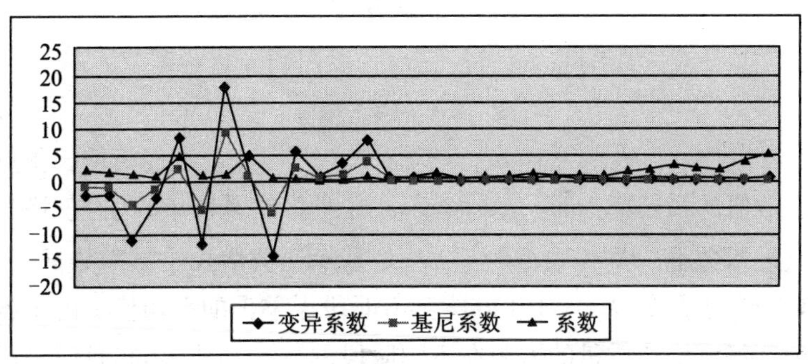

图 1 1978—2007 年各地区变异系数、基尼系数和 σ 系数

（三）中国地区经济增长质量差异的绝对 β 收敛检验

由于统计指标法只能分析中国地区经济增长质量差异的横截面特征，为了更好地考察我国地区经济增长质量差异在不同时期的动态变化情况，我们进一步采用回归分析法对其进行收敛性分析。回归分析法通过检验一段时期内地区人均产出增长率和初始收入水平的线性关系来预测地区经济增长的收敛性。如果回归模型中不加入其他控制变量，初始收入水平的系数小于零就意味着地区间经济增长的收敛性不受其他因素影响，在长期内将会趋于收敛，所有地区具有相同的增长路径和稳态，存在绝对收敛；如果回归模型中加入其他控制变量,初始收入水平的系数小于零就意味着每个地区都沿着不同的增长路径收敛于各自的稳态,存在条件收敛。Martin(1996)在其研究中将回归分析的模型设定为:

$$\log(y_{i,t+T}/y_{i,t})/T = \alpha + \beta\log(y_{i,t}) + \varepsilon_{i,t} \quad (1)$$

其中,T 表示某一段时间的期末年,$\log(y_{i,t+T}/y_{i,t})/T$ 代表从 t 到 $t+T$ 时期经济体 i 的人均 GDP 的年均增长率,$\log(y_{i,t})$ 表示经济体 i 在时间 t 人均 GDP 的对数值,α 为常数项,$\beta = -(1 - e^{-\lambda T})/T$,$\lambda$ 为收敛速度,ε_{it} 为误差项。β 的正负符号及显著程度决定着地区经济增长的收敛性,如果 β 显著为负,就表明地区经济增长存在收敛性;而如果 β 显著为正,就说明地区经济增长是发散的。本文在 Martin(1996)研究成果的基础上对中国地区经济增长质量差距的收敛性进行分析,设回归分析的模型为:①

$$g_{it} = \alpha + \beta q_{it} + \mu_{it} \quad (2)$$

其中,g_{it} 表示第 $Qual_{it}$ 个地区从 t 到 $t+1$ 时期经济增长质量指数值的增长率,pop_{it} 表示第 gov_{it} 个地区在基期年 t 的经济增长质量指数值,R^2 代表截距项,F 是基年经济增长质量指数 $F_1 = 3.309$ 的系数,$F_2 = 1.126$ 为某一时段误差项的平均值。由于各地区经济增长质量的差距在不同阶段的变动趋势不同,我们采用 1978—2007 年中国 28 个省市区经济增长质量指数值构成的面板数据将样本平均划分为 6 个时间段,即每一时间段长度为 5 年,具体为 1978—1982 年,1983—1987 年,1988—1992 年,1993—1997 年,1998—2002 年,2003—2007 年,在此基础上分别从整个样本区间以及各个时间段对公式(2)进行估计。

模型形式的设定直接决定着参数估计的有效性,如果模型设定不正确,所得估计结果就会与模拟的经济现实相去甚远。根据截距向量 $F_2 = 1.126$ 和系数向量 β 中各分量的不同限制要求,面

① 为了能够详细考察地区经济增长质量差距在时间序列上的变动趋势,我们取 $T = 1$。

板数据模型划分为混合效应模型、变截距模型和变系数模型，而后两种又分别根据个体影响的不同形式和系数变化的不同形式分为固定效应模型和随机效应模型。我们采用 F 检验来判断三大类模型设定的适应性，通过 Hausman 检验来判断采用固定效应模型还是随机效应模型，根据检验结果最终选择固定效应的变截距模型（见表 1），分别从整个样本区间以及各个时间段对公式（2）进行广义最小二乘估计，具体结果见表 2。

表 1　　不同面板数据模型形式设定的检验结果

解释变量	混合回归模型	变截距模型		变系数模型	
		固定效应	随机效应	固定效应	随机效应
pop_{it}	0.171312	0.332208	0.225631	系数向量（略）	系数向量（略）
F 检验	F_1 = 3.709 > 临界值，拒绝采用该种假定	F_2 = 1.057 < 临界值，接受采用该种假定		F_2 = 1.057 < 临界值，拒绝采用该种假定	
Hausman 检验	NA	Chi - Sq. Statistic = 3.025357 Prob. = 0.0820		NA	

表 2　　中国地区经济增长质量差异的绝对 β 收敛检验

	1978—2007	1978—1982	1983—1987	1988—1992	1993—1997	1998—2002	2003—2007
α	-0.531	-11.193	-0.545	1.614***	5.126***	1.857***	1.848***
	(1.346)	(9.329)	(0.985)	(0.394)	(1.719)	(0.167)	(0.138)
β	0.332	-5.021	0.150	0.175	-2.153**	-0.281***	-0.124***
	(0.442)	(5.516)	(0.324)	(0.499)	(1.021)	(0.067)	(0.029)

注：括号中的值为标准误，*表示在 10% 的显著性水平下显著，**表示 5% 显著，***表示 1% 显著。

由表 2 中可以看出，中国地区经济增长质量的收敛性存在一定的阶段性，从 1978—2007 年整个样本区间来看 β 并不显著为负，中国地区经济增长质量的差异并不存在绝对 β 收敛。从所划分的 6 个具体阶段来看，1978—1982 年，1983—1987 年，1988—1992 年这三个阶段的 β 并不显著为负，地区经济增长质量没有绝对的收敛趋势,而1993—1997,1998—2002,2003—2007这三个阶段则出现了β显著为负的地区之间的收敛趋势。更具体的看,我们结合图1各地区1978—2007年经济增长质量变异系数与基尼系数的变化可以发现,地区差异的缩小趋势应该发生在1991年。现有从经济增长数量框架入手的相关研究文献大都认为中国省际经济增长没有绝对的收敛趋势但存在一定的阶段性,一般以1989年或1990年为界。我们从经济增长质量框架入手来检验中国地区经济增长质量差异的收敛性,发现了与经济增长数量框架相类似的结论,区别在于经济增长数量差距在1989年或1990年之前呈现出一种缩小的趋势,之后地区差异开始扩大,而经济增长质量差距在1991年之前是一种上下波动的态势,之后地区差异有缩小趋势。由此可见,中国地区经济增长质量差距与经济增长数量差距的变动趋势并不是一致的,单纯从数量框架进行分析的研究结果并不能全面反映我国地区经济增长差距的真实状态。

(四)中国地区经济增长质量差异的条件β收敛检验

根据以上分析可知,中国1978—2007年的地区经济增长质量差异并不存在绝对β收敛,进一步我们通过在回归模型(2)中加入控制变量来考察中国地区经济增长质量差异是否存在条件β收敛,设回归分析的模型为:

$$g_{it} = \gamma + \theta q_{it} + \delta pop_{it} + \varphi gov_{it} + v_{it} \tag{3}$$

其中,pop_{it}表示第gov_{it}个地区在基期年t的人口增长率,gov_{it}表示第gov_{it}个地区在基期年t的用政府支出占GDP的比重来度量的政府支出规模,γ代表截距项,θ、δ、φ分别是基年经济增长质量指数$F_1 = 3.309$、人口增长率pop_{it}和政府支出规模gov_{it}的系数,v_{it}为某一时段误差项的平均值。如果初始经济增长质量水平的系数θ小于零就意味着每个地区都沿着不同的增长路径收敛于各自的稳态,存在条件β收敛。同样我们将1978—2007年间中国 28 个省市区经济增长质量指数值构成的面板数据样本平均划分为 6 个时间段来检验各地区经济增长质量的差距在整个样本区间以及各个时间段是否存在条件 β 收敛。对公式(3)进行 F 检验和 Hausman 检验,结果显示固定效应的变截距模型检验结果更好(见表 3),分别从整个样本区间以及各个时间段对公式(3)进行广义最小二乘估计,具体结果见表 4。

表 3　　不同面板数据模型形式设定的检验结果

解释变量	混合回归模型	变截距模型		变系数模型	
		固定效应	随机效应	固定效应	随机效应
q_{it}	0.983157	0.359332	0.422684	系数向量(略)	系数向量(略)
pop_{it}	6.454583	-2.572074	1.138888	系数向量(略)	系数向量(略)
gov_{it}	-0.641764	-1.833032	-1.019860	系数向量(略)	系数向量(略)
F 检验	F_1 = 3.845 >临界值,拒绝采用该种假定	F_2 = 1.058 <临界值,接受采用该种假定		F_2 = 1.058 <临界值,拒绝采用该种假定	
Hausman 检验	NA	Chi - Sq. Statistic = 10.383595 Prob. = 0.0156		NA	

表 4　　中国地区经济增长质量差异的条件 β 收敛检验

	1978—2007	1978—1982	1983—1987	1988—1992	1993—1997	1998—2002	2003—2007
γ	27.832***	259.61***	-2.716	1.392	-19.862*	2.338**	-0.957
	(6.165)	(80.747)	(10.338)	(4.328)	(10.983)	(1.136)	(0.951)
θ	0.359	-7.521	0.146	0.154	-1.832*	-0.341***	-0.160***
	(0.446)	(5.213)	(0.327)	(0.508)	(1.033)	(0.070)	(0.031)
δ	-2.572	-84.418*	-0.958	-1.361	15.795	-1.335	0.481
	(3.564)	(48.551)	(5.292)	(1.841)	(9.676)	(1.026)	(0.970)
φ	-1.833***	-10.035***	0.217	0.146	1.003	0.037	0.167***
	(0.354)	(2.633)	(0.642)	(0.347)	(0.860)	(0.044)	(0.056)

注:括号中的值为标准误,* 表示在 10% 的显著性水平下显著,** 表示 5% 显著,*** 表示 1% 显著。

由表 4 不难发现，在加入控制变量后中国地区经济增长质量在 1978—2007 年整个样本区间中并没有表现出条件 β 收敛的趋势，但与绝对 β 收敛检验结果相一致的是，从所划分的 6 个具体阶段来看，1978—1982 年，1983—1987 年，1988—1992 年这三个阶段的 θ 并不显著为负，地区经济增长质量差异没有条件收敛趋势，而 1993—1997 年，1998—2002 年，2003—2007 年这三个阶段 θ 是显著为负的，存在条件 β 收敛。

四、中国地区经济增长质量差距的俱乐部趋同

从经济增长数量框架对中国地区经济增长差距进行研究得出的结论基本上是一致的，即改革开放以来中国地区经济并不存在绝对的收敛趋势（ChenandFleisher，1996；刘强，2001；沈坤荣和马俊，2002；何一峰，2008；等等），表 2 和表 4 的结果表明，不管是从数量角度还是从质量视角来考察，我国 1978—2007 年间的地区经济增长差距都不是收敛的。但研究者们对于中国地区经济增长数量是否存在俱乐部趋同的看法是不同的，蔡昉和都阳（2000）从经验上考察了中国地区经济增长差距的收敛性，得出的结论认为中国在改革以来的地区经济发展中，虽然不存在普遍的趋同现象，但是却形成了东、中、西三个趋同俱乐部。沈坤荣、马俊（2002）通过对 1978 年改革开放以来省际间的经济增长差异进行实证分析发现中国各地区的经济增长并不具有明显的绝对收敛性，但却呈现出明显的“俱乐部收敛”特征，按东中西划分的区域内部人均产出具有明显的聚集现象，而且存在条件收敛的特征。那么，从经济增长质量的角度来看，中国各地区的经济增长差距是否也存在着俱乐部收敛的可能呢？我们进一步来考察中国地区经济增长质量是否存在俱乐部收敛。

虽然中国不存在全国范围内经济增长质量的绝对收敛，但这并不表明在中国各省市区的子样本中也不存在收敛现象。按照现行划分，除了香港、澳门、台湾之外，我国可分为东、中、西三大

地带，其中东部地区包括：北京市、天津市、河北省、辽宁省、上海市、江苏省、浙江省、福建省、山东省、广东省、海南省；中部地区是指山西省、吉林省、黑龙江省、安徽省、江西省、河南省、湖北省和湖南省；西部地区包括重庆市、四川省、贵州省、云南省、西藏自治区、陕西省、甘肃省、青海省、宁夏回族自治区、新疆维吾尔自治区、广西壮族自治区和内蒙古自治区。我们采用与第三部分中相同的回归分析法，分别以东中西部为子样本进行分析，所得结果如表 5 所示：

表 5　中国东中西部的回归分析结果

	东部	中部	西部
α	0.866786***	1.224413***	-3.764695
	(0.209161)	(0.256561)	(3.956700)
β	0.056534	-0.007005	1.068857
	(0.065543)	(0.084019)	(1.365858)

注：括号中的值为标准误，* 表示在 10% 的显著性水平下显著，** 表示 5% 显著，*** 表示 1% 显著。

表 5 的分析结果表明，从经济增长质量来看，东中西部回归估计的初始经济增长质量指数系数 β 值分别为 0.056534、-0.007005 和 1.068857，而这在 1%、5% 和 10% 的显著性水平下都不是显著为负的，东中西部都不存在收敛的趋势。从经济增长质量角度对地区经济增长差距进行分析的结果并不像经济增长数量框架下所得出的那样，在以东中西划分的区域内部出现明显的聚集现象，因此对于地区经济增长质量差距而言，传统的东中西部的划分并不是一个很好的标准。

聚类分析是根据研究对象的特性进行定量分类的一种多元统计方法，可以根据每个样本的观测量将其归为不同的类别，基本思路是：同一类中的个体有较大的相似性，不同类中的个体差异很大，于是根据多个观测指标找出能够度量样本或变量之间相似度的统计量,并以此为依据,采用某种聚类算法,将所有的样本或变量分别聚合到不同的类中。为了寻找可能的趋同俱乐部,我们采用聚类的方法来进行趋同俱乐部的研究。

分层聚类分析(Hierarchical Cluster Analysis)是聚类分析中应用最广泛的一种方法,它首先将每个样本各视为一类,然后根据两类之间的距离或相似性逐步合并,直到所有的样本合并为一个大类为止。本文采用 Hierarchical Cluster 聚类方法,结合我国空间地域特征状况进行聚类分析,所得结果如下:第一个趋同俱乐部的成员有:江西、云南、陕西、山东、四川、广东、安徽;第二个趋同俱乐部的成员有:河南、湖南、甘肃、上海、宁夏、辽宁、新疆;第三个趋同俱乐部的成员有:湖北、河北、福建、浙江、黑龙江、江苏;第四个俱乐部成员有:青海、贵州、内蒙古、广西。北京、天津、山西和吉林均未进入任何一个俱乐部。

从中国地区经济增长质量聚类分析的结果来看,这与经济增长数量框架的研究结论并不一致,不管是按照东中西部的划分,还是按照同样的聚类方法进行划分,两种框架所得结论都存在很大的差异。在按照东中西部划分的相关研究中,蔡昉和都阳(2000)、沈坤荣和马俊(2002)等以人均 GDP 作为经济增长水平的度量从经验上考察了中国地区经济增长差距的收敛性,得出的结论认为中国在改革以来的地区经济发展中形成了东、中、西三个趋同俱乐部,而本文从经济增长质量角度以各地区经济增长质量指数值作为测度地区经济增长差距另一方面的指标,通过实证分析发现以东中西划分的区域内部并没有出现明显收敛的趋势。在采用聚类分析进行研究的文献中,何一峰(2008)基于人均实际 GDP 和劳均实际 GDP 对中国的俱乐部趋同现象的存在性进行了研究,发现以人均实际 GDP 为指标形成了四个趋同俱乐部,以劳均 GDP 为指标形成了三个趋同俱乐部,第一个趋同俱乐部要比第二个更富裕,但没有上海富裕;第二个又比第三个富裕,依次类推。这一结论反映出在经济增长数量框架下,中国各省市区按照经济增长数量水平的高低形成几大收敛俱乐部。具体而言采用人均 GDP 数据得到的第一个俱乐部的成员有北京、天津、江苏、浙江、广东、福建、山东,第二个趋同俱乐部成员是辽宁、海南、河北和内蒙古,第三个趋同俱乐部的成员为吉林、陕西、山西、湖北、重庆、河南、广西和安徽,第四个趋同俱乐部的成员为宁夏、黑龙江、西藏、新疆、甘肃、青海、湖南、四川、江西和云南,上海和贵州均未进入任何一个趋同俱乐部。通过与以上结论的比较,我们发现以各地区经济增长质量指数值得到的聚类分析结果与以各地区人均 GDP 数据得到的俱乐部成员存在明显差异,从地区经济增长质量差异角度进行的聚类分析结果,各俱乐部以经济增长质量水平的高低进入不同的俱乐部。由此我们也可以得出,单纯从经济增长数量角度来分析中国地区经济增长的差距是不全面的,它并不能完整地反映出地区经济增长差异的全貌。

五、结论

本文从经济增长质量的视角出发,以中国 28 个省市区 1978—2007 年的经济增长质量指数值为样本对地区间的经济增长差异进行分析,得出以下结论:第一,采用统计指标法和回归分析法对整体经济收敛性研究的结果表明,中国地区经济增长质量差异在整个样本区间内并没有表现出收敛的趋势,但在 1993—1997 年,1998—2002 年,2003—2007 年这三个阶段呈现出一定的差距缩小态势。第二,按照东中西部的划分将全国分成三个子样本,通过回归分析法检验并没有发现地区经济增长质量差异存在俱乐部收敛,而采用聚类分析法对中国地区经济增长质量差异的俱乐部趋同进行研究发现了 4 个趋同俱乐部。

以上结果给我们的启示是:首先,在制定区域发展政策的过程中,不仅需要考虑各地区经济增长数量的发展水平,同时还要兼顾各地区经济增长质量的状态。经济增长数量与经济增长质量在中国地区经济增长差距中的变动趋势并不是一致的,单纯针对某一方面所制定出的区域经济政策只能改善经济增长差距的一部分内容,但同时很有可能会从另一方面强化甚至是扩大地区经济增长的差距。其次,不管是从经济增长的数量框架还是从经济增长的质量框架对中国地区经济增长差距进行分析都发现,中国地区间经济增长的收敛性存在明显的阶段性,当前虽然人均GDP的差距出现了一定的扩大趋势,而经济增长质量指数却呈现出明显的缩小趋势,在未来的经济发展中我们应当在继续提高经济增长质量的同时,着重控制地区经济增长数量差距的进一步拉大。

参考文献

[1]钞小静、惠康. 中国经济增长质量的测度[J]. 数量经济技术经济研究,2009(6).

[2]魏后凯. 中国地区经济增长及其收敛性[J]. 中国工业经济,1997(3).

[3]林毅夫、蔡昉、李周. 中国经济转型期的地区差距分析[J]. 经济研究,1998(6).

[4]蔡昉、都阳. 中国地区经济增长的趋同与差异——对西部开发战略的启示[J]. 经济研究,2000(10).

[5]刘强. 中国经济增长的收敛性分析[J]. 经济研究,2001(6).

[6]王铮、葛昭攀. 中国区域经济发展的多重均衡态与转变前兆[J]. 中国社会科学,2002(4).

[7]王小鲁、樊纲. 中国地区差距的变动趋势和影响因素[J]. 经济研究,2004(1).

[8]刘夏明、魏英琪、李国平. 收敛还是发散?——中国区域

经济发展争论的文献综述[J]. 经济研究,2004(7).

[9]董先安. 浅释中国地区收入差距:1952—2002[J]. 经济研究,2004(9).

[10]王志刚. 质疑中国经济增长的条件收敛性[J]. 管理世界》,2004(3).

[11]沈坤荣、马俊. 中国经济增长的“俱乐部收敛”特征及其成因研究[J]. 经济研究,2002(1).

[12]许召元、李善同. 近年来中国地区差距的变化趋势[J]. 经济研究,2006(7).

[13]陈安平、李国平. 中国地区经济增长的收敛性:时间序列的经验研究[J]. 数量经济技术经济研究,2004(11).

[14]滕建州、梁琪. 中国区域经济增长收敛吗? ——基于时序列的随机收敛和收敛研究[J]. 管理世界,2006(12).

[15]张鸿武. 我国地区经济增长的随机性趋同研究——基于综列数据单位根检验[J]. 数量经济技术经济研究,2006(8).

[16]彭国华. 我国地区经济的长期收敛性——一个新方法的应用[J]. 管理世界,2006(9).

[17]邹薇、周浩. 中国省际增长差异的源泉的测算与分析(1978—2002)——基于“反事实”收入法的经验研究[J]. 管理世界,2007(7).

[18]张茹. 中国经济增长地区差异的动态演进:1978—2005[J]. 世界经济文汇,2008(2).

[19]何一峰. 转型经济下的中国经济趋同研究——基于非线性时变因子模型的实证分析[J]. 经济研究,2008(7).

[20]陈晓玲、李国平. 地区经济收敛实证研究方法评述[J]. 数量经济技术经济研究,2007(8).

[21]石磊、高帆. 地区经济差距:一个基于经济结构转变的实证研究[J]. 管理世界,2006(5).

[22]高帆. 中国各省区二元经济结构转化的同步性:一个实

证研究——兼论地区经济结构转变与经济增长差距的关联性[J].管理世界,2007(9).

[23]彭国华.中国地区收入差距、全要素生产率及其收敛性分析[J].经济研究,2005(9).

[24]覃成林、张伟丽.中国区域经济增长俱乐部趋同检验及因素分析——基于CART的区域分组和待检影响因素信息[J].管理世界,2009(3).

[25]贺灿飞、梁进社.中国区域经济差异的时空变化:市场化、全球化与城市化[J].管理世界,2004(8).

[26]周亚虹、朱保华、刘俐含.中国经济收敛速度的估计[J].经济研究,2009(6).

[27] Baumol, W. J., 1986, "Productivity Growth, Convergence and Welfare: What the Long - run Data Show", *American Economic Review*, 76, pp. 1072 - 1085.

[28] Barro, R. J., 1991, "Economic Growth in across - section of Countries", *Quarterly Journal of Economics*, 106, pp. 407 - 443.

[29] Barro, R. J., Sala - i - Martin, X., 1992, "Convergence", *Journal of Political Economy*, 100(2), 223 - 251.

[30] Barro, R. J., Sala - i - Martin, X., 1995, "Economic Growth", McGraw Hill, NewYork.

[31] Barro, R. J., M. McCleary, 2003, "Religion and Economic Growth", Harvard University Working Paper.

[32] Bernard, Andrew, StevenN. Durlauf, 1995, "Convergence in International Output", *Journal of Applied Econometrics*, 10, 97 - 108.

[33] Bernard, A. andC. Jones, 1996, "Comparing Apples to Oranges: Productivity Convergence and Measurement across Industries and Countries", *American Economic Review*, 86(5), 1216 - 1238.

[34] Binder, Michael, M. Hashem Pesaran, 1999, "Stochastic Growth Models and Their Econometric Implications", *Journal of Eco-*

nomic Growth, 4, 139 – 183.

[35] Cho, Dongchul, Stephen Graham, 1996, "The Other Side of Conditional Convergence", *Economics Letters*, 50, 285 – 290.

[36] Caselli, F. , G. Esquivel and F. Lefort, , 1996, "Reopening the Convergence Debate : A New Look at Cross Country Growth Empirics", *Journal of Economic Growth*, 1 , 363 – 389.

[37] Dowrick, S. and M. Rogers , 2002, "Classical and Technological Convergence: Beyond the Solow – Swan Growth Model", *Oxford Economic Papers*, 54: 369 – 385.

[38] Galor, O. , 1996, "Convergence? Inferences from Theoretical Models", *The Economic Journal*, 106, 1056 – 1069.

[39] Islam, N, 1995, "Growth Empirics: A panel Data Approach", *Quarterly Journal of Economics*, 110, 1127 – 1170.

[40] Islam, N, 2003, "Productivity Dynamics in a Large Sample of Countries: A panel Study", *Review of Income and Wealth*, 49, 247 – 272.

[41] Lee Kevin , M. Hashem Pesaran , Ron Smith, 1997, "Growth and Convergence: A multi – country Empirical Analysis of the Solow Growth Model", *Journal of Applied Econometrics*, 12, 357 – 392.

[42] Lucas Robert E. Jr. , 1988, "On the Mechanics of Economic Development", *Journal of Monetary Economics*, 22, 2 – 42.

[43] Mankiw, N. G. , D. Romer and D. N. Weil, 1992, "A Contribution to the Empirics of Economic Growth", *The Quarterly Journal of Economics*, 107, 407 – 438.

[44] Quah, D. , 1993, "Galtons's Fallacy and Test of the Convergence Hypothesis", *Scandinavian Journal of Economics*, 95, 427 – 442.

[45] Quah, D. , 1996, "Twin Peaks: Growth and Convergence

in Models of Distribution Dynamics", *The Economic Journal*, 106, 1045 - 1055.

[46] Sala - i - Martin, X. , 1996, "The Classical Approach to Convergence Analysis", *The Economic Journal*, 106, 1019 - 1036.

[47] Temple, J. , 1999, "The New Growth Evidence", *Journal of Economic Literature*, XXXVII, 112 - 156.

[48] Zhang, Z. , Y. Liu, A. , Yao, S. J. , 2001, "Convergence of China's Regional Incomes", *China Economic Review*, 12, 243 - 258.

（作者单位：西北大学经济管理学院）

中国的工业化与工业化腾飞

钱 津

党的十七大报告指出:“到2020年全面建设小康社会目标实现之时,我们这个历史悠久的文明古国和发展中社会主义大国,将成为工业化基本实现、综合国力显著增强、国内市场总体规模位居世界前列的国家,成为人民富裕程度普遍提高、生活质量明显改善、生态环境良好的国家,成为人民享有更加充分民主权利、具有更高文明素质和精神追求的国家,成为各方面制度更加完善、社会更加充满活力而又安定团结的国家,成为对外更加开放、更加具有亲和力、为人类文明作出更大贡献的国家。”因此,在中国工业化即将基本实现的前期,我们需要认真研究已经走过的工业化历程,而且特别重要的是必须明确现在中国的工业化已经进入了腾飞阶段,迫切需要具有创新思想的经济学理性应对。

一、中国工业化的起步、停滞和恢复阶段

中国最早提出要实现工业化是在20世纪50年代。1954年召开的第一届全国人民代表大会,第一次明确提出要实现工业、农业、交通运输业和国防的四个现代化的任务。1956年又一次把这一任务列入党的八大所通过的党章中。在1964年12月召开的第三届全国人民代表大会第一次会议上,根据毛泽东建议,周恩来在政府工作报告中首次提出,在20世纪内,把中国建设成为一个具有现代农业、现代工业、现代国防和现代科学技术的社会主义强国,实现四个现代化目标的“两步走”设想。第一步,用15年时间,建立一个独立的、比较完整的工业体系和国民经济体系,使

中国工业大体接近世界先进水平;第二步,力争在20世纪末,使中国工业走在世界前列,全面实现农业、工业、国防和科学技术的现代化。2010年10月18日十七届五中全会通过的《中共中央关于制定国民经济和社会发展第十二个五年规划的建议》中,再一次明确提出:"坚持走中国特色新型工业化道路,必须适应市场需求变化,根据科技进步新趋势,发挥我国产业在全球经济中的比较优势,发展结构优化、技术先进、清洁安全、附加值高、吸纳就业能力强的现代产业体系。"

自1953年至1957年,是中国工业化的起步阶段。这是中国工业化的开始阶段。这一阶段处于第一个五年计划时期。我们知道,中国在1951年就开始制订第一个五年计划,而直到1955年才正式批准通过这个计划。通过时,一五计划已经实施过半了。一五计划主要是集中力量进行以苏联帮助我国设计的156个建设项目为中心、由694个大中型建设项目组成的工业建设,建立了中国的社会主义工业化的初步基础。

自1958年至1975年,是中国工业化的停滞阶段。这一阶段的建设受到大跃进、三年困难时期、四清运动、"文化大革命"的严重干扰。包括第二个五年计划、国民经济调整时期、第三个五年计划、第四个五年计划,共计延续了18年。这是中国经济发展中的一个十分困难的时期,当时中国有超过2亿的农村贫困人口。

自1976年至2003年,是中国工业化的恢复阶段。前后约28年时间。这一阶段包括第五个五年计划、第六个五年计划、第七个五年计划、第八个五年计划、第九个五年计划和第十个五年计划的前三年。这一阶段主要处于改革开放的历史时期,国民经济得到迅速的恢复和发展,工业化的成效十分显著。由于改革开放,中国接受了来自世界发达国家的先进技术和先进设备,在工业化的道路上开始迈开了新的步伐。

二、2004 年中国工业化进入腾飞阶段

自 2004 年起，中国的工业化就进入了腾飞阶段。这是实现工业化的最后阶段，也是国民经济的高增长阶段。工业化的腾飞是在十五计划期间实现的，在十五计划之后，还要经历十一五规划、十二五规划、十三五规划，才能完成这一工业化腾飞阶段，将历时 17 年或 17 年以上的时间基本实现工业化。

中国社会科学院经济学部课题组的研究表明："从全国看，到 2005 年，中国的工业化水平综合指数达到 50，这表明中国刚刚进入工业化中期的后半阶段。如果将整个工业化进程按照工业化初期、中期和后期三个阶段划分，并将每个时期划分为前半阶段和后半阶段，那么中国的工业化进程地区已经过半。1995 年，中国工业化水平综合指数为 18，表明中国还处于工业化初期，但已经进入初期的后半阶段。到 2000 年，中国的工业化水平综合指数达到了 26，这表明 1995 到 2000 年的整个'九五'期间，中国处于工业化初期的后半阶段。到 2005 年，中国的工业化水平综合指数是 50，这意味着工业化进程进入中期阶段。也就是说，'十五'期间，中国工业化进入了高速增长阶段，工业化水平综合指数年平均增长接近 5。单独的计算表明，在 2002 年，中国的工业化进入中期阶段，工业化综合指数达到了 33 分，如果认为从工业化初期到工业化中期，具有一定转折意义的话，那么，'十五'期间的 2002 年是我国工业化进程的转折之年。从静态计算，如果在未来中国能够达到'十五'期间我国工业化水平综合指数的年均增长速度（为 4—5），到 2015—2018 年，再经过 10—13 年的加速工业化进程，我国工业化水平的综合指数将达到 100，中国工业化将基本实现，这与我们到 2020 年长期的现代化战略目标要求是相符合的。即使按照'九五'和'十五'整个 10 年间我国工业化水平综合指数的年均增长速度 3.2 推算，到 2021 年，我国的工业化水平

综合指数也将达到100,中国将实现工业化。"①

依据上述工业化水平综合指数数据,中国工业化进入中后期阶段即腾飞阶段是在2002年至2005年,也就是说,这一重大的转折是在十五计划期间实现的。关于这一时段的认定,以及关于腾飞之后中国工业化基本完成时间的推定,无论是从数据出发,还是从事实出发,都是没有争议的。只是,认定这一时段之后,更准确地讲,中国工业化腾飞的起点是在2004年。中国经济2004年增长10.1%,2005年增长11.3%,2006年增长12.7%,2007年增长14.2%,2008年增长9.6%,2009年增长9.1%,2010年增长10.3%。2011年已经是中国经济进入工业化腾飞阶段的第8年了。现在的问题是,在中国经济界,是否认识到了中国的工业化已经进入腾飞阶段。如果已经认识到中国的工业化进入了腾飞阶段,那对于这8年的经济高速增长,就不会感到太高太快,就不会总想回到一般的增长速度中去,就会积极地想办法、想对策,应对腾飞的挑战。而要是还没有认识到中国的工业化已经进入了腾飞阶段,那对于这8年的经济高速增长,就会感到偏高偏快,就会老是想让增长速度慢下来,像往常一样,四平八稳地过日子。由此而言,在事实上中国已经进入工业化腾飞阶段8年了的今天,能不能认识到中国的工业化已经进入了腾飞阶段还是一个很重要的现实问题。解决这个问题,我们才能做到认识与实践相统一,才能比较自觉地应对工业化的腾飞。否则,我们就还生活在一片迷惘之中,有点儿骑驴找驴的味道。关于这一点,似乎不必等着外国的著名经济学家为我们指出来,告诉我们,中国已经腾飞了。只要是站在21世纪的经济学理性高度,我们所有的中国人一定是能够感受到中国的工业化腾飞的。我们在8年之后讲

① 中国社会科学院经济学部课题组:《我国进入工业化中期后半阶段——1995—2005年中国工业化水平评价与分析》,《中国社会科学院院报》,2007年9月27日。

这样的话,已经是很迟钝了。我们不能再迟钝下去了。在2011年,在这个后危机时代中具有重要意义的年份,在“十二五”时期的开局之年,我们从上到下都需要明确,中国已经在2004年就进入了工业化腾飞阶段,我们现在需要以工业化腾飞的姿态伫立于世界,更健康地又好又快发展,去自觉地实现工业化。

三、工业化为何会出现腾飞

在工业化的进程中,在实现工业化之前,为何会出现工业化腾飞呢?腾飞只是一种形象的说法,意思是指国民经济进入了一个持续的高增长期。从实践的角度来看,这是每一个实现工业化的国家都曾经历的一个阶段。

1. 日本的工业化腾飞

1964年,也就是距今47年之前,日本在东京成功地承办了第18届奥运会。据李关云报道:此前,日本的工业化经过战后19年的恢复,已达到较高的发展水平,不仅初步地开发了北海道,而且成功地建设了东京与大阪之间全长515.8公里的东海道宽轨高速铁路新干线,成为代表当时日本工业化水平的显著标志。至1963年,日本的恩格尔系数已经下降到39.3%,非常接近经济发达国家的水平。而东京奥运会之后,日本的经济结构发生了巨大的变化,以工业为主的第二产业地位越来越重要,导致就业结构变化和农业人口向工业和服务业转移;日本进入战后最大的经济增长期,从1965年到1970年持续增长57个月,国民经济整体增长122.8%,工资上涨幅度达到114.8%。日本东京2016年奥申委主席兼CEO河野一郎先生认为,奥运会是日本的一个转折点,日本经济就是在那个时候开始起飞的。现在,我们可以说,那个时候,即1964年,就是人们公认的日本工业化腾飞的起点。自那时至20世纪90年代初,是日本工业化的腾飞阶段,长达20多年,直至日本实现人均GDP世界排名第一位。

2. 韩国的工业化腾飞

1988年,也就是距今23年之前,韩国在汉城(即今首尔)成功地承办了第24届奥运会。据堵力曹竞辛明等人的报道:此前,“韩国似乎只是个很少被人注意的小国。然而,16天的奇迹,仿佛改变了这个国家的命运。作为第一个承办奥运会的发展中国家,韩国给了世界一个惊奇。之后,以奥运会为起点,韩国开始了长达十多年的经济腾飞”。进入21世纪,走出亚洲金融危机的韩国人均GDP已由1万美元大幅度地升到1.5万美元,而在2008年国际金融危机到来之前,当时新当选的韩国总统李明博宣布的施政目标是一定要将韩国的人均GDP提升到4万美元。

3. 工业化腾飞的必然性

面对中国的工业化腾飞,我们更需要从理论上知道为什么在工业化进程中一定会出现腾飞。这是一个传统经济学无法解答的问题,也是一个现代经济学正在探索的问题。就我们的探索来讲,这可以用山体效应理论和腾飞假说解释。

(1)山体效应理论

与木桶理论强调的因存在短板而制约整体水平的认识不同,山体效应理论是讲,一个国家或地区的劳动中的智力发展水平的高点决定整体经济的发展水平。认识现代社会的经济发展,认识工业化腾飞,需要依据山体效应理论,而不能依据木桶理论。

对于解释现代经济中出现的问题,目前广为传播的木桶理论其实存在相当大的认识局限性。特别是,认识社会经济生活中的整体性问题,木桶理论更是缺乏说服力。就一只木桶来说,怎么会出现一块短板呢?是做木桶时做上去了一块短板,还是在使用时损坏的呢?而无论是前者,还是后者,都无须短板本身负责,问题都在于木桶的主人。如果一个做木桶的人,不管不顾,偏偏要将一块短板做在桶上,那他不是有病,也是胡闹。如果一个使用木桶的人,造成了木桶的损坏,那他应该及时修补木桶,而不能继续使用有一块板已经短了的木桶，更不能一边使用，一边指责这块短板。显然，木桶理论带有这样的逻辑缺陷，是无法应用于分析复杂的现实经济生活的，无法准确地描述任何现实经济整体性的状况，无法解决任何具体经济单位的实际整体性问题。

在现实的社会经济生活中，每一个国家或地区的经济发展整体都必然呈现“山体效应”。“山体效应”是指：在自然界中，山体达到的高度就是地下水可以达到的高度，只要山高，水就可以高。也就是人们常说的，山多高，水多高。借用“山体效应”这一自然规律，山体效应理论的构建，以山体表示某一国家或地区的经济整体，以平面的山形线表示这一整体中发展不平衡的劳动智力水平，以其山形线的最高点即山顶的位置表示这一整体的经济发展水平，以此表明在一个国家或地区的经济发展整体中，劳动智力发展的最高水平决定其经济整体的发展水平。

根据山体效应理论，任何一个国家或地区的经济发展，都取决于其整体的劳动智力发展；任何一个国家或地区的经济发展水平，都取决于其劳动整体之中的智力发展的最高水平。经济发达国家是因其拥有的高智力复杂劳动的发展水平达到相当的高度，才带动整个国家的经济发展达到一个挺拔山形的较高水平，其中最高水平的劳动智力因素所发挥的作用决定了整个国家的经济发展水平。发展中国家之所以经济落后，最根本的原因是其经济整体中的劳动智力发展水平低，是其最高的劳动智力发展水平相比发达国家最高的劳动智力发展水平存在较大的差距，用“山体效应”图来表示，只能是一个低矮的山形示意。这也就是说，山体效应理论阐明：在现时代，不是各个国家或地区最低点的劳动智力水平决定相互之间的经济发展差距，而是各个国家或地区最高点的劳动智力水平的差距拉开了相互之间的经济发展水平的距离。

(2)腾飞假说

只要我们肯定一个国家或地区的经济发展是由劳动智力的

发展水平决定的，那我们就可以对应工业化的过程依据此机理构建一个假说解释腾飞阶段。

假定在工业化的进程中，一定的劳动智力发展使得一定的高技术构建成统领经济发展的高平台，那么，这个高平台基本建成之时就会吸引这个高平台之下的经济运动迅速地向这个高平台之上集聚，从而引起整个经济的发展水平大幅度的提升，进入一个经济持续高增长的腾飞阶段。由于在工业化的进程中，这种高技术的成长是必然的，整个经济运动向高技术平台集聚也是必然的，因此，在工业化进程中一定会出现一个腾飞阶段，这是不可阻止的，也是不可复制的。

对于这一假说，关键是要理解，一个国家或地区的工业化进展一旦达到一定的技术水平高点，就会形成一种导引各个方面经济活动提升水平的技术平台，由此就会出现持续的高增长，直至几乎所有的主要的经济活动都跃升至这个高平台之上。这也就是说，工业化达到一定高点之后，必然出现腾飞，腾飞必然是以高增长的方式持续到工业化基本完成。

打一个比方说，一个人达到一定的收入水平之后，他就要迅速地提高生活质量，先要改善膳食，再要更换服装，买了好帽子，还要买好上衣、裤子、外衣、内衣、鞋子、袜子等一全套不同以往的穿戴，再还要买轿车、买新房子和装修新房子，等等。这一过程就是他的收入达到高点之后带起的生活必然腾飞的过程。在这其中，他不可能只顾吃，不顾穿；也不可能只买好帽子，不买好鞋子；更不会不买车子和房子。腾飞肯定是全面性的，在一定的水平上，所有的活动都要跃上同一平台。

再打一个比方：决定建筑一座高层大楼之后，很长时间是在办理各种开工手续，选择施工队伍，采购建筑材料；而开工以后，又要用很长的时间打地基，先要挖地基槽，再要打桩，浇筑钢筋混凝土地基；在这之前，人们看不见大楼的框架，工程的进展并不起眼；而在这之后，进入零以上的地面施工，情况就不同了，可能是几天就起一层楼，几十天以后大楼的主体框架就形成了。如果将整个大楼的建筑过程比作工业化过程，那么，大楼地基完成之后的建筑过程就是腾飞阶段，这是人们可以直观到的大楼迅速增高的阶段，也是任何大楼的建筑必定要经历的这样的一个阶段。

四、需要理性应对中国工业化的腾飞

然而，面对工业化腾飞阶段的价格上涨，现在很多人认为中国已经出现了严重的通货膨胀。更有人认为，今后中国将迎来十年严重通胀。但这样讲，可是触及了现代经济学基础理论严重滞后的软肋。因为对于什么是通货膨胀，大家基本上都是似懂非懂的，尽管现在人们普遍地使用通货膨胀一词。在学术界，事实上一直对通货膨胀的表现与成因仍缺乏能够自圆其说的深刻认识。而在经济实践中，更多的是误用。特别是，现代银行业使用的通货膨胀的术语含义，根本经不起细究。很长一段时间，我们的银行是将缩减 GDP 指数作为通货膨胀率看待的，可是 2009 年的缩减 GDP 指数达到了 18.9%，太高了，就没有人言语了。所以，都是一些稀里糊涂的实用主义的态度，根本无法理性面对中国工业化腾飞的现实。

用市场价格的上涨来解释通货膨胀好像挺容易，既直观又简单。但是，这就好比用地上有水解释天上下雨，既将天上下雨错误地讲成是地上有水的必要条件，又只能讲天上下雨而无从解释下雨的原因。通货膨胀的后果必然引起为价格上涨，只是，价格上涨未必就是因为通货膨胀。也就是，如果天上下雨，地上必然有水；而地上有水，却未必天上下雨了。所以，我们将通货膨胀比作天上下雨，将地上有水比做价格上涨，那通货膨胀就是价格上涨的充分条件，而价格上涨并不是通货膨胀的充分条件，即可以据通货膨胀确定价格必然上涨，不可以因价格上涨必然确定通货膨胀，从逻辑上不允许这样做。从实际来说，价格上涨是比以往卖家赚更多的钱而买家要付更多的钱，形成这种市场交易关系改变的原因很多,并非各种原因都与产生通货膨胀的原因一致。所以,不能用价格上涨的原因解释通货膨胀的原因。目前,经济学不论是说需求推动还是用成本拉动解释通货膨胀,其实,都讲的是价格上涨的原因。通货膨胀直接是改变货币关系,通货指的就是通用的货币,膨胀说的就是投入使用的货币过多了,而形成货币过多的原因就是我们研究通货膨胀的原因,或者说就是要研究天上下雨的原因,但这其中偏偏不能将价格上涨列为通货膨胀的原因,或者说绝不可能将地上有水也列为天上下雨的原因。因为通货膨胀的结果是引起价格上涨,不能用结果解释原因,不能循环论证,即不能说价格上涨是通货膨胀的结果,价格上涨又是引起通货膨胀的原因,通货膨胀就是价格上涨。

货币的发行是以社会创造的劳动成果数量及价格决定的,没有绝对量的限制,只有相对的衡量标准。价格上涨了,就要跟随着发行比以往多的货币;价格暴涨了,就要发行比以往多得多的货币,但这种多发货币,是市场的需要,是银行的本分,只要与劳动成果数量及价格的要求相符,就不存在投入使用的货币过多的问题。在中国的传统体制下,从来不涨价,所以,货币发行量可以是基本稳定的。现在不同了,一方面我们要走市场经济道路,不光实体经济需要相应的货币,虚拟经济领域同样需要人民币;另一方面中国现在是处于工业化腾飞阶段,正是价格上涨剧烈的时期,银行必须根据价格上涨的情况增发货币。由此根据需要发出更多的货币绝不是通货膨胀。

尽管自2004年以来,各种价格上涨很快,并出现了许多的过快上涨情况,但从工业化腾飞的特殊时期来认识,中国目前大多数持续上涨的价格还都是有一定依据的,因此,包括继续涨下去的趋势,还基本上都属于价格调整的性质,而且,在政府的有力控制下,不会影响国民经济又好又快发展,不会影响中国工业化的基本实现。一般来说,上游的产品涨价了,让下游的产品不涨价,似乎是不可能的,持续的涨价不仅考验企业的承受力和应变力,而且还极大地折磨着我们这一代每一个人的耐心和理性。我们不要被压垮,我们要承受住这种持续涨价的压力。在经受严峻的考验之后,我们必将以市场价格调整的基本到位迎来中国工业化的基本实现。

参考文献

[1]胡锦涛．高举中国特色社会主义伟大旗帜为夺取全面建设小康社会新胜利而奋斗[M]．北京:人民出版社,2007.

[2]王振中．转型经济理论研究[M]．北京:中国市场出版社,2006.

[3]柳欣．经济学与中国经济[M]．北京:人民出版社,2006.

[4]李光敏．中国五年计划政治史[J]．香港:凤凰周刊,2011(8).

[5]钱津．劳动论[M]．北京:社会科学文献出版社,2005.

[6]钱津．劳动效用论[M]．北京:社会科学文献出版社,2005.

[7]钱津．国际金融危机对现代经济学的挑战[M]．北京:经济科学出版社,2009.

[8]钱津．危机的启示:重新认识价格刚性原则[J]．郑州:中州学刊,2009(2).

[9]钱津．2011年:中国将继续工业化腾飞[J]．深圳:开放导报,2010(6).

(作者单位:中国社会科学院经济研究所)

低碳创新与城市经济可持续繁荣

罗 勇

全球气候变化越来越直接地影响到经济的可持续繁荣。政府间气候变化专门委员会(Intergovernmental Panel on Climate Change,IPCC)第三次评估报告所列举的国家和历史资料表明,经济发展与温室气体排放的关系非常密切。可以说,人类社会的工业化进程是导致全球气候变化的一个最直接原因。从发达国家的经济发展历程来看,由传统经济向现代化迈进的过程中必然会出现产业结构的转换,主要体现为从传统产业向现代产业、从农业向非农产业的转移。结构的演进导致了经济的非农化和工业化,而产业空间布局的转移导致了人口定居方式的聚居化、规模化和城市化。城市化是工业化发展中必然伴生的经济社会现象,城市化发展速度与水平和工业化发展速度与进程是一致的。城市化所带来的人类活动方式的改变,对气候变化问题产生了广泛和深远的影响。正是世界工业化、城市化发展和财富的积累,使得大气中温室气体浓度不断攀升。

气候变化具有全球性特征和历史性根源,不是单纯的气候问题,也不是一个国家、一个城市的问题。发达国家和城市对全球温室气体排放负有历史责任,但未来温室气体排放将主要来自发展中国家和城市。虽然在当前《京都议定书》框架下发展中国家没有具体的减排或限排义务,然而从适应和减缓气候变化的角度,我们的城市应该有所作为。

一、城市与温室气体排放

对于中国而言,城市化肯定是当前温室气体排放的重要驱动力;但城市经济空间组织结构的特征,又决定了城市发展对温室气体排放的影响必然是复杂和多元的。

1. 聚集的双刃性

人口和经济活动在一定空间的聚集形成了城市;而其在城市空间聚集的根本原因是为了获得聚集经济利益。聚集直接推动总产出的增加,促进物质生产规模的扩大,导致的不良外部性结果是城市区域的物质资源消耗和温室气体排放大幅度增加。然而,城市化聚集主要是从成本节约的方面增进聚集经济效益的。从中国城市发展来看,由于达到同等富裕程度,城市的能源效率较高,因此城市化可以视为多数人口财富增长与二氧化碳排放(相对)"脱钩"的一种过程。如果人们适可而止于减少成本的层面上,尽情享受节约所带来的聚集性收益和乐趣,则相应的气候变化问题不会越来越严重。但是,现实中人们把这种成本节约异化成为生产和消费规模更大扩张的工具,贪婪地追求生产和消费的最大化。于是,城市的温室气体排放进一步地凸显和加重了。

汽车为城市提供了交通时间节约与便利,但数量增长过快则带来温室气体排放等一系列问题。根据环境保护部机动车排污监控中心的数据,由于机动车排放,我国城市空气环境中的 NO_X 和 O_3 水平持续上升,O_3 超标日数和小时数增多,低能见度和重霾日数明显增加。

2. 产业结构的纠结

工业化初中期,城市的产业结构以工业为主,特别是重工业成为带动城市经济发展的重要力量。这一阶段的城市经济增长成为温室气体排放急剧增加的直接原因。在 20 世纪,占世界人口 15% 的发达国家陆续实现了工业化和城市化,但消耗了全球

60%的能源和50%的矿产资源。政府间气候变化专门委员会(IPCC,2007)报告显示:最近100年时间(1906—2005年)全球平均地面温度上升了0.74℃。考虑到温室气体排放的累积效应,发达国家和城市应该对全球温室气体排放负有历史责任。

随着工业化的进一步发展,尤其是交通和信息条件的进步,城市中传统工业的主导地位逐渐让位于以金融、房地产和信息等第三产业和知识密集型产业,传统工业呈现陆续迁出城市的趋势。此时城市产业结构的"高级化"对温室气体排放的影响变得复杂了,我们不能轻易地得出城市减排取得进展的简单结论,而应该综合地考量城市发展对整个城市区域(包括外围区和边缘区)温室气体排放的影响。如果高物质消耗和高排放的传统产业随着城市产业高级化过程而在空间上转移到城市边缘区或外围区,城市的温室气体排放问题只是空间上发生了转移,并未获得真正解决。

尽管如此,城市产业结构的高级化仍然是低碳城市发展的一个优化走向。城市产业结构高级化是城市发展的客观规律,是城市经济发展程度的结构内涵,与城市经济发展水平具有密切的关联,同时也是低碳城市乃至城市可持续发展的重要经济结构基础。一些发达国家的先进城市,如纽约、巴黎和东京等,20世纪90年代时第三产业在城市经济中所占比重已分别达到80%、72.7%和72.5%。相比之下,北京和上海同时期的第三产业的比重才分别为45.8%和37.9%。经过快速发展,北京的第三产业比重在90年代末超过60%,2006年超过70%;但国内其他主要城市一直在较低水平徘徊。上海至2007年第三产业的比重才刚过半(51%)。这种产业结构高级化的滞后不利于城市经济的均衡发展,影响到城市经济发展的质量水平,也必然加重城市的温室气体排放问题。

3. 开放的反溢出

从生态学的角度来看,城市本身并不是一个完整的和自我稳定的系统,需要不断地从系统外输入能量和物质;城市系统内缺乏分解者,也缺乏足够的分解空间,经济活动所产生的大量废物难以在系统内分解和容纳,要输送出去。因此,城市的温室气体排放问题与城市系统外的温室气体排放问题是密切相关的。

从经济学的角度来看,城市经济是一个开放的系统。城市要依赖农业的剩余而维持生存,农产品是城市生产的重要原材料来源,乡村地区还是城市产品的重要市场。随着经济的发展,一些原来城市中的产业转移到城乡边缘区和乡村地区,生产活动与销售、管理活动在空间上虽然出现了分离,但现代产业之间的联系进一步强化了城市与乡村的纽带,使城市经济与乡村经济更加相互依赖。这种经济依赖性也必然反映在城市与乡村排放与减排问题的依赖性上。

从全球的视野观察,发达城市与发展中城市之间的开放与联系形成了空间分工,体现为依经济发展水平而排定的城市等级体系。等级层次较低的城市在发展进程中,客观上必然要被动地接受较高等级层次城市气候变化问题的转移影响,因而处于被动和不利的地位。这可以视为发达城市与发展中城市在气候变化问题上的"反溢出"现象。由于发达国家和城市庞大需求的存在,许多温室气体排放可能只是排放地的空间转移而未消除,温室气体排放问题在与发达城市相联系的发展中城市被重复和继承。著名的《斯特恩报告》也认为,现在发达国家和城市在减排和脱钩方面取得了效果,这在一定程度上是由于制造业向发展中国家大量转移的结果(Stern,2007)。

二、低碳经济和低碳创新

英国《我们未来的能源——创建低碳经济》白皮书(DTI2003)首先提出,要鼓励运用最新的低碳技术,为工业和投资者提供一个明确而稳定的框架,促进整个经济结构的转变。低碳经济发展为切断经济增长与温室气体排放之间的联系提供了既丰富又直接的想象空间，迈向低碳经济的转型或许在技术上更可行，并同步促使经济繁荣稳定地发展。

由此可见，中国城市低碳经济的主要内涵应该是：发展环境友善的能源，提高能源效率，改善城市能源基础设施，发展低碳生产、低碳运输和低碳社区等，全面进行城市经济社会结构的调整；同时要维护稳定的能源供应，发展再生能源，确保每户家庭特别是社会弱势群体能负担合理的能源价格。

与新增长理论的逻辑相一致，城市低碳经济必须能够实现由经济系统自我推动增长与繁荣，并且具备低碳技术进步与投资相互促进的机制。

低碳经济是城市实现可持续繁荣的一个重要选项；而低碳创新是这种转变的关键。低碳创新是对经济增长有决定意义的是知识积累和人力资本积累，可以把经济增长的技术进步源泉内生化。低碳技术是低碳经济背景下投入要素生产率提高的重要变革方向。这种技术变革应该同样可以相同的投入要素获得更多的产出，或获得相同的产出可节省要素的投入。

1. 知识和人力资本积累的特殊作用

一个城市长期经济增长的动力和源泉在于技术进步，而不是单纯依靠自然资源或物质资本的数量增加和规模扩张。低碳创新可以分为一般知识和专业化知识，一般知识产生外在的经济效应，专业化知识产生内在的经济效应。一般知识与专业化知识的结合不仅可以使低碳技术作为独立要素产生递增的收益，而且同时使非知识要素的收益递增。这种低碳技术之积累是低碳经济增长的主要源泉。如果把人力资本和低碳技术进步概念结合起来，则人力资本一方面如舒尔茨所述对自身的生产率产生内部效应影响，另一方面对资本要素和劳动力要素的生产产生外部效应影响。在低碳经济中，阿罗的“干中学”所产生的是人力资本的外部效益，强调了外部效应对人力资本积累的作用；而具体到每个人的低碳创新之人力资本积累，乃是低碳经济增长的真正源泉。

2. 技术进步与经济的振兴和超越

促进技术进步对中国城市经济增长和可持续繁荣具有重要意义。我们与发达国家和地区之间增长率和收入水平差异的主要原因在于各自的知识和人力资本积累水平的差异。落后国家和地区要振兴和超越，具有决定意义的因素是知识和人力资本的积累，以及向别人学习的能力。低碳创新为中国城市发展提供了一个知识和人力资本积累的新起点和机遇。

3. 以低碳创新弱化传统资源禀赋的缺陷

以知识和人力资本积累所体现的低碳创新，不仅自身能够直接带动经济增长；而且可以通过外部效应，提高其他要素的生产率，尤其是对于可持续发展非常重要的自然资源要素的生产率，减弱或消除自然资源要素及其他要素与收益递减的内在联系，产生递增的规模效益。在能源和产业结构调整中，应该主要通过对低碳知识和人力资本的提升取得和强化比较优势，逐渐弱化根据传统的自然资源禀赋和资源耗费的要素配置情况来推行的相关结构调整。

4. 政府直接推进低碳创新

作为典型的知识生产过程，低碳创新存在显著的外部性特征，在市场机制条件下通常难以获得足够的激励，导致竞争均衡的“非效率”。在这种社会最优与竞争均衡发生偏离的情况下，政府的主动推进就显得非常重要。

政府对低碳知识生产（研究与开发部门）和人力资本进行投资能够产生技术进步，这是提高低碳经济增长率的主要途径。低碳技术进步通过自身效益的外部效应，以及由此产生的规模效益递增，又进一步促进了知识和资本投资产生收益，推动着经济增长。低碳创新与投资之间存在相互推动、相互促进和共同推动经济增长的关系。

因此，城市政府有必要采取适当的税收政策和财政政策，对低碳研究和开发部门的私人投资进行补贴,协助使私人边际知识产品等于社会边际产品,支持社会最优,以提高长期的资本积累(人力资本、物质资本及二者的混合)和经济增长率。

三、低碳技术产业区域对城市可持续繁荣的正溢出作用

各种低碳经济要素及产品在空间上的聚集和扩散,将导致城市专业化空间的出现。以低碳技术为基础的高技术产业,势必日益改变中国城市的经济空间结构。

1. 高新技术产业的区位影响

(1)技术创新因素。低碳技术产业区位越来越优先选择靠近大学、科研机构和其他研发机构等低碳创新源地。

(2)市场因素。随着单位产品附加价值大幅提高和产业中软件、设计等部门的比重增加,使产业发展中与市场空间距离相关的因素影响趋于弱化,而与信息、金融、资本和人才等服务市场相关的因素影响不断加大。

(3)社会关系和生活环境因素。低碳技术产业区位选择与大城市或核心发达区相接近的原因,还包括社会交往、人际交流、生活文化设施便利等非生产因素。这些非生产因素对低碳技术产业区位选择的影响有逐渐增强的趋势。

伴随着低碳经济发生和发展的高技术产业,使原有的经济聚集决定因素发生了重大转变,减少了规模经济和聚集经济效应所带来的追求扩大集中规模的冲动,在一定程度上降低了经济增长对核心区和城市规模的客观需求,这是有利于城市可持续发展的趋向。同时,由于低碳技术产业可以在较大的空间范围内考虑区位的选择问题,区位选择的余地和弹性显著提高,这也有利于城市可持续发展战略的空间优化和均衡实施。低碳技术产业区域结构发展变化对城市可持续发展的正向溢出作用,是低碳经济本身符合可持续发展内在要求的一种空间表现效应。城市应该将

优先选择和大力推进低碳产业的发展,作为实现经济可持续繁荣的一个重要战略转折。

2. 低碳技术产业发展的基本空间过程

根据卡斯特尔斯的分析,低碳技术产业发展也将形成四种基本空间过程:

(1)新产业内部的劳动分工,形成特殊和不同的空间形式。

(2)在技术、社会和空间上构造创新环境,具有独特的空间特征并集中在少数经过选择的区位。

(3)非中心化的生产职能产生的内部结构和空间格局。

(4)富于弹性的产业区位。

低碳技术产业的独特的空间过程,使产业的空间分布呈现出一个明显特点,就是同时发生的区位的集中和分散。低碳技术产品的构思、设计、样品制作、实验性生产和关键零部件生产等通常在集中区位专门进行,并形成新的增长中心。低碳技术产品的装配和批量生产则趋向于在分散的区位进行。这与制造业发展的空间过程是不同的。

从可持续发展的角度来看,低碳技术产业不仅产业本身的减物质资源化特征符合可持续发展的要求,而且,其产业区位的集中与分散同时发生之空间过程特征还有利于城市可持续发展的正溢出效应的发挥及其与区域可持续发展的均衡和协调。这是一般制造业的发展影响,无论是在产业本身的物质资源消耗还是在产业先集中后分散之空间过程方面,均所不能比拟的。

3. 新的产业区与新的空间外部效应

随着工业生产方式从大批量生产的福特制进入后福利时代的柔性生产体系,成本降低的重要性已经逐渐退而居次,信息的“易获性”越来越成为更关键的因素,出现了传统意义上空间聚集之外的聚集的网络化空间形态,创造出来除地方化经济和城市化经济之外的区域化经济(Regionalization Economies),形成了新的产业区理论①。

新产业区理论认为,成功的区域是具有强烈的创新特征的区域,即区域内的企业能够持续创新。这种新产业区域的主要特点,不仅是相关企业相应的地理聚集,还包括企业在聚集的网络中密集地交易、交流和互动。低碳经济有可能创造出这样的需求。

在新产业区域空间结构形成中起主要作用的是优秀的产业集群,很可能集中于新能源相关领域。构造这些优秀产业集群的条件,除了一般要求的创新、学习机制和自组织能力水平之外,更重要的是新的空间外部效应,包括外部规模经济、分工专业化经济、外部范围经济等;在城市可持续发展的视野下,还应该包括外部环境经济和外部可持续发展经济。

参考文献

[1]安虎森.空间经济学原理[M].北京:经济科学出版社,2005.

[2]P.罗杰斯等.可持续发展导论[M].北京:化学工业出版社,2008.

[3]庄贵阳.低碳经济:气候变化背景下中国的发展之路[M].北京:气象出版社,2007.

[4]罗勇.城市可持续发展[M].北京:化学工业出版社,2007.

[5]陈佳贵等.中国工业现代化问题研究[M].北京:中国社会科学出版社,2004.

(作者单位:中国社会科学院城市发展与环境研究所)

① Kim,s. w. ,A Studyonthe Spatial Agglomeration of Production Activitiesand Regionalization Economies,Kyung Pook National University,1997.

低碳经济视野下的经济发展方式转变

胡 伟 李 涛 侯 斌

加快经济发展方式转变,关系改革开放和社会主义现代化建设全局,是深入贯彻落实科学发展观的重要目标和战略举措。而大力发展低碳经济,则对实现节能减排目标、发展循环经济、转变经济发展方式具有重大现实意义。

一、低碳经济的本质是经济发展方式转变

低碳,英文为 lowcarbon,意指较低(更低)的温室气体(二氧化碳为主)排放。所谓低碳经济,是指在可持续发展理念指导下,通过技术创新、制度创新、产业转型、新能源开发等多种手段,尽可能地减少煤炭石油等高碳能源消耗,减少温室气体排放,达到经济社会发展与生态环境保护“双赢”的一种经济发展形态。低碳经济是人类社会新型的经济发展方式,发展低碳经济,就是要实现生产方式、消费方式以及全球资产配置和转移方式全面向低碳转型。

转变经济发展方式是我国在 21 世纪面临的重大问题。美国的 M. 波特教授曾说,驱动经济发展的初始阶段是要素驱动和投资驱动,更高阶段则将是创新驱动。我国经济发展方式转变不仅包括经济增长方式的转变,即从粗放型增长方式向集约增长方式的转变,而且包括产业结构、社会结构、科技创新、生态平衡、环境保护等方面的转变,实质是从数量型的经济增长方式向质量效益型的经济增长方式的转变,是主要依靠增加资源和能源消耗的经济增长方式向主要依靠科技进步、劳动者素质提高和管理创新的经济增长方式转变,因此,低碳经济的本质是经济发展方式的

转变。

对于我国转变经济发展方式而言，大力发展低碳经济具有重要现实意义。

首先，发展低碳经济，既能积极承担环境保护的责任，完成国家节能降耗指标，又能调整经济结构，提高能源利用效益，发展新兴工业，建设生态文明。这是摒弃以往先污染后治理、先低端后高端、先粗放后集约的发展模式的现实途径，是实现经济发展与资源环境保护"双赢"的必然选择。低碳经济是以低能耗、低污染、低排放为基础的经济模式，是人类社会继农业文明、工业文明之后的又一次重大进步；是国际社会应对人类大量消耗化学能源、大量排放二氧化碳（CO_2）和二氧化硫（SO_2）引起全球气候灾害性变化而提出的能源品种转换新概念，实质是解决提高能源利用效率和清洁能源结构问题，核心是能源技术创新和人类生存发展观念的根本性转变。

其次，低碳经济是相对于高碳经济而言的，是与无约束的碳密集能源生产方式和能源消费方式相对的。所以低碳经济要求降低单位能源消费量的碳排放量，降低能源的消耗强度，严格控制二氧化碳的排放量。同时，低碳经济也是相对于新能源而言的，是与以往依靠化石能源的经济发展模式相对的。因此，低碳经济要求促进经济增长方式的转变和经济结构的调整，必须避免经济增长速度与能源消费引起的碳排放量成正比，实现经济增长与碳排放之间的相关脱钩。努力做到碳排放的低增长、零增长乃至负增长，通过寻找替代能源、发展低碳能源和无碳能源达到经济增长逐渐脱离对碳能源的依赖。

二、发展低碳经济是我国实现经济发展方式转变的必然选择

自改革开放以来，中国经济实现了高增长，综合国力显著增强，但碳排放总量在不断累积，付出的环境代价太大。因此，发展

低碳经济是与我国坚持节约资源、保护环境的基本国策,实现经济发展方式转变的目标是相一致的。

(一)发展低碳经济是后金融危机时代抢占新一轮发展制高点的根本途径

全球金融危机使各国的实体经济都受到了严重打击,同时,传统产业的衰退又给新兴产业的崛起提供了空间。以低碳化能源发展为代表的低碳经济产业,不仅可以为传统产业的振兴提供支撑,其自身也可以在这一过程中找到发展机遇,特别是应对气候变化的低碳技术进步,将填补经济增长所需技术进步的供需缺口。另外,低碳化还可以渗透到社会政治经济文化领域乃至日常生活的各个环节,有着相当长的产业链,足以形成一股新的经济力量,影响着世界的经济发展格局和竞争格局,成为各国经济转型发展的不竭动力。

当前,世界各国都在积极发展低碳经济,以便占据技术创新和新经济格局的制高点。欧盟是全球低碳经济的极力倡导者,并且在当前低碳经济发展领域取得了领导权。英国 2003 年首次提出低碳经济,并制定了国家发展低碳经济的战略路线。欧盟 2003 年通过了 2003/87/EC 号决议,正式成立温室气体排放交易体系(EUETS),2005 年 1 月正式启动。德国、法国、英国、丹麦等欧洲国家在新能源技术方面处于世界领先地位,全力推动全球低碳化发展,无疑会对欧洲带来巨大利益,更为重要的是,以新能源为核心的经济竞争,可以挑战美国的信息技术、石油、军工等方面的竞争优势,欧元在全球碳交易市场的比重已远超过了美元,使欧元成为碳金融时代的全球货币,欧洲正在试图通过低碳来设定全球经济新格局和新规则。

(二)发展低碳经济是我国加快转变经济发展方式的迫切要求

随着经济发展快速增长,我国能源消费急剧上升。从 1978

年到2008年,我国能源消费增长接近6倍。在消费结构上,我国仍以煤炭和石油为主,在一次能源中占比超过85%。我国“富煤贫油少气”的资源特点,决定了中国以煤为主的能源生产和消费格局将长期存在,这就会引发一系列问题。能源消费增长过快,对外依存度增加,将严重影响我国能源安全。我国煤炭出口量大幅下降,接近于零,而石油对外依存度更是达到50%以上。煤炭使用比重大,国内能源转化效率远低于国际平均水平。按照能源结构与不同品种的比较,煤炭转化效率在所有一次能源中最低。我国能源利用效率在国际比较中处于落后地位,而国内粗放型的生产方式又再次加剧了能源转化效率低的问题。资源自给率不高,越来越依赖外部市场,能源风险将随着需求量的增加而增加。因此,过度依赖外部资源供给的能源利用模式需要逐步转变到以发展低碳经济为主。传统的长期消耗大量的能源来支持经济增长是难以为继的,必须发展以低能耗、低排放、低污染为基础的低碳经济,才有可能突破经济发展的“瓶颈”。

(三)大力发展低碳经济也是我国履行国际减排义务的现实选择

当前,我国来自国际的碳减排压力越来越大。根据IEA估算,中国2007年能源活动CO_2排放为60.28亿吨,比1990年增长了172.6%,超过了美国2007年排放量(57.69亿吨),成为世界上第一大排放国和增长速度最快的国家之一。据统计,发展中国家到2005年排放已经达到197亿吨(占总排放量的52%),其中中国占总排量的19%,占发展中国家的37%。发展中国家需要在2005年基础上减排28%才能实现全球目标,这对于以发展经济应对气候变化的发展中国家是极为困难的。中国是全球温室气体排放大国,也是发展中国家中温室气体排放的绝对大国,巴西、墨西哥等发展中国家都已宣布了绝对减排计划。因此,中国当前面临着来自发达国家和发展中国家的双重减排压力。大力发展低碳经济，实现减排目标仍是我国一项艰巨的任务。

三、发展低碳经济实现经济发展方式转变的现实路径

胡锦涛在联合国气候变化峰会开幕式上明确提出中国要积极发展低碳经济，温家宝在哥本哈根会议上郑重承诺到2020年中国单位国内生产总值CO_2排放比2005年下降40%～45%，这就给中国发展低碳经济提出了明确的战略目标。这不仅包括了对新能源和可再生能源的开发利用，更涉及整个社会系统的结构转型等深层次内容。

（一）完善相关法律，构建低碳经济的政策支撑

从整体上来说，我国在促进低碳经济发展的政策法律体系方面仍处于薄弱状态，因此，中国应构建和完善与低碳发展相关的政策法规体系，为低碳经济的快速发展提供制度上的可靠保障。具体来说，可以通过税收优惠、融资优惠等激励机制，使得政府和相关企业增加对低碳技术的研究和开发投入；推出环境税、能源税和碳税；对可再生能源进行直接补贴，推广我国碳排放标志认证；制定和完善主要工业能耗设备、家用电器、机动车等能效标准，强制淘汰高耗能产品。

（二）研发创新核心技术，构建低碳经济的科技支撑

核心技术缺乏、整体技术水平不高，是向低碳经济转变的最大制约。因此，中国应建立自己的低碳技术创新体系，为发展低碳经济提供科技支撑。第一，应加大低碳技术的研发投入，大力开发、应用和推广新技术、新产品，如太阳能、生物质能、风能、海洋能、地热能利用技术以及二氧化碳收集储存技术、超低二氧化碳炼钢技术等；第二，以现有的新能源技术创新与产业发展平台为依托，大力展开城市、区域以及国际间技术合作；第三，加强技术交易机制和技术交易市场的建设，这是提升低碳技术水平的关键之一，通过建设低碳交易机制和交易市场推动低碳技术、设备、

产品的研发和应用,使低碳技术在大企业和中小企业间合理配置。

(三)加快产业结构调整,压缩高排放产业

产业结构对能源消费有着深刻的影响,中国单位 GDP 的 CO_2 排放量高的主要原因是工业在产业结构中占主导地位。例如,我国 2009 年 60% 的钢产量是出口的,这对保护环境、减排任务带来巨大压力。因此,大力发展低能耗、低碳排放的第三产业,特别是高新技术产业,对减少碳排放有非常重要的意义。但产业结构调整的潜力有限,并且产业结构变化有其自然规律,受国内国际各种因素影响。因而,在相当长的一段时期,为了满足中国生产建设和保持中国出口优势,工业仍然会在产业结构中占据主导。因此,必须在工业生产过程,最大可能地降低碳排放,对冶金、建材、化工等重点行业进行技术升级和结构调整,发展循环经济,降低工业生产过程碳排放。

(四)倡导低碳节能的生活方式,是建设低碳社会的根本保证

低碳经济的发展不仅需要国家的长远规划,还需要社会舆论宣传,大力倡导低碳理念,倡导低碳生活方式。在企业层面上,需要彻底更新经营理念。密切关注国际标准,自觉以 ISO 14000 环境管理体系为生产标准,积极进行低碳技术创新,按照绿色要求改进产品种类、生产过程及生产工艺。同时,灵活运用项目扶持,金融、税收、投资倾斜等优惠措施抢占市场先机。在公众层面上,开展低碳消费教育,尽快建立和完善学校消费教育体制,把低碳消费教育融入普通国民教育体系,建立低碳消费文化。通过广泛的宣传,影响公众行为,促使他们接受低碳理念和低碳消费方式,抵制生活陋习和奢侈消费。

(五)寻求国际合作,共同探索低碳经济发展之路

中国作为发展中的大国,一向以负责任的大国形象矗立于国

际舞台上。在节能减排、保护环境、发展低碳经济的国际行动中不应落后。因此,一定要同国际社会一起引导这场革命。中国要积极参加国际气候体制谈判和低碳规则制定,促进低碳经济的发展。另外,又不能简单盲从,要为中国的工业化进程争取足够的发展空间,通过选择合理的行动指标,选择适合中国国情和实际能力的适当目标,积极地进行减排行动,为防止气候恶化作出贡献,提升自身的国际形象。我们应当借鉴发达国家发展低碳经济的成功经验,加强与发达国家的经验与技术交流,引进先进的节能技术,与世界各国一起致力于发展低碳经济的探索之路,为生态环境的可持续发展探索新的发展道路。

四、结束语

中国正处于工业化及城市化快速发展期,以煤为主的能源结构使中国二氧化碳排放处于世界前列,因此,积极发展低碳经济、实现经济发展方式转变是我国的战略选择。为此,我国要积极完善相关法律,研发低碳经济创新核心技术,加快产业结构调整,倡导低碳节能的生活方式,积极寻求国际合作,从而走出一条中国特色的低碳经济发展道路。

参考文献

[1]温家宝.政府工作报告.光明网,http://www.gmw.cn/content/2009-03/05/content_894253.htm。

[2]李友华,王虹.中国低碳经济发展对策研究[J].哈尔滨商业大学学报(社会科学版),2009(6):23—26。

[3]常健.我国发展循环经济的近期目标[M].北京:人民出版社,2006.

[4]郭天珞.转变经济发展方式是发展低碳经济的关键[J].山西财经大学学报,2010.

[5]张树安．关于发展低碳经济与转变经济增长方式的思考[J]．经济研究,2011(11).

[6]柯健．低碳经济经济可持续发展的必由之路[J]．南京航空航天大学学报,2010.9.

（作者单位:徐州空军学院）

“碳解锁”:经济增长方式转换的政策创新路径

杨贵针 夏顺忠 胡 伟

后危机时代,全球经济增长方式将发生深刻变化,在这样的大背景下,实现由高碳经济向低碳经济的转变,是加快我国经济增长方式转变的必然选择。加快低碳发展政策的创新,破解传统发展方式的高碳锁定,是实现这一转变的关键。

一、我国经济增长方式的“碳锁定”及其表征

1.“碳锁定”与“碳解锁”

从文献上来看,西班牙学者格利高里·乌恩鲁(Gregory C. Unruh)最早提出和使用了“碳锁定”的概念。乌恩鲁在《能源政策》(Energy Policy)期刊上发表了题为《理解碳锁定》(2000)①、《解除碳锁定》(2002)②以及《碳锁定的全球化》(2006)③三篇重要论文。其中,《理解碳锁定》一文最早系统地提出了“碳锁定”(Carbon Lock - in)的概念。

---

① UnrulyG. C. UnderstandingCarbonLock - in[J]. EnergyPolicy,2000,28(12):817 - 830.

UnrulyG. C. ,&Carrilloermosilla, J. Globalizingcarbonlock - in[J]. EnemyPolicy,2006, 34(10):1185 - 1191.

② UnrulyG. C. EscapingCarbonLock - in[J]. EnergyPolicy,2002,30(4):317 - 325.

③ UnrulyG. C. ,&Carrilloermosilla, J. Globalizingcarbonlock - in[J]. EnemyPolicy, 2006,34(10):1185 - 1191.

乌恩鲁的文章,源于这样一个问题:为什么气候友好型技术的扩散如此艰难?经过研究,他总结认为,原因在于当今世界的一个重要特征:对化石能源系统高度依赖的技术,自工业革命以来成为主导技术盛行于世,政治、经济、社会与其结成一个"技术—制度综合体"(Techno - Institutional Complex,TIC),并不断为这种技术寻找正当性,为其广泛商业化应用铺设道路。结果形成了一种共生的系统内在惯性,导致技术锁定和路径依赖,阻碍替代技术(零碳或低碳技术)的发展,这被概括为"碳锁定"。

"碳锁定"概念是在技术锁定(Technological Lock - in)的基础上发展出来的。乌恩鲁认为,碳锁定概念的核心在于它是一种"技术—制度综合体"——技术和技术系统与各种社会组织和制度形成一种密不可分的共生关系,渗透于整个社会经济体之中。人们通过对石油资源的加强占领来延缓现有模式的生存。而石油之所以重要,其中的深刻原因在于西方国家技术—制度综合体导致的对石油的严重依赖。而全球能源的生产和消费极度不对称,导致严重的相互依存,也隐藏着巨大危机。从这个意义上说,"碳锁定"隐示的不仅是气候危机或环境危机,而是发展模式的危机。

虽然"碳锁定"根深蒂固,但是从历史上来看,"碳解锁"并非不可能。Unruh(2002)总结认为,在理论上,存在三种递进式的政策途径,以逐渐对现有技术系统进行变革,从而实现"碳解锁"目标:(1)不改变现有系统,只处理排放(即末端治理);(2)改造一定的部件或流程,而维持整体系统构架不变(所谓连续性方法,Continuity Approach);(3)替换整个技术系统(所谓断绝性方法,Discontinuity Approach)。为了解决污染问题,人们最初使用的一般是末端治理的方法,尽可能维持整个技术系统的稳定。但是,只关注排放过程的末端治理方法,最终会趋于无法带来增量的改变。然而,剧烈的改变会伴随极大的心理障碍和财务障碍。较为可行的是连续性方法,在现有能源系统的构架下,逐渐创新,最终实现技术系统的替代。

“碳解锁”是一项系统工程，因为其所要打破的“碳锁定”是一个经济、社会和技术综合系统。碳锁定长期以来一直在发生，而且还在世界各地迅速扩散。碳锁定的影响是多方面的，所以“碳解锁”的收益也是多层次多维度的，涵盖经济、社会、文化和技术各方面。思考低碳模式的发展，应该从更加广泛的角度出发，不能仅仅是从环境和能源政策的狭隘角度看问题，应该涵盖技术政策、产业政策、财政和货币政策，甚至教育文化政策等。[①] 也正是在这个意义上，低碳革命才会是一场影响深远、全面而深刻的伟大革命。

2. 我国经济增长方式“碳锁定”表征

虽然我国政府一直以来致力于控制和减缓碳排放，但由于巨大的经济总量、高速经济增长及由此推动的大规模工业化、城市化进程，我国经济增长方式“碳锁定”效应表现是多方面的。

(1)产业锁定效应。中国经济的主体是第二产业，这决定了能源消费的主要部门是工业，而工业生产技术水平落后，长期以来经济粗放式发展的惯性，对能源的需求和温室气体排放持续增长，又加之中国国内工业化比重不平衡，高耗能、高污染行业占比较大，这又加重了中国经济的高碳特征。国际能源署(IEA)发布的“世界能源展望2007年”测算，2005—2030年在参考情景和可选择政策情景下，中国一次能源需求年均分别增长3.3%和2.5%，能源相关CO_2排放将年均分别增长3.2%和2.5%。

(2)资源锁定效应。“富煤、少气、缺油”的资源条件决定中国工业资源禀赋产生高排放强度。在中国电力行业中，水电占比只有20%左右，火电占比达77%以上，“高碳”占绝对的统治地位。同时，在中国能源探明储量中，煤炭占94%，石油占5.4%，天

① 谢来辉．碳锁定、“解锁”与低碳经济之路[J]．开放导报．2009(5):8-14.

然气占0.6%，由于煤的碳密集程度比其他化石燃料要高得多，所以较高的排放强度则成为中国能源的主要特征。目前，煤和石油仍然是我国经济的基础性能源，在我国能源结构中仍占据90%以上的比重（见表1）。

表1　　中国能源消费与能源结构的国际比较（2007）

国家或地区	总消费量（亿吨标准煤）	世界占比（%）	煤炭（%）	石油（%）	天然气（%）	新能源（%）
中国	26.62	16.8	70.4	19.7	6.6	3.3
美国	33.73	21.3	24.3	39.9	25.2	10.6
日本	7.39	4.7	24.2	44.2	15.7	15.9
德国	4.44	2.8	27.6	36.2	24.0	12.2
法国	3.64	2.3	4.7	35.8	14.8	44.7
欧盟	24.9	15.7	18.2	40.3	24.9	16.6
韩国	3.34	2.1	25.5	46.0	14.2	14.3
巴西	3.10	2.0	6.3	44.5	9.1	40.1
印度	5.78	3.6	51.4	30.8	9.0	7.8
世界	158.56	100	28.6	35.6	23.8	12.0

资料来源：中国科学院可持续发展战略研究组.2009中国可持续发展战略报告——探索中国特色低碳道路，科学出版社(2009).

（3）贸易锁定效应。中国在全球产业分工体系中仍处于低端位置，出口商品相当一部分为高能耗、高污染的资源密集型商品。中国还承接了相当一部分发达国家重化工业的转移，在成为“世界制造业基地”的同时，直接或间接出口了大量能源并产生排放。据有关机构估计，2004年中国国内出口商品生产蕴涵的与能源有关的二氧化碳排放量为16亿吨，占中国排放总量的34%。

（4）技术锁定效应。中国工业受到能源技术与设施锁定效应的威胁。目前，中国整体科技水平落后导致技术研发能力有限。尽管《联合国气候变化框架公约》规定，发达国家有义务向发展中国家提供技术转让，但实际情况与之相去甚远，中国不得不主要依靠商业渠道引进。据估计，以 2006 年的 GDP 计算，中国由高碳经济向低碳经济转变年需资金 250 亿美元，这样一个巨额投入，显然是尚不富裕的发展中国家的沉重负担。中国正面临着能源基础设施建设的高峰期，据有关机构估计，在参考情景下，中国在 2006—2030 年间需要在能源部门累计投资 3.7 万亿美元，其中 74% 用于电力投资，约为 2.8 万亿美元。如果不采用先进的低碳技术，这些能源设施一旦建成投入使用，将在其长达 15—50 年的使用周期内对温室气体排放产生不利影响。

(5)效率锁定效应。碳生产率即单位二氧化碳排放的 GDP 产出水平，也即“碳均 GDP”，被认为是考量低碳发展的核心指标。碳生产率主要由碳排放总量、(人均)GDP 总量、产业结构、能源结构、能源效率、技术水平等因素决定。由于碳排放总量与 GDP 总量的持续上升，同时更由于能源结构高煤化及能源率较低的制约，与经济发达国家比较，我国碳生产率水平一直以来相对落后。例如，根据国家发改委能源研究所课题组所提供的估计，2000—2007 年间，我国平均碳生产率大约仅为 72.8 万元/吨，其中工业(第二产业)碳生产率为 112.4 万元/吨，这一水平仅相当于同期美国平均水平的 1/4，日本平均水平的 1/8。①

二、我国经济增长方式“碳锁定”形成的深层机理

我国经济增长方式“碳锁定”特征的形成是多种因素相互促进、共同作用的结果。概述起来就是：长期粗放型增长方式、工业化与城市化发展、能源结构高煤化、技术创新不足、制度与政策规制不完善等。

1. 长期粗放型增长方式。粗放型增长方式的基本特征是“高

---

① 庄贵阳．中国经济低碳发展的途径与潜力分析[J]．国际技术经济研究，2005(3)：8 - 13.

物耗、高能耗、高排放”。有关研究表明，粗放型增长方式与碳排放量之间存在明显的正相关性，从某种意义上说，粗放型增长方式是导致我国经济中碳排放量持续增大的主要原因。例如，根据中国科学院课题组提供的定量研究结果，我国粗放型增长方式对于碳排放贡献率大约为0.23。实际上，我国经济的平均能耗高达美国的8倍，日本的16倍。① 很显然，粗放型增长方式必然导致增长速度和增长质量的分离。在偏好数量和速度效应的经济体制下，必然导致经济主体陷入治理与激励不足，且由于过度地增长压力而导致更加广泛意义上的减排机会主义。②

2. 快速工业化与城市化推进。在以工业化、城市化作为主要推动力的经济发展的不同阶段，能源消费存在一定的差异，其一般性趋势是：从工业化初期阶段向中期阶段发展进程中，能源消费强度增强，能源需求增长超过经济增长，在工业化的后期发展阶段，能源消费强度下降，经济增长对能源的依赖性下降。我国目前正处于工业化中期阶段向后期阶段的转型进程中，由于大规模和高速度推进，形成了对能源消费的极大需求。有关研究结果表明：在我国工业化进程中，工业总产值每增加1单位（亿元）会导致0.464单位（万吨标准煤）的能源增长，城市GDP总量每增加1单位（亿元）会导致0.776单位（万吨标准煤）能源的增长。③ 这充分说明了我国工业化和城市化推进速度对能源消费的规模依赖性。

3. 能源结构高煤化。在中国能源探明储量中，煤炭占94%，石油占5.4%，天然气占0.6%，这种“富煤贫油少气”的能源资源

---

① 中国科学院可持续发展战略研究组．2009年中国可持续发展战略报告—探索中国特色低碳道路[M]．北京：科学出版社，2009：111－129.

② 国家发改委能源研究所课题组．中国2050年低碳发展之路—能源需求及碳排放情景分析[M]．北京：科学出版社，2009.22－25.

③ 国家发改委能源研究所课题组．中国2050年低碳发展之路—能源需求及碳排放情景分析[M]．北京：科学出版社，2009.84－89.

结构,决定了中国以煤为主的能源生产和消费格局将长期存在。过去 20 多年,中国努力促进能源结构的多样化,煤炭在一次能源中的消费比重从 1980 年的 72.2% 下降到 2001 年的 66.7%。但近年随着国际石油和天然气价格攀升以及经济快速增长的需要,煤炭在一次能源消费中的比重又有回升的势头。[①] 由于煤的碳密集程度比其他化石燃料要高得多,单位能源燃煤释放的二氧化碳是天然气的近两倍,以煤炭为主的能源结构必然会产生较高的排放强度。

4. 技术创新与新型能源替代不足。技术创新不足表现在三个基本方面:一是新技术研发不足;二是新技术运用不足;三是新技术替代不足。技术创新不足的直接结果是:经济中大规模能源利用率的提高变得很困难,新型清洁能源的替代效率低下。实际上,由于技术选择和技术运用的限制,在多数情况下,经济主体很难通过技术路径来实现预期减排,而不得不陷入粗放型减排的锁定。显然,比之于经济发达国家,我国经济的技术减排效应十分微弱。例如,根据何建坤等人提供的研究,在我国现阶段,企业节能减排技术创新率仅为 0.31,这一水平远低于经济发达国家(例如美国、日本)的平均水平[②]。

5. 制度和政策规制不完善。在制度体系中,产权界定、治理结构、激励机制、市场结构和管理体制等是基本要素。诺思等新制度经济学家认为,有效的经济组织是增长的关键,而有效经济组织的基础是有效制度安排,有效的组织需要在制度上作出安排,以便提供一种能够促使个人努力的私人与社会收益率趋近的刺激。因此,制度与政策的意义正在于为低碳发展提供强有力的保障和基础,制度安排是推进低碳发展的先导。实际上,由于我

---

① 于林. 我国发展低碳经济的政策取向[J]. 生态经济. 2010(11):96.

② 何建坤、苏明山. 加快能源技术创新,促进向低碳经济转型. 张坤明等主编. 低碳发展论[M]. 北京:中国环境科学出版社,2009:137—147.

国经济发展面临显著粗放型约束,那种大规模快速工业化推进更需要明确的制度与政策导向。然而,值得注意的是,我国目前尚未制定系统的、专门性的低碳发展制度与政策,现有政策也仅体现在“节能减排”措施之中,且以行政手段为主。显然,正是制度与政策的不完善,成为导致我国经济长期陷入“碳锁定”效应的重要根源。①

三、我国经济增长方式“碳解锁”的政策创新对策

有效政策建构是低碳发展的根本保障。低碳政策工具设计的根本要求是通过发挥“看得见的手”(政府)和“看不见的手”(市场)的双重作用,建立有效的激励约束机制。结合发达国家经验,依据我国现实状况,当前,我国经济增长方式“碳解锁”的政策创新应抓住以下几个方面的重点加以深度推进:

1. 完善低碳发展机制

从发达国家的经验来看,实施的低碳发展机制主要包括“清洁发展机制”、“共同实施”和“排放贸易”三种基本形式。“清洁发展机制”的本质在于发达国家与发展中国家的共同减排方法,发达国家通过这一机制实现“技术和资金换减排量”,而发展中国家则通过这一机制获得技术与资金,可以说是双方受益。“共同实施”是指发达国家相互之间通过合作方式所进行的联合减排,由此实现的减排量由参与各方共同分享。“排放交易”则是指在市场上买卖排放量的方法,具体交易机制则通过定价和许可证方式进行,排放交易制度有利于降低减排成本。目前,欧盟排放交易(EU - ETS)已扩展至航空工业部门,并已实现从“无偿配额”向“竞标配额”的转型。碳交易可以分成两大类。一类是基于配额的交易。买家在“限量与贸易”体制下购买由管理者制定、分配或

① 王永龙. 我国低碳经济发展政策创新分析[J]. 经济学家. 2010(11):15 - 20.

拍卖的减排配额,例如:《京都议定书》下的分配数量单位,或者欧盟排放交易体系中的欧盟配额。另一类是基于项目的交易。买家向可证实减低温室气体排放的项目购买减排额。目前,全球已经有四个交易所专门从事碳金融的交易,许多国际知名金融机构活跃在这些市场上。根据世界银行报告,2006 年碳金融市场的交易额度已经达到 300 多亿美元。①

2. 加大低碳发展的公共投入

为了主导低碳经济的发展,一些起步较早的发达国家纷纷建立了低碳经济长期投资规划。例如,美国总统奥巴马上台伊始,就提出未来 10 年内将投资 1500 亿美元建立"清洁能源研发基金";欧盟预期在 2013 年之前投资 1050 亿欧元支持绿色经济;日本、韩国也提出了自己的低碳经济投资计划。我国也重视低碳经济发展,在 4 万亿元的投资刺激计划中,有相当部分投向了新能源领域,意在调整能源结构,提高能源利用效率。此外,我国还设立了清洁发展机制基金(政府基金)和中国绿色碳基金(民间基金),以支持低碳发展的资金需要。

由于我国长期以来高碳经济发展的锁定效应,从经济结构调整入手发展低碳经济将面临较大的资金缺口。此外,由于低碳经济具有较强的外部性,很难依靠市场机制实现其快速发展,如果没有政府的公共投入作为支持,企业开发新能源、提高能源利用效率以及研发低碳技术将遭遇动力不足的问题。② 因此,我国应从战略高度出发,抓紧制定发展低碳经济的长期投资规划,强化低碳经济的公共资金投入力度,利用与低碳有关的税收收入作为资金来源,采取直接投资、建立专项转移支付、设立低碳发展基金、提供补贴、实行绿色政府采购等多种形式,支持地方政府与企业低碳技术的研发利用,促进以低碳化为导向的经济结构调整,

---

① 任卫峰. 低碳经济与环境金融创新[J]. 上海经济研究,2008(3):38-42.

② 刘汉初. 低碳经济下财政政策的选择[J]. 财会研究,2010(21):11.

并以此带动民间资金的投入。

3. 调整产业结构与能源结构

在全球气候变暖的背景下，低碳经济引领经济发展正成为世界潮流。欧美发达国家大力推进以高能效、低排放为核心的“低碳革命”，着力发展“低碳技术”，并对产业、能源、技术、贸易等产业政策进行重大调整，以抢占先机和产业制高点。中国应以此为契机，调整产业结构与能源结构，加快建立以低碳农业、低碳工业、低碳服务业为核心的新型经济体系。能源结构的调整，中国要逐步改变以煤为主的能源结构，发展核能、风能、太阳能，以及不产生二氧化碳的生物质能，比如，生物乙醇、生物柴油、沼气能等策导向。通过结构调整，强化能源节约和高效利用的政策有利于发展循环经济，提高资源利用率。

4. 制定财税激励政策

财税政策作为政府理想的调控手段，可以促进社会资源的有效配置，发达国家纷纷采用财税激励政策，促进低碳经济发展。英国征收气候变化税，依据煤炭的使用量对工业、商业和公共部门提供电力的供应商征税，减免使用热电联产、可再生能源发电的企业税收。意大利政府也出台了一系列促进节能投资和低碳能源发展的税收优惠政策，如减免高效率工业电机、家用电器和高产出联合发电装置等的税收。还有一些国家征收环境保护税，以鼓励清洁生产，限制污染物排放。比如，英国的汽车税、燃料税，荷兰的垃圾税、石油产品消费税以及欧盟的碳税等。

5. 积极参与国际经济技术合作，增强自主创新能力

目前，中国在低碳经济的发展方面还处于初级阶段，如果仅仅依靠自身的技术实力，我国很难真正发挥低碳经济的潜力，因此，我国必须积极引进发达国家先进的低碳技术。但是，基于商业利益的考虑以及发展中国家吸收技术能力的有限性等，低碳技术的国际转移的速度是非常缓慢的。因此，需要发挥国际间协议的协调作用，来积极推进发达国家向发展中国家的技术转让。我国当前的策略是要加大与国际社会尤其是低碳经济发展较好的国家之间的合作与交流，积极从发达国家引入成熟的技术，提升引进消化和再创新能力，加强自主创新，大力推动我国低碳经济的发展。

参考文献

[1] Unruly G. C. Understanding Carbon Lock - in[J]. Energy-Policy,2000,28(12):817 - 830.

UnrulyG. C., & Carrilloermosilla, J. Globalizing Carbon Lock - in[J]. EnemyPolicy,2006,34(10):1185 - 1191.

[2] Unruly G. C. Escaping Carbon Lock - in[J]. EnergyPolicy, 2002,30(4):317 - 325.

[3] Unruly G. C., & Carrilloermosilla, J. Globalizing Carbon Lock - in[J]. EnemyPolicy,2006,34(10):1185 - 1191.

[4] 谢来辉. 碳锁定、"解锁"与低碳经济之路[J]. 开放导报. 2009(5):8—14.

[5] 庄贵阳. 中国经济低碳发展的途径与潜力分析[J]. 国际技术经济研究,2005(3):8—13.

[6] 中国科学院可持续发展战略研究组. 2009年中国可持续发展战略报告—探索中国特色低碳道路[M]. 北京:科学出版社,2009:111—129.

[7] 国家发改委能源研究所课题组. 中国2050年低碳发展之路——能源需求及碳排放情景分析[M]. 北京:科学出版社,2009. 22—25.

[8] 国家发改委能源研究所课题组. 中国2050年低碳发展之路—能源需求及碳排放情景分析[M]. 北京:科学出版社,

2009:84—89.

[9]于林．我国发展低碳经济的政策取向[J]．生态经济．2010(11):96.

[10]何建坤、苏明山．加快能源技术创新,促进向低碳经济转型,//张坤明等主编．低碳发展论[M]．北京:中国环境科学出版社,2009:137—147.

[11]王永龙．我国低碳经济发展政策创新分析[J]．经济学家,2010(11):15—20.

[12]任卫峰．低碳经济与环境金融创新[J]．上海经济研究,2008(3)38—42.

[13]刘汉初．低碳经济下财政政策的选择[J]．财会研究,2010(21):11.

(作者单位:徐州空军学院)